三省堂テミス

物権法

第2版

生熊長幸【著】
Ikuma Nagayuki

Sanseido Themis

三省堂

第2版　はしがき

本書初版は、大変分かりやすいテキストとして、読者から歓迎された。

初版公刊後、民法は、2017（平成29）年法律44号により債権および総則の部分を中心に大きな法改正がなされ、また、2018（平成30）年法律72号により相続関係の一部についても改正がなされた。さらに2021（令和3）年法律24号により物権および相続の部分や、不動産登記法などにおいて大きな改正がなされ（2021年4月28日公布。原則として公布日から2年以内に施行)、「相続等により取得した土地所有権の国庫への帰属に関する法律」（令和3年法律25号）も新設された。

また、物権法の重要な論点のひとつである「特定物売買における所有権の移転時期」の問題については、その後の筆者の研究も大きく進展した。

以上の諸事情から本書の改訂の必要が生じ、第2版においては本書の15%ほどがリニューアルされた。叙述や図などの一層の分かりやすさにも心がけた。

初版のはしがきに記載したように、本書は、分かりやすさを追及したため、民法典とは異なり、物権変動の章を最後に置いている（本書第3編)。大学の授業は、民法典の構成に従って行われることが多いから、本書第1編の次に第3編を読まれても全く問題はない。また、《展開》の部分は、発展的内容を含むものであるから、初学者は飛ばして読んでいただいた方がよいであろう。

現在1年半以上にわたり、新型コロナの蔓延により世界がパンデミックに見舞われ、日本でも多くの人々の命と健康、そして生活の基盤が奪われるという事態に直面している。大学においては、学生・教員とも大変な苦難を強いられた。1日も早く新型コロナが終息し、まともな日常が戻ることを切に願うものである。

第2版の出版に当たっても、三省堂六法法律書室の井澤俊明さんに大変お世話をいただいた。井澤さんのアドバイスにより、より分かりやすいテキストになったと確信する。心より感謝を申し上げる。

生　熊　長　幸

2021年7月

初版はしがき

本書は、民法の物権法の分野についての法科大学院生および充実した法律知識を身につけようとする法学部学生を対象とする教科書であり（担保物権法の分野については近刊）、筆者の国立および公立の法学部での31年間に渡る講義および法科大学院での9年間の講義（2013年度は、1年生配当の民法総則・債権総論・担保物権法関係計6単位、2年生配当の民法演習Ⅰ・Ⅱ各2単位、3年生配当の民事法実務総合演習2単位、民法総合演習2単位、およびリーガルクリニック2単位を担当予定）の経験を踏まえ、できるだけ分かりやすく解説したものである。

本書の叙述の順序は、民法典の「第2編　物権」の章の順序とは異なっている。すなわち、民法典第2編物権は、総則から始まり（第1章）、次いで各種の物権につき規定しているが（第2章～第10章）、総則の中で極めて大きな比重を占めるのは、物権変動と物権変動の対抗要件の問題である。しかし、物権にはどのようなものがあるのか、それらの物権はどのような効力を有しているのかを知らずに、これらを勉強することは、物権法の理解を困難にする。そこで、本書では、物権変動、物権変動の対抗要件、即時取得という物権法の重要なテーマについては、本書の後半部分で扱うことにした（鈴木禄弥・物権法講義〔5訂版〕や内田貴・民法Ⅰ〔第4版〕なども、ほぼ同様である）。

本書は、基本的には判例・通説をベースとして叙述しており、重要な判例についてはその内容も紹介している。もっとも判例や通説に大きな問題があると考えられる論点（例えば、物の売買における所有権移転時期など）については、その問題点を具体的に指摘し、どのように考えるべきかを示している。

本書では、他の類書と比べて図・表を多く使用しているが、これは少しでも読者の理解の手助けになればと考えたからである。法科大学院では法曹養成の観点から「要件事実」の基礎教育が行われているが、その前提となるのが裁判において個々の要件の主張・立証責任が当事者のいずれにあるかであり、これについては本書ではその主要なものを取り上げた。また、《展開》の部分で扱ったものは、少し高度な論点であり、最初は読み飛ばしていただいてもよい。

私は、法学部卒業後、この分野の第一人者であられた恩師鈴木禄弥東北大学名誉教授（学士院会員）のご指導のもと研究を開始したが、法科大学院の創設により、法律基本科目担当の研究者にとって予想を超える負担増に直面し、本書の執筆が大幅に遅れ、先生のご生前には本書をご覧いただけなかったことはまことに心残りである。もっとも大学4年の初夏、就職先に関するご相談で先生のお宅をお尋ねしたとき、大学へ残る道があることを教えて下さったのは、先生の令夫人鈴木ハツヨ先生（現東北学院大学名誉教授）である。ハツヨ先生は現在仙台でご健勝にてご活躍中であり、ハツヨ先生に本書をご覧いただけるのは大変ありがたいことである。

禄弥先生は、極めてシャープでしかも大変柔軟な思考をされた方であり、独創的な解釈論をたくさん打ち立てられた。もっとも、本書には先生の主要な学説でありながらそれを踏襲していない箇所もいくつか存在する（物の売買における所有権移転時期や「占有改定と即時取得」など)。包容力に富んだ先生のことであるからご海容いただけることであろう。

私は、民法の研究者を志して出発し、助手時代に仮登記や仮登記担保についての論文等を執筆した。当時は、強制執行法（旧民事訴訟法第6編「強制執行」。現「民事執行法」および「民事保全法」）の改正作業が進められており、禄弥先生は、法制審議会・強制執行法部会委員として、我妻先生初め当時の私法学会・民事訴訟法部会の錚錚たる学者と侃々諤々の議論を楽しまれていた。それにもかかわらず先生は、「僕は執行法はよく分からないから君は執行法を勉強して来るように。」とおっしゃられ、岡山大学法文学部法学科の強制執行法担当教員としての赴任を奨められた。そのような経緯で、私は幸いにも民法を手続法の観点からも分析するという研究手法を身につけることとなった。その後、民法担当教授として大阪市立大学法学部へ移り、また法科大学院創設に関わり、6年前に立命館大学法科大学院に異動し、現在に至っている。

最後になるが、本書の原稿につき内容面、表現面に渡り、三省堂六法法律書編集担当の井澤俊明さんに、詳細なアドバイスをいただいた。本書が少しでも読みやすくなっているとすれば、井澤さんの努力に負うところが大きい。心より感謝申し上げる。

生　熊　長　幸

2013年早春

目　次

第2編　所有権・用益物権・占有権

第3編　物権変動

装丁＝志岐デザイン事務所
組版＝木精舎

略称一覧

本書で用いた判例集、文献、法令の主な略称は、以下の通りである。

［判例集］

民集　大審院民事判例集
　　最高裁判所民事判例集
民録　大審院民事判決録
判時　判例時報
判タ　判例タイムズ
高民集　高等裁判所民事判例集
下民集　下級裁判所民事裁判例集
訟月　訟務月報
新聞　法律新聞
判決全集　大審院判決全集
刑集　大審院刑事判例集
　　最高裁判所刑事判例集
刑録　大審院刑事判決録

［文献］

民法の争点　内田貴＝大村敦志編・民法の争点〔有斐閣・2007年〕
新問題研究要件事実　司法研修所編・新問題研究要件事実――付追補〔法曹会・2020年〕
百選Ⅰ　潮見佳男＝道垣内弘人編・民法判例百選Ⅰ〔第８版〕（有斐閣・2018年）
百選Ⅱ　窪田充見＝森田宏樹編・民法判例百選Ⅱ〔第８版〕（有斐閣・2018年）
百選Ⅲ　水野紀子＝大村敦志編・民法判例百選Ⅲ〔第２版〕（有斐閣・2018年）
新版注民⑹　舟橋諄一＝徳本鎭編・新版注釈民法⑹〔補訂版〕（有斐閣・2009年）
新版注民⑺　川島武宜＝川井健編・新版注釈民法⑺（有斐閣・2007年）
新版注民⒁　柚木馨＝高木多喜男編・新版注釈民法⒁（有斐閣・1993年）
法協　法学協会雑誌（有斐閣）
法時　法律時報（日本評論社）
民商　民商法雑誌（有斐閣）
淡路ほか・Ⅱ　淡路剛久＝鎌田薫＝原田純孝＝生熊長幸・民法Ⅱ－物権〔第４版補訂〕（有斐閣・2019年）
生熊・即時取得　生熊長幸・即時取得の総合判例解説〔信山社・2003年〕
生熊・担保物権　生熊長幸・三省堂テミス　担保物権法〔第２版〕（三省堂・2018年）
生熊・民執　生熊長幸・わかりやすい民事執行法・民事保全法〔第２版〕（成文堂・2012年）

幾代　幾代通・民法総則〔第2版〕(青林書院・1984年)

内田Ⅰ　内田貴・民法Ⅰ（総則・物権総論)〔第4版〕(東京大学出版会・2008年)

内田Ⅱ　内田貴・民法Ⅱ（債権各論)〔第3版〕(東京大学出版会・2011年)

内田Ⅲ　内田貴・民法Ⅲ（債権総論・担保物権)〔第4版〕(東京大学出版会・2020年)

梅Ⅱ　梅謙次郎・民法要義〔訂正増補〕巻之二物権編（明治44年版復刻版・有斐閣・1984年)

近江Ⅰ　近江幸治・民法講義Ⅰ民法総則〔第7版〕(成文堂・2018年)

近江Ⅱ　近江幸治・民法講義Ⅱ物権法〔第4版〕(成文堂・2020年)

近江Ⅵ　近江幸治・民法講義Ⅵ事務管理・不当利得・不法行為〔第4版〕(成文堂・2020年)

於保　於保不二雄・物権法（上)(有斐閣・1966年)

鎌田＝寺田編　鎌田薫＝寺田逸郎編・新基本法コンメンタール不動産登記法（日本評論社・2010年)

川井Ⅱ　川井健・民法概論2物権〔第2版〕(有斐閣・2005年)

河上　河上正二・物権法講義（日本評論社・2012年)

川島・理論　川島武宜・所有権法の理論〔岩波書店・1949年)

佐久間Ⅱ　佐久間毅・民法の基礎2物権〔第2版〕(有斐閣・2019年)

四宮＝能見　四宮和夫＝能見善久・民法総則〔第9版〕(弘文堂・2018年)

清水・物権　清水元・プログレッシブ民法〔物権法〕(成文堂・2010年)

新堂　新堂幸司・新民事訴訟法〔第6版〕(弘文堂・2019年)

末川　末川博・物権法（日本評論社・1956年)

末弘・上　末弘厳太郎・物権法上巻（有斐閣・1956年)

鈴木　鈴木禄弥・物権法講義〔5訂版〕(創文社・2007年)

鈴木・債権　鈴木禄弥・債権法講義〔4訂版〕(創文社・2001年)

滝沢　滝沢聿代・物権変動の理論Ⅱ（有斐閣・2009年)

田山　田山輝明・物権法〔第3版〕(弘文堂・2008年)

道垣内　道垣内弘人・現代民法Ⅲ担保物権法〔第4版〕(有斐閣・2017年)

登記先例追加Ⅳ　法務省民事局編・登記関係先例集追加編Ⅳ（帝国判例法規出版社・1969年)

広中　広中俊雄・物権法〔第2版増補〕(青林書院・1987年)

広中・各論　広中俊雄・債権各論講義〔第6版〕(有斐閣・1994年)

舟橋　舟橋諄一・物権法（有斐閣・1960年)

星野Ⅱ　星野英一・民法概論Ⅱ（良書普及会・1976年)

星野Ⅲ　星野英一・民法概論Ⅲ（良書普及会・1978年）
松岡　松岡久和・物権法（成文堂・2017年）
安永　安永正昭・講義物権・担保物権法〔第3版〕(有斐閣・2019年)
山野目　山野目章夫・物権法〔第5版〕(日本評論社・2012年)
山野目・登記法　山野目章夫・不動産登記法（商事法務・2009年）
我妻＝有泉　我妻栄・有泉亨補訂・新訂物権法（岩波書店・1983年）
柚木＝高木補訂・判例物権　柚木馨＝高木多喜男補訂・判例物権法総論〔補訂版〕(有斐閣・1972年)
我妻・担保物権　我妻栄・新訂担保物権法（岩波書店・1968年）
我妻・債権総論　我妻栄・新訂債権総論（岩波書店・1964年）

[法令]
・条番号に特に法令名を併記していないものについては民法を表す。
遺失　遺失物法
仮登記担保　仮登記担保契約に関する法律
建基　建築基準法
借地借家　借地借家法
商　商法
建物区分　建物の区分所有等に関する法律
不登　不動産登記法
不登規　不動産登記規則
不登令　不動産登記令
文化財保護　文化財保護法
民執　民事執行法
民訴　民事訴訟法
民保　民事保全法
破　破産法
罹災都市　罹災都市借地借家臨時処理法

第 1 編

物権法総論

第1章　物権法の全体像

物権とは、一般的には、物に対する排他的・絶対的支配権のことであるが、その典型は所有権である。土地や建物に対する所有権、家電製品や日用品・食料品に対する所有権など、さまざまな物に対して所有権は存在する。また、他人から土地を借り受けてその上に建物を建てる場合に、他人の土地に地上権の設定を受けたり、銀行から融資を受ける場合に、貸金債権の担保として自分の所有する土地に銀行のために抵当権を設定することがあるが、地上権は、用益物権という物権の1つであり、抵当権は、担保物権という物権の1つである。さらには、土地につき所有権や地上権のような土地を占有することのできる権原を有していないにもかかわらずある人が土地を事実上占有している場合などに、その人に占有権というかなり特殊な物権が認められている。

そこでまず、わが国ではどのような物権が存在するのか、物権の意義・性質および効力はいかなるものか、物権の目的となるのはどのような物か、これらとの関連で、物権法定主義はなぜ要求されているのかなどが、重要なテーマとなる（以上、本編）。

その上で、各種の物権、すなわち、所有権・用益物権および占有権について、その意義・取得の方法・効力などを詳しく学ぶことが必要となる（以上、本書第2編。担保物権については、生熊・担保物権などを参照されたい）。

最後に、物権変動の問題を取り上げる（☞本書第3編）。ここでは、売買などの法律行為による物権変動は、どのようにして生ずるのか、物権の移転時期はいつなのか、特に売買契約により目的物の所有権は売主から買主にいつ移転するのか、所有権の取得などの物権変動を第三者に対抗するためには、いかなる物権変動につきいかなるもの（対抗要件）が要求されるのか、所有権などの物権取引の相手方が物権を有していないにもかかわらず相手方に物権があるような外観が存在するため、相手方に物権があるものと信じて取引をした場合に、物権の取得が認められることがあるのか、などが主要な問題となる。

第２章　各種の物権の概要と分類

この章では、物権についての一応のイメージをつかむために、民法典に登場する物権の意義および効力を簡単に説明する（各種の物権の詳細については、☞第２編）。

〔民法典上の各種の物権〕

- 本権としての物権
  - 所有権（206～262条の3・264条～264条の14）
  - 制限物権
    - 用益物権
      - 地上権（265～269条の2）
      - 永小作権（270～279条）
      - 地役権（280～293条）
      - 入会権（263条・294条）
    - 担保物権
      - 法定担保物権
        - 留置権（295～302条）
        - 先取特権（303～341条）
      - 約定担保物権
        - 質権（342～366条）
        - 抵当権（369～398条の22）
- 本権ではない物権　占有権（180～205条）

第１節　各種の物権の概要

1. 所有権

所有権は、物権の中で最も中心的な権利で、目的である動産または不動産を自由に使用・収益・処分し得る権利であって（206条）、物に対する全面的支配権ということができる。テレビや自動車などの動産に対する所有権、および土地や建物など不動産に対する所有権がある。

2. 用益物権

用益物権とは、一定の目的のために他人の土地を**使用・収益**し得る物権、または他人の土地の利用に**制限**を加える物権である。これには次の4つがあり、いずれも土地に関する権利である。

(1)地上権（265条以下）　地上権は、他人の土地において**建物**その他の**工作物**または**竹木**を所有するため、その土地を使用することができる物権である（265条）。自らの建物所有あるいは植林などを目的として他人の土地を借りる場合などに利用される。同様の目的で他人の土地を借りる場合に、土地所有者から土地賃借権（601条）の設定を受けることも多い。土地賃借権と地上権との大きな違いは、土地賃借権が債権であるのに対して、地上権が**物権**であるという点にある。

(2)永小作権（270条以下）　永小作権《えいこさくけん》は、**小作料**を支払って他人の土地において**耕作**または**牧畜**をすることができる物権であり（270条）、稲作や畑作あるいは酪農などを目的として他人の土地を借りる場合などに利用される。しかし、同様の目的で他人の土地を借りる場合には、土地所有者から土地賃借権の設定を受けるのが普通であり、現在では永小作権の利用はほとんどない。土地賃借権と永小作権との大きな違いは、土地賃借権が債権であるのに対して、永小作権が**物権**であるという点にある。

(3)地役権（280条以下）　地役権《ちえきけん》は、設定行為で定めた**目的**に従い、他人の土地を**自己の土地の便益**に供し得る物権である（280条以下）。例えば、自分の土地（甲土地）から公道に出るために他人の土地（乙土地）の一部を通行した方が便利な場合に、乙土地所有者との間でその土地の一部を通行することができる通行地役権の設定を受けることができれば（地役権設定契約による約定《やくじょう》の土地利用権の取得）、他人の乙土地の一部を通行することができるし、この甲土地を譲渡した場合には、別段の定めがなければ甲土地譲受人はこの通行地役権（制限物権）も譲り受けることになる（281条1項）。

(4)入会権（263条・294条）　入会権《いりあいけん》とは、1つあるいは数個の**村落共同体**（地縁的共同体である村落共同体であり、行政の区分である地方自治体とは一致しない)の住民が一定の山林原野等を集団として所有しあるいは借り受けて、村落共同体の住民が各自の農業生産や生活に必要な肥料、飼料、燃料などを得るためにその山林原野等を**共同利用**することができる物権であって、各地の**慣習**により認められているものである。民法上は、入会権の権利関係については、各地の慣習によるのを原則とし、慣習がない場合については、民法上の共有または地役権の規定を準用するものとしている（263条・294条)。

3. 担保物権

担保物権とは、貸金債権などの債権の担保のために、弁済期が到来しても債権の弁済が得られない場合に、債権者が担保物権の目的とされた債務者または第三者の財産（不動産・動産・債権など）を競売《けいばい》等により換価して換価代金等から**債権の優先弁済**を受けることができる権利、あるいは担保の目的とされた債務者または第三者の財産を債権の弁済を受けるまで**留置**することによって、債務者に間接的に債権の弁済を促すことができる権利である。

(1)留置権（295条以下)　留置権は、他人の物の占有者が、その物に関して生じた債権を有するときに、その債権の弁済を受けるまで、その物を留置することができる物権である（295条1項)。例えば、Bがラジコン飛行機甲を操縦していたところ操縦を誤り甲が墜落し他人Aの家の窓ガラスを突き破り部屋の中の家具も破損した場合に、Aは、Bに対して不法行為に基づく損害賠償債権を取得するが、Bが賠償金を支払うまで、Aは甲の返還を拒む（留置する）ことができる。このように留置権は、契約により成立するのではなく、法律上当然に成立する担保物権（「**法定担保物権**」という）である。留置権は、他人の物を留置することにより債務の弁済を間接的に促す効力を有するものであり、その物を換価して換価代金から債権の優先弁済を受けることはできない。

(2)先取特権（303条以下)　先取特権《さきどりとつけん》は、**一定の原因**により生じた債権につき、債権者が債務者の**一定の財産**から他の債権者に**優先して弁済**を受けることができる物権である（303条)。いかなる原因により生じた債権が債務者のいかなる財産に優先弁済権を有するかについては、民法その他の法律が定めており、先取特権も法律上当然に成立する担保物権（**法定担保物権**）である。例えば、家具店Aが、応接セットをBに売り代金債権を取得したが、Bから代金の支払いが得られない場合には、Aは応接セットに先取特権（311条5号・321条の動産売買先取特権）を有することになる。この場合、Bに50万円を貸していたCが、貸金債権の弁済が得られないためこれらの応接セットを強制執行により差し押さえた（民執122条）としても、Aが先取特権を主張すれば（民執133条参照）、応接セットの換価代金からAの代金債権に優先的に配当される。

⑶質権（342条以下）　質権は、債権者が債権の担保として債務者または第三者から受け取った物を**占有**し、その物について他の債権者に**優先して**自己の債権の弁済を受けることのできる物権である（342条）。⑷の抵当権と同様、お金を貸す場合などの担保として利用される。質権は、貸主と担保権の目的物を提供する者（質権設定者）との間の契約により設定されるが（「**約定《やくじょう》担保物権**」という）、抵当権との大きな違いは、担保の目的物（質物）を担保権設定者が引き続き占有して**使用・収益**することはできず、質権者に引き渡さなければならないという点である。しかも、質権設定契約は当事者の合意のみによって効力を生ずるのではなく、質物の債権者への**引渡し**によって効力を生ずるとされている（344条〔**要物《ようぶつ》契約**〕）。質権者が質物を留置することによって債務者に債務の弁済を促す効力（**留置的効力**）が質権にはあるが、弁済期到来後も弁済がなされないときは、質権者は目的物を競売等により換価し、換価代金から債権の優先弁済を受けることもできる。

⑷抵当権（369条以下）　抵当権は、債務者または第三者が**占有を移転しない**で債務の担保に提供した不動産などについて、抵当権者が他の債権者に**優先して**自己の債権の弁済を受けることのできる物権である（369条）。抵当権は、⑶の質権と同様、お金を貸す場合などの担保として利用され、貸主と担保権の目的物を提供する者（抵当権設定者）との間の契約により設定されるが（**約定担保物権・諾成契約**〔両者の合意のみで契約の効力が生ずる〕）、質権との大きな違いは、抵当権者は、担保の目的物（抵当不動産）の引渡しを受けず、抵当権設定者が引き続き占有して**使用・収益**することができるという点にある。したがって、抵当権は、お金を借りる側にとっても非常に便利な担保方法であり、担保物権の中でも最も広く利用されている。弁済期到来後も債務の弁済がなされないときは、抵当権者は、目的物を競売等により換価し、換価代金から債権の優先弁

済を受けることができる。なお、目的不動産が賃貸ビルや賃貸マンションのような収益物件などの場合には、債務の弁済期到来後、抵当権者は賃料から債権の優先弁済を受けることもできる（371条。民執180条2号の担保不動産収益執行、または民法372条・304条の物上代位による）。

4. 占有権

占有権とは、**自己のためにする意思**をもって物を**所持**することにより取得される物権である（180条）。例えば、ＡがＢ商店の店頭に展示してあるＢ商店所有の冷蔵庫甲を購入して引渡しを受けた場合には、Ａは甲の占有権を取得するし、Ａが友人Ｃの家にあったデジタルカメラ乙をＣより譲り受けてその引渡しを受けたが、実は乙はＣのものではなくＢのものであったという場合にも、乙の引渡しを受けたＡは、乙の占有権を取得する。

このように**占有権**とは、甲または乙を**占有すべき権原**（所有権や賃借権など）があるかどうかにはかかわりなく、ある人がそれらの物を占有しているという事実がある場合に認められるものであり、この**占有という事実状態**に一定の法的効果が付与されている。例えば、Ａの占有しているデジタルカメラ乙をＤが強引に持って行ってしまった場合、Ａは、乙の所有権が自分にあるかどうかに関わりなく、Ｄが乙の占有を奪ったということを理由に、乙の返還を求めることができる（200条の占有回収の訴え）。また、デジタルカメラ乙の所有権を有しておらずまた所有者Ｂから処分権限も与えられていないＣ（無権限者）からＡが乙を買い受けた場合、本来Ａは乙の所有権を取得できないのであるが、乙をＣが占有しているのでＣが乙の所有者であると過失なくＡが信じて、売買という取引により乙を買い受けて乙の占有を始めたときは、Ａは乙の所有権を取得することができるという法的効果も認められている（192条。これを「**即時取得**」あるいは「**善意取得**」という。☞第3編第5章第3節）。

第2節　各種の物権の分類

以上に見たように、民法典に定められている物権は、所有権をはじめとして

10種類あるが、これらの物権は、いくつかの観点から分類することができる。

1. 本権としての物権と本権ではない物権

以上の10種類の物権のうち占有権とその他の物権とは、大きな違いを有している。すなわち、占有権以外の9種類の物権は、物の支配を適法なものとする権利（「**本権**」という）であるのに対して、**占有権**は、物の現実の支配が適法なものかどうかを問わず、物を現実に支配しているという事実状態に基づいて認められる権利である。前者を**本権としての物権**といい、後者の占有権は**本権ではない物権**である。

2. 所有権と制限物権

本権のうち**所有権**は、前述のようにその目的物を自由に**使用・収益・処分**し得る権利であり（206条）、物に対する**全面的支配権**ということができる。これに対して、**用益物権**は、他人の不動産所有権の一部の権能である不動産の使用・収益権能を行使することのできる物権、あるいは他人の不動産所有権の全面的な行使を妨げること（観望地役権であれば、承役地所有者に一定の高さ以上の建物の建築をさせない）のできる物権である。また、**担保物権**は、債権担保のために、弁済期到来後も債権の弁済が得られないときに、他人の所有に属する担保目的物（動産や不動産など）を換価し換価代金から優先弁済を受けること（先取特権・質権・抵当権の場合）、または債権の弁済が得られるまで担保目的物の引渡しを拒むこと（留置権・質権の場合）ができる物権である。これらの担保物権が付いていることによって担保目的物所有者は担保目的物の譲渡等の処分を妨げられることはない。しかし、一般には担保目的物の譲渡等の処分がなされた場合、これらの担保物権の負担が付いたまま第三者に譲渡等がなされるので（債権の弁済がなされないでいると、競売等によりこれらの担保目的物が換価され、譲受人は目的物を失う）、担保目的物所有者は完全な所有権を有する者としては担保目的物を処分し得ない。このように、用益物権や担保物権は、他人の所有権の全面的支配権に対して一定の限度において一時的に制限を加える物権であるので、これらをまとめて「**制限物権**」（あるいは「**他《た》物権《ぶっけん》**」）という。

第3章　物権の意義・性質・効力

それでは以上の物権に共通する意義、性質および効力はどのようなものかを見てみよう。この点は債権の意義、性質および効力と比較しながら理解すると分かりやすい。

第1節　物権の意義・性質

1. 物権の意義

物権とは、一般に、「一定の物、あるいは物の有する価値の一部（使用価値・交換価値など）を**直接に支配**し、その利益を**排他的に享受**し得る権利である」とされる。

2. 直接支配権（対物権）

物権は、物に対する直接の支配権である。これは、債権が、特定の債務者に対して一定の行為を請求し得る権利である（人に対して一定の行為を請求し得る権利＝**対人権**《たいじんけん》）のに対して、物権は、その権利の実現のために他人の行為の介在を必要としない（物に対する権利＝**対物権**《たいぶつけん》）ということである。

例えば、債権である土地賃借権と物権である地上権とを比較すると次のような違いがある。すなわち、債権である土地賃借権（601条）の場合には、賃貸人は賃借人に賃貸の目的土地を引き渡す債務を有し、賃貸人がこの引渡しの債務を履行することによって賃借人は目的土地を利用できることになり、仮に第三者が目的土地を不法占有しているときでも、賃借人は直接第三者に対して土地の明渡しを請求し得ず、土地を賃借人に使用・収益させる債務を負う賃貸人に第三者の占有の排除を請求し得るにすぎない（請求権）のが原則である（423条の債権者代位権の行使によることは認められている）。これに対して、物権である地上権（265条）の場合には、地上権設定者（土地所有者）が目的土地を引き渡さないときや第三者が目的土地を不法に占有しているときには、地上権者は、地上権設定者の行為の介在を必要とせずに、地上権という物権に基づき土地の引渡請求権を行使して（物権的妨害排除請求権）地上権設定者や第三者の占有を排除し、目的土地を利用することができる。このように、地上権は物権であるから、物に対する直接の支配権が認められるのである。

このことから、物権の性質としては**絶対性**が導かれ、債権の性質としては**相対性**が導かれる。すなわち、物権は設定者を含む誰に対してでも権利内容の実現を請求し得るという意味で**絶対的な権利**であるのに対して、債権は特定の債務者に対してのみ権利内容の実現を請求し得る（対人権）という意味で**相対的な権利**であるとされる。

制限物権における物権・債権峻別論に対する批判的学説の存在　もっとも、制限物権一般について、それを単なる債権と峻別して物権であることを強調することの意味はあまり明白でないとする有力説がある。すなわち鈴木禄弥教授は、地上権設定者は、地上権設定契約という自身がなした約束にしたがって、地上権者の権利を害してはならないという義務を負うと解すべきではあるまいか、このように解すると、地上権設定当事者間には地上権関係とでもいうべき一種の継続的契約関係が存続し、両者の間の関係はやはり契約に基づく権利・義務の関係として処理されるべきだということになろうとされている（鈴木・462頁以下）。この見解によると、地上権の設定を受けたのに土地所有者が土地の引渡しを拒むときは、地上権者は地上権という物権に基づき土地の引渡しを求めるのではなく、地上権設定契約という契約に基づき土地の引渡しを求めることになろうか。この見解は、物権・債権峻別論に対する鋭い批判であり、このような考え方の方が馴染みやすい面もある。なお、抵当不動産の不法占有者に対して抵当権設定者の有する妨害排除請求権の、抵当権者による代位行使を認めた最大判平11・11・24民集53-8-1899にも、抵当権者の抵当権設定者に対して有する「**抵当不動産維持・保存請求権**」という表現が見られる。もっともこれが債権なのかは定かではない。ただ、制限物権設定の当事者間ではなく、第三者との関係においては、制限物権と債権との間には、本文に見るように、原則としては大きな違いがあるというべきである。

3. 排他的権利

物権は排他的な権利であるという意味は、債権の場合には、互いに両立し得ない内容の債権を複数成立させることができるが、物権の場合には、同一の目的物の上に1個の物権が存在するときは、これと両立し得ない物権が成立することを認めないということである。例えば、債権の場合には、アーティストAは、クリスマスイヴの夜7時から東京ドームで2時間のコンサートをライブで行う契約を興行会社Bと締結し、また同じ年のクリスマスイヴの夜7時から大阪の大阪城ホールで2時間のコンサートをライブで行う契約を興行会社Cと締結するというように、双方を履行することは不可能な複数の債権を成立させることができる。したがって、債権には排他性がない。この場合、Aとしては一方の債務しか履行できないわけであるが、どちらの債務を履行するかはAの意思に委ねられることになり、履行し得なかった方の債務についてAは債務不履行による損害賠償義務を負うことになる。これに対して、物権の場合には、1つの土地に地上権が設定されているときには、他の者のために同一の土地に地上権を設定することはできない。また、1つの土地にある者のために抵当権が設定され、次いで他の者のために抵当権が設定されたときには、設定の順序で第1順位抵当権、第2順位抵当権となる。もっともわが国においては、物権の変動（所有権の移転や地上権の設定など）は、原則として当事者の意思表示のみによって生ずるが（176条）、これを第三者に対抗するためには対抗要件（不動産の場合には登記〔177条〕、動産の場合には引渡し〔178条〕が原則）が必要であるとされているので、正確に言えば設定の順序ではなく、対抗要件具備の順序ということになる。以下、特に対抗要件の具備を問題とする場合を除き、便宜上設定と同時に対抗要件を備えている物権を前提として、説明する。

以上のように、物権は排他的な権利であり、物権の性質としては**排他性**があるということになり、債権は排他性を有しない権利であるということになる。

物権と債権の中間にある権利　物権と債権とには以上のような差異があるとされているが、実際上は、これらの典型的な物権あるいは債権にはあてはまらない権利も存在する。例えば、不動産の売買予約に基づき所有権移転請求権につき**仮登記**を経由した場合には、本登記の順位保全の効力が認められるので（不登106条）、債権でありながら事実上排他性が認められることになる。**不動産賃借権**も債権とされるが（601条）、賃借権につき対抗要件を備える方法が認められており（605条による賃借権の登記、借地権の場合には借地借家法10条による建物登記、借家権の場合には同法31条による建物引渡しなど）、対抗要件を備えた不動産賃借権には排他性が認められる。すなわち、対抗要件を備えた不動産賃借権を有する者に、判例（最判昭28・12・18民集7-12-1515、最判昭45・11・24判時614-49）・通説の考えを明文化した605条の4は、その後に賃借権を取得した者等に対する直接の妨害排除請求権や返還請求権を認めている（単なる不法占有者に対しても同様となる）。

したがって、わが国においては、物権あるいは債権とされている権利であっても、必ずしもそのすべてが典型的な物権あるいは典型的な債権のメルクマールを有していないものがある点に注意しておく必要がある。そのような権利については、それにどのような効力を認めるのが妥当であるかを、個別に判断することが重要である（鈴木・451頁以下参照）。

第2節　物権の効力1——優先的効力

物権は、「一定の物を直接に支配してその利益を受ける排他的な権利である」ことから、物権の性質として**絶対性**および**排他性**が導かれる。そして物権の排他性から物権の**優先的効力**が導かれ、物権の絶対性や排他性などから**物権的請求権**が導かれる（☞第3節2参照）。そこで、物権の効力としては、優先的効力と物権的請求権があげられる。もっとも、典型的な物権には優先的効力および物権的請求権が認められるということであって、後述のようにすべての物権にこれらの効力が認められるわけではない点には注意がいる（例えば、留置権者は、留置物の占有を失った場合、留置権に基づいてその物の返還を請求し得ないし〔302条〕、動産質権者は、質物を奪われた場合に質権に基づきその物の返還を請求し得ない〔353条〕。）。

この節では、優先的効力を取り上げ、次の節で、物権的請求権を取り上げる。

1. 物権同士の衝突

債権には排他性がないから、両立不可能な債権であっても複数成立することが可能であり、それらの債権のいずれが履行されるかは債務者の意思によるのであって（☞第1節3の例参照）、債権相互に優劣はない（**債権者平等の原則**）。

それに対して物権には**排他性**があるから、両立不可能な物権が複数成立することは認められない。例えばＡ所有の甲土地にＢのために地上権が設定され、次いでＣのために同じく地上権が設定された場合には、先に設定されたＢの地上権（先に「対抗要件」を備えた地上権を前提としていることについては第1節3参照）のみが成立を認められる。もっとも、土地または建物の賃借権のような不動産賃借権は、債権ではあるが第三者に対する対抗要件を備えることができ（605条の賃借権設定登記、借地借家法10条による建物登記、同31条による建物引渡しなど）、この場合には、債権である不動産賃借権にも排他性が認められ、先に対抗要件を備えた者の賃借権が後に対抗要件を備えた賃借人に対して、賃借権を主張し得る（☞第1節3参照）。

また、さしあたり両立可能な物権が同じ不動産に複数存在するような場合には、先に設定された物権が後に設定された物権に優先し、先に設定された物権の効力を阻害しない範囲で後に設定された物権は効力を有する。例えば、Ａ所有の甲土地にＢのために地上権が設定され、次いでＣのために抵当権が設定された場合には、その後、Ｃの抵当権に基づいて甲土地が担保不動産競売（＝担保権の実行としての不動産の競売）により換価されたとき、Ｂの地上権は影響を受けず、競売によるその土地の買受人Ｄは、地上権の負担の付いた土地を買い受ける。逆に、Ａ所有の甲土地にＢのために抵当権が設定され、次いでＣのために地上権が設定された場合には、その後、抵当権に基づいてその土地が担保不動産競売により換価されたとき、Ｃの地上権はＢの抵当権に後れて設定されたために競売により消滅し（民執59条2項）、競売によるその土地の買受人Ｄは地上権の負担のない土地を買い受ける。また、Ａ所有の甲土地に債権者Ｂが抵当権の設定を受け、次いで債権者Ｃが抵当権の設定を受けた場合、Ｂが1番抵当権者、Ｃが2番抵当権者となり、その後、土地が担保不動産競売により換価された場合には、換価代金からＢがまず債権の**優先弁済**を受け、その残りからＣが債権の優先弁済を受ける。この場合には、抵当権の成立の順序でその優先順位が決まる。

さらに、Ａ所有の甲土地にＢのために地上権あるいは抵当権が設定され、その後甲土地がＣに譲渡されたとき、Ｂは甲土地の譲受人Ｃに対しても地上権や抵当権を主張し得る。これは物権の**追及効**（**追及性**）ともいわれるが、物権の排他性から認められるもので、物権の優先的効力の１つの現れと見ることができる。なお、土地あるいは建物賃借権のような**不動産賃借権**は、債権ではあるが第三者に対する対抗要件を備えた場合には、**排他性**が認められ、不動産賃借人Ｂはその後Ａ所有の甲土地がＣに譲渡されたとき、Ｂは甲土地譲受人Ｃに対しても賃借権を主張し得る（605条）。

追及効　物権の一般的効力として優先的効力および物権的請求権の他に追及効をあげるべきかについて議論がある。この追及効とは、物権の目的物がどこに移転しようとも、現在のその物の名義人（不動産の場合は所有権移転登記名義人）ないし所持者に対して権利内容の実現を請求し得るという効力である。例えば、甲土地につき地上権や抵当権などを有する者は、甲土地の譲受人に対しても地上権や抵当権を主張し得る。多数学説は、追及効は結局優先的効力か物権的請求権のいずれかに包含されるものであって、独立の効力としてあげる必要はないとする（我妻＝有泉・19頁など）。これに対して、担保物権の目的物譲受人に対する担保物権の追及効などは、優先的効力には包含されないとする有力学説が存在する（近江Ⅱ・36頁）。追及効を物権的請求権および優先的効力とならぶ3つ目の効力としてもよいが、優先的効力か物権的請求権のいずれかに包含されると考えてよいであろう。

2. 物権と債権の衝突

物権と債権とが競合する場面では、物権が債権に優先する。

例えば、Ａ所有の甲土地をＢが債権である使用借権（593条）に基づき使用していたところ、甲土地につきＣがＡより地上権の設定を受けた場合、Ｃの地上権がＢの使用借権に優先する。債権である使用借権は、債権者Ｂが債務者

〔債権と物権の定義・性質・効力などの対比〕

	物　　権	債　　権
①対物権か対人権か〔定義〕	対物権・直接支配権	対人権・請求権
②絶対性か相対性か	絶対性（絶対的な権利）	相対性（相対的な権利）
③排他性の有無	排他性あり（排他的権利）	排他性なし
④優先性の有無	優先性（優先的効力）	債権者平等の原則
⑤追及性の有無	追及性あり（追及力あり）	追及性なし（追及力なし）
⑥契約による権利創設の可否	物権法定主義・公示の要請あり	契約自由の原則・公示の必要少

Ａに対してしか権利内容の実現を請求し得ない**相対的権利**に過ぎないのに対して、物権である地上権は、誰に対してでも権利内容の実現を請求し得る**絶対的な権利**であるから、ＣはＢに対しても地上権を主張することができ、使用借人Ｂに対して甲土地の明渡しを請求し得る。

また、Ａに対して1000万円の貸金債権を有するＢ銀行がこの債権担保のためにＡ所有の甲土地に抵当権の設定を受けていたところ、Ｂの貸付けより先にＡに対して無担保で2000万円を貸していた金融業者Ｃが甲土地につき強制競売（民執45条以下）の申立てをし、甲土地の換価代金から1500万円がＢおよびＣの債権の配当にあてられることになった場合、物権である抵当権によって担保されている債権を有するＢがまず優先弁済を受け、その残りから無担保債権者（「一般債権者」ともいう）Ｃが配当を受ける。

第3節　物権の効力2——物権的請求権

1. 物権的請求権の意義

物権は、物に対する直接の支配権であり、絶対的・排他的権利である。したがって、物権の行使が妨げられ、あるいは妨げられるおそれがある場合には、物権を有する者は、物権の行使を妨げ、あるいは妨げようとしている者に対して物権に対する侵害の排除あるいは侵害の予防を請求し得る。この請求権を**物権的請求権**あるいは**物上請求権**という（以下、原則として「物権的請求権」という）。

物権的請求権は、物権の最も基本的な効力の１つである。これに対して、債権の場合は、債務者に対して一定の行為を請求し得る権利であり、債権の行使を妨げられ、あるいは妨げられるおそれがある場合にも、債権の行使を妨げている者等に対して直接に侵害の排除等を請求し得るのではなく、債務者を通して債権の内容を実現することになる。

物権的請求権には次の３種類がある。第１は、**物権的返還請求権**であり、物権の目的物の占有が侵奪された場合（占有の全面的排除）に、物権（所有権・地上権・永小作権等）を有する者が物権に基づいてその返還を請求することができる権利である。第2は、**物権的妨害排除請求権**であり、占有侵奪以外の方法で物権の行使が違法に妨害されている場合に、物権を有する者が妨害物の除去や妨害行為の停止などの行為を請求することができる権利である。そして第3は、**物権的妨害予防請求権**であり、将来、物権に対する違法な妨害状態を生ずるおそれが強い場合に、物権を有する者がその原因を除去して妨害を未然に防ぐ措置を講ずるよう請求することができる権利である。

2. 物権的請求権の根拠

(1)物権的請求権の条文上の根拠　民法典上、物権的請求権について直接規定する条文は存在しないのであるが、民法典は物権的請求権を認めることを当然の前提としていると考えられている（梅Ⅱ・87頁参照）。このことは、民法典上の次のような取扱いからも窺える。

第1に、本権ではなく占有という事実に基づいて認められる占有権についても、民法は、占有を侵奪されたときの占有回収の訴え（200条）、占有を妨害されたときの占有保持の訴え（198条）等の妨害排除請求権等を認めていることである。

第2に、民法は、202条1項に「占有の訴えは本権の訴えを妨げず、また、本権の訴えは占有の訴えを妨げない。」とする規定を置いていることである。すなわち、この規定は、所有権や地上権等の本権である物権を有する者が権利行使を妨げられた場合に、上記の**占有の訴え**とともに**本権の訴え**を提起することができるとしており、民法典上本権である物権に基づく妨害排除請求権等が認められていることを当然の前提としていると見ることができる。

第3に、本権である物権が侵害され、通常であれば物権に基づく返還請求権が認められるであろう場合に民法典がこれを認めないときは、民法は、明示的にその旨を規定していることである（占有の喪失による留置権の消滅を定める302条、動産質権者が質物を奪われた場合は占有回収の訴えによってのみ質物を回復し得るとする353条）。

これらのことから、民法典は、物権の行使が妨げられ、あるいは妨げられるおそれがある場合に、通常は物権的請求権が発生するという立場に立っているといえる。

(2)物権的請求権の理論的根拠　物権的請求権はいかなる理論的根拠により認められるのかについては、議論がある（歴史的に見れば、所有権でさえも当然に物権的請求権が認められていたわけではない。鈴木・16頁、広中・236頁）。つまり、①物権の直接支配性、②物権の絶対性、③物権の排他性、あるいは④権利の通有性としての不可侵性、のいずれを理論的根拠として物権的請求権が認められるのか。

④の権利の通有性としての**不可侵性**を理論的根拠とする見解に対しては、債権一般に妨害排除請求権を認めることになるため支持はあまりない。かつては①の物権の**直接支配性**に理論的根拠を求める説が有力であったが（我妻＝有泉・22頁、舟橋・23頁など）、①の物権の**直接支配性**と③の物権の**排他性**の両方の性質に由来するとする説（川井Ⅱ・10頁）や、②の物権の**絶対性**に由来するとする説（山野目・88頁）、③の物権の排他性に由来するとする説（近江Ⅳ・165頁）、なども見られる。また、物権の性質にこだわらず、妨害排除の実現を認めることによって生ずべき侵害者の犠牲の程度と、妨害排除を否認することによって生ずべき被害者の不利益の程度などを相関的に考慮して妨害排除請求権の存否を決定すべきであるとする説も有力である（舟橋・36頁）。

わが民法では債権に位置づけられている不動産賃借権の場合に、判例・通説（鈴木・債権615頁、内田Ⅱ・237頁など）は、第三者が目的不動産を不法占拠したようなときに対抗要件を備えた不動産賃借権については、これに基づく妨害排除請求権の行使を認め（最判昭28・12・18民集7-12-1515、最判昭30・4・5民集9-4-431）、605条の4はこれを明文化した。このことを視野に入れると、直接支配性や絶対性よりも排他性に根拠を求めた方が説明がしやすいといえなくもないが、排他性とは同一の目的物の上に1個の物権が存在するときは、これと両立し得ない物権が成立することを認めないということであるから、ここから妨害排除請求権が必然的に導かれるとはいえない（舟橋・34頁、星野Ⅲ・132頁。生命、健康、名誉などの人格的利益に基づく差止請求権の理論的根拠につき判例〔最大判昭61・6・11民集40-4-872〕は、排他性を根拠とするが、絶対性を根拠とした方がよいであろう）。さらに対抗要件を備えていない不動産賃借権に基づく不法占拠者等に対する妨害排除請求権等を認めるべきであるとする見解も有力であり（広中・240頁、星野Ⅲ・132頁など）、このような見解からすると、絶対性、直接支配性のいずれも、理論的根拠としてしっくりこない。

結局、当該権利が物権に準じた妨害排除請求権を認める必要がある権利かどうかという実質判断で処理すれば足りるということになろうか（星野Ⅲ・132頁は、対抗要件を備えていない不動産賃借権に妨害排除請求権を認める根拠としては、端的に、不動産賃借権の今日における特殊な地位とその保護の必要性とに求めるべきであり、これで十分であるとする）。

3. 物権と物権的請求権の関係

物権的請求権は、物権の作用ないし効力に過ぎず、独立の権利ではないと考えるべきか、独立の請求権ではあるが純粋の債権ではないと考えるべきかが争われている。債権の場合には、原則として債務者のみに対する請求権が発生するだけ（人に対する権利）であるから、債権とは区別された請求権を考える必要はほとんどない。しかし、物権の場合には、所有権や地上権といった**物権自体**と、物権の行使が妨げられた場合にその都度その侵害者に対して生ずる**物権的請求権**とを考えることができる（鈴木・17頁）。多数学説は、物権的請求権は、物権の本来の内容である物に対する直接の支配権（☞第1節1・2）とは異なり、人に対する請求権であるから、**物権そのものとは別の権利**とみることが適当であるが、物権と運命をともにし（物権の移転に伴い物権的請求権も移転し、物権を譲渡した者は物権的請求権も失う。大判昭3・11・8民集7-970）、物権の存在する限り不断にこれから発生し、例えば所有権の目的動産が第三者の占有下にあり、第三者につき破産宣告がなされても、債権と異なり破産債権とはならず、取戻権（破62条）として目的動産の返還を請求し得るなど強い効力が認められるとしている（我妻＝有泉・23頁、舟橋・40頁など）。なお、物権が消滅時効にかかっていない場合に**物権的請求権だけが消滅時効にかかることはない**とする説が多数であるが（近江Ⅱ・27頁、安永・18頁など。大判大5・6・23民録22-1161も同様）、物権的請求権と同質の相続回復請求権も時効にかかることやドイツ民法では物権的請求権についても時効消滅を認めていることなどを理由に、特定の妨害者に対しては物権的請求権も物権とは独立に消滅時効にかかるとする有力説もある（末川・37頁など）。

4. 物権的請求権の行使の要件

⑴物権的請求権行使の要件　物権的請求権行使の要件としては、①物権の行使が**妨げられ**、もしくは**妨げられるおそれ**があること、および②物権侵害の状態が**客観的に違法**なものであること、の２つが必要となる。例えば、Ａ所有の甲土地につき、ＢがＡから賃借権の設定を受けてＢ所有の乙建物を建てて居住している場合には、Ａの甲土地所有権の行使が妨げられても、Ｂの甲土地占有は違法ではないから、ＡからＢに対して物権的請求権は発生しないが、Ａ所有の甲土地にＢが甲土地の占有権原を有しないにもかかわらず、乙建物を建てて居住している場合には、Ａの甲土地所有権の行使が違法に妨げられているから、物権的請求権が発生する。Ａが甲土地所有権に基づく物権的請求権の行使としてＢに対して建物収去・土地明渡請求訴訟を提起するときには、Ａは甲土地につき所有権を有していること、およびＢが甲土地を占有していることを主張・立証することになり、これに対して、甲土地につきＡから土地賃借権の設定を受けていたときなどＢが正当な占有権原を有しているときは、Ｂが正当な占有権原を有していることを抗弁として主張・立証することになる。

⑵物権的請求権者　物権的請求権を行使し得る者は、物権の目的物の占有を侵奪され、物権の行使を妨害され、もしくは妨害されるおそれのある者である。物権を現在有していることを要し、すでに物権を第三者に譲渡した場合には譲渡人は物権的請求権を行使し得ず、譲受人がなお物権の侵害を受けているときに、物権的請求権を行使し得る。物権について対抗要件（177条・178条）を備えている必要はない。

⑶請求の相手方　物権的請求権の行使の相手方になるのは、現に物権の目的物を占有していることにより**違法に物権の行使を妨げている者**、もしくは将来物権に対する**妨害状態を生ずるおそれが強い者**である。この者がこのような状態を引き起こしたことを必要としないし、また不法行為の場合とは異なり、このような状態を引き起こしたことについての**故意・過失**を必要としない。例えば、次の5⑴に掲げるケースⅠ①の場合には、Ａの所有地にＢ所有の金庫が放置されているが、これはＣがＢの家から盗み出した金庫をＡの所有地に放置したことによるものである。このような状態を引き起こしたことにつきＢに故

意・過失はないのであるが、Ｂの金庫がＡの土地所有権を侵害しているので、Ｂが物権的請求権行使の相手方となる（ＡはＢに対して妨害排除請求権を行使し得る）。また、Ａは甲土地を、Ｂは隣接する乙土地をそれぞれ所有しているが、乙土地のＢへの譲渡人Ｃが乙土地の境界線近くを深く掘ったため隣の甲土地が崩壊しそうになっている場合、甲土地の所有者Ａは、Ｃではなく、乙土地の現在の所有者Ｂに対して、物権的請求権の行使として危険防止に必要な設備の設置を請求し得る（☞5⑷参照）。もちろん故意または過失によりこのような状態を生じさせ、物権を有するＡに損害を与えたＣに対しては、Ａは**不法行為**に基づく損害賠償を請求し得るが（709条）、これは物権的請求権とは別の問題である。

5. 物権的請求権の内容

⑴行為請求権説と忍容請求権説　物権的請求権とは、物権を侵害している相手方に、**相手方の費用**で、物の返還、妨害物の撤去あるいは妨害予防工事などの**積極的な行為**を求め得る請求権（**行為請求権**）なのか、それとも、常に、物権的請求権の行使者が**自らの費用**で、物の回復ないし予防のための措置をとることを相手方が**忍容**《にんよう》（受忍）することを求め得るだけの請求権（**忍容請求権**）にすぎないのかが問題となる。前者の見解を**行為請求権説**といい、後者の見解を**忍容請求権説**という。後者の見解は、物権を侵害している相手方に責任があるときは、別途不法行為に基づく損害賠償請求権を行使し得るとする。通説（我妻＝有泉・263頁など）は、行為請求権説に立つが、忍容請求権説に立つ有力学説も存在する（鈴木・21頁）。

具体的な例で検討する。ここでは、物権的請求権を行使する側にも行使される側にも物権の侵害について責任がないケース（双方無責のケース。ケースⅠとする）と、物権的請求権を行使される側に物権の侵害について責任があるケース（ケースⅡとする）とに分けて考えるのが便利である。

ケースⅠをさらに、第三者の行為による場合（ケースⅠ①とする）と、自然災害等の不可抗力による場合（ケースⅠ②とする）とに分けて考える。

ケースⅠ①としては、Ａの所有地にＢ所有の重さ200㎏の金庫が放置されているが、これはＣがＢの家から盗み出し用済みとなった金庫をＡの所有地に放置したことによるという事例で考える。このケースにおいて、ＡはＢに対

〔ケースⅠ①〕〔第三者の行為による場合〕

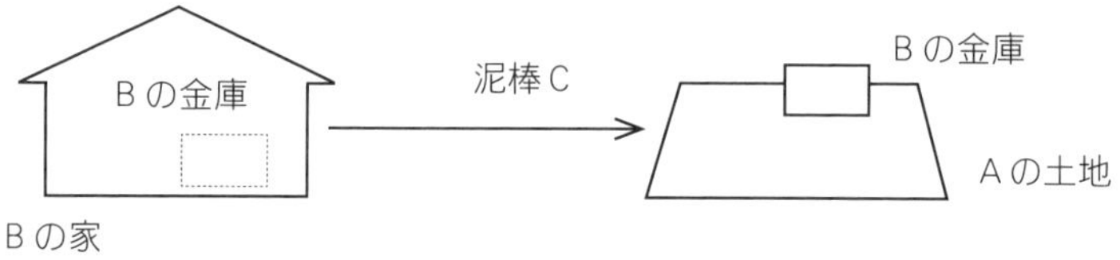

α行為請求権説

〔Bの金庫がAの土地所有権を侵害〕妨害排除請求権（Bの費用でBが除去）

土地所有者A　→　金庫所有者B

土地所有者A　←　金庫所有者B

金庫返還請求権（Aの費用でAが返還）〔AがBの金庫所有権を侵害〕

β忍容請求権説

〔Bの金庫がAの土地所有権を侵害〕金庫除去忍容請求権（Aの費用でAが除去）

土地所有者A　→　金庫所有者B

土地所有者A　←　金庫所有者B

金庫回収忍容請求権（Bの費用でBが回収）〔AがBの金庫所有権を侵害〕

〔ケースⅠ②〕〔巨大な自然災害等不可抗力による場合〕

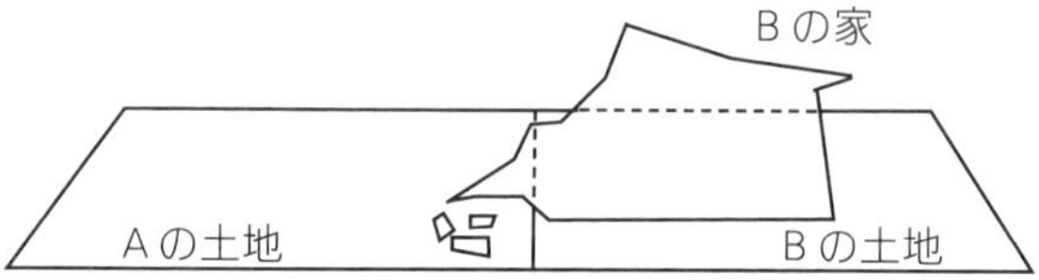

〔ケースⅡ〕〔相手方に責任がある場合〕

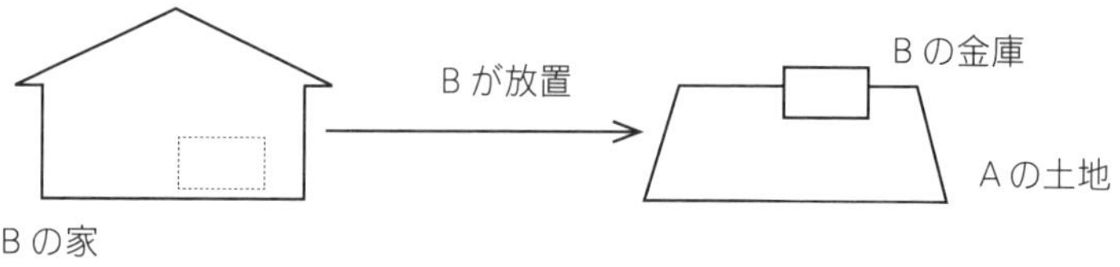

して、Ｂの金庫がＡの土地所有権を侵害しているから、その金庫をＢの費用で持っていくようＢに対して請求し得るのか（妨害排除請求権－行為請求権説）、それともこの金庫をＡがＡの費用でＢの家に運ぶからＢはこれを妨げないように忍容を請求することができるに過ぎないのか（金庫除去忍容請求権－忍容請求権説）が問題となる。また、ケースⅠ①においては、ＡがＢの金庫の所有権を侵害しているとみることもできないわけではない。そうとすると、金庫の所有権を侵害されているＢはＡに対してＡの費用でＢの金庫をＢの家に運んでくるように請求し得るのか（金庫返還請求権－行為請求権説）、それともＢはＡに対して、Ｂの費用で金庫をＢの家に運ぶから、Ａの土地に立ち入って金庫を運搬することを妨げないように忍容を請求し得るにすぎないのか（金庫回収忍容請求権－忍容請求権説）が問題となる。

また、Ⅰ②の双方無責のケース（巨大な自然災害等の不可抗力による場合）として、100年に1度の想像を絶する勢力の台風あるいは巨大地震によりＢ所有の家が倒壊して隣のＡの土地の一部を塞いでいるという事例で考える。ここでも、Ｂの家がＡの土地所有権を侵害していることは明らかであるが、ＡもＢの家の所有権を侵害しているという評価もあり得る。このケースにおいても、ケースⅠ①におけるのと同様なことが問題となる。

次に、ケースⅡの物権侵害者に責任がある場合として、例えば、Ｂが不要となった金庫をさしあたりＡの所有地に勝手に（Ａの所有地の使用権原なしに）放置したケースを考える。このケースにおいても、ケースⅠにおけるのと同様なことが問題となる。

(2)両説の問題点　これらの行為請求権説も忍容請求権説もいずれも問題点を抱えている。

まず、**行為請求権説**の問題点としては、第1に、ケースⅠのようにＡＢ双方無責の場合、**請求権の衝突状態**が生ずるということが指摘される。つまり、先の例のようにＡＢ双方から物権的請求権の行使が考えられる場合、ＡであれＢであれ先に物権的請求権を行使した者が、相手方の費用によって所有権の円満な状態を回復できることになる。そこで、ケースⅠのように双方に所有権侵害につき責任のないときには、問題が多いといえる。もちろん損害を被った者Ａは、不法行為者Ｃに対して不法行為に基づく損害賠償請求をなし得るのであるが、誰がこのような行為をしたかが不明なことも多く、また仮に不法行為者Ｃが判明してもＣに資力がなければ損害賠償を得られない。第2に、ケースⅡのようにＢに責任がある場合、ＢにＡに対する行為請求権を認めるのはおかしいとする批判がある。

次に**忍容請求権説**の問題点としては、第1に、ケースⅠのようにＡＢ双方無責の場合、先に物権的請求権（忍容請求権）を行使した方が**費用を負担**することになるから、ＡＢ双方とも物権的請求権を行使しないという**請求権の両すくみ状態**が生ずるということが指摘される。第2に、ケースⅡのようにＢに責任がある場合、忍容請求権説によると、ＡはＡの費用で金庫を除去する忍容請求権とＢに対する不法行為に基づく損害賠償請求権を有することになるが、Ａが忍容請求権の行使につき費用を支出し、その費用を含めてＢに損害賠償を請求するというのも迂遠であり、このようなケースにおいては、Ｂの費用でＢの金庫を乙地から持っていくようＢに対して請求し得る行為請求権がＡに認められるべきではないかという批判がある。

⑶費用折半説および責任説の登場　このように行為請求権説も忍容請求権説も問題点を抱えているため、新たな説が登場する。

その1は、**費用折半説**であり、例えば、物権的請求権は忍容請求権であると解し、双方無責の場合、忍容請求権の衝突が生ずるが、費用は折半すべきであるとする（渡辺洋三「物権的返還請求権と妨害排除請求権」谷口知平＝加藤一郎編・民法演習Ⅱ〔有斐閣・1958年〕98-101頁。田山・27頁もほぼ同じ）。これに類似する説として、物権的請求権と費用負担の問題は切り離すべきであり、物権を侵害された者に行為請求権を認めるのが基本であるが（忍容請求権も包含されるべきであるとする）、費用は、不可抗力などの場合でも不法行為原理によって責任の割合に応じて負担すべきであるとするものがある（近江Ⅱ・34頁。川井Ⅱ・15頁もこれに近い）。

その2は、**責任説**であり、行為請求権説・忍容請求権説それぞれの第2の問題点から、ケースⅡのように相手方Ｂに物権侵害につき責任があるときには、ＡにＢの費用による行為請求権を認めるべきであるが、ケースⅠのように双方無責のときは、ＡＢ双方に自らの費用による忍容請求権のみを認めるべきであるとする（川島・理論128頁、舟橋・46頁など）。この説によると、双方無責の場合には請求権の両すくみ状態が生じ得る。

⑷判例の立場　判例は基本的に**行為請求権説**に立つといってよい。まず、双方無責のケースⅠ①については、土地所有権を侵害されているＡからＢに対してＢの費用による妨害排除請求権を認める（大判昭7・11・9民集11-2277および大判昭12・11・19民集16-1881〔百選Ⅰ・50事件〕は、いずれも乙土地所有者Ｂの前所有者ＣがＡの甲土地との境界付近を掘削したため甲土地が崩壊するおそれがある場合につき、ＡがＢに対してＢの費用で危険防止に必要な設備の設置を請求したもの。大判昭5・10・31民集9-1009は、建物賃貸人Ａが賃貸借終了後も建物賃借人ＣがＢから賃借した機械を建物から撤去しない場合に、ＡからＢに対する撤去請求を認めたもの）。これに対して、ケースⅠ①の場合に、ＢからＡに対する行為請求権を認める判例は、見当たらない。また、判例は、双方無責のケースⅠ②（巨大な自然災害等の不可抗力による場合）については、傍論ではあるが、物権侵害や侵害の危険が人為的に作り出されたものではなく、自然に存在するものである場合や不可抗力によるものであるときは、相手方にそれらの除去の積極的義務はなく、ＡからＢに対する妨害排除等の請求権は成立しないとする（前掲大判昭7・11・9〔傍論〕、前掲大判昭12・11・19〔傍論〕）。

⑸修正行為請求権説　以上のような学説上の争いや判例の状況などを踏まえて、現在では、判例理論とほぼ同様な新たな行為請求権説（**修正行為請求権説**）が優勢になっている（広中・244頁、251頁、264頁、安永・24頁など）。まず、**双方無責の場合のケース**Ⅰ①については、ＡはＢに対して、Ａの土地所有権侵害を理由に、Ｂに対して金庫をＢの費用で持っていくよう請求し得るが（**妨害排除請求権－行為請求権**）、ＡがＢの金庫所有権を侵害していると評価することはできず（ＡがＢの金庫を占有しているとみることはできない）、したがってＢからＡに対する金庫返還請求権（＝行為請求権）は成立しない。ただし、Ａが妨害排除請求権を行使しないかぎり違法状態が永続するから、Ｂの費用による

〔修正行為請求権説〕

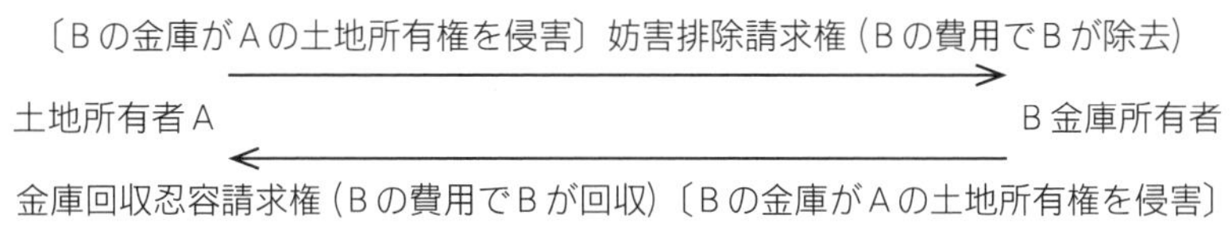

ＢからＡに対する金庫回収忍容請求権も認めるべきであるとする。**双方無責のケース**Ｉ②（巨大な自然災害等の不可抗力による場合）についても、判例（ただし傍論）とは異なり、ＡからＢに対する**Ｂの費用による妨害排除請求権**が認められるとする（於保・37頁、広中・265頁。広中・266頁は、かかる場合、通常は国や地方自治体による災害復旧のための助成が行われるであろうとする）。ケースⅡの場合もケースＩ①の場合と同様の扱いになる。

(6)まとめ　このような修正行為請求権説に立てば、(2)で指摘された問題点は基本的に解消される。もちろん双方無責のケースＩ①において、Ｂが費用を負担するということに対しても異論がないわけではないが、逆に忍容請求権説に立ちＡが費用を負担するということに対してはより強い異論があろう。そこで、費用折半説が登場する余地があるのであるが、実際上は、修正行為請求権説の考えるように、一方が他方の物権を侵害していると評価できるのであり、請求権の衝突状態とは考えにくいであろう（同旨、安永・24頁）。また、双方無責のケースＩ②（巨大自然災害等の不可抗力による場合）においては、Ｂの建物がＡの土地所有権を侵害しているのであり、やはりＡからＢに対してＢの費用でする妨害排除請求権の成立を認めてよいのではなかろうか（同旨、於保・37頁）。責任説のようにＡには忍容請求権しか認められないとするのは問題がありそうである（この場合、一般にはＢはＡに対して不法行為に基づく損害賠償義務も負わないことになる〔717条の場合、不可抗力であれば免責が認められるとされる。吉村良一『不法行為法』〔第5版〕240頁〔2017年・有斐閣〕〕）。そうとすると、修正行為請求権説に立ち、物権を有する者は、物権を侵害していると評価される者に対して侵害者の費用で物権のあるべき状態の回復を請求し得ると考えた方がよいのではなかろうか（もっとも、ケースＩ②のように巨大な自然災害による不可抗力の場合には、現実にはその費用等は行政が負担するのが一般的である）。

6. 物権的請求権の種類

1の末尾で述べたように、物権的請求権には、物権的返還請求権、物権的妨害排除請求権および物権的妨害予防請求権の3種類がある（197条以下の占有回収の訴え〔200条〕、占有保持の訴え〔198条〕および占有保全の訴え〔199条〕に対応）。ここでそれぞれの意義と特色を概説する。なお、物権的請求権の内容については5で見たように争いがあるが、多くの学説が支持し、判例の考え方ともほとんど違いのない**修正行為請求権説**を前提に以下説明する。

(1)物権的返還請求権　(a)意義と内容　ⅰ意義　物権的返還請求権は、物権の目的物の占有を全面的に奪われた場合（**占有の侵奪**）に、所有権、地上権等の物権を有する者がこれらの物権に基づいて、違法に物権の目的物の占有を全面的に奪っている者に対して、**相手方の費用により目的物の返還を求める**ことのできる物権的請求権である。例えば、甲土地所有者Aは、甲土地上に無権原で乙建物を建てて居住している不法占拠者Bに対して乙建物を収去し甲土地を明け渡すことを請求できるし（建物収去土地明渡請求）、自転車（動産）の所有者Aは、Cによって盗まれた自転車をCから借りて乗っていたBに対して自転車の返還を請求できる。また、甲土地所有者Aは、甲土地につき偽造書類を用いて勝手に自分名義の所有権移転登記を経由したCがC所有の土地として甲土地をBに売り、Bが甲土地上に乙建物を建てて居住している場合に、Bに対して乙建物収去・甲土地明渡しを請求できる。これらはいずれも所有権に基づく返還請求権（物権的請求権）の行使である。なお、これらの例において、BまたはCが故意または過失によりAに対して損害を与えたときは、**不法行為に基づく損害賠償義務**を負うことになるが（709条）、この点は物権的請求権とは別個の問題となる。

不動産の場合、例えば自己所有の土地の**一部に**不法占有者が工作物を建てて土地を占有しているようなときには、所有者は次の(2)で述べる所有権に基づく妨害排除請求権を行使することになるが、不法占有者が土地を**全面的に**使用しているようなときには、所有権に基づく物権的返還請求権を行使することになる（淡路ほかⅡ・19頁〔鎌田薫〕、河上・24頁など）。もっとも両者の境界は微妙なこともあるが、占有回収の訴えと占有保持の訴えの場合とは異なり、占有の排除にあたっては両者には効果や権利行使期間の点で違いがないから、両者の厳密な区別は重要ではない。

引渡しと明渡し　動産の返還を請求する場合には、動産引渡請求権といい、不動産の返還を請求する場合には、不動産明渡請求権ということが多い。これは、不動産の返還の場合には、目的建物に人が住んでいたり物が置いてあったり、目的土地に建物等の工作物が存在したりすることが多く、このようなときには住んでいる人の退去、これらの物の撤去、建物の収去も必要となるので、**明渡請求権**ということが多いのである。例えば、A所有の甲地にBが無権原で建物を建てているときには、AはBに対して建物収去土地明渡請求訴訟を提起することになる。人の退去・物の撤去や建物の収去等の必要がなく建物あるいは土地を直接引き渡すだけでよければ、土地あるいは建物の**引渡請求権**という（民執168条1項は、不動産等の「引渡し又は明渡しの強制執行」と表現している）（福永有利『民事執行法・民事保全法』〔第2版〕205頁〔有斐閣・2011年〕、上原敏夫＝長谷部由起子＝山本和彦『民事執行・保全法』〔第5版〕216頁〔有斐閣・2017年〕など参照）。

ⅱ詐取・遺失の場合　所有者が占有している物を詐取されたり遺失したときには、占有を侵奪されたとはいえないので、所有者は、所有物につき占有回収の訴えを提起し得ないが（200条1項。大判大11・11・27民集1-692）、物権的返還請求権により、詐取されたり（96条1項により詐欺を理由に売買契約等を取り消す必要はある）遺失した物の返還を請求することはできる。

ⅲ占有代理人が占有を奪われたときおよび無断賃貸をしたとき　建物所有者Aが建物をBに賃貸している場合のように、物権の目的物を占有代理人（181条。この例で賃借人B）が占有しているときに、第三者Cが所有者Aとの関係で占有権原を有しないにもかかわらず、全面的に占有を開始したケースにおいても、AからCに対する物権的返還請求権が認められる。これには、①CがBの建物占有を侵奪した場合、②賃借人BがCに建物を無断転貸したため、AがAB間の賃貸借契約を解除した場合（612条）、③賃借人BがCに建物を無断転貸したが、Aは賃貸借契約を解除してはいない場合、などがある。②の場合は、Bは賃借人ではなくなり建物の占有権原を失っているから、AはCに対してAへの返還を請求し得るが、①と③の場合は、Bはなお賃借人であるので、AはCに対して直接Aへの返還を請求し得るのか、Bへの返還しか請求し得ないのかが争われている。判例は、前者の立場をとるが（最判昭26・5・31民集5-6-359、最判昭41・10・21民集20-8-1640、最判昭55・12・11判時990-188など）、学説上は原則として後者の立場をとるべきだとする見解が有力である（我妻＝有泉・262頁、星野英一『借地借家法』〔有斐閣・1969年〕352頁など。広中・253頁は、所有者AはAへの引渡しも賃借人Bへの引渡しも請求し得るとする）。

(b)請求権者　物権的返還請求権を行使し得る者は、原則として占有を侵奪された物権者（所有者や地上権者等）である。占有侵奪者は登記なしに対抗できる第三者であるから、物権についての**対抗要件**を備えている必要はない（☞

第3編第4章第5節3(4)(5))。

(c)返還請求の相手方　ⅰ現時点での目的物の占有の侵奪者　返還請求の相手方となるのは、現に物権の目的物の占有を全面的に奪っていることによって、違法に物権者の権利行使を妨げている者である。したがってAの土地に無権原で建物を建て土地の占有を奪ったBが、その建物をCに譲渡して現在Cが土地を占有しているときは、Cが建物所有権移転登記を経由していなくとも、建物収去土地明渡請求の相手方はBではなく、Cとなる（最判昭49・10・24判時760-56、星野Ⅱ・24頁。Bに対して不法行為に基づく損害賠償請求をなし得ることは別問題）。

もっとも、建物売買による建物の占有移転や所有権移転があいまいで、建物登記がBに残っている場合、Bも建物所有権喪失を理由に建物収去土地明渡しの義務を免れることはできないと考えるべきであろう（最判平6・2・8民集48-2-373〔百選Ⅰ・51事件〕、通説〔内田Ⅰ・368頁・447頁、近江Ⅱ・25頁など〕）。その理由としては、建物の所有は必然的に土地の占有を伴うものであるから、①土地所有者としては、地上建物の所有権の帰属につき重大な利害関係を有するのであって、実質的所有者をもって建物収去土地明渡しの義務者を決定すべきものとすると土地所有者はその探求を強いられることになるし、他方②建物譲渡人は譲受人に所有権移転登記をすることは容易であるから、登記を自己名義にしておきながら自らの建物所有権喪失を主張し、建物収去義務を否定することは信義にもとり、公平の見地からも許されないということがあげられる（前掲最判平6・2・8）。また、Aの土地に無権原で建物を建て土地の占有を奪ったBが、Cの承諾を得てC名義で建物の所有権保存登記をしている場合も、AはB・Cいずれに対しても建物収去土地明渡請求をなし得ると解すべきであろう。

なお、A所有の動産を、占有すべき権原を有しないBが占有し、次いでBがこれをCに賃貸しCが占有している場合、AはCに対して返還請求権を行使し得るのはもちろんであるが、Bもこの物を間接占有しているから、Bに対しても返還請求権を行使し得る（大判昭13・1・28民集17-1）。

ⅱ請求の相手方の故意・過失は不要　請求の相手方が物権者の物権の行使を妨げていることについての故意・過失等の帰責事由は不要であって（通説）、

客観的にみて物権の目的物の占有を違法に全面的に奪っていれば、請求の相手方になる。占有回収の訴えの場合には、例えば泥棒から善意で（泥棒の所有物と思って）動産を譲り受け占有を承継した者に対しては、この訴えを提起し得ないが（200条2項。☞第2編第3章第5節2⑵⒝ⅰ）、物権的返還請求権の場合は、このような**善意の転得者**に対しても行使し得る（ただし192条・193条参照）。

⒟返還請求者と返還者との関係　物権の目的物の侵奪者が目的物を返還するにあたって、目的物から生じた果実、目的物に投下した必要費・有益費の処理などの問題が生ずる（☞第2編第3章第4節2・3）。

⑵物権的妨害排除請求権　⒜意義と内容　ⅰ意義　物権的妨害排除請求権は、物権の目的物の占有を**全面的に奪われるまでには至らない**方法で所有権や地上権等の物権の行使が**違法に妨害**されている場合に、所有権、地上権等の物権を有する者がこれらの物権に基づいて、**相手方の費用**により妨害物の除去や妨害行為の停止などの**行為を求める**ことのできる物権的請求権である。例えば、①A所有地（あるいはAの地上権の目的土地）の一部にBにより廃棄物が投げ込まれた場合、②A所有の駐車場にCが盗んできたBの自動車を放置した場合、③A所有地（あるいはAの地上権の目的土地）の一部で勝手にBが耕作をしている場合、④A所有地（あるいはAの地上権の目的土地）の地下に勝手にBがトンネルを掘った場合、⑤A所有地に大地震で隣のB所有の建物が倒れてきた場合、あるいは⑥A所有地の登記名義が勝手にBの名義に変えられている場合などに、AからBに対して物権的妨害排除請求権が認められる。具体的には、物権を有するAはBに対して、廃棄物や自動車の除去（①②）、耕作の停止（③）、トンネル掘削の停止・原状回復（④）（大判大4･12･2民録21-1965は、土地の一部である下水溝を埋めたケースで、妨害排除として下水溝の原状回復を請求できるとする）、建物の収去（⑤）、あるいは登記名義の抹消登記手続（⑥）などを、妨害排除請求権の行使として求めることができる。

それでは占有を伴わない物権である**抵当権**（369条1項参照）**に基づき**、抵当権の実行としての競売を妨害することを目的として抵当権の目的不動産を**不法に占有している者**（暴力団等）に対して**物権的妨害排除請求権**が成立するか。従来は、抵当権は価値権であり、抵当権設定者が目的物を第三者に不法に用益させたり第三者が目的不動産を不法占拠したりしても、それだけでは目的不動産の担保価値が減少させられたとはいえず、妨害排除請求はなし得ないとされてきた（大判昭9・6・15民集13-1164、最判平3・3・22民集45-3-268など）。しかし、担保物権法で学ぶように、近時の判例（最大判平11・11・24民集53-8-1899、最判平17・3・10民集59-2-356）は、「所有者以外の第三者が抵当不動産を不法占有することにより、抵当不動産の交換価値の実現が妨げられ、抵当権者の優先弁済請求権の行使が困難となるような状態があるときは、抵当権者は、占有者に対し、**抵当権に基づく妨害排除請求**として、上記状態の排除を求めることができる」とし、「また、抵当権に基づく妨害排除請求権の行使に当たり、抵当不動産の所有者において抵当権に対する侵害が生じないように抵当不動産を適切に維持管理することが期待できない場合には、抵当権者は、占有者に対し、**直接自己への抵当不動産の明渡し**を求めることができるものというべきである。」として、抵当権に基づく妨害排除請求として、暴力団等、抵当権不動産の不法占有者に対する抵当権者への明渡請求を認めている（生熊・担保物権152頁）。

なお、これは抵当権に基づく物権的返還請求権の行使ではない。抵当権者は本来抵当不動産を占有すべき権利を有していないからである。暴力団等による抵当不動産の不法占有により、競売を行っても抵当不動産が売却できなかったり非常に安い価額で売却されることになったりして抵当権の実行が妨害されるため、抵当権者にこれらの不法占有者に対する明渡請求が認められるのであるから、判例のいうように物権的妨害排除請求権の行使ということになる。

ii 物権的妨害排除請求権と権利濫用　所有権等に対する侵害により物権的妨害排除請求権が認められる場合であっても、その請求が権利濫用（1条3項）と評価され、妨害排除請求権の行使が認められなかったケースが判例法上いくつか見られる。例えば、発電用水路として幅4m、長さ616mの隧道《ずいどう》を他人所有地の地下に無断で掘削し工事を完成させた場合につき、これを撤去させることは社会経済上の損失が少なくないから、妨害排除請求は権利濫用にあたり損害賠償請求をなし得るにすぎないとし（大判昭11・7・10〔11・7・17の誤記のようである〕民集15-1481）、また、土地所有者の意思に反して強引になされた鉄道線路敷設《ふせつ》のための埋立工事につき、これを原状に回復させることは技術上不可能というべく、かつ当該地方における重要交通路に長期に渡り不便と危険をもたらし一般公共の利益を阻害することがはなはだしいとして、原状回復請求は権利濫用にあたるとした（大判昭13・10・26民集17-2057）。権利濫用に関する著名な事件である**宇奈月温泉事件**（大判昭10・10・5民集14-1965〔百選Ⅰ・1事件〕）は、他人所有の山林地の一部（2坪≒6.6㎡）に無権原で温泉の樋管を通していたところ、そのことを知った者が土地利用の目的を有しないにもかかわらず、その2坪の敷地を含む山林地を買収し、その侵害者（無権原で樋管を通していた者）に対して山林地の買収者が樋管の撤去を迫り、他面で樋管の敷地2坪ならびに隣接地を極めて高額の代金で買い取るよう要求し、それ以外の一切の協調に応じなかったというもので、物権的妨害排除請求権の行使が権利濫用にあたるとされたものである。また、国と土地所有者との土地賃貸借契約期間満了後も、国が土地の使用または収用の手続をとらないまま引き続きアメリカ軍にその土地を使用させているケースにつき、判例は、土地の提供が条約（日米安全保障条約）上の義務履行としてなされていることや、この土地がガソリンの地下貯蔵設備の用地として使用されていてその明渡しによって所有者の受ける利益に比し国の被る損害がより大きい等の事情があることを理由に、所有者の国に対するこの土地明渡請求は、私権の本質である社会性、公共性を無視する過当な請求として許されないとした（最判昭40・3・9民集19-2-233〔**板付飛行場事件**〕）。

結局、物権者に妨害排除請求を認めることによって生ずる**相手方の不利益**と**物権者の利益**とが比較された上で、**権利濫用**にあたるかどうかが判断されることになるが、公共の利益となる事業に必要な土地等については収用または使用のための制度が設けられているのであるから（土地収用法）、それらの制度を利用せずに工事が進められつつある場合には、妨害排除請求権の行使が認められるべきであり、工事がかなり進行した場合には、物権者の利益と相手方の不利益との比較衡量ということになろう。

(b)請求権者　物権的妨害排除請求権は、物権の行使を現に妨害されている物権者が行使する。妨害がすでに終了してしまったときには、物権者は妨害による損害賠償請求権（709条）を行使し得るだけになる。

(c)請求の相手方　物権的妨害排除請求権の相手方となるのは、現に物権の目的物の占有を全面的に奪うまでには至らない方法で（抵当権に基づく占有者に対する妨害排除請求の場合は、抵当権実行の妨害にあたるかが問題なので、全面的占有侵奪も含む)、**違法に**物権者の権利行使を妨害している者である。請求の相手方が妨害をなすについての故意・過失等の**帰責事由は不要**であるし、その者の行為によって妨害を生じたことも必要ではない。例えば、5⑴のケースⅠ①においては、金庫をＡの所有地に放置したことについてＢには故意・過失がないが、客観的にみてＢの金庫がＡの土地所有権を侵害しているといえるから、ＡはＢに対して妨害排除請求権を有し、その金庫をＢの費用でＡの土地から取り除くよう請求し得るのである（大判昭5・10・31民集9-1009など。行為請求権説の立場）。ＡおよびＢは、Ｃの不法行為により生じた損害の賠償をＣに求めることができるが（709条）、これは物権的妨害排除請求権とは別個の問題である。また、巨大な自然災害あるいは不可抗力により物権の目的物の全面的支配を妨げる状況が生じた場合（☞5⑴のケースⅠ②）でもよい。

⑶物権的妨害予防請求権　**⒜意義と内容**　物権的妨害予防請求権は、将来、所有権、地上権等の物権に対する違法な妨害状態を生ずるおそれが強い場合に、そのような状態を生じさせている相手方に対して、**相手方の費用**によりその原因を除去して**妨害を未然に防ぐ**措置を講ずるよう求めることのできる物権的請求権である。例えば、山裾に広がる階段状の住宅地の一画にあるＢ所有の土地の擁壁が崩れそうになっており、下の段にあるＡの所有地に影響がありそうな場合に、ＡはＢに対して擁壁の補強工事を求めることができ、また隣地所有者Ｂが境界線近くを深く掘削するため、Ａの土地も崩れそうになる場合に、ＡはＢに対して掘削の中止を求めることができる。このように、物権的妨害予防請求権は、**相手方の不作為**（掘削の中止など）を請求することもできるし、**相手方の作為**（擁壁の補強工事など）を請求することもできる。物権的妨害予防請求権を行使するために、侵害が現実に1度は生じたことまでは要求されていない（我妻＝有泉・268頁、星野Ⅱ・27頁など）。

⒝請求権者　物権的妨害予防請求権を行使し得るのは、将来、物権に対する違法な妨害状態を生じさせられるおそれの強い物権を有している者である。したがって、そのような者から物権を買い受けた者も、現在なおそのようなおそれが強ければ、そのような状態を生じさせている者に対して物権的妨害予防請求権を行使し得る。

(c)請求の相手方　物権的妨害予防請求権の相手方となるのは、将来、物権に対する違法な妨害状態を生じさせる可能性の強い状況を引き起こしている者である。そのような状況が存在することにつき請求の相手方に故意・過失があることは必要ではないし、その者の行為によってそのような状況が生じたことも必要ではない。つまり、土地の譲渡人のもとですでにそのような状況が生じていたが、そのことに気がつかずに土地を譲り受けた場合でもよいし（☞5⑷の前掲大判昭7・11・9および前掲大判昭12・11・19)、自然災害（巨大地震や勢力の極めて強い台風など）あるいは不可抗力（いん石や飛行機の落下、野生動物の仕業など）によりそのような状況が生じた場合でもよい。

7. 物権的請求権と他の請求権との競合（請求権競合の問題）

これまで物権的請求権が認められる例としてあげてきたものは、6⑶⒝の例を除き、いずれも契約関係にない者同士の間での問題であったが、契約関係が存在したが契約が終了し、契約によって引き渡された物の返還が問題となる場合には、物権的請求権は認められるのかが問題となる。

例えば、Ａ所有の甲不動産についてのＡＢ間の賃貸借契約が終了し、Ｂが甲をＡに返還すべきであるにもかかわらず返還しない場合、ＡはＢに対して甲不動産につき**所有権に基づく返還請求権**を行使することも、賃貸借契約終了に基づく**債権的返還請求権**（601条参照）を行使することもできると解すべきか、それともこのような契約関係がある場合には、物権的返還請求権は成立せず、債権的返還請求権しか行使し得ないと解すべきかが問題となる。

〔甲不動産についてのＡＢ間の賃貸借終了の場合〕

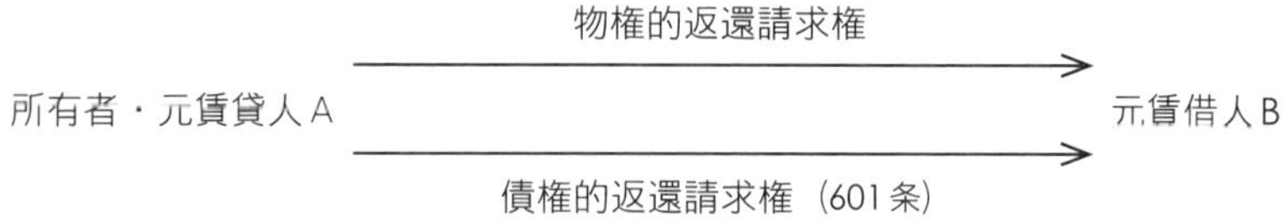

通説・判例は、このような場合、Ａは物権的請求権を行使しても債権的請求権を行使してもよいとする（**請求権競合説**。我妻＝有泉・23頁、260頁、川井Ⅱ・15頁。大判昭12・7・10民集16-1177は、売買契約解除等を理由とする所有権に基づ

く返還請求権を認める。新問題研究要件事実・121頁は、通常は債権的請求権が選択されるとする)。これに対して有力学説は、契約という密接・特別な関係のある者相互の直接の関係については、契約法が物権法の規定を排除して適用され、このような特殊な関係のない者の間に一般法としての物権法が適用されるから、先の例のような場合には、AはBに対して物権的返還請求権を行使することはできず、賃貸借契約終了に基づく債権的返還請求権を行使することができるだけであるとする(**法条競合説＝請求権非競合説**、鈴木・20頁など)。

両説における最も大きな違いは、請求権の消滅時効の関係にある。すなわち、債権的請求権の消滅時効は5年または10年であるが(166条1項)、物権的請求権にあっては、所有権に基づく場合には消滅時効にかからず、地上権等に基づく場合には地上権等とともにしか時効消滅しない(したがって166条2項により20年)。先の例で法条競合説によれば、AはBに対して賃貸借契約終了時より5年または10年間返還請求権を行使しないと時効により返還請求し得なくなるのに対して、請求権競合説によれば、所有権に基づく返還請求権は時効にかからないからいつまでも返還を請求し得る。法条競合説は、請求権競合説に対して権利関係の安定を害すると批判する(鈴木・20頁。近江Ⅱ・36頁は、契約上の請求権が時効消滅したような場合には、物権的請求権が浮上してくると考えた方がよいとする)。

ところで、法条競合説に立つ場合も、AB間の賃貸借契約終了後、所有者AがBから目的物の返還を受けないまま目的物をCに譲渡したとき、CはBに対して物権的返還請求権を行使し得るであろう。法条競合説も譲受人Cに物権的返還請求権を認めることになるとすると、CからBに対する返還請求権は時効消滅しない。そうであるなら、賃貸借契約終了後のBはその目的物については占有権原を有しない無権利者なのであり、請求権競合説をとり、AB間においてもAに物権的返還請求権の行使を認めることが妥当であると考えられよう。

第４章　物権の目的

本章では、物権の目的となるものはどのようなものか、それにはどのような特色があるかなどについて検討する。

第１節　物権の目的

物権の典型である所有権の目的が「物」（動産・不動産。206条参照）であるように、物権の目的は原則として「物」、すなわち「**有体物**」である（85条）。用益物権である地上権、永小作権、地役権、入会権の目的は有体物の１つである「土地」である。

これに対して、担保物権の目的は、「有体物」である動産・不動産がその中心であるが、「有体物」以外のものを目的とすることがある。例えば、一般先取特権の目的は、債務者の総財産であるから（306条）、債権その他の財産権も目的となる。質権（342条）の場合も、動産（352条）・不動産（356条）のほか債権その他の財産権（362条）も目的となる。抵当権の場合、物である不動産（土地・建物。動産でも、登記・登録制度の備わった建設機械や自動車などは、特例法により抵当権の目的となる）のほか用益物権である地上権・永小作権も目的となる（369条）。

以下、第２節　物、第３節　不動産、第４節　動産、の順序で説明する。

さらに物権の目的物としては、**現存する特定の物**であること、および**１個の独立の物**であることが要求されるので、第５節から第７節でこれらにつき説明する。

第2節　物

民法総則（第1編）は、権利の主体である人および法人の章（第2章・第3章）に続いて、権利の客体としての「物」の章（第4章）を置く。「物」にあたるかどうかは、それが物権の目的になるか否かにおいて問題となるので、「物」の章は、物権編（第2編）に置いた方が適切であるとも考えられる。そこでここでは、物権の目的である「物」について簡単に説明する。

1. 有体物

民法において、物とは「有体物」をいう（85条）。有体物とは、有形的に存在するものを意味し、債権（人に対して一定の行為を要求する権利）や知的財産権などの「無体物」と対立する概念である。

電気や光は、「物」に含まれるかが議論されている。多数の学説は、電気や光などのエネルギーは、管理・移動が可能であり、このように排他的支配が可能なものであれば、有体物として扱ってよいとする（管理可能説）。この他、これらについては、85条を類推適用すればよいとする説や、有体物には含まれず、特別法の権利の客体として捉えればよいとする説なども存在する。

2. 動産と不動産

86条は、有体物を不動産と動産に分けている。動産であるか、不動産であるかにより、民法上次のような違いが生ずる。

(1)公示方法（対抗要件）における差異　物権は、絶対的・排他的な権利であるので、第三者に対する公示が要求されている。動産の場合は引渡しであるが（178条。もっとも、特別法により登記または登録を対抗要件とする動産も存在する）、不動産の場合は登記である（177条）。

(2)公信の原則の適用の有無　取引の相手方が目的物につき所有権など物権を有していないのに有していると過失なく信じて目的物を買い受けた場合、譲受人は所有権などの物権を取得できるかにつき、動産の場合には、所有権などの物権を取得できるが（192条による**即時取得**。動産占有につき公信力が認められる)、不動産の場合には、不動産の登記に公信力が認められないため、所有権などの物権を取得できないのが原則である（94条2項の類推適用はある)。

(3)動産または不動産に設定される制限物権の違い　地上権、永小作権、地役権などの用益物権は、不動産についてのみ設定することができる。

(4)所有者のない物（無主物）の所有権の帰属　所有者のない物は、239条により、動産の場合には、所有の意思をもってその物を占有した人に帰属するが(**無主物先占**《むしゅぶつせんせん》)、不動産の場合には、国庫に帰属する。

なお、民法以外では、裁判管轄（民訴5条12号により不動産に関する訴えは、不動産の所在地、動産に関する訴えは、同条の他の号による)、強制競売や担保権実行の手続などにおいて、不動産であるか動産であるかにより違いが生ずる。

第3節　不動産

86条1項は、「土地及びその定着物は、不動産とする。」と規定する。

1. 土地

(1)1筆の土地　土地は、地表を人為的に区画して、土地登記簿上「1筆《いっぴつ》」の土地として登記されたものが1個の所有権の客体となる。土地所有権や地上権は、地表面の他、地上空間・地下深くにも及ぶ（207条)。なお、区分地上権（269条の2第1項）は、地下または地上空間の一部のみを目的とする地上権である。

(2)湖沼・河川　これらも土地として扱われる。

(3)土地の構成部分　土地の構成部分は、土地の一部に過ぎず、独立の不動産ではない。これには、①**土地の構成分子**であるものと、②**取引上土地の構成部分**とみるべきもの（次の☞2の「**土地の定着物**」で**土地所有権**に吸収されるもの）とがある。地中の鉱物、岩石、粘土などは、①にあたる。もっとも、鉱業法に定める一定の有用な鉱物については、国家が排他的な採掘取得権を留保しており（鉱業法2条)、これらの鉱物には土地所有権は及ばない。石垣（大判大7・4・13民録24-669)、敷石、靴脱ぎ石、井戸、トンネル、取り外しの困難な庭石などは、②にあたる。

海は私人の所有権の目的になるか？　大気・海洋など私権の対象となり得ない物の上には、物権は成立しない。もっとも判例（最判昭61・12・16民集40-7-1236〔田原湾干潟訴訟上告審判決）は、次のように述べて、一定の条件のもとに、海も私人の所有権の目的となることを認めている。①海は、社会通念上、海水の表面が最高高潮面に達した時の水際線をもって陸地から区別され、古来より自然の状態のままで一般公衆の共同使用に供されてきたところのいわゆる公共用物であって、国の直接の公法的支配管理に服し、特定人による排他的支配の許されないものである。②しかし、海も、およそ人の支配の及ばない深海を除き、その性質上当然に私法上の所有権の客体となり得ないというものではない。③すなわち、国が行政行為などによって一定範囲を区画し、他の海面から区別してこれに対する排他的支配を可能にした上で、その公用を廃止して私人の所有に帰属させる措置をとった場合の当該区画部分は、所有権の客体たる土地にあたると解することができる（最判平17・12・16民集59-10-2931は、黙示的に公用が廃止されたとされたケース）。

なお、この判例は、海と陸地の境界につき、社会通念上、海水の表面が最高高潮面に達した時の水際線で区分するとしている。

2. 土地の定着物

土地の定着物とは、土地に直接または間接に固定されていて、土地に固定された状態で使用される物のことである。土地の定着物であるということは、その物が**不動産である**ことを意味している（86条1項）。

土地の定着物は、土地とは別個独立の不動産である建物と、原則として土地所有権に吸収されて独立の所有権の対象とならない土地の定着物とに分けて考えるのが便利である。

(1)建物　わが国では、建物は、土地の定着物ではあるが、土地とは**別個・独立**の不動産とされている。外国の法制では、建物を含む地上物は、土地所有権に吸収される（「地上物は土地に従う」）とする扱いにしているケースも多い（ドイツ・フランスなど）。**建築中の建物**が、いつの時点で不動産となるかが問題となるが、屋根瓦が葺かれ荒壁が塗り終えられて、雨風をしのげる程度に達すれば建物（不動産）となるとされている（大判昭10・10・1民集14-1671〔百選Ⅰ・11事件〕）。それに至るまでは、土地所有権の一部としての土地の定着物ということになる。

(2)建物以外の土地の定着物　以下の物は、土地の定着物であり、建物と異なり、**土地の所有権に吸収**され（土地の一部・土地の構成部分となる）、独立の所有権の客体にはならない。もっとも、これらの定着物を土地所有権と別個に取引の対象とする（土地所有権に吸収させない）ことは可能であり、そのためには、対抗要件としての**明認《めいにん》方法**を施す必要がある（大判昭9・7・25判決全集1-8-6)。

(a)建物以外の土地の工作物（鉄塔・トンネル・線路・鉄管・銅像・取り外しの困難な庭石など）　これらは、**土地の定着物**であり、**土地の所有権に吸収**されるのが原則である。これに対して、石灯籠、仮小屋、仮植中の植物など、土地への定着度が低く、**容易に取り外し**ができるものは、土地の定着物にはならず（大判大10・8・10民録27-1480)、したがって、動産である。石灯籠などは、土地の従物（87条1項）として、土地の売買に伴う（同条2項）のが原則である（☞次の「主物と従物・従たる権利」の2)。

(b)土地に生育する立木　山林や庭木がこれにあたる。生育したままの**立木《りゅうぼく》**を**土地とは独立**に譲渡したり、土地売買の対象から除外することは可能であるが、この場合には、**明認方法**（立木に所有者の氏名・住所を刻印したり、看板を立てるなど）を施す必要がある（☞第3編第6章)。一定の樹木の集団については、**立木法**による立木登記が可能である。

(c)未分離の果実・桑葉・稲立毛など　みかんやリンゴ、桑の葉などは、それらが生育している果樹や桑の木から分離されていない状態では、土地の定着物（土地の一部）であって、土地所有権とは別個の、独立の所有権の目的にはならない。稲立毛《いなたちげ》（生育中の稲）も同様である。しかし、このような状態でこれらの物を**土地とは別個に譲渡**する必要も生ずる。そこで、これらの物についても土地とは別個に所有権の目的とすることができることとし、ただしこれらの物の譲受人が所有権を第三者に対抗するためには、明認方法を施すことが必要であるとしている（☞第3編第6章)。

主物と従物・従たる権利　民法第1編総則に置かれている87条は、「主物」と「従物」との関係について規定している。「物」についての説明ではこの概念も重要であるので、簡単に説明する。これに関連して「従たる権利」という概念も重要なので、ここで取り上げる（これらはいずれも、担保権の実行としての競売においても重要な意味を有している)。

1. 主物および従物の意義

主物とは、従物との関係で意味を有する概念であり、従物が附属させられている物を指す。そこで、従物とは何かであるが、**従物**とは、主物とは独立の物であるが、客観的・経済的には主物に従属し、その効用を助ける物のことである。

2. 従物

(1)従物の要件

次の2つが従物の要件となる。

①主物からの独立性　従物は、主物の一部であってはならず、主物から独立した物でなければならない。したがって、建物の外に面した窓は、建物の一部（構成部分）であるが、襖や畳は建物（主物）の従物となる。

②主物の常用に供されること　従物は、社会観念上、継続して主物の経済的効用を助けるものであることが必要である。したがって、主物と従物とは、場所的にも近接している必要がある。

なお、87条1項は、従物の要件として、主物と同一の所有者に属していることも要求しているように見えるが、多数学説は、従物は他人所有の物であってもよいとしている。主物・従物の関係を当事者の意思を離れた社会経済上の必要から捉えると、従物が主物所有者に属していない場合であっても、従物として扱ってよいといえる（ただし(3)参照）。

(2)従物の例

従物の例としては、以下のような物があげられる。i 土地との関係で、石灯籠、取り外しのできる庭石は従物。ii レストランの建物との関係で、厨房設備は従物。iii ガソリンスタンドの店舗用建物との関係で、地下タンクや洗車機は従物（最判平2・4・19判時1354-80）。iv 銭湯営業用建物との関係で、畳、建具、銭湯営業道具、煙突一式は従物（大連判大8・3・15民録25-473）。v 建物との関係で、建物に取り付けられたエアコンは従物。

(3)従物の効果

「従物は、主物の処分に従う。」（87条2項）。したがって、主物が売買や贈与により譲渡された場合や、主物につき担保権の実行としての競売などがなされた場合は、従物も売買、贈与または競売の目的に含まれる。もっとも、従物である動産が売主の物ではなく第三者の物であるときは、従物については他人物の売買などになるから、主物の買主が従物につき192条の即時取得の要件を充たしていないと、買主は従物を取得し得ない。

なお、当事者間で従物を売買や贈与の目的から外す旨の合意がなされたときは、その合意に従う。

(4)従物の対抗要件

ＡＢ間の建物の売買において、例えば従物が建物に設置されたエアコンの場合、建物譲渡に伴って従物であるエアコンも買主Ｂに移転するが、エアコン（動産）所有権移転についての対抗要件（本来は、178条により引渡し）は、主物である建物の所有権移転の対抗要件である所有権移転登記がなされれば（177条）、それで足りるとされる。

3. 従たる権利

借地上の建物を売買の目的とした場合、借地権（地上権または土地賃借権）も売買の目的に含まれるかが問題となる。借地権の譲渡を伴わない借地上の建物だけの売買ということになると、建物の買主は、土地所有者から建物収去土地明渡しを請求されるから、借地権の譲渡を伴わない建物の売買は通常はなされないと考えられる。そこで、このような売買の場合、建物を主物とし、**借地権**を**建物に従たる権利**と考え、借地権は売買の対象としないとする特約がなされない限り、87条2項を類推適用して、建物の買主は、建物とともに従たる権利である借地権も買い受けるとされている（借地上の建物につき抵当権が設定されており、抵当権の実行としての競売が行われる場合も同様である）。なお、借地権が物権である地上権ではなく土地賃借権であるときには、地主の承諾（612条1項）または承諾に代わる許可の裁判（借地借家法19条・20条）が必要となる。

第4節　動　産

1. 動産

不動産以外の有体物が動産である（86条2項）。したがって、電気製品、家具、自動車、服飾・雑貨、自動車、愛玩動物など、さまざまな物が動産である。もっとも、自動車、船舶、飛行機、建設機械など、動産であっても、所有権移転について登記・登録を第三者対抗要件とする動産もある。これらについては、むしろ不動産に準じた取扱いとなる。

なお、権利者（債権者）を特定せず、証券の所持人を権利者として扱う無記名債権（商品券、ギフトカード、図書券、乗車券、野球場や劇場などの入場券など）を民法は、動産とみなしてきたが（旧86条3項）、この規定は削除され、520条の20により、無記名証券（上記の無記名債権を表示する証券）については、記名式所持人払証券の規定（520条の13～520条の18）が準用されることになり、有価証券のひとつとして扱われる。

2. 貨幣

貨幣も動産ではあるが、特殊な動産といえる。すなわち、貨幣の場合は、貨幣の所有権は、貨幣の**占有とともに移転**する（通説・判例〔最判昭29・11・5刑集8-11-1675、最判昭39・1・24判時365-26（百選Ⅰ・77事件）〕。占有のあるところに貨幣の所有権はある）。貨幣が盗まれた場合、貨幣の所有権は泥棒に移転する（もちろん、貨幣を盗まれた者から泥棒に対して、不法行為に基づく損害賠償請求権は発生する）。また、貨幣を所持している者がその貨幣の所有者であるので、貨幣の即時取得（192条）は問題にする必要はない。したがって、貨幣の引渡しは、第三者対抗要件ではなく、貨幣の引渡しによって所有権移転の効力が生ずることになる（☞第3編第5章第2節1(3)）。

第5節　現存する特定の物

債権契約である売買契約においては、現存しない物をその目的とすることができる。例えば、非常に人気のある商品で生産が追いつかず現在追加生産中のもの（ある種類の自動車、エアコンなど401条1項の種類物）についても、種類・数量などを決めて、売買契約を締結することができる。これにより買主は売主に対してそのような種類物についての引渡請求権（債権）を取得する。これに対して、所有権や地上権などの物権は、物に対する直接の支配権であり、排他的な権利であるから（☞第3章第1節）、物権の目的物はこの世の中に**現存**している必要があるし、**特定の物**である必要がある。追加生産中のある車種の自動車（種類物）の売買契約の場合であれば、ある車種の自動車が生産され、かつ401条2項の規定によりそのうちのどの自動車かが特定されない限り、仮に代金全額が前払いされても、買主は自動車の所有権を取得できない。

なお、集合動産譲渡担保の場合には、目的物の範囲が特定されていれば譲渡担保権設定契約は成立するが、譲渡担保権の実行の際に対象となるのは、譲渡担保権実行の時に、目的物の所在場所に現存している目的物の範囲に入る動産である。

第6節　独立の物

1つの物権の客体（目的）は、「**1個の独立した物**」でなければならないとされる。「**一物一権主義**」という用語は、このような意味において使用される。これは、物権は、物に対する直接的・排他的支配権であるから（そのため公示も要求される）、どこまで物権の効力が及ぶかが外形的に確定されている必要があるからである。

したがって、1個の物の一部分や数個の物の集合体（集合物）は、1つの物権の客体とならないのが原則である。

もっとも、土地の一部について、時効取得や売買により土地所有権が成立し得る。この場合には、1つの土地がそれぞれ独立の2つの土地となり、それぞれが別個の所有権の目的となる（この場合、第三者との関係では公示の必要が生じ、対抗要件としての登記を経由する必要上、土地所有権登記につき分筆の登記がなされる。☞第7節2）。地役権は、他人の土地の一部に成立することが予定されている（☞第2編第2章第3節1(1)）。

また、担保物権法で学ぶように、担保物権の場合には、金融機関Aの電気製品販売店Bに対する貸金債権担保のために、Bの倉庫と店舗の中に現在存在する電気製品すべて、および将来Bが買い入れてこれらに搬入する電気製品のすべてといった、「1個の独立した物」の**集合物**も、目的物の範囲が特定されているときに、その目的となし得ることがある（集合動産譲渡担保権など）。

なお、「**一物一権主義**」という用語は、1個の物には同じ内容の物権は1つしか成立しないという意味でも使用される。これは**物権の排他性**を物権の目的物の側面から表現したものにすぎない（星野Ⅱ・16頁）。

第7節　1個の物

それでは、1つの物権の目的となる「1個の独立した物」は、何をもとに決められることになるのか。

1. 1個の物

一般的には、「1個の物」かどうかは、社会通念によって決められることになり、問題になることは少ない。しかし、土地や建物などにあっては、公示方法との関係で物の独立性の基準が定められているので、注意がいる。これらにあっては、1個の物の一部分に物権が成立することがあり得る。

2. 1個の土地

⑴1個の土地　土地は連続的なもので、その端は、海（太平洋・日本海・瀬戸内海など）や湖（浜名湖・宍道湖など）などということになるが、その全体が1つの所有権の目的となるということは通常はない（小島などの例外はある）。通常は、地表が**人為的に区画**され、登記簿上**「1筆《いっぴつ》」の土地**（不登2条5号・35条参照）として登記されたものが、1個の土地であり、1つの土地所有権の目的となる。

⑵1筆の土地の一部への物権の成立　A所有の甲土地（1筆の土地）の一部について、分筆の登記をしないまま、Bが所有の意思をもって20年に渡り占有を続け（162条1項）、Bがその部分の土地所有権を**時効取得**したり（大連判大13･10･7民集3-509）、あるいA所有の甲土地の一部について、分筆の登記をしないままBがAより**買い受け**、その部分の土地所有権を取得することも可能である（大連判大13・10・7民集3-476〔百選Ⅰ・10事件〕、最判昭30・6・24民集9-7-919）。これは1個の土地（1筆の土地）は地表を人為的に区画したものにすぎないから、これをさらに分割してそれぞれを異なった所有権の目的にすることは何ら差し支えないからである。ただしその部分が**具体的に特定**していることが必要であり、またその部分についての土地所有権を**第三者に対抗**（177条）するためには甲土地を複数の土地に**分筆**し、その部分についてBは所有権登記をする必要がある。甲土地の一部についての地上権の時効取得や地上権の設定の場合も同様である。

なお、**地役権**（例えば通行地役権。☞第2編第2章第3節）の場合は、第6節で述べたように、1筆の**土地の一部に成立**することが予定されている。

3. 1個の建物

(1)1個の建物　前述のように、建物は土地とは別個・独立の不動産である。一般には、建物は、土地の定着物（86条）であるから不動産であるが、他の土地の工作物（☞第3節2(2)(a)）とは異なり、土地とは別個・独立の不動産（物）として扱われ、登記も別個になされる。1個の建物ごとに**家屋番号**が付けられる（不登45条）。

(2)1個の建物所有権の目的　1個の建物所有権の目的は、原則として1棟の建物である。ただ、**分譲マンション**などのように、1棟の建物であっても、1棟の建物に、構造上区分された数個の部分で、独立して住居・店舗・事務所または倉庫その他建物としての用途に供することができるものがあるときは、その各部分は、それぞれ所有権（建物区分2条1項は、これを「**区分所有権**」という）の目的とすることができる（建物区分1条）。この場合には、1棟の建物が1つの所有権の目的になっているのではなく、1棟の建物の中の複数の専有部分（建物区分2条3項参照）ごとに建物所有権（区分所有権）があり、エントランス部分、廊下・階段・エレベータ部分、管理人室など共用部分（建物区分4条・11条以下参照）は、区分建物所有者全員の共有となっている（建物の区分所有権については、☞第2編第1章第8節参照）。

第5章　物権法定主義

第1節　物権法定主義の意義と根拠

1. 物権法定主義の意義

民法第2編「物権」の冒頭の条文である175条は、「物権は、この法律その他の法律に定めるもののほか、創設することができない。」とする。つまり、債権の場合は、**契約自由の原則**から公序良俗に反するものでない限り（90条参照）、民法典その他の法律に定められていない内容の債権・債務を私人間で自由に作り出すことができるのに対して、物権の場合は、民法その他の法律に定めるものの他、物権としての効力を有する権利を私人が自由に作り出すことはできないのである。これを**物権法定主義**という。

175条の「創設することができない」という文言には、法律の認めない新しい種類の物権を作り出すことができないことの他、法律の定める物権に、法律の定める内容と異なる内容を与えること（例えば譲渡性を認めない地上権とすること）もできないことを含んでいる（我妻＝有泉・27頁）。

2. 物権法定主義の根拠

このような物権法定主義がとられているのは、第1に、民法典制定（1896〔明29〕年）前に土地の上に存在した封建時代の複雑な権利を排除し、自由な所有権とわずかの制限物権だけを認めることが、取引上の不安を解消し、経済上の利益になると考えられたこと（梅Ⅱ・4頁、我妻＝有泉・25頁など）、第2に、物権法における公示の原則（177条・178条）との関係で、あまり多くの物権を認めると公示制度を貫徹することが困難となるので、物権の種類を限定し、また物権の内容を画一化する必要があること（動産の場合の引渡しによる公示〔178条〕では、多くの物権の公示を的確になし得ないし、不動産などの場合の登記による公示〔177条〕でも、簡明な公示が困難となる）などによる（我妻＝有泉・25頁、鈴木・435頁など）。

第2節　特別法上の物権

民法以外の法律（一般法である民法との関係で「特別法」という）により定められている物権も多い。175条はこれを予定した規定となっている。そのいくつかを取り上げる。

取引上慣行的に使用され、判例によりその効力が認められ、その後法律に規定されたものとして、根抵当権および仮登記担保権がある（民398条の2～398条の22、仮登記担保1条。これらについては担保物権法で扱う）。商法には、商事留置権として商人間の留置権（商521条）、代理商、問屋、運送取扱人、運送人、船舶所有者の留置権（商31条・557条・562条・574条・741条2項・756条1項）、商事質権（商515条）、船舶債権者の先取特権（商842条～846条）、船舶抵当権（商847条）が存在する。鉱山等から産業上有益な資源を採取・取得する権利や海洋等において漁業を営む権利なども物権とされており、これには鉱業権（鉱業法5条・12条）、租鉱権（鉱業法6条・71条）、採石権（採石法4条）、漁業権（漁業法60条1項・77条）、入漁権（漁業法60条7項・98条）などがある。その他の特別法上の抵当権については、担保物権法で取り扱う。

第３節　慣習法上の物権

1. 問題の所在

民法や特別法に物権として規定されてはいないが、取引上の必要により物権的な取扱いがなされているものも存在する。担保物権法で学習する譲渡担保権がその１つである。例えば、ＡからＢが100万円を借り受けるに当たり、ＢはＢ所有の工作機械甲（動産）を引き続き使用できるが、甲の所有権を100万円の貸金債権担保のために債権者Ａに移転させ、Ｂが弁済期までに債務を弁済したときはＢは甲の所有権を取り戻せるが、弁済できなかったときは甲の所有権を債権者Ａに確定的に帰属させるという内容の契約がＡＢ間で締結されることがあり、この場合、Ａの取得する権利を**譲渡担保権**という。主に金銭債権の担保のために債務者または第三者所有の動産や不動産にこのような譲渡担保権を設定することが、古くから**取引慣行**として行われてきた。

このような内容の契約が合意の当事者ＡＢのみを拘束する債権契約であるならば、例えば、動産甲の価格が1000万円であり、Ａの債権額が100万円に過ぎないような場合には、この契約は公序良俗に反して無効（90条）とされることはあるが、動産甲の価格が債権額の２～３倍程度であるような場合には、契約自由の原則から有効として扱われる。しかし、Ａの取得する譲渡担保権が物権であるということになると、その内容は当事者間で自由に定めることはできず（現在では、判例により、甲の価額と債務額に差額が生ずるときは、ＡはＢに対してその差額〔上の例で例えば900万円〕を清算金として支払わなければならないとされている）、また、ＡＢ間の譲渡担保契約締結後にＢからこの甲を譲り受けたＣに対しても、Ａは甲についての譲渡担保権に基づいてＢのもとに甲を返還するよう請求することができることになる（物権的請求権。ただし、動産甲が譲渡担保の目的になっていることにつきＣが善意無過失で買い受けて現実の引渡しを受けたときは、192条によりＣは譲渡担保の負担のないものとして甲を即時取得し得る）。このような譲渡担保権を物権法定主義との関係で担保物権として認めることができるかが、問題となる。

2. 慣習法上の物権を認める法律上の根拠

慣習法上の物権を認めることができるか否かに関しては、民法施行法35条と**物権法定主義**を定める175条および法の適用に関する通則法3条とをクリアする必要がある。

まず、民法施行法35条は、「慣習上物権ト認メタル権利ニシテ民法施行前ニ発生シタルモノト雖モ其施行ノ後ハ民法其他ノ法律ニ定ムルモノニ非サレハ物権タル効力ヲ有セス」とする。この規定は、民法施行前に存在した慣習上の物権に関するもので、民法施行後に設定された慣習法上の物権には及ばないと考えられているから（我妻＝有泉・27頁、鈴木・436頁など）、譲渡担保権を慣習法上の物権と解することをこの規定は妨げるものではない。

次に、物権法定主義を定める175条と法の適用に関する通則法3条（「公の秩序又は善良の風俗に反しない慣習は、法令の規定により認められたもの又は法令に規定されていない事項に関するものに限り、法律と同一の効力を有する。」）との関係が問題となり、これについては見解が分かれる。第1は、法令に規定のない事項に関する慣習は、法適用通則法3条により法律と同一の効力を有するとされるから、175条の「法律」として扱えばよく、したがって譲渡担保権は175条の物権法定主義には抵触しないと解する説である（我妻＝有泉・26頁、川井Ⅱ・8頁など）。第2は、法適用通則法3条により**慣習法としての物権**が認められることは、175条の規定の存在と矛盾しないとする説である（鈴木・436頁、近江Ⅱ・9頁など多数学説）。その理由として、175条は「創設することができない」としており、ここでは**人の行為による創設**が前提とされており、**慣習による物権**が認められるか否かについては民法は規定していないということもあげられている（広中・32頁、山野目・13頁）。第2の説の方が説明としては適切であろう。譲渡担保権を慣習法上の物権と認めることについては、これらの規定上も障害はない。

3. 判例法上物権として認められた慣習法上の権利

判例法上物権として認められた慣習法上の権利としては、用益物権に属するものとして、**流水利用権**ないし**水利権**および**温泉専用権**ないし**湯《ゆ》口権《くちけん》**があり、担保物権に属するものとして、譲渡担保権（☞1）がある（大判大3・11・2民録20-865は、譲渡担保権は経済上の必要から世間に行われているもので有効であるとした）。なお、現在、法制審議会・担保法制部会において、譲渡担保等についての立法の作業が進められており、動産譲渡担保・債権譲渡担保は、近年中に立法化される模様である。

流水利用権ないし水利権　大判大6・2・6民録23-202は、他人の所有地から湧出する流水を永年自己の田地に灌漑する慣行があるときには、その田地所有者に流水使用権を生じるとし、また、大判大14・12・11民集4-706は、天明年間より流水を使用し水車業を営んできた者は水利権を有するとした。

温泉専用権ないし湯口権　大判昭15・9・18民集19-1611（百選Ⅰ・49事件）は、温泉専用権すなわち湯口権は、温泉湧出地（源泉地）より引湯使用する一種の物権的権利であって、通常源泉地の所有権と独立して処分される地方慣習法が存在するが、この権利の変動は権利の変動を明認させるに足りる特殊の公示方法を備えないと第三者に対抗し得ないとした（☞第3編第6章第2節3）。

上土権　大判大6・2・10民録23-138は、175条および民法施行法35条を根拠に、1個の土地につき所有権以外に「上土権《うわつちけん》」なる地表のみの所有権を認めることはできず、建物所有のため他人の土地を使用する権利は地上権に他ならないとした。上告人の主張によれば、この上土権とは、大阪地方の慣習として存在するもので、海辺の土地を小作人が開墾して畑地とした場合に、地盤の所有権は地主に、地表の所有権は小作人にそれぞれあり、この地表の所有権を上土権といい、小作人は自由にこの上土権を売買でき、小作人が地主の土地に建物を建てる場合には、この上土権に基づいて建物を建てることになるという。

4. 慣習法上の権利を物権として認めることができるための要件

慣習法上の権利を物権として認めることができるためには、次の3つの要件が必要である（鈴木・436頁、淡路ほかⅡ・5頁〔鎌田薫〕）。①その権利が慣習法と認められる程度の**法的確信**に支えられていること、直接的・排他的な効力を有する物権であることから、②当該権利の内容が封建的なものではなく、**明確かつ合理的**なものであること、および③何らかの**公示方法**が存在すること、である。

第 2 編

所有権・用益物権・占有権

第1章　所有権

第1節　所有権の意義と性質

1. 所有権の意義

206条は、所有権は、所有者が、法令の制限内において、その所有物を自由に使用、収益および処分することのできる権利であるとする。所有権の定義としては、一般に、**特定の物に対する直接的かつ全面的な支配権**であるとされる。

(1)直接支配権　所有権は、物権であるから、物に対する**直接的支配権**を有する。直接支配権とは、その権利の実現のために他人の行為の介在を必要としないということである（☞第1編第3章第1節2）。また、所有権は直接支配権であることから、**排他的権利**でもある（☞第1編第3章第1節3）。ある物についてある人が所有権を有する場合、その同じ物について他の者が所有権を有することは認められないのである（同じ物を複数の者が共同で所有すること〔共有。249条〕とは別問題である。☞第6節）。

(2)全面的支配権　所有権以外の物権は、物に対する全面的支配権ではなく、物の価値のうち使用価値または交換価値にあたる部分を、一定の期間直接的に支配する権利であるが、所有権は、物に対する**全面的支配権**である。したがって、所有者は、所有物を自ら使用、収益（所有する動産や建物の使用や農地の耕作、山地の植林など）することもできるし、これを他人に貸して（所有地に地上権や賃借権の設定、所有建物に賃借権の設定をするなどして）賃料や地代を収取することもできる。また、所有者は、所有物を売買や贈与により他人に譲渡することもできるし、所有物に抵当権や質権などの担保物権を設定することもできる。また、所有者は、その物の所有権を放棄することもできるし、所有物を滅失させることもできる。すなわち、所有者には、物の**使用・収益・処分権能**がある。

2. 所有権の性質

所有権にも、他の制限物権と同様、誰に対してでも権利内容の実現を請求し得るという意味の**絶対性**が認められ、また、同じ物について同じ内容の物権は複数認められないという意味の**排他性**が認められる（☞第1編第3章第1節2・3）。

なお、制限物権には認められないが、所有権には認められる性質として、渾《こん》一性《いつせい》、弾力性、および恒久性があげられる。すなわち、所有権は、使用権・収益権・処分権等が**渾然一体となった支配権**であるから、所有権には**渾一性**が認められるとされる。また、所有権に用益物権、賃借権または担保物権が設定されても、いつかはこれらの負担が消滅し、円満な状態が回復されることが予定されているので、所有権には**弾力性**があるともいわれる。さらに、用益物権などは、長期に渡り行使しない状態が続くと時効により消滅することがあるが（166条2項）、所有権は、不行使が続いても時効により消滅することはないし（166条2項参照。所有者以外の者が所有の意思をもって長期に渡り所有者の物を占有することによりその物を時効取得し〔162条〕、その反射として所有者がその物の所有権を失うことがあるのは別問題である）、制限物権と異なり存続期間が設けられることはない。そこで、所有権には、**恒久性**があるといわれる。もっともこれらは、絶対性・排他性とは異なり、所有権の効力に結びつく性質ではなく、制限物権と対比して所有権の特色を表すものに過ぎない。

近代的所有権と封建時代の所有権　1で述べたように、所有者は、所有物を自由に使用、収益および処分をする権利を有し、所有権は、特定の物に対する直接的かつ全面的な支配権である、とされるが、いつの時代の所有権もこのように理解されていたわけではない。所有権についてのこの定義は、わが国におけるいわゆる近代的所有権についての定義であり、封建時代の所有権にはこれは当てはまらない。

封建時代においては、特に土地の所有権は、**重層的な構造**を持っていたとされる。すなわち、ヨーロッパにおいては、1つの土地に領主の上級所有権と農民の下級所有権の併存（分割所有権）が見られ、わが国の江戸時代においては、1つの土地に地主の所有権と永代小作の権利（永代的な物権）の併存（一地両主）や、開発された新田につき地主の所有権と開発した小作人の上土権（地表のみの所有権。☞第1編第5章第3節3）の併存などが広く見られた。そして、農民の土地に対するこれらの権利は、農民の土地への**身分的拘束**を伴ったものであった。農民は、農地で生産する作物の種類に制限を加えられていたばかりでなく、土地の売買（永代売買）も禁止されていた。

しかし、近代の資本主義社会においては、土地も商品として売買の対象になる。この土地が身分的拘束・共同体的拘束を伴っていると、土地を買い受けた者も、それを自由に使用、収益および処分することができない。そこで、民法は、近代の資本主義社会にふさわしい所有権をもたらす必要に迫られ、206条に、「所有者は、法令の制限内において、自由にその所有物の使用、収益及び処分をする権利を有する。」とする規定を置いたのである。

このような**近代的所有権**の特色としては、①一切の政治的・身分的・共同体的拘束から解放された、物の経済的価値に対する純粋に**私的な権利**であること、②所有権は、物の現実的支配とは無関係に認められるから、**観念的所有権**であるといえること、③誰に対してでも所有権の内容の実現を請求し得るという意味で、**絶対的所有権**であり（**所有権の絶対性**）、国家によっても侵害されないという意味で、**不可侵性が**認められること（憲29条1項参照）、があげられる（淡路ほかⅡ・132頁〔原田純孝〕、近江Ⅱ・217頁など）。

第2節　現代社会における所有権

資本主義が発展し、不動産や金融資産などを有する資本家は、これらを利用して、鉱工業を中心にさまざまな生産活動を展開して巨額の富を手に入れ、さらにこれらを活用して、商業分野にも進出し幅広い経済活動を展開した。これらの経済活動の展開において、**所有権の自由**と**契約の自由**は、極めて大きな役割を果たしたといえる。

しかし、巨大企業に富が集中し、その力が増大することにより、中小企業の進出が阻害され、活発な経済活動が停滞するという現象も生ずることになり、契約自由の原則にも一定の修正が加えられることになる（独占禁止法など経済法関連法規の制定の必要性）。また、企業に雇用される労働者との関係でも、企業が全く自由に雇用契約を締結することができるとすれば、労働者の健康で文化的な生活を営む権利が阻害されることになるから（両者は対等な立場には立ち得ない）、この分野においても、**契約自由の原則**に対する**一定の修正**が必要とされる（労働基準法など労働法関係法規の制定など）。

他方で、わが国では、東京を初めとした大都市を中心に経済活動・政治活動が展開されてきたことにより、大都市に人口が集中し、深刻な住宅問題を引き起こした。住宅や店舗・事業所またはそれらの敷地を所有することのできない多くの労働者や小規模企業経営者は、他人の建物または土地を賃借して居住しまたは事業を展開することになる。そこで、建物賃貸借契約や建物所有を目的とする土地賃貸借契約などが締結されるが、**所有権の自由**と**契約自由の原則**により、自由に賃貸借契約の内容を決めることができるということになると、家主や地主である賃貸人にとって都合がよく、賃借人にとって不利益な内容の賃貸借契約が締結されることになる（両者は一般に対等・平等な立場には立ち得ない）。そこで、この分野においても、所有権の自由および契約自由の原則に対する一定の修正が必要とされる（借地法〔旧〕、借家法〔旧〕、現在の借地借家法など）。また、土地所有権に基づき、自由に高層の建物を建築できることになると、近隣の居住者の**日照権**を阻害し、健康に被害を与えることも生じ得るし、**景観**にも影響を与える。その意味では、土地所有権に基づく土地の自由な使用・収益にも一定の制限が加えられる必要がある。

このように現代社会においては、所有権の自由と契約の自由にも、他の権利との兼ね合いで**さまざまな制限**がかけられることになるのである。

《展開》所有者不明または管理不全の土地・建物を減少させるための法整備　近年わが国では、所有者不明・所在不明の土地・建物や管理がされていない土地・建物が、全国的に増加している。

所有者不明の土地・建物の増加は、土地や建物の所有者につき相続が開始しても、相続人が相続登記をしないまま放置しておくことに主に起因する。そのようなことが何代も続くと、現在の所有者が誰であるか、所有者がどこに居住しているかを探求することが困難となり、結果として所有者不明の土地・建物になる。所有者不明の土地・建物の存在は、公共事業を進める上で支障を来すことにもなるし、土地や建物の管理がなされないことにより、近隣の住民に迷惑をかける事態も生ずる。それらの防止のための方策はこれまでも考えられてきたが（土地や建物の相続人があることが分からないときにつき、951条～959条。また、「所有者不明土地の利用の円滑化等に関する特別措置法」（平30法49）の制定）、十分とはいえなかった。そこで、相続開始後、できるだけ早期に相続登記がなされるような措置を講じるとともに（次の(1)①～③）、不要な相続土地を一定の要件のもとに国庫に帰属させる道を開いた（次の(1)④）。

また、共有物の場合、管理に支障を来すことも多いので、共有物の適切な管理を円滑になし得るような仕組みも設けられた（次の(2)）。

さらに、所有者不明・所在不明の土地・建物、または所有者やその所在が分かっていても管理不全の土地・建物があり、近隣の住民に迷惑をかけている事例もしばしば見受けられるため、利害関係人の請求により裁判所が土地または建物の管理人を選任し、適切に管理を行うことができるようにした（次の(3)）。

次の(1)の④以外は、「民法等の一部を改正する法律」（令3法24）による。そのうち、(1)の①②③は、不動産登記法の改正により、(2)および(3)が、民法改正によるもので、物権法に直接関係する。

(1)所有者不明・所在不明の土地・建物の出現を減少させるための仕組みの創設

①相続または遺贈により不動産の所有権を取得した相続人に対して3年以内の所有権移転登記申請を義務付け（不登76条の2第1項・2項。同法76条の3も参照）、違反者に対する10万円以下の過料の制裁の規定を設けた（不登164条1項）。

なお、相続人に対する遺贈の場合には、遺贈による所有権移転登記を当該受遺者が単独で申請できることにした（不登63条3項）。

ちなみに、共同相続人間の遺産分割禁止の契約も、5年以内の期間を定めることを要し、更新しても相続開始の時から10年を超えることができないこととして、早期の遺産分割を促している（民908条2項・3項）。

②所有権の登記名義人の氏名または名称及び住所に変更があった場合に、2年以内の変更登記申請を義務付け（不登76条の5）、違反者に対する5万円以下の過料の制裁の規定を設けた（不登164条2項）。

③登記官が他の公的機関から所有権の登記名義人の死亡情報や氏名又は名称及び住所の変更情報を取得するための仕組みを創設した（不登151条）。

④相続等により取得した不要土地を国庫に帰属させる仕組みを創設した。

土地所有者にとってその土地が不要である場合、現行法上、土地所有権の放棄によりその土地を国庫に帰属させることができそうであるが（民239条2項）、その土地が価値のない土地であると、国庫にとってこれを管理する費用が問題になるので、土地所有権の放棄は原則として認めないとする考えが多数となっている（☞第3編第7章第2節3）。

そこで、「相続等により取得した土地所有権の国庫への帰属に関する法律」が制定され（令3法25）、相続または遺贈により土地所有権の全部または一部を取得した相続人は、法務大臣の承認を受けて、その土地の所有権を国庫に帰属させることができることとした。これにより、一定の要件のもとに土地の相続人に土地所有権を国庫に帰属させる道を開いたわけである。もっとも、この制度を利用して国庫に土地を帰属させるための要件はかなり厳しく設定されている。共有土地の場合は、共有者の全員が承認の申請を共同して行う必要がある。建物の存する土地、担保権または使用収益を目的とする権利が設定されている土地、通路その他の他人による使用が予定される土地として政令で定めるものが含まれる土地、境界が明らかでない土地その他の所有権の存否、帰属、または範囲について争いがある土地などについては、承認申請は認められない（同法2条3項）。承認申請者は、承認があったときは、承認に係る土地につきその管理に要する10年分の標準的な費用の額を考慮して政令で定めるところにより算出した額の金銭（負担金）を、負担金の額の通知を受けた日から30日以内に納付しなければならない（同法10条）。したがって、この制度がどのぐらい利用されるかは、不透明である。

(2)共有物の管理等を円滑に進めるための仕組みの創設

①共有者不明または所在不明等の場合の協議促進手続を創設した。

このような場合には、共有物につき変更を加えたり共有物の管理に関する事項を定めたりする協議が困難となるので、緩和した要件で決定することができる旨の裁判を請求できることにした（民252条2項〜4項。☞第6節2(4)(c)参照）。共有物の管理者が選任されている場合にも、管理者にほぼ同様の手続が認められる（252条の2第2項）。

②所在等不明共有者の持分の取得および持分の譲渡権限付与の制度を創設した。

共有不動産の場合に所在等不明共有者をできるだけなくすための制度といえる（民262条の2・262条の3。☞第6節2(7)）。

(3)所有者不明土地・建物管理命令制度および管理不全土地・建物管理命令制度の創設

「民法第2編物権　第3章所有権　第3節共有」の後に第4節および第5節を付け加え、所有者不明・所在不明の土地または建物がある場合、もしくは所有者による管理が適切になされていない土地または建物がある場合に、利害関係人の請求により裁判所が土地または建物の管理人を選任して、この管理人による管理を命ずる処分をすることができることにした（☞第7節）。

第3節　所有権の内容

1. 所有権の内容とその制限

すでに見たように、206条により「所有者は、法令の制限内において、自由にその所有物の使用、収益及び処分をする権利を有する。」とされ、自由な使用、収益、処分権能が所有権には認められている（所有権の自由）。しかし、前記第2節で見たように、所有者に全く自由な使用、収益、処分権能が認められているわけではなく、法令による制限が認められることを206条は当然の前提としているのである。

2. 所有権の制限

(1)法令による制限　土地所有権や建物所有権などは、所有者に全く自由な使用、収益、処分権能を認めると、契約自由の原則と結びついて社会的・経済的に大きな問題を引き起こす（☞第2節）。そこで、農地法や借地借家法などの特別法により、所有者に使用・収益・処分に一定の制約を加えている他、建築基準法などにより建物の建築などに一定の規制を加えている。また、社会・経済的必要性から土地や建物の収用が必要となる場合には、土地収用法（同法1条・2条参照）により土地や建物を補償金等の支払いを条件に収用することができる。都市計画法などによる建物建築に対する制限も存在する。また、動産においても、あへんや銃砲など禁制品については、その自由な使用や処分は禁止されている（あへん法、銃刀法など）。

これらの法令による所有権の制限は、公共の福祉（憲29条2項、民1条1項）を基本とするが、その時々の政府の政策により大きな影響を受ける。

⑵権利の濫用の禁止　1条3項は、「権利の濫用は、これを許さない。」と規定する。所有権の行使も、権利の濫用と判断されれば、1条3項により禁止される（大判昭10・10・5民集14-1965〔**宇奈月温泉事件**・百選Ⅰ・1事件〕☞第1編第3章第3節6⑵ⅱ）。

3. 土地所有権の内容と特殊性

⑴土地所有権の内容　1筆の土地について、1つの土地所有権が認められるが、この「土地所有権は、法令の制限内において、その土地の上下に及ぶ。」(207条)。すなわち、土地所有権は、地表面だけではなく、空高くおよび地下深く及ぶのが原則である。しかし、現実には、土地所有者は、空高く飛行する航空機の飛行を原則として禁止し得ないし、建物の建築もその高さなどについて一定の規制を受ける。また、「大深度地下の公共的使用に関する特別措置法」によると、「**大深度地下**」(同法2条1項参照）は、公益性のある事業によって使用される場合、行政官庁により使用認可が得られれば、土地収用の手続を経ることなしに、しかも原則として補償を必要とすることなしに、事業者は使用権を取得できることになったので（その結果、住宅地や道路の陥没の事例なども生じている)、「大深度地下」には土地所有権は及ばないというのとほとんど変わらなくなった（鈴木・440頁)。

地上の湧水や地下水は、土地所有者がこれを利用し得る。温泉については、温泉を湧出させる目的で土地を掘削する場合には、都道府県知事の許可を必要とする（温泉法3条)。鉱業法に定める一定の有用な鉱物については、土地所有権が及ばないことについては、前述した（☞第1編第4章第3節1⑶)。

(2)土地所有権の特殊性　(a)境界の存在　1筆の土地の所有権は、他の土地所有権と境界を接しており、境界を超えて他人の土地に自分の土地所有権の効力を及ぼすことができないのが原則である。しかし、土地の利用に当たっては、隣接土地所有権との調整が必要となる場面が生ずる。そこで、民法は、物権編・所有権の章の「第1節　所有権の限界」に「第2款　相隣関係」の款を置いている（☞第4節）。

土地の境界　土地の境界をめぐり隣地所有者間で争いが生ずることがある。土地の境界は、**客観的に定まっている**ものであり、**境界確定訴訟**が提起された場合、裁判所は当事者の主張に拘束されることなく自らその正当と認めるところに従って境界線を定めるべきものであり、客観的な境界を知り得た場合にはこれにより、客観的な境界を知り得ない場合には常識に訴え最も妥当な線を見出してこれを境界と定めることになる（最判昭38・10・15民集17-9-1220）。土地の境界は、**当事者の合意によって変更処分し得ない**ものであり、当事者間に境界の合意が成立していても、それは単に客観的境界の判定のための一資料として意義を有するにとどまり、裁判所が証拠によってこれと異なる客観的境界を判定することを妨げるものではない（最判昭31・12・28民集10-12-1639、最判昭42・12・26民集21-10-2627）。

なお、不動産登記法に、**筆界特定制度**が創設された（2006〔平18〕年1月20日施行。同法123条～150条）。これは、法務局の筆界特定登記官に対する土地の所有権登記名義人等の申立てにより、1筆の土地とこれに隣接する他の土地との境につき（不動産登記法123条）、法務局長または地方法務局長により任命された筆界調査委員（弁護士や土地家屋調査士など専門的知見や経験を有する者）の調査や申請人や関係人の意見聴取等を踏まえ、筆界特定登記官が筆界特定をするものである。この**筆界特定**は、土地の境界を確定する行政処分ではなく、専門家による土地の境界についての**一応の判断**であり、土地の境界を最終的に確定するには、従来通り、**境界確定訴訟**による（山野目・登記法257頁以下、鎌田＝寺田編・347頁以下〔山本和彦〕参照）。

(b)不代替的特定物　1筆の土地は、その所在・形状・起伏・周囲の環境等によって個性を有するものであり、また、同じものを新たに作り出すことができないものである。したがって、**不代替的特定物**といえる。しかも、不代替的特定物である骨董品や名画などと違い、土地所有権に基づく使用、収益いかんは、近隣住民に一定の影響を与えるし、また土地の利用は、すべての人間の居住や事業活動・生産活動にとって、直接的・間接的に不可欠である。このことから、土地所有権に対しては、特にさまざまな規制が課せられている。

第4節　相隣関係

1. 相隣関係一般

(1)相隣関係の規定　土地は、他人所有の土地と境界を接して存在するのが通常であるから、**隣接する土地所有者相互の利用を調整**する必要が生ずることがあり、このために相隣関係の規定が置かれている。209条から238条までの32か条がそれである。

近隣の土地所有者との間で、地役権の設定により土地利用の調整が図られることがあるが（280条以下）、**地役権**は契約により設定される物権であるのに対して、相隣関係は、法定の調整規定である。

(2)地上権等への準用・類推適用　相隣関係の規定は、土地所有者相互間に適用されることを前提としているが、土地所有者と隣接する土地の地上権者との間、および地上権者と隣接する土地の地上権者との間にも、原則として準用される（267条）。同様の問題は、永小作権者や土地賃借人との間でも生ずるから、これらについても相隣関係の規定の類推適用が認められるべきであろう（最判昭36・3・24民集15-3-542は、土地賃借人に213条の隣地通行権を認めるが、単なる土地の占有者にはこれを認めない。東京高判平18・2・15判タ1226-157は、土地所有者から使用借権の設定を受けた建設業者に、隣地所有者との合意も顧慮して、209条の隣地使用権を認めた）。

2. 隣地使用権（209条）

土地所有者は、境界またはその付近における障壁、建物等の工作物の築造、収去または修繕、境界標の調査、境界に関する測量、233条3項による枝の切取りの目的のために必要な範囲内で、隣地を使用することができる。ただし、住宅への立入りは、居住者の承諾のある場合に限られる。また、隣地を使用する者は、隣地所有者等に対してあらかじめその旨を通知することが必要である（以上、209条）。

3. 隣地通行権（210条～213条）

(1)隣地通行権　他人の土地に囲まれて公道に通じない土地（**袋地**《ふくろじ》）、池沼《ちしょう》・河川・水路・海を通らなければ公道に至ることができない土地、または崖があって公道との間に著しい高低差がある土地（以上、**準袋地**）の所有者は、その土地を囲んでいる他人の土地（**囲繞地**《いにょうち》）を通行することができる（210条＝**隣地通行権**。旧210条は「囲繞地」という用語を使っていたので、「囲繞地通行権」と呼ばれた）。通行の場所および方法についての211条、および土地の損害に対する償金の支払いについての212条（この場合の通行権は有償）を参照のこと。

袋地（準袋地を含む）**が譲渡**された場合、袋地譲受人は、袋地につき所有権移転登記を経由しないまま、従来通り隣地通行権を囲繞地所有者に対して主張することができるか。これにつき、判例（最判昭47・4・14民集26-3-483）は、隣地通行権が認められているのは、「相隣関係にある所有権共存の一態様として、囲繞地の所有者に一定の範囲の通行受忍義務を課し、袋地の効用を完からしめようとしているためである」から、袋地所有者が囲繞地所有者または囲繞地利用権者に対して隣地通行権を主張する場合は、「不動産取引の安全保護をはかるための公示制度とは関係がない」として、これを肯定する。

また、**囲繞地が譲渡**された場合、その譲受人に対して袋地所有者は従来通り隣地通行権を主張することができるかが問題となる。これは、隣地通行権については、制限物権である通行地役権などと異なり、登記の制度はなく、登記がなされていないからである（不登3条参照）。

隣地通行権は、袋地と囲繞地の位置関係から、袋地所有権の拡張として**法律上当然に**認められるものであり、囲繞地所有者は、その限りで法律上所有権を制限されるものであるから（鈴木・10頁）、上記いずれの場合も、隣地通行権の主張は認められるべきである（安永・139頁）。

(2)土地の分割や一部譲渡の場合の隣地通行権　土地の分割や一部譲渡により袋地または準袋地が生じたときは、隣地通行権はもとの土地の他の部分（**残余地**）についてのみ認められ、また**償金の支払いも不要**である（213条）。土地の所有者が1筆の土地を分筆の上、そのそれぞれを全部同時に数人に譲渡しその結果袋地を生じた場合にも、213条2項が適用され、土地の取得者は、分筆前1筆であった**残余の土地についてのみ**隣地通行権を有するにすぎないと解すべきかどうかが問題となるが、判例（最判昭37・10・30民集16-10-2182）は、そのように解している。これらのことは、**同一人の所有に属する数筆の土地の一部が譲渡された**ことによって袋地が生じた場合も同様であり、またこの譲渡が担保権の実行としての競売によるものであっても、同様である（最判平5・12・17判時1480-69）。

袋地（準袋地を含む）または残余地が第三者に譲渡された場合、213条の隣地通行権は引き続き存続するのかが問題となる。残余地につき譲渡がなされたケースにつき、判例（最判平2・11・20民集44-8-1037〔百選Ⅰ・71事件〕）は、袋地所有者の213条の隣地通行権は、引き続き譲渡された残余地に存続するから、残余地以外の囲繞地所有者に210条の隣地通行権を主張することはできないとしている。

4. 隣地通行権規定の類推適用

⑴土地の産出物である石材搬出に必要な隣地通行権の可否　公道に出る通路はあるが、その土地の利用のためには不十分である場合に、210条の規定を類推適用して、他人の土地に必要な限度での通行権を主張し得るかが問題となる。土地の産出物である石材の搬出に適する隣地通行権を認めた判例（大判昭13・6・7民集17-1331）は、民法が隣地通行権を認めた趣旨は、一般公益上土地の利用を十全にさせるためであるから、たとえ公道に通ずる経路があっても、自然の産出物を搬出することが不能な地勢であるときは、その搬出に必要な限度において隣地通行権が認められるとする。

⑵自動車の通行に必要な隣地通行権の可否　袋地所有者である寺が、その墓地を利用させるために囲繞地の自動車通行が必要である場合、自動車の通行に必要な隣地通行権が認められるか否かが争われたケースにつき、判例（最判平18・3・16民集60-3-735）は、「自動車による通行を前提とする210条通行権の成否及びその具体的内容は、他の土地について自動車による通行を認める必要性、周辺の土地の状況、自動車による通行を前提とする210条通行権が認められることにより他の土地の所有者が被る不利益等の諸事情を**総合考慮**して判断すべきである。」として、自動車の通行に必要な隣地通行権を否定した原

審判決を破棄差戻しとしたものである（差戻審である東京高判平19・9・13判タ1258-228は、諸事情を総合考慮して自動車による通行を前提とする隣地通行権を認めた）。

(3)建築基準法の接道要件を充たす広さの隣地通行権の可否　建築基準法は、建築物の敷地は道路に2m以上接しなければならないとし（接道要件。建基43条）、また、建築基準法にいう道路（同42条1項）とは、幅員4m以上のものとされているので、この接道要件を充たさないために建物の建替えや増築ができない場合が生ずる。そこで、このような場合、建築基準法の接道要件を充たすために必要な広さの隣地通行権が認められるかが問題となる。判例（最判昭37・3・15民集16-3-556、最判平11・7・13判時1687-75）は、建築基準法の**接道要件**を充たす趣旨の隣地通行権を**否定**しているが、肯定すべきだとする学説も有力である（新版注民(7)・335頁〔野村好弘＝小賀野昌一〕など）。肯定すべきだとする説をとっても、(2)の前掲最判平18・3・16と同様に、諸事情を総合考慮して判断すべきことになろうから、実際には隣地通行権が認められないケースも多いのではないかと考えられる（特に住宅密集地域などにおいて）。

(4)継続的給付を受けるための設備設置権および設備使用権　2021（令和3）年の民法改正で新設された213条の2は、「土地の所有者は、他の土地に設備を設置し、又は他人が所有する設備を使用しなければ電気、ガス又は水道水の供給その他これらに類する継続的給付を受けることができないときは、継続的給付を受けるために必要な範囲内で、他の土地に設備を設置し、又は他人が所有する設備を使用することができる。」とし、また関係者の利害関係を調整する規定を置いた（最判平14・10・15民集56-8-1791は、他人の設置した給排水設備の使用を220条・221条の類推適用により認めていた。213条の3も参照）。

5. 水・水流に関するもの（214条〜222条）

水や水流に関する相隣関係としては、自然水流に対する妨害の禁止（214条）、水流の障害の除去（215条）、水流に関する工作物の修繕等（216条）、費用の負担についての慣習の優先（217条）、雨水を隣地に注ぐ工作物の設置の禁止（218条）、水流の変更（219条）、排水のための低地の通水（220条）、通水用工作物の使用（221条。☞4(4)の最判平14・10・15参照）、堰《せき》の設置および使用（222条）の諸規定が置かれている。

6. 境界に関するもの（223条〜232条）

境界に関する相隣関係としては、境界標の設置（223条）、境界標の設置および保存の費用（224条）、囲障の設置（225条）、囲障の設置および保存の費用（226条）、相隣者の1人による囲障の設置（227条）、囲障の設置等に関する慣習（228条）、境界標等の共有の推定およびその例外（229条・230条）、共有の障壁の高さを増す工事（231条・232条）の諸規定が置かれている。

7. 竹木の枝の切除および根の切取りに関するもの（233条）

隣地の竹木の枝が境界線を越えるとき、越境された土地の所有者は、竹木の所有者に対して枝の切除を請求することができ、竹木の所有者が相当の期間内に切除しないときなどは、土地所有者が自ら切除することができる。隣地の竹木の根が境界線を越えるときは、枝の場合のような手続を踏むことなく土地所有者が自ら切除することができる（例えば竹の子を切除したとき、竹の子の所有権は切除した者に帰属する。我妻＝有泉・295頁）（以上、2021〔令和3〕年改正233条）。

8. 境界付近の工作物に関するもの（234条〜238条）

(1)境界線付近の建築の制限（234条）　234条1項は、建物を築造するには、境界線から50㎝以上の距離を保たなければならない、とする。これに反して建築をしようする者があるときは、隣地所有者は、建築の中止・変更を請求し得る（同条2項参照。建築着手時から1年経過後または建物完成後は、損害賠償請求権のみ）。もっとも、これらと異なる慣習があるときは、その慣習が優先する（236条）。

なお、建築基準法63条（旧65条）は、防火地域または準防火地域内においては、外壁が耐火構造の建物については、その外壁を隣地境界線に接して設けることができるとしている。この規定と民法の規定との関係が問題となるが、判例（最判平1・9・19民集43-8-955）は、建築基準法63条所定の建築物の建築には、民法234条1項は適用されないとし、建築基準法63条は、民法234条1

項の特則であるとする立場に立っている。

(2)境界付近の工作物に関するその他の相隣関係　その他、目隠しの設置（235条・236条）、境界線付近の掘削の制限（237条）、および境界線付近の掘削に関する注意義務（238条）の諸規定が置かれている。

第5節　所有権固有の原始取得

1. 所有権の取得原因

動産または不動産の所有権を取得するには、売買契約、贈与契約、請負契約（建物建築請負契約、工作機械製作請負契約、オーダーメイドスーツ製作請負契約など）など債権契約を原因とすることが圧倒的に多い（☞第3編第1章第2節1や債権法参照。承継取得）。また、相続や会社の合併などによりこれらの所有権を承継取得（一般承継＝包括承継）することもある。

他に、所有権の原始取得もある。**原始取得**とは、一定の法律上の要件が充たされた場合に、前の所有者とは無関係に所有権を取得し、その反面、前の所有者が所有権を喪失するものである。**時効取得**（162条）や、192条の**即時取得**（☞第3編第5章第3節）がこれにあたる。これらの原始取得は、所有権以外の物権の場合にも生ずることがある。

ところで、民法は、第2編第3章「所有権」の第2節を「所有権の取得」としている。この節に規定されている所有権の取得原因は、上記の所有権の取得原因以外の所有権の**原始取得**であり、無主物先占《むしゅぶつせんせん》（239条）・遺失物拾得（240条）・埋蔵物発見（241条）、添付（付合・混和・加工）（242条〜248条）がこれに含まれる。そこでこの節ではこの問題を取り扱う。なお、類似の所有権の原始取得として、家畜以外の動物の占有による取得（195条）があるので、これも便宜上ここで扱う。

2. 無主物先占・遺失物拾得・埋蔵物発見等

(1)無主物の帰属（239条）　(a)無主物先占　所有者のない動産（無主の動産）

は、所有の意思をもって占有することにより、ただちに所有権を取得する（239条1項）。これを**無主物先占**という。野生のタヌキを岩穴に追い込んで穴に蓋をした場合（大判大14・6・9刑集4-378）や、野生のイノシシを捕獲した場合などは、これにあたる。また、古くなった自転車の所有権をこれまでの所有者が放棄した場合に、この自転車を所有の意思をもって占有したときも、同様である。しかし、自転車の所有権が放棄されたのではなく、自転車が盗まれて放置されているときは、遺失物（☞(2)）の扱いになるから、注意がいる。また、ゴルフ場内の人工池にゴルファーが打ち込み放置したロストボールは、ゴルフ場の所有に帰属するものであって、無主物ではないとされている（最決昭62・4・10刑集41-3-221）。

(b)無主の不動産の国庫帰属　所有者のない不動産（無主の不動産）は、国庫に帰属する（239条2項）。もっとも、不動産所有者が所有権を放棄した場合にその不動産が国庫に帰属するかについては、☞第3編第7章3。

(c)相続人のない相続財産の国庫帰属　相続人がなく、特別縁故者への分与により処分されなかった動産や不動産などの相続財産は、国庫に帰属する（959条）。

(2)遺失物拾得（240条）　占有者の意思によらないで占有者の所持を離れた物（遺失物）の拾得者は、速やかに遺失物を遺失者に返還するか、警察署長へ提出しなければならない（遺失4条）。警察署長は、提出を受けた物件の遺失者またはその所在を知ることができないときは、公告をしなければならない（遺失7条）。公告後3か月以内に遺失物の所有者が判明しないときは、遺失物拾得者がその物の所有権を取得する（240条）。所有者のもとから逃げ出した家畜やペットは、準遺失物として、遺失物と同じ取扱いとなる（遺失2条1項・3条）。

(3)埋蔵物発見（241条）　自己の所有地の地中から大判・小判や金銀財宝などの埋蔵物を発見したときは、発見者は、速やかに埋蔵物を遺失者に返還するか、警察署長へ提出しなければならない（遺失2条2項・4条）。公告後6か月以内に埋蔵物の所有者が判明しないときは、埋蔵物発見者がその物の所有権を取得する（241条本文）。他人の所有する物の中から発見された埋蔵物については、発見者（建設業者など）およびその他人が等しい割合でその所有権を取得する（241条但書）。もっとも、文化財保護法の対象となる埋蔵物については、国庫または地方自治体に帰属し、241条は適用されない（文化財保護2条・101条・102条・104条・105条参照）。

なお、**埋蔵物**とは、「土地その他の物の中に外部からは容易に目撃できないような状態に置かれ、しかも現在何人の所有であるか判りにくい物をいう」から（最判昭37・6・1訟月8-6-1005）、例えば水中に沈められていた物というだけで、埋蔵物として扱われるわけではない。

(4)家畜以外の動物の占有による取得　家畜以外の動物（当該地方においては、野生が通常であり飼育されることはほとんどない動物。例えば、わが国の山里におけるイノシシやサルなど。わが国では、パンダや九官鳥〔大判昭7・2・16民集11-138〕は、家畜にあたる）で他人が飼育していたものを占有する者は、その動物の占有開始の時に善意（他人が飼育していたものであることを知らなかったこと）であり、かつ、その動物が飼主の占有を離れた時から1か月以内に飼主から回復の請求を受けなかったときは、その動物について行使する権利を取得する（195条）。家畜外の動物は外観上は野生であるので、新たな占有者が所有権を取得するためには、遺失物拾得の手続を踏むことを要するとするのは、社会通念に反するからである（逸走した家畜は、準遺失物として前記(2)の取扱いとなる）。

3. 添付（242条～248条）

(1)添付の意義　条文上は、「添付」という用語を使用していないが、所有者の異なる2つ以上の物が結合した場合（=**付合**）、所有者の異なる2つ以上の物が混じり合って識別することができなくなった場合（=**混和**）、および他人の動産に工作を加えて別種の物を作り出した場合（=**加工**）を、**添付**という。

付合により新たにできた物を**合成物**（243条・244条参照）といい、混和により新たにできた物を**混和物**、加工により新たにできた物を**加工物**という。

(2)添付に共通な効果　付合、混和、および加工をまとめて添付と呼ぶのは、これらに次のような共通の効果が存在するからである。

(a)　新たにできた物は、**1個の物**として、**1つの所有権**の目的になる。新たな物の一部となった、もとの物の所有権は消滅する。もとの物の所有者は、もとの物を分離して復旧することはできない。以上の点は、社会経済的必要によるものだから強行規定である。

(b)　**新たにできた物**の所有権が誰に帰属するかについて明文の規定が置かれている。付合および動産の混和の場合は、原則は**主たる物の所有者**に帰属し（242条〔不動産の付合〕・243条〔動産の付合〕・245条〔動産の混和〕）、例外的に共有となる（244条〔動産の付合〕・245条〔動産の混和〕）。加工の場合は、246条による（原則は材料所有者、例外として加工者）。

(c)　(b)により損失を受けた者に、不当利得の規定（703条・704条）に従って、所有者となった者に対する**償金請求権**が認められる（248条）。

(d)　新たにできた物は、1つの所有権の目的となるから、もとの所有権の上に存した権利がどのような取扱いになるのかについて規定が置かれている（247条）。この規定は、第三者の利害に関するものなので、強行規定である。

(3)添付に関する民法の規定が適用される場合　添付について前記(2)のような効果が定められているが、所有者の異なる2つ以上の物の結合は、**契約**（請負契約や雇用契約など）**によって生ずる**のが通常であり、このような場合に新たにできた物の所有権の帰属は、契約により明示的・黙示的に定まっているから、前記(2)の(b)および(c)が適用されることは、ほとんど考えられない（(2)の(b)および(c)は、任意規定である）。

前記(2)の(b)および(c)が主として適用されるのは、**契約関係がない**のに自己所有の動産を他人の動産に付合させてしまったり、陶芸作家が自己所有の粘土だと思って、他人の粘土で壺を制作したような場合である（同旨、松岡・78頁）。

4. 不動産の付合

(1)242条の規定　242条は、本文で、「不動産の所有者は、その不動産に従として付合した物の所有権を取得する。」とし、但書で、「ただし、権原によってその物を附属させた他人の権利を妨げない。」とする。

(2)付合の基準　まず、いかなる場合に「不動産に従として付合した」と判断すべきか。これについては、見解が分かれている。すなわち、その物が**物理的独立性を失った**場合（その物が不動産に物理的に接着し、損傷しなければ分離することができなくなった場合、または分離するのに過分な費用を要する場合。動産の付合についての243条参照）に限られる（「**強い付合**」という）とする説（我妻＝有泉・306頁、近江Ⅱ・236頁など）と、附属させられた物が完全に物理的独立性を失っていることまでは必要とせず、**不動産から独立して取引の対象とされる可能性がなおある**場合（「**弱い付合**」という）も付合として扱ってよいとする説（星野Ⅱ・126頁、鈴木・34頁など）がある。

前者の見解が、これまでの通説であり、242条の不動産の付合の根拠を、分離復旧することの**社会経済的不利益の回避**に求める。もっとも通説も、強い付合こそが本来の付合であるとしつつ、解釈論としては弱い付合も付合に含めている。後者の見解は、有力説であり、242条の不動産の付合の根拠を、取引の目的となる所有権の客体の範囲を外面的に示し、事実上の**取引の安全**を図る点に求める。なお、わが国では、建物は土地の定着物（不動産）であるが、土地とは別個独立の不動産とされているから、建物の土地への付合は生じない。

強い付合（附属させられた物が物理的独立性を失って不動産の構成部分になる場合）の例としては、建物の床板や壁紙・壁土を他人が自己の材料で取り替えたとき、建物に他人が自己の水道管やガス管を敷設したとき、土地に他人が自己の石垣、敷石を定着させたときなどがあげられる。

弱い付合（附属させられた物が完全には物理的独立性を失ってはおらず、不動産とは独立して取引される可能性のある場合）の例としては、他人が自己所有の銅像、線路、鉄管、鉄塔、庭木などを土地に定着させたときなどがあげられる。

他人の土地に自己の**種子を播き**または**苗や苗木を植えた**ときについては、強い付合と解する通説と弱い付合と解する有力説がある。

《展開》稲の苗の付合をめぐる議論　かつては、無断転借小作人や賃貸借終了後の小作人の保護などを考慮し、稲の苗などは、わが国の慣習上付合の対象にならないとする有力学説が存在した（末川・302頁など）。

しかし、現在では、むしろこのような場合、苗の土地への付合を認めて、無断転借小作人などは、土地所有者に**償金請求権**（248条）を行使でき、これらの者は償金の支払いを受けるまで、償金請求権に基づき留置権（295条）を行使し得るとした方が、これらの者の利益に適うと考えられており（鈴木・35頁、安永・155頁など参照）、かつての有力学説の支持者はほとんど見られなくなった。

⑶242条但書の「権原」　242条但書は、「権原によってその物を附属させた他人の権利を妨げない。」とするが、この「権原」にあたるのはいかなるものか。この権原には、林業や農業を目的として他人の土地を借りる権利である**地**

上権、**永小作権**、**土地賃借権**などが含まれる。附属させた物の所有権を附属させた者に留保する旨の**特約**だけでもよいとされる。また、建物賃借人が、借家の増改築につき家主の承諾を得て**増築**する（借家に動産を付合させる）場合も、権原によりその物を附属させた場合にあたるとされている（最判昭38・10・29民集17-9-1236）。

この但書の適用は「強い付合」の場合には考えにくい。そこで、242条但書の適用されるのは、「**弱い付合**」の場合に限られると解すべきであろう（鈴木・34頁）。

いずれにしても、地上権、土地賃借権などに基づいて、あるいは当事者の合意に基づいて附属させた場合には、契約あるいは合意の内容の解釈によるべきであって、242条の問題ではないと解すべきである（☞3⑶）。

⑷土地への付合　ⓐ土地への付合の例　例えば、⑵の強い付合の例としてあげた、土地に他人が自己所有の石垣、敷石を定着させたときや、弱い付合の例としてあげた、土地に他人が自己所有の銅像・線路・鉄管・鉄塔、庭木などを定着させたとき（庭木などの場合は根を張ったことを要し、仮植えでは付合は生じない。大判大10・8・10民録27-1480、我妻＝有泉・308頁）などが、土地への付合にあたる。もっとも、通常は土地所有者と請負人との間の請負契約などによりこれらの付合が行われ、この場合は242条の適用によらずに土地に付合する（また、248条の償金請求権ではなく、請負代金債権が発生する）。

ⓑ他人の土地に自己の種子を播きまたは苗や苗木を植えた場合　これについては、強い付合とする説（通説）と弱い付合（有力説）とする説があることは、⑵で述べた通りである。種子を播きまたは苗や苗木を植えたのが、無権原者であったときと、農地賃借人など242条但書の「権原」を有する者であったときに分けて検討する。

ⅰ無権原者であったとき　このケースでは、**付合**が生ずることには異論がない。無権原者が種子を播きまたは苗や苗木を植えたときは、強い付合と解する説でも弱い付合と解する説でも、種子・苗・苗木は他人の土地に付合し、また、その後これらが生育して農作物や樹木となり土地とは独立して取引の対象にすることができるようになっても、242条但書の適用はないから、農作物や樹木は土地所有者に帰属していることになる。無権原者は、土地所有者に対して償金請求権を行使することはできる（248条）。

もっとも、善意の無権原占有者保護の観点から、苗が生育して稲立毛《いなたちげ》のような「弱い付合」の状態になった場合（移植可能な場合や生育して収穫期にある場合もこれにあたる）につき、善意の無権原占有者には償金請求権（248条）か収去権かの選択を与えるべきとする見解（鈴木・36頁、星野Ⅱ・128頁）や、善意の無権原者は242条但書の権原ある者と同視し、付合していないとして収去権を認めるべきとする見解（内田Ⅰ・391頁、安永・155頁）が有力である。なお、悪意者の場合につき、土地所有者にとって不要なものもあるから、悪意者に償金請求権（248条）を認めるのではなく、土地所有者に償金支払いか収去請求かの選択権を与えるべきとする説も見られる（安永・155頁）。

ⅱ 農地賃借人など「権原」を有する者であったとき　農地賃借人など242条但書の「権原」を有する者が種子を播きまたは苗や苗木を植えたとき、種子・苗・苗木は土地に付合するかが問題となる。以下、苗の場合で説明する。

苗は土地との関係で「**強い付合**」であるとする**通説**によれば、この時点では242条但書は適用されないから（安永・156頁、近江Ⅱ・238頁など）、**土地所有権に吸収**されることになり、農地賃借人は勝手に苗を抜き去り廃棄することはできない（この時点で賃借人が賃借権を失えば、土地所有者に対して償金請求権が発生する）。他方、苗は土地との関係で「**弱い付合**」であるとする**有力説**によれば、242条但書により苗は**土地所有権に吸収されない**から、農地賃借人は、苗を抜き去り廃棄することも可能である。いずれの説に立っても、稲が生育して稲立毛としてある程度**独立性を有し**土地とは**独立して取引の対象**にすることができるようになると、「**弱い付合**」の状態であって、稲立毛につき農地賃借人の所有権が認められることになり、稲立毛を処分し得ることになる（川井Ⅱ・168頁、安永・156頁など）。

しかし、通説によると、苗の段階では付合して土地所有者のものになり、生育して稲立毛になると農地賃借人の所有になるという奇妙な現象が生ずる。

このⅱのケースでは、土地所有者と賃借人との間には賃貸借契約があり、賃借人が**権原に基づいて**農地に苗を植えているのであるから（242条但書）、そもそも**付合の問題は生ぜず**（☞3(3)）、苗や稲立毛などは一貫して賃借人に帰属しているのであり、242条但書は当然のことを規定しているにすぎないと考えるべきである。このような見解も有力である（広中・406頁以下、内田Ｉ・389頁。鈴木・34頁も、242条但書が適用されるのは、本来**付合の問題ではなく**、当該契約によって律せられるべき事項であるから、この但書は注意的な規定にすぎないとする）。

土地賃借人や地上権者が借り受けた土地に苗木を植え、その後これらが生育し樹木となり、土地とは独立して取引の対象にすることができるようになる場合についても、上記の稲の苗と稲立毛の場合と同様に考えることになる。

《展開》242条但書の「権原」の第三者に対する対抗　**農地賃借人**が借り受けた土地に稲の苗を植え、それが生育して稲立毛になった場合、賃借人には242条但書の**権原**があるから稲立毛につき所有権が認められるが、農地が**第三者に譲渡**された場合、その権原を譲受人に対抗し、稲立毛の所有権を農地譲受人に主張し得るかが問題となる。

農地賃借権の場合、賃借権の登記がなくても農地の引渡しがあれば**農地賃借権の対抗要件**となるから（農地16条）、農地賃借人は、稲立毛の所有権も土地の譲受人に対抗し得る（我妻＝有泉・309頁、鈴木・34頁）。

これに対して、農地の**二重譲渡**のケースで、農地の**第1譲受人**が農地につき所有権移転登記を経由しないまま耕作してできた稲立毛に対する所有権を、農地につき所有権移転登記を備えた第2譲受人に対抗し得るか。稲立毛は土地の定着物であり土地所有権に吸収されるのが原則であるから、農地につき所有権移転登記を備えていない第1譲受人は、稲立毛につき**明認方法**を備えていないと稲立毛の所有権を、登記を備えた土地の第2譲受人に対抗し得ないと解すべきである（我妻＝有泉・307頁）。もっとも、古い判例（大判昭17・2・24民集21-151）は、農地の譲受人Ａが農地につき**未登記**のまま耕作してできた稲立毛に対する農地の譲渡人Ｂの債権者Ｃによる差押えに対して、稲立毛所有権に基づくＡの第三者異議の訴え（民執38条＝Ｃの差押えの手続を排除するための訴え）を認めていた（この判例につき、我妻＝有泉・309頁は、未登記の第1譲受人Ａに農地賃借人と同一程度の保護を与える趣旨ではないかとする）。

地上権や土地賃借権につき**対抗要件を備えていない地上権者や土地賃借人**が、借り受けた土地に242条の「権原」に基づいて苗木を植え、その後これらが生育し樹木となった場合、これらの樹木所有権は地上権者等に帰属する。次いで、土地が譲渡された場合に、土地の譲受人に対して地上権者等が権原に基づく樹木の所有権を対抗し得るかも問題となるが、樹木についての明認方法が必要と解すべきである（我妻＝有泉・308頁、安永・157頁。内田Ｉ・392頁は、他人物売買の問題として、土地譲受人が樹木の所有権を取得するためには、即時取得または94条2項の類推適用が必要とする）。

土地の二重譲渡のケースにおける未登記の第1譲受人の、土地につき登記を備えた第2譲受人に対する**立木所有権**の主張については、判例（最判昭35・3・1民集14-3-307）も、立木についての**明認方法**が必要であるとする。その理由につきこの判例は、立木所有権の地盤所有権からの分離は、立木が地盤に付合したまま移転する本来の物権変動の効果を立木について制限することになるのであるから、その物権的効果を第三者に対抗するためには、少なくとも立木所有権を公示する対抗要件（明認方法など）を必要とすると述べている。なお、この判例は、稲立毛に関する前掲大判昭17・2・24との違いについて、「稲は、植栽から収穫まで僅々数ケ月を出でず、その間耕作者の不断の管理を必要として占有の帰属するところが比較的明らかである点で、成育に数十年を予想し、占有状態も右の意味では通常明白でない山林の立木とは、おのずから事情を異にするものというべく、右判例（前掲大判昭17・2・24）も必ずしも植栽物の所有権を第三者に対抗するにつき公示方法を要しないとした趣旨ではない」と述べていた。

⑸建物への付合　**⒜建物に他人の動産が付着したとき**　例えば、強い付合の例にあげた建物の床板や壁紙・壁土（☞⑵）を他人が自己の材料で取り替えた場合や、建物に他人が水道設備を敷設した場合などは、建物への付合が認められる。もっとも、通常は建物所有者と工事業者との間の**工事請負契約**によりこれらの付合が行われ、このときは、242条の適用によるのでなく、**請負契約により建物に付合**する（また、248条の償金請求権の問題ではなく、請負代金債権の問題となる）。

判例上問題となったのは、借家人が借家に増築を施した場合である。借家人には、家主所有の建物を増改築する権限は認められていない。しかし、借家人が増築につき家主の承諾を得て**増築**を行うこともあり、この場合には、⑶で述べたように、借家人は242条但書の権原により増築部分を付合させたと考えられている。そこで、無断増築の場合と承諾増築の場合に分けて考える。

ⅰ借家人の無断増築　借家人が家主に**無断で増築**をし、借家に附属させた場合には、増築部分のもとの借家への付合の程度を問わず、増築部分は**借家に付合**する（242条。借家の敷地に借家とは全く独立に借家人が建物を建てた場合は、付合の問題ではなく、借家人による敷地の不法占有の問題となる）。242条但書の適用はなく、借家人は増築部分の所有権を主張し得ない。

ⅱ借家人の承諾増築　これに対して、借家人が家主の**承諾を受けて増築**をしたときは、242条但書の「権原」による附属となる（近江Ⅱ・237頁、安永・157頁など）。もっとも、家主と借家人の合意により増築部分の所有権を借家人に留保することになるのであるから、**そのような趣旨を含んだ承諾**であることが必要であろう（鈴木・36頁、内田Ⅰ・391頁など）。

判例によれば、承諾増築の場合において増築部分が借家人に帰属するか否かは、増築部分がもとの建物から構造上建物としての独立性を有しているかによる。つまり、判例は、承諾増築部分が構造上建物としての**独立性を有している場合**（**弱い付合**といえる）には、242条但書により**借家人の所有**に属するが（1棟の建物の一部であれば区分所有権の目的となる。前記⑶に掲載の最判昭38・10・29）、**独立性を有していない場合**（**強い付合**といえる）には、**家主の建物に付合**するとする（最判昭34・2・5民集13-1-51〔家主が賃貸の目的で改造するために建物の一部を取り壊し、柱および基礎工事等を残すだけの工作物とした上で、この工作物を賃借人の負担で改造する約束で賃貸して、賃借人が建物を完成させたケース〕、最判昭44・7・25民集23-8-1627〔百選Ｉ・73事件。借家の2階部分に増築をしたが、2階部分から外部への出入りが借家内の部屋の中にある梯子段を使用するより他ないというケース〕）。

最判昭38・10・29民集17-9-1236のケース　前掲最判昭38・10・29は、賃借人が、賃借部分のうち2本の通し柱および天井の梁を除く他の構造物をすべて撤去して原家屋より北西部および西部に約6坪を拡張し、前記柱および梁を利用して建坪17坪ほどの店舗を作り上げたケースである。この判例は、本件店舗部分は、その一部に原家屋の2階が重なっており、既存の2本の通し柱および天井の梁を利用している事実があってもなお、賃借人が権原によって原家屋に附属させた独立の建物であって、他に特別の事情が存しない限り、賃借人の区分所有権の対象たるべきものといわなければならないとしたものである。

独立性の判断基準につき判例（最判昭43・6・13民集22-6-1183）は、建物新築部分の従前の建物への付合の成否については、当該新築部分の構造、利用方法を考察し、その部分が従前の建物に接して築造され、**構造上建物としての独立性を欠き、従前の建物と一体となって利用され取引されるべき状態**にあるときは、その部分は従前の建物に**付合**したものと解すべきであって、新築部分が従前の建物とその基礎、柱、屋根などの部分において構造的に接合していないことから、ただちに付合の成立を否定することは許されない、としている。結局、増築部分の独立性の有無は、増築部分が建物区分所有権の客体たる要件を充たすか否か（建物区分1条参照）により判断されよう（鈴木・36頁、内田Ｉ・391頁など）。

増築部分が家主の建物に**付合**（**強い付合**）**した場合**は、借家人は増築部分を利用することができるが、家主の建物の一部となるので、これを自由に分離することはできなくなる。借家人には、703条・704条の規定により**償金請求権**が発生する（248条）。もっとも、借家人には、賃貸借契約に基づき**有益費償還請求権**が認められる（608条2項）。償金請求権は付合の時に発生するが、有益費償還請求権は、賃貸借契約終了の時に発生する。付合の規定は、当事者間に契約関係がないときを想定したものであり、借家人は賃貸借終了時まで増築部分を利用しているのであるし、増築部分が借家に付合したのかどうかも、通常賃貸借終了時に問題となるから、賃借人は**有益費償還請求権のみ**を行使し得るとしてよいであろう（同旨、安永・158頁）。これに対して、家主の承諾を受けて建築された増築部分が、**構造上建物としての独立性**を有し、従前の建物とは独立に取引の対象になるべき状態にあるときは、従前の建物への**付合は生じず**、借家人はいつでもこれを分離し処分することができる。

(b)建物に他人の建物が付着したとき　242条以下の付合の規定は、不動産に他人の不動産が付合する場合を想定していないが、建物に他人の建物が付着する場合も生じ得る。A所有の甲建物が**主たる建物**で、その**附属建物**乙（例えば離れの茶室）をBが所有していた場合に、附属建物乙を甲建物に接着させ、かつ両者を分かつ障壁を除去することによって、1個の建物にすることがある（**合体**）。AB間の**合意で合体**がなされた場合は、合体後の甲建物の所有関係をどのようにするかは、合意で定められる。このような**合意なしに合体**がなされたときは、**242条が類推適用**されよう。これに対して、**主従の区別を付けがたい**独立の建物甲（A所有）および乙（B所有）につき合体がなされ丙建物ができたときは、**合意による合体**であれば、合意により丙建物の所有関係が定まるが、**合意のない合体**であれば、242条の類推適用は不適当であり、動産の付合の場合の**244条が類推適用**されるべきであろう（鈴木・37頁、安永・158頁）。また、甲・乙それぞれの建物の上に存在した抵当権などの取扱いについては、247条2項が類推適用される（主従の関係にない甲・乙2棟の建物の合体についても、同様の扱いとなる。最判平6・1・25民集48-1-18）。

5. 動産の付合

(1)動産の付合の意義　**動産の付合**とは、所有者を異にする数個の動産が付着して、損傷しなければ分離することができなくなった場合、または、分離するのに過分の費用を要する場合に、これらが1個の動産（**合成物**）になることである（243条）。例えば、A所有の船舶甲にBがB所有のディーゼルエンジン乙を付着させ、上記の状態を作り出した場合は、動産の付合が生ずる（大判昭12・7・23判決全集4-17-3）。もっとも、このような場合でも、船舶甲からディーゼルエンジン乙を分離しても両者に損傷を与えない場合や、分離に過分の費用を要しない場合は、付合は生じない（大判昭18・5・25民集22-411は、付合を認めた原判決を破棄差戻しとした）。

(2)動産の付合の効果　動産の付合が認められる場合、動産が付合してできた合成物の所有権は、**主たる動産の所有者**に帰属する（243条前段）。そこで、前記(1)の例で、243条の要件を充たすときは、ディーゼルエンジン乙は、船舶甲の所有者に帰属することになる。いずれが主たる動産であるかは、取引観念によって定めるべきであるが（指輪とそれに付着させた宝石では、指輪が主たる物とされる）、付着した従たる物（先の例で宝石）の方がはるかに高価な場合があり、その判断は必ずしも容易ではない（物の価格だけで主従を判断すべきではないとされるが、宝石の方がはるかに高価である場合には、宝石が主たる動産になることもあろう。鈴木・31頁、新版注民(7)・407頁〔五十嵐清＝瀬川信久〕参照）。

付合が生じた結果、所有権を失い、損失を受けた者は、合成物の所有者に対して**償金請求権**を有する（248条）。また付合が生じたが、甲乙**いずれが主従か区別できない**ときは、合成物をAとBとが、付合の時における甲と乙との価格の割合で共有する（244条）。

もっとも、A所有の船舶甲にB所有のディーゼルエンジン乙を取り付ける場合、通常は、AB間の**請負契約**により行われる。したがって、乙の価格が甲の価格よりはるかに高くても、合成物はAに帰属することになり、BからAに対しては償金請求権ではなく、請負代金債権が発生するのであるから、243条以下の付合の規定は適用されないと解すべきである（鈴木・32頁）。

6. 動産の混和

動産の**混和**とは、所有者を異にする動産が混じり合って識別することができなくなった場合のことである（245条）。A所有の新潟県産コシヒカリ50kgとB所有の宮城県産ひとめぼれ30kgが混じり合ってしまったようなときがこれにあたる（科学的鑑定によれば識別は可能であるが、コストがかかり過ぎるから、このような場合も識別不能というべきである）。もっとも、ブレンド米を作る契約がＡＢ間でなされていて混和が生じた場合には、その契約によりブレンド米（混和物）の所有権の帰属・代金の支払義務者が決まるから、そのような契約がなく混和が生じた場合に245条が適用されることになる。動産の混和の効果は、動産の付合の効果と同じである（245条による243条・244条準用、247条・248条）。

7. 動産の加工

(1)加工の意義　　他人の動産に**工作**を加え、必ずしも新しい物でなくともよいが、**独自の価値ないし存在**を持つ物を作り出すことを**加工**という（我妻＝有泉・312頁、広中・414頁など）。例えば、Ａ所有の粘土（動産）を使用して、Ｂが陶器を制作した場合や、Ａ所有の骨董品である仏像（動産）が地震でかなり破損していたところ、Ｂが本格的に修復を加えた場合などが、これにあたる。

(2)加工の効果　　加工物の所有権は、**材料の所有者**に帰属するのが原則である（246条1項本文）。そこで、加工者Ｂの制作した陶器の所有権は、材料の提供者Ａに帰属する。また、修復された仏像は、Ａに帰属する。ただし、**工作によって生じた価格**が材料の価格を著しく超えるときは、加工者がその加工物の所有権を取得する（246条1項但書）。例えば、陶器の制作者Ｂが人間国宝である陶芸作家であったような場合である。

また、加工者が材料の一部を提供したときは、材料の価格に工作によって生じた価格を加えたものが他人の材料の価格を超えるときに限り、加工者がその加工物の所有権を取得する（246条2項）。

動産の加工についても、247条および248条が適用される。

(3)246条の規定の適用場面　　上記に掲げた陶器の制作や骨董品の修復など、材料（動産）の所有者が他人に工作・加工を行わせる場合、通常、ＡとＢとの間の**請負契約**（632条以下）、**雇用契約**（623条以下）、**準委任契約**（656条）などによる。これらにおいては、加工物は最初から加工を頼んだ材料所有者に帰属するのであって、動産の加工に関する246条から248条までの規定は適用されない。したがって、これらの規定は、ＢがＡの材料（動産）を自分のものと勘違いをして加工したときなど、ＡＢ間に**契約関係が存在しない場合**に適用されることになる（通説)。

8. 動産に加工をして不動産とした場合

建物建築の注文者Ａと請負人Ｂとの間で建物建築請負契約が締結され、ＡまたはＢもしくはＡおよびＢが提供した材料をＢが加工して建物を建築した場合、建物所有権がいずれに帰属するかは、**請負契約**の問題となる。

《展開》他人の動産への付合か、他人の動産への加工か　注文者Ａと請負人Ｂとの建物建築請負契約に基づいて、Ｂの下請負人Ｃが**自らの材料を用いて**中途まで建築した「**建前**」(まだ建物〔不動産〕にはなっていない。Ｃは下請代金の支払いをＢより受けられなかったため工事を中止）につき、ＡがＤに依頼して工事を続行させ、Ｄが**建物として完成**し、Ａがこの建物の引渡しを受けていたところ、Ｃがこの建物の所有権はＣにあるとして、Ａに対して所有権に基づき本件建物の明渡しと建物の賃料相当額の損害賠償を請求したというケースにつき判例が存在する。この裁判では、Ｃに帰属する**動産**（**建前**。この判例は、建前が請負人に帰属するという考えを前提としている）とＤの提供した**動産（建築資材）の付合の問題**として243条により処理すべきか、それとも**他人の動産**（Ｃの建前）**に対する加工の問題**として246条により処理すべきかが問題となった。

判例（最判昭54・1・25民集33-1-26〔百選Ⅰ・72事件〕）は、この場合の建物所有権の帰属については、243条の規定によるのではなく、246条2項の規定に基づいて決定すべきであるとした。その理由としてこの判例は、このような場合には、動産に動産を単純に付合させるだけでそこに施される工作の価値を無視してもよい場合とは異なり、本件建物の建築のように、材料に対して施される工作が**特段の価値**を有し、仕上げられた建物の価格が原材料のそれよりも相当程度増加するような場合には、むしろ民法の**加工の規定**に基づいて所有権の帰属を決定するのが相当であることをあげている。そして、この判例は、このケースにおいては、Ｃの建設した建前の価格は90万円以下であるのに対して、Ｄの工事により建築された未完成ながら独立の不動産である建物の価格は少なく見積もっても418万円であるとして、246条2項により、本件建物はＣにではなく加工者Ｄに帰属するものというべきであり、ＤとＡとの間の所有権の帰属に関する特約により、本件建物の所有権は、結局Ａに帰属するとしたのである。

9. 不動産の加工

246条は、動産の加工についての規定であり、すでに**不動産となっているがまだ完成はしていない建物**について工事を行い**完成建物**としても、246条は適用されず（通説）、むしろ242条の**不動産の付合**の問題となる（東京地判昭34・2・17下民集10-2-296）。

第6節　共　有

1. 3種類の共有（広義の共有）

共有とは、2人以上の者が1個の物を共同して所有することをいう。わが国においては、共有には3種類があるとされており、それぞれ内容を異にする。「民法第2編　物権　第3章　所有権　第3節　共有」に定める共有（249条～262条の3）は、そのうちの「**狭義の共有**」である。わが国の共有（広義の共有）には、この狭義の共有（以下、ここでは狭義の共有を「共有」という）以外に、「**合有**」および「**総有**」がある。

「共有」、「合有」および「総有」は、①共有者間の団体的結合の程度、②管理権能および収益権能の有無、③共有持分権の有無、④共有持分権の処分の可否、⑤共有物の分割請求権の有無、などの点において違いがある。

ここではまず、「共有」、「合有」および「総有」がいかなるものであるかにつき概観し、次いで、2において、「共有」の内容についてより詳しく検討する。

(1)共有（狭義の共有＝249条～262条の3）　例えば、友人ＡＢが、資金を出し合って土地所有権付き別荘を購入し、または夫婦ＡＢが資金を出し合って1戸建て住宅を購入し、これらの土地および建物を共有する場合がこれにあたる。

この**狭義の共有**には、次のような特色がある。①共有者間の団体的結合は非常に薄く、各共有者の権利は、縮減された所有権としての性質を失わないもので、極めて**個人主義的な共有**である。②各共有者は、縮減された所有権を有する者として、共有物につき**管理権能**および**収益権能**を有する。③各共有者は、縮減された1個の所有権としての**共有持分権**を有する（先の例では、通常は出し合った資金の額の割合で共有持分を有する。例えば、2/3と1/3の共有持分）。④各共有者は、自己の持分を他の共有者の承諾なしに**自由に処分**できる。例えば、2/3の共有持分権を第三者に譲渡したり、2/3の共有持分権に抵当権を設定したりすることができる。⑤各共有者は、いつでも共有物の**分割を請求**できる（256条）。

なお、**共同相続財産**は、共同相続人の共有に属するとされているが（898条1項）、遺産分割前の相続財産の共有が、狭義の共有なのか、次の(2)の合有なのかが問題となる。判例（最判昭30・5・31民集9-6-793）・多数学説（川井Ⅱ・172頁、星野Ⅱ・132頁など）は、相続財産共有の性質を**狭義の共有**と考えている。その主要な理由は、遺産分割前に共同相続人が自己の共有持分権を第三者に有効に処分し得ること（909条但書）にある。判例は、相続財産中に存在する金銭債権は、法律上当然分割され（分割債権）、各共同相続人がその相続分に応じて権利を承継するとする判断（最判昭29・4・8民集8-4-819）や、遺産の共有および分割に関しては、共有に関する256条以下の規定が第1次的に適用され（ただし、相続開始の時から10年以内は、258条による遺産の分割はできず、907条2項の家庭裁判所による遺産の分割となる。258条の2）、遺産の分割は現物分割を原則とし、分割によって著しくその価格を損するおそれがあるときは、その競売を命じて価格分割を行うことになる（906条は、その場合にとるべき方針を明らかにしたものとする）とする判断（前掲最判昭30・5・31）も、相続財産が共同相続人の狭義の共有であることから導かれるとしている。

狭義の共有に関する裁判例の多くは、以下に見るように共同相続人による相続財産の共有のケースである。

遺産分割前の相続財産である不動産については、共同相続人の1人が単独で相続を登記原因とする共有登記をすることができ（共同相続人の法定相続分の割合を持分権の割合とする）、共同相続人の1人は、自らの共有持分権の譲渡や共有持分権に対する抵当権の設定をなし得る。

(2)合有　わが国では、合有の例として、一般に民法上の**組合財産**に対する組合員の共有（668条）があげられている。

合有は、次のような共同所有である。①共同所有者間に一定の**団体的結合関係**がある（組合の場合、共同の事業を営む〔667条1項〕ために組合という団体的結合がある）。②各共同所有者は、共有物につき**管理権能**および**収益権能**を有する（ただし、676条2項）。もっとも、共同の目的達成のため、これらの権能は規則によって制限される。③**共有持分権**は認められる（676条1項参照）。④共有持分権の**処分は制限**されている（676条1項）。⑤**共有物分割請求権は認められない**（676条3項）。共有物自体の処分は、共同所有者全員の同意を必要とする。各共同所有者の共有持分権は、共同目的の存在する限り潜在的なものになり、共同目的が終了したときに、現実のものとなる（我妻＝有泉・317頁）。

判例（最判昭33・7・22民集12-12-1805）は、「解釈論としては、民法の組合財産の**合有**は、共有持分について民法の定めるような制限を伴うものであり、持分についてかような制限のあることがすなわち民法の組合財産合有の内容だと見るべきである」とする。そして、この判例は、そうだとすれば、組合財産については、667条以下において特別の規定のなされていない限り、249条以下の共有の規定が適用されることになるから、ある不動産の共有権者の1人が、その持分に基づき、当該不動産につき登記簿上所有名義者たるものに対してその登記の抹消を求めることは、**妨害排除の請求**に他ならず、いわゆる**保存行為**に属するものというべきであるから、民法における組合財産の性質を前記のように解するならば、その持分権者の1人は**単独で**この不動産に対する所有権移転登記の全部の抹消を求めることができるとしている。

⑶総有　　わが国では、総有の例として、**入会権**《いりあいけん》（263条・294条。☞第2章第4節）があげられる。判例（最判昭48・10・5民集27-9-1110）も、入会地につき「入会部落の総有に属する入会地」という考えを採用している。総有の典型は、ゲルマン法上の村落共同体の土地を中心とする所有形態に見られた。そこでは、村落共同体がその土地の所有主体であると同時に、村落共同体の構成員が構成員である限りにおいて、その土地の共同所有の主体であると考えられていた（我妻＝有泉・315頁以下、広中・421頁）。

総有は、次のような特色を有する共同所有である。①共有者間の**団体的結合**がそのまま反映された共同所有であり、構成員がその団体から脱退すると総有の目的物に何らの権利も有しなくなり、逆にその団体の構成員になることにより総有の目的物に構成員としての権利が認められるのであるから、総有は、**団体的結合を前提**とした共同所有である。②**管理権能**は、団体（村落共同体）に帰属し、**収益権能**のみが構成員に分属する。③構成員は**共有持分権を有しない**。したがって、④構成員による**共有持分権の処分も観念されない**し、⑤構成員に共有物の**分割請求権も認められない**。

なお判例は、**権利能力なき社団**の財産に関して、個々の構成員に分属するものではなく、構成員に**総有的**に帰属するとし（最判昭39・10・15民集18-8-1671）、したがって、脱退した構成員は、権利能力なき社団の財産につき持分権や分割請求権は有していないとする（最判昭49・9・30民集28-6-1382）。権利能力なき社団の財産につき総有という概念を使用することには批判もあり(広中・421頁)、合有とする説もある。

2. 共有（狭義の共有）の法律関係

ここでは、249条以下に規定されている**狭義の共有**について説明する。

⑴共有の成立　1⑴にあげた例のように、ＡＢが資金を出し合って甲土地を購入した場合のように、共有は当事者の意思に基づいて成立することが多い。しかし、当事者の意思に基づかない場合にも共有は成立する。共同相続の場合もそれにあたるが、相隣関係から境界線上に設けた境界標、囲障、障壁等については、民法により共有が推定され（229条)、複数の者による遺失物拾得（240条）や埋蔵物発見（241条)、主従の区別をすることができないときの動産の付合や混和（244条・245条）の場合も、民法の規定により共有が成立する。

⑵共有の法律的構成　ＡＢが甲土地を共有する場合、①ＡＢ**それぞれが**甲土地につき**1個の所有権**を有し、共有であるために**各所有権が抑制**しあっていて、その**総和が1個の所有権**の内容と等しい状態であると理解する説（我妻＝有泉・320頁、内田Ⅰ・395頁以下など）と、②甲土地については**1個の所有権だけ**が存在し、この所有権が共有者ＡＢに分属する状態であると理解する説（近江Ⅱ・242頁、山野目・166頁など）が存在する。いずれの説をとっても、説明は可能であるが、①説をとった方が、各共有者の有する権利の独立性（☞⑶(d)および⑹の分割請求権参照）や弾力性（☞⑶(c)）を説明しやすいといえよう。

⑶共有持分権　共有権者ＡＢは、共有物について共有持分権を有する。

(a)共有持分権の法律的性質　前記⑵の①説によると、共有持分権は、**1つの物全体に成立する他の所有権によって制限された所有権**ということになり、前記⑵の②説によると、共有持分権は、1つの所有権が分量的に分割された一部ということになる（川井Ⅱ・173頁)。

(b)各共有者の共有持分権の割合　当事者間の合意で共有が成立する場合に

は、共有持分権の割合も当事者間の合意で定まるのが通常である。前記⑴のＡＢによる甲土地の共同購入の場合であれば、通常は出し合った資金の割合で持分権の割合を定めることになる（例えばＡ2/3、Ｂ1/3）。また、法律の規定で持分権の割合が定まるときは、それによる（241条但書・244条・245条など）。合意や法律の規定で持分権の割合が定まらないときは、平等と推定される（250条）。

(c)共有の弾力性　255条は、共有者の１人Ｂが**その持分を放棄**したとき、または共有者の１人Ｂが**相続人がないまま死亡**したときは、その者の持分は、**他の共有者Ａに帰属**する旨規定する。後者は、物が不動産である場合、相続人がないまま死亡したときは、不動産は国庫に帰属するとする239条2項・959条の例外規定である。これらを指して、**共有の弾力性**という（立法政策の問題であるとする説も有力）。もっとも、Ｂに相続人はいないが特別縁故者がいる場合については、判例（最判平1・11・24民集43-10-1220）は、255条の他の共有者Ａへの帰属より958条の２の特別縁故者制度が優先適用されるとする見解をとっている。

(d)共有持分権の処分　共有持分権の**処分は自由**であり（明文規定はない）、土地・建物の共有者の１人Ｂが、他の共有者Ａの承諾なしに、1/3の持分権をＣに譲渡したり、Ｂの債権者Ｄのためにこの持分権に抵当権を設定することも可能である（☞1⑴④）。また、Ｂに対する金銭債権者Ｅが、Ｂの有する持分権を強制競売にかけることも可能である（民執43条2項参照）。これらの場合、土地・建物は、共有者Ａと、持分権の譲受人Ｃまたは抵当権の実行としての競売または強制競売における買受人Ｆとの共有となる。

⑷共有者相互の関係　(a)共有物の使用・収益　共有者はそれぞれ、共有物の全部について、その**持分に応じた使用**をすることができる（249条1項）。一部の共有者が共有物を自己の持分を超えて使用するときは、別段の合意がある場合を除き、他の共有者に対し、自己の持分を超える使用の対価を償還する義務を負う（249条2項）。また、共有者は、善良な管理者の注意をもって、共有物の使用をしなければならない（249条3項）。

しばしば問題となるのは、ＡＢＣ３人の相続人（相続分を各1/3とする）がいるが、**遺産分割がなされる前に相続財産である甲建物**（共同相続人の共有財産）

を相続人の１人が使用している場合に、あわせて過半数の共有持分権を有することになるＢとＣがＡに対して建物の明渡しを請求し得るかである。この問題につき判例（最判昭41・5・19民集20-5-947〔百選Ⅰ・74事件〕）は、少数持分権者Ａは、**自己の持分によって共有物を使用収益する権限**を有し、これに基づいて共有物を占有するものと認められるから、ＢＣは当然にＡに対して甲建物の明渡しを請求することができるものではないとしている（なお、最判昭63・5・20判時1277-116は、Ａから甲建物の占有使用を認められた第三者Ｄに対しても、ＢＣは当然に甲建物の明渡しを請求することができるものではないとしている）。ＡＢＣ間で**甲建物の管理につき合意**を形成する必要があり、それが**できないとき**は、以下の(c)の手続により決定する必要がある。もっとも、ＡＢＣ間で甲建物をＡが単独で占有することができる旨の合意が形成されていない場合には、Ａの甲建物占有により他の共有者ＢＣの持分権に応じた使用（249条1項）が妨げられていることになるから、ＢおよびＣは、Ａに対して持分割合に応じて占有部分に係る使用の対価を請求することは可能である（249条2項。最判平12・4・7判時1713-50参照）。

これに対して、被相続人の所有していた甲建物に相続開始前から**被相続人の承諾を得て共同相続人の１人Ａが被相続人と同居してきた場合**については、判例（最判平8・12・17民集50-10-2778）は、**特段の事情のない限り**、被相続人と同居の相続人Ａとの間において、被相続人が死亡し相続が開始した後も、遺産分割により甲建物の所有関係が最終的に確定するまでの間は、引き続き同居の相続人Ａにこれを**無償で使用させる旨の合意**があったものと推認されるのであって、被相続人が死亡した場合は、この時から少なくとも遺産分割終了までの間は、被相続人の地位を承継した他の相続人ＢＣが貸主となり、Ａを借主とする甲建物の使用貸借契約関係（593条）が存続することになるものというべきであるとする。したがって、ＢおよびＣは、特段の事情のない限り、Ａに対して賃料相当額の不当利得金ないし損害賠償金の支払いを請求することはできないことになる。

なお、2018（平成30）年の相続法の改正により、被相続人の配偶者が相続開始時に被相続人の建物に無償で居住していた場合には、一定の期間無償で居住する権利（配偶者短期居住権）が認められることになった（1037条～1041条）。

また、被相続人と同居してきた共同相続人の1人による共同相続財産の使用ではなく、**内縁の妻による共同相続財産の使用**に関する類似の判例がある。すなわち、判例（最判平10・2・26民集52-1-255）は、共有者間の合意により共有者の1人が共有物を単独で使用する旨を定めた場合には、この合意により単独使用を認められた共有者は、この合意が変更され、または共有関係が解消されるまでの間は、共有物を単独で使用することができ、この使用による利益について他の共有者に対して不当利得返還義務を負わない、とした上で、内縁の夫婦がその共有する不動産を居住または共同事業のために共同で使用してきたときは、特段の事情のない限り、両者の間において、**その一方が死亡した後は他方がこの不動産を単独で使用する旨の合意**が成立していたものと推認するのが相当である、として、原則として内縁の妻に、遺産分割がなされるまでの無償使用を認めている。

(b)共有物の変更行為　共有物に変更（その形状または効用の著しい変更を伴わないものを除く）を加える場合には、共有者**全員の同意**が必要である（251条1項）。共有の甲土地を乙土地と交換すること、農地である共有の甲土地を宅地にすること、共有の甲建物を損傷したり、改築したりすることなどが変更にあたる。判例（最判平10・3・24判時1641-80〔相続財産である畑地に土砂を搬入して宅地造成工事を行い非農地化したケース〕）は、共有者の一部が他の共有者の同意を得ることなく共有物を物理的に損傷し、あるいはこれを改変するなど共有物に変更を加える行為をしている場合には、他の共有者は、各自の共有持分権に基づいて、変更行為の全部の禁止を求めることができるだけでなく、共有物を原状に回復することが不能であったり、権利濫用にあたるなどの特段の事情がある場合を除き、変更行為により生じた結果を除去して共有物を原状に回復させることを求めることもできると解すべきであるとする。

共有者は、他の共有者が不明またはその所在不明のときは、不明共有者以外の他の共有者の同意を得て共有物に変更を加えることができる旨の裁判を請求できる（251条2項、非訟85条1項1号）。

(c)共有物の管理行為　共有物の管理に関する事項は、各共有者の**持分の価格**に従い、その**過半数**で決する（252条1項）。甲建物の共有者ＡＢＣ（ここでは、共有持分各1/3とする）のうちＡＢが甲建物をＡＢのみで使用することで一致すれば、Ｃが反対してもＣは甲建物を使用できないことになる。この場合、ＣはＡＢに対して甲建物の**賃料相当額**の1/3に当たる金銭を請求できる（249条2項）。Ｃが甲建物を使用できないことに不服がある場合は、共有物分割請求（256条）をして共有関係を解消することになる。

なお、使用貸借の目的家屋の所有者が死亡し、使用借人とそれ以外の相続人との共同相続が生じた場合、使用貸借契約を解除することは、共有物の管理行為であり（最判昭29・3・12民集8-3-696）、252条1項が適用される。また、共有土地の賃貸借契約を土地共有者が解除することも、共有物の管理行為であるから、544条1項（解除権の不可分性の規定）は適用されず、持分権の過半数の合意があれば解除し得る（最判昭39・2・25民集18-2-329）。

共有者は、252条1項から3項の規定により、短期の賃借権その他の使用・収益を目的とする権利を設定することができる（252条4項）。

共有物の管理者の選任・解任については252条1項に、共有物の管理者の権限および義務については252条の2に、それぞれ規定されている。

共有者は、他の共有者が不明またはその所在が不明のときは、不明共有者以外の共有者の持分の価格に従い、その過半数で共有物の管理に関する事項を決することができる旨の裁判を請求できる（252条2項1号、非訟85条1項1号）。共有者が他の共有者に対し相当の期間を定めて共有物の管理に関する事項を決することについて賛否を明らかにすべき旨を催告した場合において、他の共有者がその期間内に賛否を明らかにしないときも、同様である（252条2項2号、非訟85条1項2号）。

252条1項・2項による決定が、共有者間の決定に基づいて共有物を使用する共有者に特別の影響を及ぼすときは、その者の承諾が必要である（252条3項）。

共有物の**保存行為**は、各共有者が**単独**ですることができる（252条5項）。共有建物につき必要な修理をすること、火災報知器やガス漏れ検知器の点検を行うことなどは、保存行為にあたる（第三者との関係における保存行為につき、次の☞(5)）。共有物を第三者が時効取得しそうな場合に時効の更新をすることなども、保存行為にあたる。

(d)他の共有者の1人の単独登記名義　例えば、甲土地がＡＢＣの共有（共有持分各1/3とする）であるにもかかわらず、登記簿上はＡの単独所有の登記になっている場合、Ｃは**自己の持分についてのみ**妨害排除請求権を有するにすぎないから、その共有権に対する妨害排除請求として、登記を実体的権利に合致させるため自己の持分についてのみの一部抹消（更正）登記手続だけを請求し得る（最判昭38・2・22民集17-1-235〔百選Ⅰ・59事件〕、最判昭59・4・24判時1120-38）。これらの判例は、当然ながらこの一部抹消登記手続請求を、共有物の保存行為とはしていない。

(e)共有物に関する負担　共有物についての管理の費用（共有建物や共有土地につき管理人を雇い管理している場合の管理人の報酬や、共有土地の樹木や庭園の維持管理に必要な費用など）や、共有物に関する負担（固定資産税や都市計画税など）については、各共有者はその持分に応じて支払う（253条1項。共有者がその義務を履行しないときについて同条2項参照）。

(f)共有物についての債権　共有者の１人が共有物について他の共有者に対して有する債権（(e)の他の共有者の負担すべき管理費用や固定資産税などの立替金請求権など）は、その特定承継人（共有持分権の譲受人など）に対しても行使することができる（254条）。判例（最判昭34・11・26民集13-12-1550）は、ＡＢＣ共有の土地の共有持分の一部を譲り受けた者Ｄが、他の共有者ＡＢＣと、共有者間の内部において、その土地の一部を分割し、その部分を譲受人Ｄの単独所有として独占的に使用し得ること、および後に分筆登記が可能となったときはただちにその登記をなすことを約した場合は、その後同土地につきＢＣより共有持分を譲り受けた者に対して分割契約上の債権を行うことができる、としている。

(5)共有者の１人と各共有者と取引関係に立たない第三者との関係　(a)共有物の使用・収益に対する第三者の妨害行為　ＡＢＣの共有である甲土地につき、無権利者である第三者Ｄが甲土地のＡによる使用を妨害しまたは甲土地を不法占有している場合、共有者の１人Ａは、自己の共有持分権に基づき**単独で**、Ｄに対して**妨害排除**や甲土地の**明渡しを請求**し得る（大判大7・4・19民録24-731）。判例は、これを**保存行為**（252条5項）と見ているようである。これに対しては、保存行為という必要はなく、持分権に基づく妨害排除請求権とするだけで足りるとする有力説（我妻＝有泉・327頁など）や、不可分債権の規定（428

条・432条）の類推により単独で請求し得るとする有力説（舟橋・380頁。鈴木・40頁は、このような説明も可能であるとする）もある。なお、共有地の不法占有者に対して共有者全員またはその一部の者が**損害賠償を請求する場合**においては、**金銭債権**なので、各共有者はそれぞれの**共有持分の割合に応じて**しか請求し得ない（最判昭51・9・7判時831-35）。

(b)無権利者名義の所有権登記　ＡＢＣの共有である甲土地につき、無権利者Ｄが勝手にＤ単独の登記名義にしている場合、共有者の１人Ａは、**自己の共有持分権に基づき**妨害排除請求権の行使として単独で、Ｄに対してＤの所有権移転登記の**全部の抹消**を請求し得る（最判昭31・5・10民集10-5-487）。この判例は、これを**保存行為**（252条5項）と理解している。これについても、保存行為とすることに批判的な有力学説が存在する。

それでは、ＡＢＣの共同相続財産である甲土地（共有土地。相続を原因として各持分権を1/3とする所有権移転登記経由）のＣの共有持分全部（1/3）をＣが**第三者Ｄに譲渡し、ＤにＣの持分全部移転登記**がなされたところ、**ＣからＤへの持分譲渡が無効**であった場合に、ＡがＣからＤへの持分譲渡は無効だとして、Ｄの**持分移転登記の抹消登記手続を請求**をしたとき、この請求は認められるか。

この問題を取り扱ったのが、最判平15・7・11民集57-7-787〔百選Ⅰ・75事件〕である。これにつき、**原審**（名古屋高判平12・11・29民集57-7-809）は、仮にＣからＤへの持分譲渡が無効であり、本件持分移転登記が真実に合致しない登記であるとしても、**Ａの持分権は何ら侵害されていない**から、Ａはその持分権に基づく保存行為としてＤの本件持分移転登記の抹消登記手続を請求し得ないとした。これに対して、**最高裁**は、不動産の共有者の１人は、その持分権に基づき、共有不動産に対して加えられた妨害につき妨害排除請求権を有するのであり、不実の持分移転登記がされている場合には、その登記によって**共有不動産に対する妨害状態**が生じているということができるから、共有不動産について不実の持分移転登記を経由している者に対し、**単独**でその**持分移転登記の抹消登記手続を請求**することができる、とする新たな見解に立ち、ＣからＤへの持分権の譲渡の有効性についてさらに審理判断させるため、原判決を破棄差戻しとした。なお、本判例は、保存行為という表現は使用していない。

この判例は、前掲最判昭31・5・10を引用しており、前記(4)(d)の前掲最判昭59・4・24は、本件とは事案を異にすると述べている。これまでの判例の流れからすれば、原審のような判断もありえたと思われるが、Ａの共有持分権（持分1/3）も共有物全部に及ぶのだから、真実に合致しない持分移転登記（持分1/3）の存在もＡの共有持分権に対する妨害と判断することができ、ＡがＤの持分移転登記が不実のものであることを立証できれば、その抹消登記手続請求を認めるという本判例の考え方も説得的である。本判例は、共有持分権の法律的性質につき、共有持分権は１つの物全体に成立する**他の所有権によって制限された所有権であると理解する立場**（☞(3)(a)）と親和的であるといえよう。とりわけ、本件共有不動産は、遺産分割前の相続不動産であり、将来の遺産分割が予定されているものであるから、本判例は支持されてよいであろう（最高裁判例解説〔民事篇〕平成15年度〔下〕383頁〔尾島明〕。七戸克彦「判批」平成15年度重判〔ジュリスト1269号〕71頁、鎌田薫「判批」私法判例リマークス29号14頁など参照）。

(c)第三者に対する共有持分権の確認訴訟等　i 第三者に対する共有持分権の確認訴訟　ＡＢＣ共有の甲土地につき無権原の第三者Ｄが所有権を主張して占有している場合、共有持分権は共有地の全部に及ぶ（249条1項）のであるから、共有者の１人Ａは、その持分権に基づき、Ｄに対して**単独で甲土地が自己の共有持分権に属することの確認訴訟**を提起することができる（最判昭40・5・20民集19-4-859）。

ii 第三者に対する共有物であることの確認　i の例で、共有者の１人Ａが、甲土地はＡＢＣ３人の共有に属することの確認を求めて、Ｄに対して**単独で**訴訟を提起し得るか。判例（大判大5・6・13民録22-1200）・通説は、共有物の所有権は、共有者ＡＢＣ全員に属するからその所有権の確認を求める訴えは、**共有者全員で**提起することが必要であるとする（**固有必要的共同訴訟**）。これは、ＡがＤに対して勝訴した場合はよいが、敗訴したときはその判決の既判力はＢＣにも及び、ＢＣに不利益をもたらすからである。

また、ＡＢＣ共有の甲土地と隣接するＤの乙土地との間で**境界紛争**が生じたときも、境界の確定は共有者ごとになされるわけにはいかないので、**ＡＢＣ全員で**境界確定訴訟を提起しなければならない（**固有必要的共同訴訟**。最判昭46・12・9民集25-9-1457）。もしＣがこの訴訟に参加しない場合には、ＡＢはＤとともにCも被告として境界確定訴訟を提起することができる（最判平11・11・9民集53-8-1421）。この判例はその理由として、隣接する土地との間で境界紛争がある場合には、境界を確定する必要があること、および、境界確定訴訟においては、裁判所は、当事者の主張に拘束されないで自らその正当と認めるところに従って境界を定めるべきだから、共有者の全員が原告または被告いずれかの立場で当事者として訴訟に関与していれば足りると解されることをあげている。

(6)共有物の分割　(a)共有物分割請求権　狭義の共有の場合、各共有者は、いつでも共有物の分割を請求することができる（256条1項。最大判昭62・4・22民集41-3-408は、共有森林の分割請求を制限した森林法〔旧〕186条は、憲法29条2項に違反し無効であるとした）。共有物の分割は、共有者相互間において、共有物の各部分につき、その有する持分の交換または売買が行われることであるとされる（最判昭42・8・25民集21-7-1729、我妻＝有泉・335頁）。

もっとも、せっかく資金を出し合って共同で別荘を購入したのに、共有者の1人の都合ですぐに分割されてしまうと不都合なことも多いから、共有者間の合意で、**5年以内**の期間であれば**不分割**とすることができる（256条1項但書。共有不動産の場合、不分割の合意は登記事項となっている。不登59条6号）。**不分割の合意**は、5年以内の期間であれば更新が可能である（256条2項）。共有物の分割請求についての256条の規定は、境界線上に設けられた境界標や囲障等の共有物については、適用しない（257条）。遺産の分割の禁止については、908条を参照のこと。

なお、判例（前掲最判昭42・8・25）は、**共有物の分割**は、共有者相互間において、共有物の各部分につき、その有する**持分の交換**または**売買**が行われることであって（249条・261条参照）、各共有者がその取得部分について単独所有権を原始的に取得するものではないことを理由に、共有物分割の結果、各人がその一部ずつについて単独所有者となる場合の、各共有者がその取得部分についてなす登記手続に関して、まず分筆の登記手続をした上で、権利の一部移転の登記手続をなすべきである、としている。

(b)共有物の分割の方法　ⅰ共有者間で協議が調ったとき　分割方法につき協議が調ったときは、協議に従い分割をする。**現物分割、代価分割**（共有物を第三者に売却して、その代価を分割する方法)、**価格賠償**(持分を超える現物を取得することになった共有者が、持分に満たない現物を取得したまたは現物を取得しなかった他の共有者に価格で賠償する方法) がある。

ⅱ共有者間で協議が調わなかったとき　分割方法につき協議が調わなかったとき、または協議をすることができないときは、裁判所に共有物の分割を請求できる(258条1項。最判昭46・6・18民集25-4-550)。分割を請求する共有者が、協議に応じない他の共有者全員を被告として申立てをする。共有物分割訴訟における裁判所の作業は、法を適用するという性格が希薄で、当事者の主張にはとらわれずに、合理的と思われる結果を直接に実現する**合目的的処分行為**という性格を帯びている。判例(最判平8・10・31民集50-9-2563〔百選Ⅰ・76事件〕)も、258条の裁判所による共有物の分割は、民事訴訟上の訴えの手続により審理判断するものとされているが、その本質は非訟事件であって、法は、裁判所の適切な裁量権の行使により、共有者間の公平を保ちつつ、当該共有物の性質や共有状態の実状に合った妥当な分割が実現されることを期したものと考えられる、と述べる。しかし、共有物分割の裁判も、当事者の私的利害が鋭く対立する事件であり、当事者に対等に弁論の機会を与えて公平な判断を確保する要請は、所有権の存否などの紛争に劣らないので、伝統的に**訴訟事件**として扱われている(そこで、共有物分割訴訟は、**形式的形成訴訟**と呼ばれている。新堂・209頁など)。なお、**遺産相続**により相続人の共有となった財産の分割について、共同相続人間に協議が調わないとき、または協議をすることができないときは、家事事件手続法の定めに従い**家庭裁判所**が審判によってこれを定めるべきものであり、258条による通常裁判所の判決手続で裁判をすべきものではない(改正258条の2第1項、最判昭62・9・4判時1251-101。ただし、相続開始の時から10年を経過したときについては、同条2項・3項)。

裁判所による共有物の分割方法としては、共有物の現物を分割する方法、または共有者に債務を負担させて、他の共有者の持分の全部または一部を取得させる方法を原則とし、これらにより共有物を分割することができないとき、または分割によってその価格を著しく減少させるおそれがあるときは、裁判所は共有物の競売を命ずることができる(258条2項・3項)。

なお、判例(前掲最大判昭62・4・22)は、分割の対象となる共有物が多数の不動産である場合（例えば、ＡＢＣ３人が甲建物、乙建物、および丙建物を共有）には、これらの不動産が外形上一団とみられるときはもとより（最判昭45・11・6民集24-12-1803は、Ａが甲建物を、Ｂが乙建物を、Ｃが丙建物を、それぞれ単独所有することとする現物分割を認め、その結果、共有持分権の割合より小さい価格の建物を取得することになった者は、持分権の一部放棄も可能とした。なお、このケースにおいては、これらの建物の敷地である１筆の共有土地は、ＡＢＣに３分割された）、数か所に分かれて存在するときでも、これらの不動産を一括して分割の対象とし、分割後のそれぞれの部分を各共有者の単独所有とすることも、現物分割の方法として許されるとしている。

また裁判所は、共有物の分割の裁判において、当事者に対して、金銭の支払、物の引渡し、登記義務の履行その他の給付を命ずることができる（258条4項）。

(c)共有に関する債権の弁済　共有者の１人であるＡが、共有物について管理費用や固定資産税を立替払いしており、他の共有者ＢおよびＣに対して債権を有するときは、共有物の分割に際し、ＢおよびＣに帰属する共有物の部分をもってその債権の弁済をさせることができる（259条1項。同条2項も参照のこと）。

(d)共有物分割への参加　共有物について権利を有する者および各共有者の債権者は、自己の費用で、共有物の分割に参加することができる（260条1項）。参加の請求があったにもかかわらず、参加の請求をした者を参加させずに分割をしたときは、その分割は、参加の請求をした者に対抗することができない（同条2項）。この参加の実益としては、裁判上の分割において、訴訟に参加して詐害的分割を監視し、裁判所に意見を述べる機会を得ることにあるとされる（我妻＝有泉・333頁）。

(e)分割の効果　ⅰ共有者の担保責任　共有物の分割は、共有者相互間において、共有物の各部分につき、その有する**持分の交換**または**売買**が行われることであるから、ＡＢ共有（持分権各1/2）の甲土地を分割するに当たり、甲土地を１億円と評価して、甲土地をＡが取得し、ＡがＢに5000万円を支払ったところ、例えば、Ａが取得した甲土地の全部または一部が他人Ｃに属していた場合（561条参照）、甲土地が他人Ｃの地上権の目的となっていた場合（565条参照）、甲土地の地下が空洞になっていて甲土地が陥没した場合（562条参照）

などにおいては、Bは、売主と同様に、その持分に応じて債務不履行責任（甲土地の全部が他人Cに属していた場合）または担保責任を負う（261条・565条）。したがって、AはBに対して、**修補請求・代金減額請求**や**損害賠償請求**をなし得る。協議により分割をしたときは、**解除**も可能であるが、裁判による分割の場合は、裁判の結果を覆すことになる解除は認められないとする見解が多数である。

ii 分割の不遡及　分割の効果は、遡及しない。もっとも、遺産の分割の場合は、遡及効が認められている（909条）。

iii 共有物に関する証書の保存　分割が完了したときは、262条の規定に従い、共有物に関する証書を保存しなければならない。

《展開》共有持分権上に存在する担保物権の帰趨　AB共有の甲土地（持分権各1/2とする。甲土地の評価額は1億円とする）上のAの持分権にAの債権者Cのために抵当権が設定されていたところ、甲土地につき共有物の分割がなされた場合、Cの抵当権はどのように扱われるか。一般に次のように解されている。

甲土地をAが単独で取得し、BがAに対して価格賠償を請求することになったときは、CはAの単独所有となった甲土地の1/2の持分権の上に従来通り抵当権を有することになる。逆に、Bが甲土地を単独で取得し、AがBに対して5000万円の価格賠償を請求することになったときは、Cの抵当権はBの単独所有となった甲土地の1/2の持分権の上に存続するとともに、CはAがBに対して有する価格賠償請求権に物上代位（372条・304条）することも可能であるとされる（物上代位については、担保物権法で学ぶ。☞生態・担保物権・第2編第1章第4節3)）。

甲土地が乙土地と丙土地に分割され、乙土地をAが、丙土地をBがそれぞれ取得した場合、乙と丙とが同じ価値を有しているとは限らないので、乙土地の共有持分権の1/2と丙土地の共有持分権の1/2にCは抵当権を有すると解される（大判昭17・4・24民集21-447。以上につき、我妻＝有泉・335頁、安永・177頁など参照）。

AB共有の甲土地にAの債権者Cのために抵当権が設定されていたところ（Bの1/2の共有持分権上の抵当権は物上保証となる）、甲土地につき共有物の分割がなされた場合はどうなるか。甲土地をAが単独で取得したときも、逆に、Bが甲土地を単独で取得したときも、ABはそれぞれ抵当権の負担のある1/2の共有持分権を他方の共有者から取得したことになるから、AまたはBの単独所有となった甲土地全体にCの抵当権は存続する。甲土地が乙土地と丙土地に分割され、乙土地をAが、丙土地をBが取得した場合、それぞれの土地の全体にCの抵当権が存続すると解すべきであろう。

(d)で見たように、抵当権者Cは、共有物について権利を有する者であるから、共有物分割に参加して、分割につき意見を述べることができる。

(7)所在等不明共有者の持分の取得および持分の譲渡権限付与の制度　共有不動産において、共有者は、他の共有者が不明またはその所在が不明のときは（このような他の共有者を「所在等不明共有者」という）、裁判所に所在等不明共有者の持分を自己に取得させる旨の裁判、または所在等不明共有者以外の共有者の全員が特定の者に対してその有する持分の全部を譲渡することを停止条件として所在等不明共有者の持分をその特定の者に譲渡する権限を自己に付与する旨の裁判を請求することができる（ただし、所在等不明共有者の持分が相続財産に属する場合には、相続開始の時から10年を経過していることが必要。以上、262条の2第1項～3項、262条の3第1項・2項、非訟87条・88条）。この場合、所在等不明共有者は、持分に応じた不動産の時価相当額を請求できる（262条の2第4項、262条の3第3項）。以上の事柄は、不動産の使用・収益をする権利の共有の場合に準用される（262条の2第5項、262条の3第4項）。

(8)相続財産についての共有に関する規定の適用関係　相続財産について共有に関する規定を適用するときは、900条から902条までの規定により算定した相続分をもって各相続人の共有持分とする（898条2項）。

3. 準共有

(1)準共有と共有に関する規定の準用　数人で**所有権以外の財産権**を有する場合を、準共有という（264条本文）。準共有については、法令に特別の定めがあるときを除き、共有に関する規定が準用される（同条）。

(2)準共有が認められる主要な権利　用益物権（地上権・永小作権・地役権）、担保物権（抵当権・質権）、知的財産権（特許権・実用新案権・著作権など）、鉱業権、漁業権などがこれにあたる。債権である不動産賃借権にも、準共有が認められるが、これについては不可分債権についての規定が（428条以下）まず適用されることになる。

第7節　所有者不明土地・建物管理命令および管理不全土地・建物管理命令

第2節の《展開》で触れたように、所有者不明・所在不明の土地または建物がある場合、もしくは所有者による管理が適切になされていない土地または建物がある場合に、利害関係人の請求により裁判所が土地または建物の管理人を選任して、この管理人による管理を命ずる処分をすることができる制度が、2021（令和3）年の改正により創設された。

1. 所有者不明土地または建物管理命令の制度

所有者不明または所有者所在不明の土地または建物（土地または建物の共有持分についても同様）につき、利害関係人の請求により、裁判所が、所有者不明土地管理命令または所有者不明建物管理命令を出し、選任された所有者不明土地管理人または所有者不明建物管理人が土地または建物の適切な管理をする制度である（264条の2〜264条の8）。管理人は、所有者不明土地等の保存行為および所有者不明土地等の性質を変えない範囲内において利用または改良を目的とする行為をすることができるが、これらの範囲を超える行為をするには、裁判所の許可が必要となること（264条の3第2項）、管理人は善管注意義務を負うこと（264条の5第1項）、管理人の解任および辞任（264条の6）、管理人の報酬（264条の7）などにつき規定が置かれている。

2. 管理不全土地または建物管理命令の制度

「1.」とは異なり、所有者による土地または建物の管理が不適当であることによって他人の権利または法律上保護される利益が侵害され、または侵害されるおそれがある場合に、ほぼ「1.」に準じて、利害関係人の請求により、裁判所が、管理不全土地または管理不全建物管理命令を出し、選任された管理不全土地管理人または管理不全建物管理人が、土地または建物の適切な管理をする制度である（264条の9〜264条の14）。裁判所の許可が必要となる行為については、その許可には所有者の同意を必要とする（以上、264条の10、264条の

14第1項)。管理人の義務、管理人の解任および辞任、管理人の報酬などについては、所有者不明土地管理人に準ずる規定が置かれている。

第8節　建物の区分所有権

1. 建物区分所有法の意義

極めて多くの市民が居住する大都市部においては、それぞれの家族が1戸建て住宅に住むことは困難であり、また利便性も考えて、市民の多くは、マンションに見られるような集合住宅に居住している。マンションには、**賃貸マンション**と**分譲マンション**があるが、ここでは建物の区分所有権の問題を取り上げるので、分譲マンションが対象となる(分譲マンションといっても、1階や地階など下層のフロア部分が店舗や事務所等になっているものも含むこととするが、これらの店舗や事務所等は、多くは下層のフロアの区分建物所有者からの賃貸物件である)。

分譲マンションにおいては、1棟の建物に、「構造上区分された数個の部分で独立して住居、店舗、事務所又は倉庫その他建物としての用途に供することができるもの」(建物区分1条参照)がある。これを「**専有部分**」というが(同法2条3項)、この専有部分が**1個の所有権の目的**となり(同法1条)、この専有部分を目的とする所有権を「**区分所有権**」という(同法2条1項)。

分譲マンションの購入においては、買主は主にこの「区分所有権」を買い受け、区分所有者になる。この専有部分は、区分所有者の所有物であるから、区分所有者は、原則として自由に使用・収益できる。しかし、この専有部分は、1棟の建物の一部であり、専有部分を利用するためには、エントランス部分、廊下、階段部分、エレベータ、共用部分にある上下水道やガスなどの設備(以上、同法4条1項の「法定共用部分」)、管理人室、ロビー、集会室、ゴミの集積室、車庫や機械式駐車場や駐輪場設備(以上、同法4条2項の「規約共用部分」)などの「**共用部分**」も必要となり、また1棟の建物の**敷地**も当然必要となる。さらに、1棟の建物の日常的な管理・修繕や、大修繕、建替えといった問題も生じてくる。

この1棟の建物には、年齢、家族構成、職業、収入、趣味趣向、思想信条等の異なったたくさんの区分所有者とその家族が居住し、またさまざまな商売や業務を行っており、建物や敷地の管理や利用、大修繕などをめぐって利害が錯綜する。そこで、これらの調整を図るために、一定の法的規制が必要となり、「建物の区分所有等に関する法律」(以下、「建物区分所有法」と略する) が1962 (昭和37) 年に制定された。その後、阪神淡路大震災によるマンション等の大規模損傷・滅失や、老朽化した分譲マンションの大量出現などを契機に、この法律は度々の改正を経て、現在に至っている。

2. 分譲マンション (区分所有建物) の所有関係

(1)専有部分　専有部分と認められるための要件としては、①1棟の建物のうち構造上他の部分と区分されて独立性を有していること (**構造上の独立性**)、および②それ自体として独立の建物としての用途に供することができる建物部分であること (**用途上の独立性**)、が必要となる (最判昭56・6・18民集35-4-798など参照)。専有部分は1個の区分所有権の目的となり、区分所有者は、これを第三者に譲渡したり賃貸したり、これに抵当権を設定したりすることができる。

(2)共用部分　1にあげた共用部分の他、外壁やベランダも共用部分となる。建物区分所有法4条2項の規約共用部分は、その旨を登記しないと第三者に対抗し得ない。

共用部分は、原則として区分所有者全員の共有となる (建物区分11条1項・2項参照)。規約で別段の定めをしないときは、共用部分の各区分所有者の持分権の割合は、原則として、各区分所有者の専有部分の床面積の割合による (建物区分14条参照)。共用部分の持分権は、専有部分の処分に従うのであって、区分所有者は、共用部分の持分権を専有部分と分離して処分することはできない (建物区分15条)。そこで、専有部分を譲り受けた者は、区分所有権につき所有権移転の登記をしなければ専有部分の所有権を第三者に対抗できないが (177条)、共用部分の持分権の譲受けについては、177条は適用されず、登記なしに第三者に対抗できる (建物区分11条3項)。

(3)敷地　1棟の建物の敷地 (建物区分2条5項参照) 利用権 (建物区分2条6

項）は、建物区分所有者の所有権による場合と、賃借権や地上権などの土地利用権による場合（借地上のマンションのケース）とがある。所有権の場合には、建物区分所有者が、原則として建物の専有部分の床面積の割合で敷地を共有し、賃借権や地上権の場合には、建物区分所有者が、前記と同様の割合で賃借権または地上権を準共有する（建物区分22条2項）。敷地利用権が賃借権や地上権などの土地利用権である場合、土地所有者Ａが分譲マンションの区分所有権も有することがしばしばある（例えばＡが1階の店舗部分のフロアや最上階の居住用部分のフロアの建物区分所有者でもあるケース）。このようなケースにおいては、Ａが土地所有者であるとともに、地上権などの準共有権者であり、わが国においては自己借地権が認められていないので（179条1項本文）、Ａの地上権などの共有持分権は、混同によって消滅しないかが問題となる。これについては、借地借家法15条が、土地所有者Ａが他の建物区分所有者とともに地上権など借地権を準共有することになるときは、**自己借地権**が認められるとしている。

建物区分所有者は、規約に別段の定めがない限り、敷地利用権の持分権を専有部分と分離して処分（譲渡や抵当権設定など）することはできない（建物区分22条1項）。もっともこのことを善意の相手方に対抗し得ないので（建物区分23条本文）、不動産登記法44条1項9号は、区分所有建物の表示の登記において、区分所有者の専有部分と分離して処分することができない敷地権（所有権、地上権、賃借権などの敷地利用権）を登記事項とし、また同法46条において、区分所有建物に関する敷地について建物の表示の登記に登記するときは、登記官は職権で敷地権の目的である土地の登記記録について、その登記記録中の所有権・地上権・賃借権などの権利が敷地権である旨の登記をしなければならないとし、これらの登記がなされると、その後の善意の相手方にも対抗し得ることになる（建物区分23条但書）。

3. 分譲マンション（区分所有建物）の管理関係

(1)管理を行うための団体（管理組合）　区分所有者は、全員で、建物ならびにその敷地および附属施設の管理を行うための団体（一般に「管理組合」と呼ばれる）を構成し、建物区分所有法の定めるところにより、集会を開き、規約を定め、および管理者を置くことができる（建物区分3条）。管理組合は、法人格を取得することができる（「管理組合法人」という。建物区分47条以下参照）。法人格を取得していない管理組合は、**権利能力なき社団**である。

(2)管理者　管理者（一般には管理組合の理事長がこれにあたる）は集会の決議により選任される（建物区分25条）。管理者は、共用部分ならびに建物の敷地および附属施設を保存し、集会の決議を実行し、ならびに規約で定めた行為をする権利を有し、義務を負う（建物区分26条1項）。管理者は、その職務に関し、区分所有者を代理する（同条2項）。

(3)規約　管理組合は、その規約により、建物・敷地・附属施設の管理または使用に関する区分所有者相互間の事項を定めることができる（建物区分30条1項）。規約の設定、変更または廃止は、区分所有者および議決権（各共有者の議決権の割合は、専有部分の床面積の割合による。建物区分38条）の各3/4以上の多数による集会の決議によって行う（建物区分31条1項）。例えば、ペットの飼育の可否、ピアノなどの練習時間、マンションの管理費用や修繕積立金の額などは、これにあたる。もっとも、新築マンションの場合、管理組合がなく、正式な管理規約がない状態で入居することになるから、入居後に、区分所有者間で紛争が生ずることになりかねない。そこで、通常は、マンション販売業者がこれらについての管理規約を用意し、これに同意することが区分所有権購入の条件になっている。

(4)集会　集会が、管理組合の最高の意思決定機関である（建物区分34条以下参照）。

4. 分譲マンション（区分所有建物）の復旧および建替え

(1)復旧　(a)建物価格の1/2以下に相当する建物部分が滅失したとき　各区分所有者は、滅失した共用部分および自己の専有部分を復旧することができる（建物区分61条1項本文）。共用部分の復旧に要した費用については、他の区分所有者に対して、共有持分権の割合で償還を請求できる（同条2項）。ただし、共用部分については、復旧の工事に着手するまでに、集会において復旧決議がなされたとき、建物区分所有法62条1項の建替決議または同法70条1項の一括建替決議がなされたときは、その決議に従った復旧工事がなされる（建物区分61条1項但書)。

(b)建物価格の1/2を超える建物部分が滅失したとき　この場合は、区分所有者および議決権の各3/4以上の多数で、滅失した共用部分の復旧をする旨の決議をすることができる。決議に賛成しなかった区分所有者は、決議に賛成した区分所有者の全部または一部に対して、自己の建物および敷地に関する権利を時価で買い取ることを請求できる（建物区分61条5項～13項参照)。

(2)建替え　区分所有建物の「建替え」とは、建物を取り壊し、かつ、当該建物の敷地もしくはその一部の土地または当該建物の敷地もしくは一部を含む土地に新たに建物を建築することである（建物区分62条1項)。建替決議をするためには、区分所有者および議決権の各4/5以上の多数によることが必要である（同条同項)。ただし、建替決議をするまでの間に、建物区分所有法62条4項以下に定める手続を踏まなければならない。

建替決議があったときは、集会を招集した者は、建替決議に賛成しなかった区分所有者に対して、建替えに参加するか否かを催告する（建物区分63条1項～3項参照)。建替決議に賛成した各区分所有者および建替えに参加する各区分所有者、またはこれらの者の全員の合意により建替えに参加しない区分所有者の区分所有権および敷地利用権を買い受けることを認められた買受指定者は、建替えに参加しない区分所有者に対して、区分所有権および敷地利用権を時価で売り渡すべきことを請求できる（建物区分63条4項。この売渡請求権は形成権である)。これらにより、建替えに参加する者だけが区分所有権および敷地利用権を有することになり、建替えが進められる。なお、マンションの建替えを円滑にするために、「マンションの建替えの円滑化等に関する法律」も2002（平成14）年に制定されている。

第2章　用益物権

第1節　地上権

1. 地上権の意義

地上権とは、他人の土地において工作物（建物を含む）または竹木を所有するためその土地を使用する権利であり（265条）、用益物権の1つである。地上権の設定は、他人の土地を借りて建物を所有したり（土地賃借権の設定が多いが地上権の設定もある）、工作物（トンネル・鉄道設備・鉄塔・風力や太陽光発電設備・ガスタンク等）を設置したり、営林のために植林をしたりする場合などに、利用される。

2. 地上権の設定

(1)地上権の取得原因　(a)当事者の合意による地上権の取得　通常は、土地所有者と地上権の設定を受けようとする者との間で締結される地上権設定契約（物権契約）により、地上権を取得する。また、地上権は物権であるから、地上権者が地上権を自由に第三者に譲渡（売買契約や贈与契約などにより）することができる。(2)以下では、地上権設定契約による地上権につき説明する。

(b)当事者の合意によらない地上権の取得　時効により地上権を取得すること（163条）や、相続（896条）や遺言（964条）により地上権を取得することもある。また、土地とその上の建物が同一の所有者に属していた場合において、その後担保不動産競売や強制競売により土地と建物の所有者が異なるに至ったときに建物所有者や建物買受人に法律上当然に認められる法定地上権もある（388条、民執81条)。他にも、一定の特別法により地上権の成立が認められている（都市再開発法75条以下)。

(2)地上権設定契約　(a)諾成の物権契約　地上権設定契約は、土地所有者と地上権の設定を受けようとする者の間で締結される**物権契約**である。物権の設定契約であるから、設定者は土地所有権を有していることが要件となる（他人物賃貸借を認める賃貸借契約〔559条による561条の準用〕とは異なる)。地上権設定契約は、当事者の合意により成立する**諾成契約**であり（176条)、契約書の作成は契約成立の要件ではない（定期借地権等の設定の場合は必要〔借地借家22条後段・23条3項参照〕)。

その権利の種類を特に定めずに設定された土地利用権が地上権か、賃借権か、使用借権かが問題となることがあるが、当該事案ごとに契約締結の趣旨を総合的に判断して決めることになる。土地所有者にとって地上権の負担は大きいので、一般的には地上権の認定には判例は慎重であるといえる（最判昭41・1・20民集20-1-22〔家屋の受贈者に地上権ではなく使用借権を認定した事案〕)。

(b)地上権の存続期間　地上権の存続期間については、民法は、永小作権の場合と異なり、何の規定も置いていない。もっとも、建物所有を目的とする地上権は、借地借家法により30年以上であることが必要であり（同法3条)、定期借地権である地上権の場合は、50年以上であることが必要である（同法22条。なお、事業用定期借地権については同法23条参照)。

i 存続期間を定めた場合　約定の期間が地上権の存続期間となる（ただし、上記借地借家法に注意。存続期間が定められたときは、登記事項となる。不登78条3号)。永久の地上権が認められるかが問題となるが、判例はこれを肯定し（大判明36・11・16民録9-1244など)、学説上も、地上権の社会的作用から見て否定説をとる必要はないとして、肯定説が多い（我妻＝有泉・351頁、近江Ⅱ・271頁など。古くは、否定説が通説〔梅Ⅱ・238頁など〕)。もっとも、存続期間「無期限」と登記されたものについては、反証のない限り、永久ではなく、期間の定めのない地上権と解すべきであるとされ（大判昭15・6・26民集19-1033)、また、「無期限」と登記された地上権でも、例えば地上権設定の目的がモノレール用設備設置のためと定められていれば、モノレールの運営会社の経営が継続する限り存続する不確定期限付き地上権と解すべきであるとされる（大判昭16・8・14民集20-1074〔運炭車用レール敷設のための地上権設定で、地代全額前払いのケース〕）。

民法上は、永小作権の場合と異なり（278条2項）、地上権の更新に関する規定がない。建物所有を目的とする地上権で普通借地権であるときは、原則として更新される（借地借家法4～6条。定期借地権であるときは、更新はない）。

ii 存続期間を定めなかった場合　この場合は、268条により、慣習があれば慣習により定まり、慣習がなく、地上権者が地上権の放棄をしないときは、当事者の請求に基づいて裁判所が、工作物または竹木の種類および状況その他地上権設定当時の事情を考慮して、20年以上50年以下の範囲内で定める。

(c)地代　永小作権設定契約の場合には、小作料を支払うことが契約の要件となっているが（270条）、地上権設定契約の場合には、地代を支払うことは契約の要件となっていない（265条・266条参照）。通常は、有償で地上権の設定を受けるが、無償で地上権の設定を受けることも可能である。

有償で地上権の設定を受けた場合は、契約締結時に一括で地上権を相当な価格で買い取ってしまうこともできるし、定期的に地代を支払うこともできる（地代または地代の支払時期につき定めがあるときは、登記事項となる。不登78条2号）。

(3)地上権の対抗要件　地上権の対抗要件は、登記である（177条）。所有者から地上権の設定を受けるときは、地上権設定登記がなされ（不登3条2号・78条）、地上権者から地上権を譲り受けるときは、地上権移転の付記登記がなされる（不登4条2項）。なお、借地借家法の適用される建物所有を目的とする地上権の場合は、地上権の登記を備えていなくても、借地権者が所有権登記を備えた地上建物を所有しているときは、地上権につき対抗力が認められる（借地借家法10条）。

3. 地上権の効力

(1)土地使用権　地上権者は、設定契約で定めた目的の範囲内において、土地を使用する権利を有する。植林目的であれば、目的土地に植林をすることはできるが（そのために必要な機材を保管する小屋等は設置できる）、居住目的の建物を建てることはできない。当然のことながら、地上権者は、土地に対して、回復することのできない損害を生ずべき変更を加えることはできない（永小作権の271条参照）。

地上権は物権だから、地主は、地上権者の土地使用を妨げてはならないという**消極的な義務**を負うだけであり、地上権の目的土地が豪雨により一部崩壊しても、土地所有者は修繕義務を負わない（賃貸借の601条・606条1項と異なる）。もっとも、当事者間の契約で、土地の修繕義務を土地所有者が負担することとしても地上権の本質に反しないとされる。

(2)相隣関係の規定の準用　209条から238条までの相隣関係に関する規定は、地上権者と隣地所有者、地上権者と隣地地上権者との間に準用される（267条。同条但書も参照のこと）。

(3)地代支払義務　有償で地上権の設定を受け、地代を定期的（毎月末または毎年末など）に支払う契約がなされることが多い。この場合、**地代請求権は土地所有権に従属**し、**地代支払義務は地上権に従属**して、それぞれ**結合して1個の法律的地位**を構成すると解されるが、この結合した地位は、**不動産上の物権的関係**として、**登記によって対抗力**を生ずることになる（我妻＝有泉・374頁）。そこで、地代および地代の支払時期の定めは、地上権設定登記の登記事項となっている（不登78条2号。☞2(2)(c)）。

それでは、地上権の譲受人は、地代支払義務を当然に承継するが、**地代に関するこれらの登記がないとき**は、土地所有者は、地上権譲受人に地代の支払いを請求し得ないか。上記の考え方からすると、請求し得ないとする説になろう（舟橋・405頁など）。しかし、今日では有償でかつ定期に地代を支払う地上権設定が通常であること、および、建物所有を目的とする地上権については、建物の所有権登記によっても地上権の対抗要件となるのであり、この場合は地代に関する公示はないことを理由に、地代等の登記がなくても土地所有者は地上権譲受人に地代を請求できるとする説が有力であり（我妻＝有泉・375頁、新版注民(7)・880頁〔鈴木禄弥〕）、この説が妥当であろう。なお、土地所有権の譲受人が、地上権者に対して地代の支払いを求める場合には、地代に関する登記を必要としない。地上権者は、地上権設定の当事者であって第三者ではないからである（大判大5・6・12民録22-1189）。

地上権者が不可抗力により収益について損失を受けたときであっても、賃貸借の場合（609条）と異なり、地代の減免請求権は認められない（266条1項による永小作権についての274条準用）。もっとも、地上権の目的土地が**一部滅失**した場合には、地代の減額請求などが認められる611条が準用される（266条2項による611条準用）。

(4)物権的請求権　地上権は物権であるから、地上権の利用を妨げるすべての者（地主も含む）に対して、地上権者は直接に妨害排除請求権など物権的請求権を行使することができる（地上権の登記不要）。

(5)地上権の処分（譲渡・賃貸・担保権の設定）　地上権は物権であるから、土地所有者の承諾なしに、地上権を第三者に譲渡したり、地上権を第三者に賃貸したり、また地上権に抵当権を設定したり（369条2項）することができる。この点は、不動産賃借権（612条により無断譲渡・転貸が禁止されている）との大きな違いである。

なお、地上権設定の際に、設定当事者間で地上権につき譲渡・賃貸禁止の特約をすることは可能であるが、特約の登記の方法がないから（不登78条と永小作権の登記事項の同法79条3号参照）、当事者間で債権的効力を有するに過ぎない。

地上権者が、地上物（建物その他の工作物や竹木等）を譲渡したときは、反対の意思表示がない限り地上権も地上物の譲受人に移転する（大判大10・11・28民録27-2070。地上権は地上物の処分に従う**従たる権利**である〔☞第1編第4章第3節2「主物と従物・従たる権利」〕。87条2項類推適用）。

4. 地上権の消滅

(1)地上権の消滅原因　(a)物権一般の消滅原因による地上権の消滅　地上権の存続期間（☞2(2)(b)）の満了、地上権の目的土地の滅失、混同（179条1項）、地上権を20年間行使しないことによる時効消滅（166条2項）、第三者による土地所有権の時効取得、地上権より先順位に抵当権が設定されていた場合の競売による消滅（民執59条2項）など、物権一般の消滅原因により地上権は消滅する。

地上権の放棄によっても地上権は消滅するが、これについては(b)に見るように一定の制約がある。

(b)地上権者による地上権の放棄　ⅰ定期の地代を支払う必要のない地上権

これについては、地上権の放棄は、土地所有者の利益になるだけであるから、存続期間の定めがあるか否かにかかわらず、別段の慣習がないときは、地上権者はいつでも地上権を放棄できる（268条1項本文参照）

ⅱ定期の地代を支払うべき地上権　存続期間の定めのない場合の放棄については、1年前の予告、または期限の到来していない1年分の地代の支払いが必要となる（268条1項但書）。存続期間の定めがある場合は、地上権を放棄できない。したがって、存続期間の定めがある地上権の設定を受ける場合には、地上権者としては、一定の条件で契約を解除し得る特約をしておく必要があろう（例えば、今後1年分または2年分の地代の支払いを条件とする解除権の留保）。

存続期間の定めがあるか否かにかかわらず、不可抗力による収益減少等が一定の長期間続いたときは、地上権者は、予告なしに、また将来の地代を支払わないで、地上権を放棄し得る（266条1項・275条）。

なお、ⅰ・ⅱにおいて地上権の放棄をなし得る場合であっても、これによって第三者の権利を害することはできない。地上権を抵当権の目的とした場合については、398条に明文の規定がある。したがってまた、地上権者所有の地上建物に抵当権が設定され、または地上建物が売買の目的とされた場合に、建物抵当権の効力は地上権にも及び、また建物の売買に地上権は伴うから（87条2項類推適用）、地上権者が地上権を放棄しても、このことを建物の競売における買受人または建物の買主に対抗できない（398条参照。大判大11・11・24民集1-738〔土地賃借権の放棄のケース〕）。

(c)土地所有者の地上権消滅請求権　地上権者が引き続き2年以上地代を滞納したときは、土地所有者は、地上権消滅請求をすることができる（266条1項・276条）。消滅請求の要件としては、継続した2年間の滞納（大連判明43・11・26民録16-759）と、滞納について地上権者に帰責事由があること（最判昭56・3・20民集35-2-219。土地所有者の地代受領拒絶の意思が明確であるため、地上権者が言語上の提供をするまでもなく地代債務の不履行の責めを免れることができるという事情があったケース）が必要である。

(2)地上権消滅の場合の法律関係　次の(a)(b)による（269条）。

(a)原状回復　地上権が消滅したときは、地上権者は土地を原状に回復することになるから、地上権者は、工作物および竹木を収去する権利（収去権）を有するとともに、収去する義務を負う（269条1項本文)。これと異なる慣習があるときは、慣習に従う（同条2項)。

(b)土地所有者の地上物の買取請求権　土地所有者が、時価相当額を提供して工作物や竹木を買い取る旨を通知してきたときは、地上権者は、正当な理由がなければこれを拒むことができない（269条1項但書)。これと異なる慣習があるときは、慣習に従う（同条2項)。

なお、借地借家法の適用される普通借地権である地上権の場合は、借地契約の終了により、地上権者から土地所有者に対して**建物買取請求権**が発生する(借地借家法13条)。

(c)有益費償還請求権の可否　不動産賃貸借の場合には、賃借人に必要費および有益費償還請求権が認められているが（608条)、地上権が消滅したときに、地上権者にこれらの請求権が認められるかについては規定がない。地上権の場合には、設定者に修繕義務がないから、**必要費償還請求権**は認められないと解してよいが、軟弱な地盤の改良、擁壁の耐震補強、給排水設備などについては、地上権者に収去権が認められただけでは意味がないから、地上権者に**有益費償還請求権**を認めるべきある（608条2項類推適用）とする学説が多数である（我妻＝有泉・373頁、淡路ほかⅡ・182頁〔原田純孝〕など)。

5. 区分地上権

(1)区分地上権の意義　通常の地上権の効力は、土地所有権と同様、地下深く、かつ地上空高く及ぶものであるが、区分地上権は、工作物を所有するため、地下または空間の上下の範囲を定めて設定する地上権である（269条の2第1項前段。地上権登記にも「地下または空間の上下の範囲の定め」が記載され、区分地上権であることが公示される。不登78条5号)。この区分地上権の効力が及ばない範囲については、土地所有者または他の区分地上権者が使用収益することができる。したがって、土地の効率的利用に資することになる。

区分地上権は、地下鉄、地下の道路設備、地下の給排水管設備、地下街、モノレールやケーブルカーの設置などのために利用されることがある。

(2)通常の地上権との違い　**(a)区分地上権設定の目的**　竹木所有のための設定は認められず、工作物所有のための設定のみが認められる（269条の2第1項前段）。

(b)土地使用権の範囲の制限　設定行為で定められた地下または空間の一定の範囲でのみ、地上権を行使できる（269条の2第1項前段）。

(c)区分地上権の及ばない部分の土地使用の制限　区分地上権の設定行為において、区分地上権の行使のために、区分地上権の及ばない部分の土地の使用に制限を加えることができる（269条の2第1項後段）。これは、例えば、地下20mから地下50mまでの範囲で区分地上権の設定を受け、地下街を造る場合などにおいて、土地所有者がその地上部分に高層のオフィスビルなどを自由に建築し得るとすると、地盤の崩落などを起こす可能性があるからである。設定行為でこのような土地使用の制限を加える場合には、その定めを地上権登記に登記しなければならない（不登78条5号）。

(d)地上権や土地賃借権の設定されている土地への区分地上権設定　すでに地上権や土地賃借権の設定されている土地に対しても、地上権者や土地賃借人などの承諾（地上権に抵当権が設定されている場合には抵当権者の承諾も必要）が得られれば、土地所有者から区分地上権の設定を受けることも可能である（269条の2第2項前段）。この場合において、地上権者や土地賃借人は、区分地上権の行使を妨げることはできない（同条同項後段）。

第2節　永小作権

1. 永小作権の意義

永小作権とは、小作料を支払って、他人の土地において耕作または牧畜をする権利であり（270条）、用益物権の1つである。

永小作権は、明治時代以前に、豪族等と土地を持たない農民が協力して農地の開墾を行い、前者が永久の貢納徴収権を取得し、後者が永久の耕作権（永小作権）を取得したことに起因するとされる。しかし、民法典の制定に当たり、所有権の絶対性の考え方から、民法施行法によりすべての長期の永小作権を民法施行後50年で消滅するものとし（その後、民法施行法が一部改正され、永久の永小作権については、民法施行後50年を経過した後に地主は相当の価格を提供して永小作権を買い取ることができ、地主が買い取らないときは永小作人は相当の価格を提供して土地所有権を買い取る義務があるとされた）（我妻＝有泉・393頁、広中・463頁）、また、民法施行後に設定される永小作権の存続期間は20年以上50年以下に制限された。このように民法の永小作権は、永久の耕作権という意味合いをなくし、単なる用益物権となった。

第2次世界大戦前に存在した小作地の大部分は、戦後の農地改革により政府が買収し小作人に売り渡された結果、永小作権の大半は消滅した。また、現在、耕作や牧畜のために他人の土地を借り受ける場合に設定される権利は、通常土地賃借権である。そこで、わが国においては永小作権の存在意義は、ほとんどなくなっている。

2. 永小作権の設定

⑴諾成の物権契約　永小作権設定契約は、物権契約であり、土地所有者と永小作権者との**合意**により成立する。

⑵小作料の定め　契約成立の要件としては、**小作料の定め**が必要である（270条。地上権の場合は、地代の支払いは要件となっていない。☞第1節2⑵(c)）。

⑶存続期間　存続期間の定めは、要件ではないが、存続期間を定めるときは20年以上50年以下であることが必要であり、50年を超える定めをしたときは50年になる（278条1項）。存続期間を定めなかったときは、慣習がある場合を除き30年となる（同条3項）。

⑷対抗要件　永小作権の対抗要件は登記である（177条、不登79条）。

3. 永小作権の効力

⑴永小作権者の権利　永小作権者は、設定者の土地において**耕作または牧畜**をする権利を有する（270条）。物権的請求権ももちろん認められる。

永小作権の譲渡・賃貸は自由である（ただし、設定行為で禁じたとき、および異なる慣習があるときは別である。272条・277条）。

存続期間が満了したときは更新が可能であるが、その期間は50年以下でなければならない（278条2項)。

(2)永小作権者の義務　**(a)小作料の支払い**　小作料の支払いは、**永小作権の要素**となっている。小作料支払義務は、永小作権と結合して永小作権の内容の一部をなすものとなり、小作料の額は登記事項である（不登79条1号)。不可抗力により収益につき損失を受けたとしても、永小作人は小作料の免除または減額の請求をなし得ない（274条)。永小作人は、不可抗力によって、引き続き3年以上全く収益を得ないとき、または5年以上小作料より少ない収益を得たときに限って、**永小作権の放棄**をなし得る（275条)。これらの規定は、永小作権者にかなり厳しい内容となっている。これらの規定と異なる慣習があるときは、その慣習に従う（277条)。なお、当事者間でこれらの規定と異なる約定をした場合は、当事者間では効力を有すると解される。

(b)土地の変更の制限　永小作人は、土地に対して、回復することのできない損害を生ずべき変更を加えることができない（271条)。

4. 永小作権の消滅

(1)消滅原因　永小作権は存続期間の満了により消滅するが、更新は可能である。継続した2年以上の小作料の滞納を理由とする地主の永小作権消滅請求により（276条)、永小作権は消滅する。また、永小作人の275条による永小作権の放棄（☞3(2)(a)）によっても、永小作権は消滅する。

(2)工作物の収去等　永小作権が消滅したときの永小作権者の土地の原状回復義務等については、地上権に関する269条が準用される（279条)。

第3節　地役権

1. 地役権の意義と類似の権利との関係

(1)地役権の意義　**地役権**とは、設定行為で定めた目的に従い、**他人の土地**（乙土地）**を自己の土地**（甲土地）**の便益に供することのできる権利**であり（280条)、用益物権の1つである。

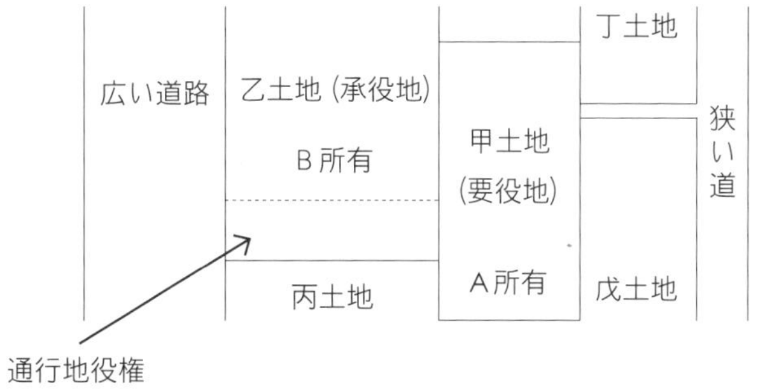

例えば、上図のように、A所有の甲土地は袋地ではないが、甲土地から広い道路に行き着くまでには狭い道を通らなければならないような場合に、甲土地所有者Aが乙土地所有者Bから、乙土地の一画に広い幅の通路の通行地役権の設定を受けることができれば、AおよびAの家族などは広い幅の通路を通って広い道路に達することができる。この場合、AB間で**通行地役権**の設定がなされたことにより、Aは他人Bの乙土地を自己の甲土地の**便益に供する**ことができる。便益を受ける土地（甲土地）を**「要役地」**といい（281条1項参照）、要役地の便益に供される土地（乙土地）を**「承役地」**という（285条1項参照）。

地役権には、通行地役権の他、**引水地役権**（甲土地の所有者が乙土地の一部を通って水を引く地役権）、**電線路敷設のための地役権**（電力会社が乙土地の上空に高圧送電線を通す地役権）、**観望地役権**（甲土地の所有者が乙土地の所有者に観望を妨げる一定の高さ以上の建造物を建てさせない地役権）、**日照地役権**（甲土地の所有者が乙土地の所有者に日照を妨げる建造物を建てさせない地役権）などが存在する。

⑵相隣関係との差異　すでに見た**相隣関係**（☞第1章第4節）は、隣接する土地所有者相互の利用を調整するための**法定の調整規定**であるから（したがって、**「法定地役権」**ともいわれる）、必要最小限度での調整を図るものである。これに対して、地役権は、土地所有者相互間の**契約**によるものであるから、当事者間で合意が調えばその内容は**自由に定める**ことができる（先の通行地役権の例のように自動車の通行可能な幅の広い通路を確保することも可能）。また、相隣関係と異なり地役権の場合は、**隣接する土地所有者相互間に限定されず**、先の例の電線路敷設のための地役権や観望地役権などのように**離れた土地の所有者**との間でもその設定が可能である（通行地役権や引水地役権の場合も同様）。

(3)賃借権との差異　先の例でB所有の乙土地の一部に、通行地役権ではなく土地賃借権の設定を受けて、その部分をＡやＡの家族などが通行することも可能である。この場合、乙土地の一部の使用権および占有の全部を賃借人Ａに与えることになるから、ＡはＢの通行を排除することも可能である。それに対して、地役権の設定の場合は、**承役地（乙土地）所有者Bによる通路部分の使用**を基本的には維持したまま、要役地（甲土地）に便益を与えることができる。また、賃借権は債権であるから、賃借権設定につき特約がない限り登記請求権は認められないし、甲土地の譲受人は、乙土地所有者Ｂの承諾なしに賃借権をＡから譲り受けることはできない。他方、地役権は、物権であるから、**地役権設定登記請求権**が認められ、また、甲土地の譲受人は、原則として**通行地役権も譲り受ける**ことになる（☞2(1)）。

2. 地役権の性質

(1)付従性・随伴性　地役権は、要役地の便益に供するために設定されるものであり、**要役地所有権の従たる権利**である。したがって、要役地（甲土地）の所有権が第三者に移転すると、地役権も要役地に**随伴**して当然に第三者に移転し、要役地（甲土地）に抵当権や地上権が設定されると、地役権も要役地に**付従**して抵当権や地上権の目的となる（281条1項）。ただし、設定行為に別段の定めがあるとき（この定めにつき登記がないと第三者に対抗できない。不登80条1項3号）は、付従性・随伴性が否定される。また、要役地（甲土地）から分離して地役権だけを譲渡したり、地役権だけを他の権利（例えば抵当権）の目的とすることはできない（281条2項）。

(2)地役権の不可分性　地役権は、要役地の便益に供するために設定されるものであるから、要役地または承役地が**共有地**である場合、**共有地の便益**のための地役権をできるだけ**共有地全体**に存続させるために（**地役権の不可分性**）、一定の規定を置いている（282条〔要役地または承役地の共有者の1人による持分についての地役権を消滅させることの禁止、要役地ないし承役地の分割ないし一部譲渡の場合の各部のためのまたは各部に対する地役権の存続〕、284条〔要役地の共有者の1人が地役権を時効取得したときは、他の共有者も地役権を時効取得する、ほか〕、292条〔要役地の共有者の1人に生じた地役権の消滅時効の完成猶予・更新は、他の共有者のためにも効力を生ずる〕)。

3. 地役権の権利行使の態様

地役権の設定は、土地所有者間の契約によるものであるから、その内容が民法典第2編「第3章第1節（所有権の限界）の規定（公の秩序に関するものに限る。）に違反しないもの」であれば、さまざまな目的で自由に設定し得るので（280条)、多様な地役権が存在する。地役権の行使の態様から次のような分類が可能である。⑵および⑶の分類は、地役権の取得時効や消滅時効に関して意味がある（283条・291条参照)。

⑴作為地役権と不作為地役権　**作為地役権**は、地役権者が一定の行為をすることができ、承役地所有者がこれを忍容する義務を負う地役権であり（通行地役権・引水地役権・電線路敷設地役権など)、**不作為地役権**は、承役地所有者の土地利用における一定の不作為を目的とする地役権である（観望地役権・日照地役権など)。

⑵継続地役権と不継続地役権　**継続地役権**は、地役権の行使が**間断なく継続**しているものであり（通路を開設する通行地役権や不作為地役権〔観望地役権・日照地役権〕など)、**不継続地役権**は、地役権の行使に**間断のある**ものである（通路を開設しない通行地役権など)。

⑶表現地役権と不表現地役権　**表現地役権**は、地役権の行使が外部から認識される**外形的事実**を伴うものであり（通行地役権・電線路敷設地役権など)、平成16年法147号の民法の現代語化により改正された283条は、**外形上認識することができる地役権**（「外形上認識可能地役権」ともいえる）という用語を使用している（改正前の283条は、「表現」地役権という用語を使用していた)。**不表現地役権**は、地役権の行使が外部から認識される外形的事実を伴わないものである（「外形上認識不可能地役権」ともいえる。地下に送水管を通した引水地役権や不作為地役権〔観望地役権・日照地役権〕など)。

4. 地役権の契約による取得および時効取得

⑴地役権設定契約による地役権の取得　地役権は、地役権設定契約により取得されるのが通常である。

(a)諾成・不要式・物権契約　地役権設定契約は、**物権契約**であり、要役地所有者と承役地所有者との**合意**により成立する（**諾成の不要式契約**）。

要役地の**地上権者**や**賃借人**等も自己の名において、承役地所有者と地役権設定契約を締結し得るかが問題となる（なお、要役地所有者が設定を受けた地役権を地上権者等は行使できる）。280条の文言は、「自己の土地の便益に供する権利」としていることから、判例（大判昭2・4・22民集6-198）はこれを否定する。もっとも登記実務上は、登記された土地賃借権の目的となる土地を要役地とする地役権の設定登記も許されるとしている（昭39・7・31民甲2700民事局長回答。登記先例追Ⅳ・155頁）。学説上、地役権は要役地利用権者の便宜増大のために承役地に負担を課すことを目的とするものであるから、借地権の便益に供するための地役権の設定も認めるべきだとする説が多数である（我妻＝有泉・412頁、鈴木・12頁など）。

(b)地役権の対価　地役権設定の対価の支払いは、地役権の要素とはなっていないので、対価についての定めがなくても契約は成立する。

しかし有償で地役権の設定を受けるのが一般的であり、多くは地役権設定契約締結の際に地役権設定の対価が定められる。もっとも、対価が定められても、対価の登記方法はない（不登80条参照）。この場合、承役地の譲受人は、地役権者に対して対価を請求し得るかが問題となる。これにつき**判例**（大判昭12・3・10民集16-255）は、対価の特約は債権的効力しか有しないとしてこれを否定するが、**多数学説**は、承役地の譲受人は地役権者に対して対価を請求し得るとしている。

(c)存続期間　存続期間については民法上規定はない。通説は、地役権の設定により承役地の利用が全面的に制限されるわけではないことや、地上権・永小作権と異なり、存続期間につき特約のない場合について存続期間の定め方の規定が置かれていないことから、**永久の地役権**も有効であるとしている（我妻＝有泉・416頁、山野目・203頁など）。存続期間が定められた場合、その登記をすることができるかどうかであるが、不動産登記法上は、登記事項となっていない（不登80条と同78条3号・79条2号と対比。同80条1項の趣旨から登記可能とする説はある〔我妻＝有泉・417頁〕）。存続期間につき登記がなされなくても、地役権の物権的一内容を構成するとして、第三者に対抗し得るとする説が有力である（山野目・登記法415頁、近江Ⅱ・289頁など)。

(d)対抗要件　地役権の対抗要件は**地役権設定登記**である（177条、不登3条4号)。要役地、地役権設定の目的および範囲、281条1項但書の設定行為に別段の定めがあった場合のその定めなどが登記事項である（不登59条・80条)。他の用益権の登記と異なり、**地役権者の氏名・住所が登記不要**とされている（不登80条2項）のは、地役権は要役地所有権の従たる権利であるので、要役地につき所有権の登記（不登80条3項参照。所有者の氏名が登記されている。不登59条4号）があればそれで足りるからである。そこで、A所有の要役地（甲土地）の譲受人Cは、甲土地につき所有権移転登記を経由していれば、地役権の移転登記なしに、承役地（乙土地）の所有者B1またはその一般承継人B2に対してはもちろん（大判大13・3・17民集3-169)、承役地の譲受人に対しても地役権の移転を対抗できる。

地役権は物権であるから、地役権者に登記請求権が認められる。しかし、実態としては、**未登記の地役権**も多い。判例（最判平10・2・13民集52-1-65〔百選Ⅰ・63事件〕。☞第3編第4章第5節3(3)）は、通行地役権の承役地が譲渡された場合において、①譲渡の時に、この承役地が要役地の所有者によって**継続的に通路として使用されていること**がその位置、形状、構造等の物理的状況から**客観的に明らか**であり、かつ、②譲受人がそのことを**認識していた**かまたは**認識することが可能**であったときは、譲受人が通行地役権が設定されていることを知らなかったとしても、③特段の事情がない限り、未登記地役権者は地役権を**承役地譲受人に対抗できる**としている。

(2)地役権の時効取得　地役権も財産権であり、163条の適用により時効取得が可能である。しかし、所有権や地上権などの時効取得と異なり、自己のためにする意思をもって甲土地所有者AがB所有の乙土地につき地役権を事実上行使していても、承役地となるべき乙土地の所有者Bによる利用を排除してしまうわけではないから、地役権の取得時効の進行をBが容易に認識できるわけではない。そこで、283条は、「**継続的に行使**され、かつ、**外形上認識**することができるものに限り」、地役権の**時効取得が認められる**としている。

通行地役権の時効取得の場合、AがBの乙土地の一部を10年または20年以上に渡り通行させてもらっていたというだけでは、「外形上認識することができる」という要件は充たすが、「継続的」行使の要件を充たさない（不継続）。そこで、「継続的」行使の要件を充たすためには、**通路が開設**されていることが必要とされている。判例はさらに、通路の開設が**要役地所有者によって**なされていることが必要であるとし（最判昭30・12・26民集9-14-2097、最判平6・12・16判時1521-37など）、これに賛成する学説が多い（広中・486頁、佐久間Ⅱ・248頁など）。もっとも、承役地所有者の開設した通路を要役地所有者が継続使用し、かつ通路の維持・管理等の負担をしてきたような場合には、通行地役権の時効取得を認めてよいとする学説も有力である。

最判平6・12・16判時1521-37のケース　Ａらは、その所有地の西側道路を拡幅するため、Ｂ所有地の一部を拡幅用地として提供（通行地役権の設定）するようＢに働きかける一方、自らも、各自その所有地の一部を拡幅用地として提供するなどの負担をしたというケース。本判例は、Ａらのこれら行為の結果として西側道路の全体が拡幅され本件土地はその一部として通行の用に供されるようになったというのであるから、本件土地については、要役地の所有者であるＡらによって通路が開設されたものというべきであり、Ａらは、通路開設後20年以上本件土地を通行のために使用したことにより、本件土地につき通行地役権を時効取得したということができるとした。

5. 地役権の効力

⑴地役権者の権能　地役権者は、設定行為において定められた内容（地役権の時効取得の場合には、取得時効の基礎となった占有の態様により定まる内容）に従い、承役地を支配できる。通行地役権であれば、承役地に定められた通路を通行することができ、観望地役権であれば、承役地に観望を妨げる一定の高さや幅を超える建築物の築造をしないよう承役地所有者等（承役地の地上権者や賃借人なども含む）に請求できる。

地役権は、数個の土地の間の利用の調整を目的とする制度であるから、その権利行使は、地役権の目的を達するのに必要であり、かつ承役地所有者等に最も害の少ない範囲でなされるべきものとされている（用水地役権に関する285条1項本文や、地役権者が地役権行使のために承役地上に設置した工作物の承役地所有者による使用に関する288条は、その考えの表れとされる）。

地役権は、一定の範囲において承役地に直接の支配を及ぼす物権であるから、その支配が妨げられる場合には、地役権者は**物権的請求権**を行使し得る（最

判平17・3・29判時1895-56)。

(2)承役地所有者の義務　承役地所有者等は、地役権の内容に応じて、地役権者の通行等の行為を忍容し、または一定の高さや幅を超える建物を築造しない等の不作為の義務を負う。また、設定行為または設定後の契約により、承役地の所有者が自己の費用で地役権の行使のために、工作物設置の義務またはその修繕の義務を負担することも可能であり、これらの義務が登記されると（不登80条1項3号)、承役地の譲受人もその義務を負担することになる（286条)。もっとも、承役地所有者は、地役権に必要な土地の部分の所有権を放棄して地役権者に移転することにより、いつでもこの義務を免れることができる（287条)。

6. 地役権の消滅

(1)地役権の消滅原因　地役権は、承役地または要役地の滅失、地役権の消滅時効、地役権者による地役権の放棄、地役権と承役地所有権の混同（179条)、存続期間の満了などにより消滅する。承役地の時効取得による消滅と、地役権の消滅時効について、以下のような特別の規定が置かれている。

(2)承役地の時効取得による消滅　289条は、B所有の承役地の占有者Cが取得時効に必要な要件を具備する占有をしたときは、Aの地役権はこれによって消滅すると規定する。このことは、CがAの地役権の行使を排斥する形で、例えば通行地役権の設定された通路部分を含むB所有の乙土地を占有してきた場合には、そのまま妥当する。しかし、承役地乙のうち通行地役権の設定された通路部分につき地役権者Aが**通行地役権を行使**していても、B所有の承役地につきCの占有が162条の要件を充たして承役地乙をCが時効取得する場合がある。この場合には、Cは地役権の負担のある乙土地を時効取得すると考えるべきで、Aの地役権は消滅しないとするのが通説である。290条は、この趣旨を規定したものであるが、時効制度が大きく改正された2017（平成29）年の民法改正後もなお290条が289条の規定による地役権の消滅を「地役権の消滅時効」と規定し、また消滅時効の中断としているのは、正確ではない（承役地の時効取得の反射としての地役権の消滅である。我妻＝有泉・425頁、近江Ⅱ・294頁など。もっとも、民法は、289条・290条や抵当権の消滅についての397条に見るように、時効に関する制限物権の客体について第三者の一定の占有状態が継続する結果としてその制限物権が消滅することを消滅時効の一態様と考えたようである。我妻・担保・422頁）。

⑶地役権の消滅時効　地役権も、166条2項により20年間行使しないときは、時効により消滅する。291条は、地役権の消滅時効の起算点につき規定する。すなわち、不継続地役権（通路を開設しない通行地役権など）については、最後の行使の時から起算し、継続地役権（通路を開設する通行地役権など）については、その行使を妨げる事実（通路の取壊しなど）が生じた時から起算する。

なお、地役権者がその権利の一部を行使しないとき（例えば、幅5mの通路開設を予定して通行地役権の設定がなされたが、幅3.5mの通路が開設され、その部分だけの通行であった場合）は、その部分（残りの幅1.5m部分）のみが時効により消滅する（293条）。

第4節　入会権

1. 入会権の意義

入会権は、一般に、**一定の村落共同体**（「むら」。複数の村落共同体の場合もある。この村落共同体は、行政上の単位〔市町村〕と一致するものではない）**に属する住民**が、一定の山林原野などにおいて、肥料、飼料、燃料などとして使用し得る雑草や雑木等を採取することのできる**慣習上の権利**であり、明治時代以前からわが国の農山村等に広く存在したものである。入会地の地盤は、村落共同体に帰属している場合（村持地《むらもちち》入会）と、他の村落共同体に属している場合（他村《たそん》持地《もちち》入会）があるが、通常、村落共同体が入会地を支配し、その村落共同体の構成員たる地位に基づいて、住民は入会地を使用収益することができるというものである。

2. 民法上の入会権に関する規定

民法は、入会権については2つの条文を置くにすぎない。すなわち、263条は、「共有の性質を有する入会権については、各地方の慣習に従うほか」、民法第2編第3章第3節（「共有」）の規定を適用するとし、また、294条は、「共有の性質を有しない入会権については、各地方の慣習に従うほか」、民法第2編第6章（「地役権」）の規定を準用するとするのみである。村持地入会の場合は前者にあたり、他村持地入会の場合は後者にあたる、との考えである。しかし、各地に存在する入会権の内容はさまざまであり、これらの規定も述べているように、原則として**各地方の慣習によりその内容は定まる**のであって、入会権に共有や地役権の規定を適用ないし準用することは適切ではないと考えられている。

3. 入会権の法的性質

入会権の法的性質としては、現在一般には、「共有の性質を有する入会権」は、村落共同体構成員の**総有**（☞第1章第6節1⑶参照）であり（最判昭41・11・25民集20-9-1921）、「共有の性質を有しない入会権」は、村落共同体構成員の総有的な利用権（特殊な用益物権の**準総有**）であると考えられている。

4. 入会権の成立・公示方法

入会権の成立は、**慣習により**定まっており、契約により入会権を取得することはできない。

入会権の存在は、その地域では周知の事柄であるから、通常は取引の安全を害することはなく（鈴木・71頁）、登記による**公示**は不動産登記法上予定されていない（不登3条参照。判例〔大判大10・11・28民録27-2045〕は、入会権は登記なしに第三者に対抗できるとする）。もっとも、入会地につき構成員全員または一部の者あるいは代表者名義で登記（共有登記または単独登記）がなされていることが多いが、この**登記名義とは無関係**に入会権は**構成員全員の総有**に属するものと解されている（最判昭43・11・15判時544-33）。

5. 入会地の管理処分権・共有持分権・使用収益権

⑴入会地の管理権・処分権　入会地の**管理権・処分権**は、構成員の変動にかかわらず存続する村落共同体（入会集団）に帰属する。村落共同体における管

理権・処分権の行使に関する意思決定は、**構成員全員一致**でなされるのが原則である。もっとも、近時、各入会地の管理形態や利用状況の変化等を経て村落共同体の規約により本件各土地の処分、すなわち、本件入会権の処分について、**役員会の全員一致の決議に委ねる旨の慣習**（263条）が成立していたものと解することができる場合においては、その慣習が入会集団の構成員全員の同意を要件としないものであっても、公序良俗に反するなどその効力を否定すべき特段の事情が認められない限り、その**慣習は効力を有する**ものと解すべきであるとする最高裁判例（最判平20・4・14民集62-5-909。裁判官5名中2名の裁判官の反対意見がある）が現れている（なお、最判平1・7・13民集43-7-866は、昭37法156による改正後の漁業法のもとにおける共同漁業権は、古来の入会漁業権とは全くその性質を異にし、法人としての漁業協同組合に帰属するのであり、漁業協同組合が漁業権を放棄した場合に支払われる補償金の配分方法は、構成員全員の一致による必要はなく総会の特別決議によって行うことができるとする）。

入会地の売却代金は、入会集団が存続している場合には、構成員に総有的に帰属するし（最判平15・4・11判時1823-55）、入会地を第三者に賃貸して得られる賃料収入も、構成員に総有的に帰属する（最判平18・3・17民集60-3-773）。したがって、これらの金銭債権の管理・処分は、上記の方法でなされることになり、構成員に持分に応じて分割帰属することにはならない。

⑵共有持分権の有無・入会地の分割請求の可否　前記1に述べたような内容を有する入会権は、権利者である入会集団の構成員全員の総有に属し、個々の構成員は、**共有持分権を有するものではない**から、共有持分権の処分もあり得ないし、入会地の**分割請求もなし得ない**。

⑶使用収益権　村落共同体の構成員は、入会地につき**使用収益権**を有し、慣習および入会集団の定めに従い、各自が単独で、雑草や雑木等を採取してそれを肥料、飼料、燃料などに使用することができる。構成員の使用収益権は、通常は、**村落共同体の構成員の地位と不可分**に結びついており、村落共同体の構成員の地位を失うと、この使用収益権も認められなくなる。

6. 入会権の対外的主張

⑴構成員が入会権に基づく使用収益を妨げられた場合　入会権を有する構成

員が、第三者によりまたは入会集団の他の構成員により、入会権に基づく**使用収益を妨げられた場合**には、**各自単独**で、入会権に基づく使用収益権の確認請求訴訟または入会権に基づく妨害排除請求訴訟を提起し得る（最判昭57・7・1民集36-6-891、最判昭58・2・8判時1092-62。**入会権の物権性**がここに表れている。）。これは、この訴訟は、入会権に基づく使用収益を妨げられた者が、使用収益を妨げる者との間で、当該山林に対する使用収益権を有するかどうかを確定するにとどまるからである。

(2)入会権そのものの存否を争う場合　これに対して、入会権は権利者である一定の村落共同体の住民に総有的に帰属するものであるから、**入会権の確認を求める訴え**は、権利者全員が共同してのみ提起し得る**固有必要的共同訴訟**であり、村落共同体の構成員の一部の者が、入会権の目的土地の所有者に対して、その土地上に入会権が存在することの確認を求める訴えを提起することはできないとされる（前掲最判昭41・11・25）。村落共同体の構成員の一部によるこのような訴訟を認めると、敗訴した場合、他の入会権者が不利益を被ることになるからである。

しかし、村落共同体の構成員の一部の者が入会権が存在することの確認を求める訴えに同調しない場合もある。判例（最判平20・7・17民集62-7-1994）は、この場合には、訴えの提起に同調しない構成員も被告に加え、入会権確認を求める訴えを提起することができるとしている。

もっとも、入会権の帰属する村落共同体の住民が**権利能力のない社団である入会団体**を形成している場合には、入会団体が原告として訴訟を追行し得る（最判平6・5・31民集48-4-1065〔百選Ⅰ・78事件〕）。ただし、このような入会団体の代表者が構成員全員の総有に属する不動産について総有権確認請求訴訟を原告の代表者として追行するには、当該入会団体の規約等において当該不動産を処分するのに必要とされる総会の議決等の手続による授権を必要とする（前掲最判平6・5・31）。

第3章　占有権

第1節　占有制度の機能とその沿革

1. 民法典上の占有制度の取扱いとその機能

占有とは、一般に「**物の所持**」を意味するが、民法においては、占有に一定の法的効果を認めている。民法典第2編第2章の「占有権」の章の第2節「占有権の効力」以外にも、占有にはさまざまな効力が認められている。

わが国の占有制度は、次のような機能を有しているとされる（舟橋・275頁、星野Ⅱ・82頁など参照）。それぞれの制度の具体的な内容については、当該箇所で説明する。

(1)占有保護機能　占有の訴え（197条～202条。☞第5節）には、事実的支配としての**占有それ自体を保護**する機能がある。

(2)本権に準ずる機能や本権取得機能　占有には、物の事実的支配者である占有者に**本権者に準ずる利益**を与える機能（善意占有者の189条による果実取得権〔☞第4節2〕や191条の物の滅失・損傷についての損害賠償義務〔☞第4節3(2)(a)〕、196条の占有者による費用償還請求権〔☞第4節3(2)(b)〕）、**本権者に準ずる責任**を負わせる機能（717条・718条による工作物の占有者あるいは動物の占有者の不法行為に基づく損害賠償責任）、および**本権取得を認める**機能（162条・163条の時効取得および239条1項の無主物先占、195条の家畜以外の動物の取得など。☞第1章第5節2）がある。

(3)本権表章・本権公示機能　物の占有には、一般に所有権や質権等の**占有を**

伴う本権の表章としての機能があるから、物の占有は、占有をしている所有者などの本権者保護のために**権利推定の効果**をもたらす（188条。☞第4節1(1))。また、物の占有には、所有権や賃借権など占有を伴う本権の存在を公示する機能もあるから、動産の所有権移転や建物賃借権取得などにおいて目的物の引渡しすなわち占有の移転に、第三者**対抗要件**としての効力を与えている（178条、借地借家法31条1項。☞第3編第5章第2節)。動産の**即時取得**の制度（192条。☞第3編第5章第3節）は、占有に本権表章の機能があることから、これに対する**買主等の信頼を保護**し、取引の安全を図ろうとするものである。

2. 占有権の効力とその沿革

わが国の占有制度は、ローマ法のポセッシオ（possessio）とゲルマン法のゲヴェーレ（Gewere）とにその起源を求めることができる。

ローマ法のポセッシオは、物支配の事実を権原から切り離して、それ自体として保護するものであり、**占有の訴え**（☞1(1)）がその中心である。物を回復した本権者と返還した占有者との**実体的な利害調整**を図る規定（☞1(2)の189条・191条・196条など）も主にローマ法に由来すると考えられている。

これに対してゲルマン法のゲヴェーレは、物支配の事実を権利（物権）の表章ないし現象形態とみてこれを保護するものであり、物支配の事実を離れては権利を観念し得ない社会の産物であるとされる。**権利推定**（☞1(3)の188条)、**即時取得**（☞1(3)の192条)、**家畜以外の動物の取得**（☞1(2)の195条）などは、この流れを汲むものである。

占有および占有権と本権の関係　民法典上は、「第2章　占有権」とされている。所有権など本権の場合には、所有権があるから使用・収益権や物権的請求権が認められるということになるが、占有権の場合には、占有権があるから以上のような法律効果が認められるというのではなく、占有という物の事実的支配から以上のような効果が認められる。したがって、占有権とは、むしろ占有という**物の事実的支配そのもの**であるとした方が分かりやすいし（淡路ほかⅡ・111頁〔原田純孝〕)、あるいは「占有」を要件として生ずる、種々の法律効果の源泉ということもできる。

占有すべき権利　占有すべき権利という用語が使用されることもあるが、これは占有権とは異なり、**占有を適法とさせる**所有権・地上権・賃借権のような**本権**のことである。非占有担保である抵当権は、本権ではあるが占有すべき権利ではない。

第2節　占有の成立と態様

1. 占有の意義

(1)占有の意義　占有とは、一般に「物の所持」という事実であるが（180条参照）、民法典では、「第2編　物権」の第2章として「占有権」という章を置いている。この「占有権」は、**本権**（物の支配を適法なものとする権利）**ではなく、「占有」という事実に認められた一定の権利**であるが、物権の1つに位置づけられていることは先に見た通りである（☞第1編第2章第1節4）。

180条は、「占有権は、自己のためにする意思をもって物を所持することによって取得する。」とする。そこで、民法上、単なる物の所持では占有とはいえず、「**自己のためにする意思**」を有する「**物の所持**」が、占有ということになる。占有者の意思に関しては歴史的な沿革があるので、現行法の解釈として「自己のためにする意思」をどのように解すべきかが問題となる（☞2(2)）。

(2)占有者の意思の沿革　占有に、「物の所持」の他、占有者の「意思」を要求するのは、ローマ法に由来する。ローマ法においては、占有訴権（＝占有の訴え）を中心に占有制度が考えられ、占有訴権を認める占有に、占有者意思を要求した。近代の民法に占有制度を承継するに当たり、占有者意思の取扱いに関しては各国で対応が分かれ、フランス民法では、所有者として支配する意思が必要とする「所有者意思説」（主観説の1つ）を採用し、他方、ドイツ民法では、所持だけで足り、占有者の意思を不要とする「客観説」を採用した。わが民法は、旧民法財産編189条においては、「所有者意思説」に立ったが、現行民法180条は、この主観説の流れの中で、「**自己のためにする意思**」を必要とする立場を採用したということになる（我妻＝有泉・462頁以下）。

2. 占有の成立要件

180条によると、占有の成立要件としては、物の「**所持**」と「**自己のためにする意思**」が必要とされるが、これまでの沿革との関係で、「自己のためにする意思」をどのように解すべきかが問題となる。

(1)所持　所持とは、物が、社会観念上その人の**事実的支配に属すると認められる客観的関係**にあることである。したがって、多少継続的な支配関係があることが要求される（ひったくりにあった者が、ひったくり犯人を追いかけている場合、逃走中のひったくり犯人には所持があるとはいえないし、授業中、隣の席の学生に六法を借りた場合も、一時的なものであるから、所持があるとはいえない）。いかなる場合に所持があるとされるかは、当該の占有の効果と客体となる物の性質とに応じて、個別的に判断されることになる。

1戸建て建物の塀に取り付けた郵便受けに配達された郵便物については、建物居住者の所持が、また、海外赴任ため家族ぐるみで海外に滞在中の日本国内の自宅においてある家具・調度品については、海外赴任者とその家族の所持が、それぞれ認められる。別荘所有者は、別荘に滞在中でなくても、その別荘に施錠をしておくか、表札を掲げている場合には、別荘の所持が認められる。更地にあっては、その土地に塀をめぐらし標識を施すなどにより、所持が認められるが、山林・原野などにあっては、いかなる場合に所持が認められるかは、時効取得の成立の関係で難しい判断を要求される（土地の一部についての時効取得もある）。

(2)自己のためにする意思　占有の成立要件の1つである180条の「**自己のためにする意思**」の解釈については、見解の対立がある。通説（我妻＝有泉・467頁、川井Ⅱ・106頁など）は、180条の法文の関係で、占有意思は必要としつつ、できるだけこれを緩和して解すべきであるとする**緩和された主観説**をとる（判例もこの立場であると考えられている）。これに対して、法文にはとらわれる必要はなく、占有意思を必要としない**客観説**をとるべきであるとする学説も有力に存在する（川島・理論166頁以下、鈴木・107頁など）。

(a)緩和された主観説（判例・通説）　判例・通説は、「自己のためにする意思」は、できるだけ緩やかに解釈すべきであり、**所持による事実上の利益を自分に帰属させようとする意思**があれば足りるとする。そこで、この説は、次のように主張する。①この意思の有無は、**物の所持を生じさせた原因（権原）の性質に従って、純粋に客観的に**判断されるべきである。したがって、動産・不動産の譲受人、地上権者、賃借人、質権者はもとより、泥棒にも、この意思はあると見るべきであり、意思の有無を探求すべきではない。②受寄者（寄託を受けた者)、受任者（委任を受けた者)、運送人など、直接的には他人に利益を帰属させる意思の場合でも、**自己の責任において物を所持**しているときは、自己のためにする意思は肯定されるべきである。③この意思は、**潜在的・一般的**にあればよいのであって、郵便受けに郵便や新聞が入れられた場合にも、受取人のこの意思は肯定される。④この意思は、占有取得の要件であるから、この**意思の継続は不要**である。⑤**意思無能力者**（3条の2）および**代表機関を欠く法人の場合**、「自己のためにする意思」を持つことができないから、占有を取得できない。そこで、原則として法定代理人や代表機関が選任されてから「自己のためにする意思」が認められ、占有を取得できる、とする。

(b)客観説からの批判　　この緩和された主観説に対しては、客観説は次のように批判する。①緩和された主観説によると、「自己のためにする意思」の有無について、複雑な説明を要することになるが、客観説によれば、**直裁に説明**できる。②占有の意思を法文があげるのは、**沿革の産物**で、これにとらわれる必要はない。③むしろ、所持そのものも1つの社会的関係であり、そこには広い意味での意思は働いている。このような意思の存在は、**所持そのものに含まれている**。④緩和された主観説と客観説の実際上の違いは、上記の(a)の⑤に現れる。(a)の⑤が不当なことは明らかであり、物が意思無能力者や法人の事実的支配に服していると見られる場合には、その物は**これらの者の占有下にある**と見られるべきである（鈴木・109頁)。

(c)緩和された主観説からの客観説への批判　　緩和された主観説から客観説に対しては、次のような批判がなされている。①客観説は、明文に反する。②後掲の占有補助者のように、事実上の支配だけでは占有といえない場合がある。

(d)客観説からの再反論　　(c)の②に対しては、社会組織の複雑化とともに目的論的見地から、何が占有であり、誰が占有者であるかを、現実支配の問題とある程度切り離して決定する必要が出てくる、とする（鈴木・96頁)。

3. 代理占有

(1)代理占有と自己占有　　**自己占有**とは、占有者自身が目的物を直接所持することである。他方、**代理占有**とは、占有代理人が目的物を直接所持することであり、これによっても本人は占有を取得できる（181条)。代理占有の場合、本人は**間接占有者**となり、占有代理人も、**独立して物を所持**するから、占有（**直接占有**）を取得する（後述の占有補助者と異なる）。なお、99条以下の代理は、意思表示を要素とする法律行為の代理であるが、占有代理人の代理は、意思表示にかかわるものではなく、**物の事実的支配**に関するものである。

(2)代理占有の存在意義　例えば、家主Aが10軒の貸家を所有しており、これをBら10人に賃貸し、これらの者がそれぞれ貸家の引渡しを受けた場合、貸家はBら借家人の事実的支配に属すると認められると同時に、家主Aの事実的支配にも属すると認められる。このような場合に、Bら借家人は占有者としての保護を受けることができるが、家主Aも占有者としての保護を受けることができるようにする必要がある。そのために代理占有の制度が認められている（我妻＝有泉・475頁、舟橋・289頁）。

後述のように、動産所有権移転の対抗要件としては引渡しが必要となるが（178条）、動産の買主Bは、売主Aを占有代理人とする方法での引渡し（占有改定による引渡し〔183条〕）や売主Aの占有代理人であったCを今後は買主Bの占有代理人とする方法での引渡し（指図による占有移転〔184条〕）も178条の引渡しにあたるとされており（☞第3節2および第3編第5章第2節3）、**代理占有**が認められることにより、動産所有権移転の対抗要件としての**引渡しの簡易化**が図られている（動産の現実の引渡しがなされなくても、動産所有権移転の対抗要件を備えることができる）。

(3)代理占有の成立要件　代理占有の成立要件は、①**占有代理人による物の独立した所持**があること、②**本人のために占有する意思**を有すること、および③本人と占有代理人との間に**占有代理関係**があること（204条1項1号参照）、である。

(a)占有代理人による物の独立した所持　占有代理人による所持は、本人から**独立した所持**である。後述の占有補助者の場合は、これとは異なり、本人から独立した所持を有しない。

(b)本人のために占有する意思　本人のために占有する意思は、個々の占有につき個別にその存在が判断されるのではなく、**その所持を生じさせた原因**（ないし権原）**の性質に従って客観的に判断**される。賃借人が賃貸借契約に基づき賃借物を占有しているときは、賃借人としての自己占有の他に、本人である賃貸人のために占有する意思もあるものとされる。

(c)本人と占有代理人との間に占有代理関係があること（204条1項1号参照）

これは、賃貸借、寄託、地上権設定のように、外形的にみて占有代理人が**本人の占有すべき権利**（**本権**。所有権など）**に基づいて物を所持**しており、その物を**本人に返還する義務を負う関係**があることである。仮にこれらの契約や権利が無効であって占有代理人に占有権原がなくても、占有は物支配の外形に依拠するものであるから、代理占有は成立する。

(4)代理占有の効果　代理占有の成立により、本人は、占有代理人の所持する物の上に**占有（占有権）を取得**する（181条。**間接占有**）。

占有代理人の占有（直接占有）につき生じた事由により、本人の占有に一定の影響が生ずる。

(a)占有の善意・悪意　取得時効においては、占有者が占有開始の時に善意無過失であったか否かにより時効期間に違いが生ずる（162条）。このように占有の善意・悪意が問題となる場合、これは**代理人の占有につき判断**される（101条1項・2項類推適用。大判大11・10・25民集1-604）。もっとも、占有代理人が善意でも、**本人が悪意**であれば、悪意占有として扱われる（101条3項類推適用）。

(b)占有侵奪の有無　占有が侵奪されたか否かも（200条参照）、**代理人の占有につき判断**する（大判大11・11・27民集1-692）。

(c)占有代理人に対する権利の行使　占有代理人に対して、土地所有者が土地の取得時効の更新のために明渡請求訴訟を提起して勝訴判決が確定したときは、**本人に対する明渡請求**がなされたとみて、時効の更新の効力が認められる（大判大10・11・3民録27-1875）。

(5)占有代理人と占有補助者・占有機関との違い　**占有代理人**は、**本人とは独立の占有**を有する。これに対して、店の商品につき店の店員の所持、またはA所有の建物につきAと同居している子供の所持は、店のオーナーやAの手足としての所持で、これらの者に独立の占有があるとは観念されない（本人の自己占有）。このように**本人の手足として所持する者**を**占有補助者**という（Aと同居している妻の建物の所持は、通常、占有補助者としての所持ではなく、Aとの共同占有というべきであろう）。

占有機関とされるものの所持も、占有補助者と同様、独立の占有ではなく、

本人の手足としての所持である。占有機関としてあげられるのは、法人や会社のために物を所持する**法人の理事**や**会社の取締役**である（最判昭32・2・15民集11-2-270〔百選Ⅰ・66事件〕参照)。もっとも、法人理論において法人実在説をとるか、法人擬制説をとるかにより違いが生ずる。**法人実在説**をとると、**法人自身が所持**を有するものとして説明することになり、理事や取締役の物の所持は、法人の所持そのものであるから、**法人の手足としての所持**であるということになる（前掲最判昭32・2・15は、会社の代表取締役は、機関として所持するにとどまり、直接占有者ではないとする)。これに対して、**法人擬制説**をとると、理事や取締役の所持は代理占有（直接占有）であり、これにより法人が占有を取得することになる（舟橋・290頁、鈴木・100頁など)。

しかし、実際の所持者が占有補助者ないし占有機関か、それとも占有者（占有代理人）かは、問題となっている占有の効果（後掲の197条以下の占有の訴えの主体、所有者の占有者に対する物権的返還請求権の行使の相手方、717条の土地の工作物の占有者の不法行為責任など）を当該所持者自身にも認めるべきか（この場合は、直接占有者＝占有代理人となる)、それとも本人にだけ認めるべきか（この場合は、占有補助者・占有機関となる）との関係で、**個別的に判断**することが必要である（鈴木・99頁、淡路ほかⅡ・116頁〔原田純孝〕など)。

4. 占有の態様

占有には、以下に見るようにさまざまな態様がある。

(1)自主占有と他主占有　この占有の態様の違いは、取得時効（162条)、無主物先占（239条)、物の滅失・損傷に対する占有者の責任（191条但書）などにおいて、意味のある区別である。

自主占有とは、**「所有の意思」のある占有**であり、**他主占有**とは、**「所有の意思」のない占有**である。例えば、売買による動産または不動産の買主の占有、動産の泥棒の占有、他人の不動産を自分の不動産と思って使用収益している者の占有などは、自主占有であり、賃借人の賃借物の占有や受寄者の寄託物の占有などは、他主占有となる。

(a)「所有の意思」の有無の判断　ｉ外形的客観的に判断　占有者の「所有の意思」の有無は、占有者の内心の意思により判断されるのではなく、**占有**

取得の原因である事実ないし権原によって、外形的客観的に判断される（最判昭45・6・18判時600-83）。したがって、買主や泥棒の占有は、当然に自主占有となり、賃借人や受寄者の占有は、当然に他主占有となる。

農地を農地以外のものにするために買い受けた者は、農地法5条所定の許可手続をとる必要があるが、この手続がとられなかったとしても、特段の事情のない限り、代金を支払い当該農地の引渡しを受けた時に、所有の意思をもって同農地の占有を始めたものと解される（最判平13・10・26民集55-6-1001〔取得時効の成立を認める〕）。売買契約に基づいて開始される占有は、解除条件が付けられている場合であっても、自主占有であり、この解除条件が成就して当該売買契約が失効しても、それだけでは自主占有でなくなるというものではない（最判昭60・3・28判時1168-56）。

なお、共同相続人の1人のみが相続不動産につき現実の占有をしている場合、その不動産全部につき自主占有をするものではなく、他の共同相続人との関係においてはその権原の性質上他の相続人の相続分につきその者のために占有（他主占有）するものというべきである。したがって、**共同相続人の1人が相続不動産全部につき自主占有をするというためには**、他の共同相続人の相続分についても自主占有をなし得る本権（新権原）を取得するか、またはその者に対し自主占有をなすべき旨の意思を表示しなければならない（185条）。しかしながら、最判昭47・9・8民集26-7-1348は、共同相続人の1人が、当時は家督相続制度のもとにあった関係もあり、相続が共同相続であることに思い至らず、自らが単独相続したものと信じて疑わず、相続開始とともに相続財産を現実に占有し、その管理・使用を専行してその収益を独占し、公租公課も自己の名でその負担において納付してきており、これについて他の相続人が何ら関心を持たず、異議を述べた事実もなかったような場合には、相続開始とともに相続財産を現実に占有してきた相続人は、その相続の時から**自主占有**を取得したものと解するのが相当である、とした。原審は、その外観上他の共同相続人に対し黙示的に自主占有の意思を表示したものと解するのが妥当としたものである。本件は、20年以上に渡り、このような状態が続いてきた事案であるから、結論としては妥当ということになろう。

これに対して、共同相続人のうちの1人であるＡが、他の相続人であるＢらの承諾を得ることなく司法書士にＢら名義で相続放棄の申述をすることを依頼し、その依頼に基づく申述によって相続放棄がされて、本件農地につきＡ単独名義の相続を原因とする所有権移転登記がなされ、Ａが20年間に渡り本件農地の占有管理を継続してきたが、Ｂらから本件農地の占有管理およびＡ単独の登記につき不服を述べられたことはなかったというケースにつき、判例（最判昭54・4・17判時929-67）は、Ａ単独の自主占有の成立を疑わせる事実があることは明らかであるとしている。

ⅱ「所有の意思」の推定規定　「所有の意思」については推定規定がある。すなわち、186条1項により、占有者は**所有の意思をもって占有**するものと推定される。したがって、Ａ所有の不動産の占有を20年間または10年間継続することによって時効取得を主張する者Ｂは（162条参照）、「所有の意思」を主張・立証する必要はない。

そこで、Ｂの占有が「所有の意思」のないものであることを理由にＢの取得時効の成立を阻止しようとするＡは、①その性質上**所有の意思のないものとされる権原に基づきＢが占有を取得した事実を主張・立証**するか、または、②占有者Ｂが占有中、真の所有者であれば通常はとらない態度を示し、もしくは所有者であれば当然とるべき行動に出なかったなど、**外形的客観的にみて占有者が他人の所有権を排斥して占有する意思を有していなかったものと解される事情を主張・立証する**必要がある（最判昭58・3・24民集37-2-131、最判平7・12・15民集49-10-3088）。②については、例えば、占有者Ｂが、占有不動産につきＡに対して所有権移転登記手続を求めなかったこと、占有農地につき農地法上の所有権移転許可申請手続をとらなかったこと、占有不動産につき固定資産税を負担しなかったことなどは、②の事情にあたり得るが（前掲最判昭58・3・24は、そのことを理由に、取得時効の成立を認めた原審判決を破棄差戻しとした）、ＡＢ間の人的関係いかんによっては、②の事情にあたらないこともある（前掲最判平7・12・15は、そのことを理由に、他主占有として取得時効の成立を認めなかった原審判決を破棄差戻しとした）。

(b)他主占有から自主占有への変更　不動産賃借人の場合、引渡しを受けた不動産を仮に所有の意思をもって占有していたとしても、これは自主占有ではなく他主占有であるから（☞(a)ⅰ）、占有期間が20年を経過しても（162条1項参照）不動産の時効取得の主張は認められない。

しかし、185条は、占有の性質の変更として、次のいずれかの要件が充たされる場合には、**他主占有が自主占有に変更**することを認めている。自主占有への変更が認められた場合には、その効果の1つとして、その時から取得時効に必要な自主占有が開始されたことになる（162条参照）。

第1は、他主占有者が自己に占有をさせた者に対して**「所有の意思」があることを表示**した場合である（185条前段）。例えば、不動産賃借人が賃貸人に対して、今後は「所有の意思」をもって不動産を占有すると表示した場合などである。もっともこのようなことは通常は起こり得ず、仮に起こったとしたら、その時から取得時効が進行する可能性があるから、賃貸人は、債務不履行を理由に賃貸借契約を解除し不動産返還請求訴訟を提起することになろう。

第2は、他主占有者が**「新たな権原」（新権原）によりさらに「所有の意思」をもって占有を始める場合**である（185条後段）。賃借人が占有をしていた賃借物を買い受けて所有者となった場合が典型である。この売買契約が有効なものであった場合はもちろん、何らかの理由で無効であった場合も、この規定の適用があり、例えば取得時効は進行する（内田Ｉ・413頁、最判昭52・3・3民集31-2-157）。

最判昭52・3・3民集31-2-157のケース　農地賃借人が、所有者からこの農地を買受けその代金を支払ったときは、当時農地の所有権移転の効力発生要件とされていた都道府県知事の許可などを得るための手続がとられていなかったとしても、買主は、原則として代金を支払った時に185条にいう新権原により所有の意思をもってこの農地の占有を始めたものというべきであるとした。

新権原との関係で、**相続が「新権原」にあたるか**、が問題となる。例えば、Ａ所有の甲建物をＡの弟Ｂが使用貸借により使用していたところ、Ｂの死亡によりＢの単独相続人Ｃが、甲建物はＢ所有の物だと思って占有を承継し、Ｂ死亡後20年が経過した場合（162条1項）、Ｃは甲建物の時効取得を主張し得るか。

判例は、古くは、相続により占有を承継する者は、被相続人の占有を承継する者であるから、被相続人の占有が他主占有であるときは、相続人の占有も他主占有であって、相続を新権原と解することはできないとして、自主占有への変更を否定していた（大判昭6・8・7民集10-763。先代住職の賃借していた境内地につき相続人である2代目住職が相続を新権原として時効取得を主張）。

しかし、最判昭46・11・30民集25-8-1437は、**一定の要件が備わる場合は、相続も新権原にあたる**とする立場をとった。すなわち、相続人が、本件土地建物の賃借人である被相続人の死亡により、本件土地建物に対する被相続人の**占有を相続により承継**したばかりでなく、新たに本件土地建物を**事実上支配**することによりこれに対する占有を開始し、その占有開始に**所有の意思**があるとみられる場合においては、相続人は被相続人の死亡後、185条にいう「新たな権原により」本件土地建物の自主占有をするに至ったものと解するのを相当とするとした。もっともこの判例は、相続人が一定期間所有者に賃料を払ってきたことを理由に、相続人が被相続人死亡後本件土地建物を占有するにつき所有の意思を有していたとはいえないとして、自主占有への変更を否定したものである。

比較的最近の判例（最判平8・11・12民集50-10-2591〔百選Ⅰ・67事件〕）は、前掲最判昭46・11・30の立場を承継しているが、「他主占有者の相続人が独自の占有に基づく取得時効の成立を主張する場合において、右占有が所有の意思に基づくものであるといい得るためには、取得時効の成立を争う相手方ではなく、占有者である当該相続人において、その**事実的支配が外形的客観的にみて独自の所有の意思**に基づくものと解される事情を自ら証明すべき」としている。その理由としては、①相続人が新たな事実的支配を開始したことによって、従来の占有の性質が変更されたものであるから、この変更の事実は取得時効の成立を主張する者において立証を要するものと解すべきであること、また、②この場合には、相続人の所有の意思の有無を相続という占有取得原因事実によって決することはできないこと、をあげている。本判決は、本件においては、Ａの相続人Ｂが、本件土地建物を所有者ＣからＡが贈与を受けこれを相続したものと信じて、Ｂがその登記済証を所持し、固定資産税を継続して納付しつつ、管理使用を専行し、土地および建物について、賃借人から賃料を取り立ててこれをもっぱら相続人Ｂらの生活費に費消してきたこと、相続人Ｂらがこのような態様で本件土地建物の事実的支配をしていることについては、本件土地建物の所有者Ｃおよびその法定相続人Ｄらが認識していたが、これらの者がＢらに対して異議を述べたことが窺われないばかりか、Ｂが本件土地建物につきＢら名義への所有権移転登記手続を求めた際に、Ｄらはこれを承諾し、あるいはこれに異議を述べていないことなどの各事情に照らせば、Ｂらの本件土地建物についての事実的支配は、**外形的・客観的**にみて**独自の所有の意思**に基づくものと解するのが相当であるとして、取得時効の成立を認めたものである。

学説上は、**相続を新権原にあたる**とした上で、相続人の**事実的支配が外形的・客観的にみて独自の所有の意思に基づくものと解されるべき場合**に所有の意思を認めるとする近時の判例の考え方を支持するものも多い（川井Ⅱ・116頁など）。しかし、これらの判例においては、他主占有者の相続人の所有の意思の有無は相続という占有取得原因事実によって決することはできないとして、他主占有者の相続人が独自の占有に基づく取得時効の成立を主張する場合において、この占有が所有の意思に基づくものであるといい得るためには、占有者である当該相続人において、その事実的支配が外形的・客観的にみて独自の所有の意思に基づくものと解される事情を自ら証明すべき、としているのである。そうとすると、**判例**も、実質的には、**相続を一般に新権原とする立場ではなく**、185条前段の他主占有者が自己に占有をさせた者に対して**「所有の意思」があることを何らかの形で表示した場合に、他主占有の自主占有への変更が認められる**と考えていると見るべきではないかと思われる（舟橋・296頁）。本判例のように相続を185条の「新権原」に含めながら、「所有の意思」の有無が権原の客観的性質（例えば、賃借物につき「売買」）によって決められず、「相続」以外の具体的な「所有の意思」の存否を問題にするのは不適切であり、**相続**を185条の**「新たな権原」に含めない説の方が妥当**であるといえよう（高木多喜男「相続人の占有権」民商46巻2号28頁〔1962年〕など。中田裕康「判批」百選Ⅰ〔第7版〕・130頁、大場浩之「判批」百選Ⅰ・137頁は、前掲最判平8・11・12においては、新権原との関係はなお明確ではないとする）。

(2)善意占有・悪意占有、善意無過失の占有・善意有過失の占有　これらの占有の態様の違いは、取得時効（162条）、即時取得（192条）、果実取得権（189条・190条）、占有者の損害賠償義務（191条）、占有者の有益費償還請求権（196条

2項）などにおいて意味を有する。

(a)善意占有・悪意占有　**善意占有**とは、占有すべき権利（本権である所有権、地上権、質権、賃借権など）がないのに、占有すべき権利があると信じてする占有である（189条参照）。これに対して、**悪意占有**とは、占有すべき権利のないことを知り、または占有すべき権利の存在に疑いを抱きながらする占有である（162条1項・190条1項参照）。**善意占有**には**推定規定**がある（186条1項）。

(b)善意無過失の占有・善意有過失の占有　善意占有であると信じることにつき過失がない占有を**善意無過失の占有**といい（162条2項・192条参照）、過失がある占有を**善意有過失の占有**という（162条1項参照）。抵当権の設定されている不動産の時効取得において、目的不動産に対し抵当権が設定されていること、さらにはその設定登記も経由されていることを知り、または、不注意により知らなかった場合でも、善意・無過失の占有になり得る（最判昭43・12・24民集22-13-3366）。

(3)平穏の占有・強暴の占有、公然の占有・隠秘の占有　これらの占有の態様の違いは、時効取得（162条）や即時取得（192条）において意味を有する。

(a)平穏の占有・強暴の占有　**平穏の占有**とは、占有者がその占有を取得しまたは保持するについて、暴行・強迫などの違法・強暴の行為を用いていない占有であり、**強暴の占有**とは、これとは逆に、占有者がその占有を取得しまたは保持するについて、暴行・強迫などの違法・強暴の行為を用いている占有である（最判昭41・4・15民集20-4-676）。不動産占有者が、不動産所有者その他その占有の不法を主張する者から異議を受け、不動産の返還、占有者名義の所有権移転登記の抹消登記手続の請求を受けた事実があっても、これによりその占有が平穏を失うものではない（前掲最判昭41・4・15）。**平穏の占有**には**推定規定**がある（186条1項）。売買など取引により物の占有を取得する場合には、通常は平穏の占有である。

(b)公然の占有・隠秘の占有　**隠秘《いんぴ》の占有**とは、他人にその物の占有を知られないように故意にその物を隠してする占有であり、**公然の占有**とは、物の占有を隠さないでする占有である。**公然の占有**には**推定規定**がある（186条1項）。不動産の占有は、通常は公然の占有といえる。

(4)瑕疵のない占有・瑕疵のある占有　**占有の瑕疵**という用語は、187条2項に存在する。187条2項は、占有の承継人が、前の占有者の占有を併せて主張する場合には、その瑕疵をも承継するとする。この規定は、取得時効（162条）の成立の関係で問題となる。

187条にいう瑕疵とは、占有権が完全な効力を生ずるにつき妨げとなるべき事実を総称するものである。取得時効についていえば、所有の意思なき占有、強暴あるいは隠秘、悪意または過失のいずれかがある占有を**瑕疵のある占有**といい、これらのいずれもがない占有を**瑕疵のない占有**という（大判昭13・4・12民集17-675）。

5. 占有の態様に関する推定規定

前述のように、占有の態様の違いにより、異なった法的効果が与えられることが多い。民法は、占有の態様に関して一定の推定規定を置いている。したがって、訴訟においては、推定規定により不利な扱いを受ける当事者は、その推定を覆す事実を、主張・立証する必要がある。

(1)自主、善意、平穏、公然の占有の推定　**186条1項**は、占有者は、所有の意思をもって（＝自主占有）、善意、平穏、公然に占有するものと推定する、と規定する。したがって、例えば、162条2項の10年の時効取得を主張する占有者は、同項の要件が充たされていることを主張することになるが、これらの要件のうち、10年間の継続占有（ただし、次の(2)の占有継続の推定規定がある）、および占有開始時に無過失であったことを立証すればよいことになる。取得時効の成立を阻止しようとする所有者側は、186条1項により推定される自主占有、善意、平穏、公然の占有のうちのいずれかを覆す事実を主張・立証するか（自主占有につき、☞4(1)(a)ii）、継続占有の期間が10年に充たないこと、または占有開始時の無過失を覆す事実を主張・立証することができれば、10年の取得時効の成立を阻止し得る。

186条1項は、**無過失**については推定規定を置いていない。したがって、162条2項の**10年の時効取得を主張する占有者**は、占有開始時に無過失であったことについては、**主張・立証**しなければならない（通説・判例）。

もっとも、動産の**即時取得**（192条）においては、**即時取得者の無過失**が推定される。これは、A所有のコピー機甲を賃借し占有しているBが、甲をBの所有物であるとしてCに売り、Cがそのことを信じて買い受けた場合、**188条により**占有者Bは占有物である甲の上に行使する権利（所有権）を適法に有するものと推定されるので、Bからの譲受人Cが、甲はBの所有物であると信じたことに**過失はない**（善意無過失）**ものと推定される**からである（判例〔最判昭41・6・9民集20-5-1011〕・通説）。したがって、Cの即時取得を阻止しようとする所有者Aの側が、Cの過失を立証する必要がある（☞第3編第5章第3節2⑷(b)）。

⑵占有継続の推定規定　**186条2項**は、前後の両時点において占有をした証拠があるときは、占有は、**その間継続**したものと推定すると規定する。取得時効の要件としては、10年または20年という長期間の占有の継続が必要であるが、長期間に渡る占有の継続を証明することは容易ではない。そこで、A所有の不動産につき時効取得を主張しようとするBは、時効の起算点における占有の事実と時効完成時点における占有の事実を証明すれば、その間はBの占有が継続していたものと推定するとの規定を置き、長期間に渡る継続占有の証明を容易にしたものである。取得時効の成立を阻止しようとする不動産所有者Aは、占有継続が推定される期間内のある時点でBの占有はなく、B以外の者の占有があった事実を主張・立証することができれば、継続占有の推定は覆る。

第3節　占有権の取得

1. 原始取得と承継取得

物の占有の取得の方法としては、物の前の占有者から占有を承継する承継取得と、前の占有者の占有とは無関係に占有を取得する原始取得とがある。

⑴原始取得　前主の占有の承継によらずに占有を取得する場合、これを**占有の原始取得**という。他人が道に落とした時計を拾って占有を始めた場合（240条の遺失物拾得）、野生のイノシシを生捕りにした場合（239条1項の無主物先占）、所有者の管理がなされていなかった土地に建物を建てて住み始めた場合などがこれにあたる。

(2)承継取得　当事者間の合意（動産や不動産の売買契約や賃貸借契約など）または相続や会社の合併などにより、**前主の占有が同一性を保ちながら後主に移転することを、占有の承継取得**という（前者は**特定承継**であり、後者は**一般〔＝包括〕承継**である）。

2. 占有の承継取得の方式

占有の承継取得の方式としては、①**現実の引渡し**（182条1項）、②**簡易の引渡し**（182条2項）、③**占有改定**（183条）、および④**指図による占有移転**（184条）、の4つがある。いずれも178条の動産所有権移転の対抗要件（☞第3編第5章第2節3）になる。

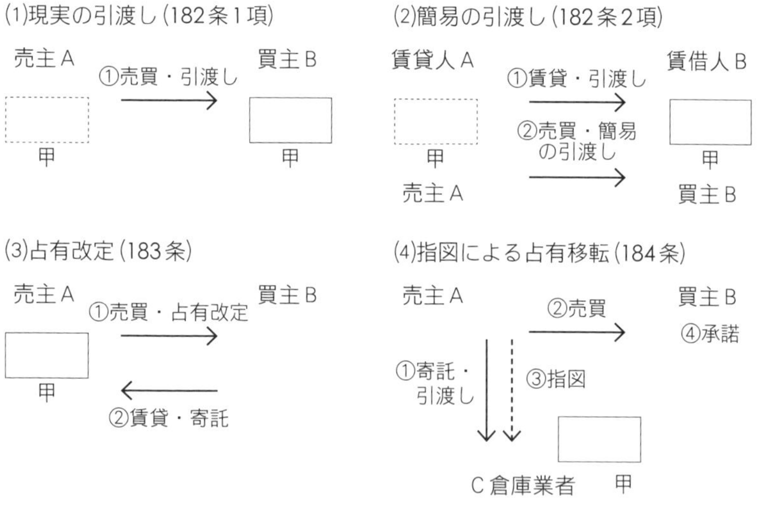

(1)現実の引渡し（182条1項）　最も典型的な占有の承継取得の方式は、例えばＡＢ間の商品甲の売買において、売主Ａの占有している甲を買主Ｂに現実に引き渡すことにより、Ｂが占有を承継取得するものであり、これを「現実の引渡し」という。182条1項の「引渡し」は、現実の引渡しを意味しているものと解される。

⑵簡易の引渡し（182条2項）　すでにＡからＢに賃貸借などにより引き渡されているＡ所有の甲につき、ＡＢ間で売買が行われた場合、甲を一度Ａに返還し再びＡからＢに引き渡す必要はなく、ＡＢ間の**意思表示**によってＢはＡから占有を取得できる（182条2項)。これを「簡易の引渡」しという。この場合、外形的には物の占有の移転は見られないので、**観念的な占有の移転**である。

⑶占有改定（183条）　例えば、ＡＢ間で商品甲が売買されたが、引き続き売主Ａが買主Ｂから甲を賃借して使用したい場合、ＡからＢへ現実の引渡しをし、その直後にＢからＡへ現実の引渡しをすることは無意味である。そこで、183条は、売主ＡがＡの占有する甲を、**以後買主Ｂ（本人）のために占有する意思を表示**したときは（ＡがＢの占有代理人となる)、買主Ｂ（本人）は、これによって占有権を取得するとして、占有代理人Ａの**意思表示**によってＢはＡから占有を取得できることとしている。これを「占有改定」という。この場合も、外形的には物の占有の移転は見られないので、**観念的な占有の移転**である。動産譲渡担保権の設定においては、譲渡担保権設定後も設定者が目的動産を使用することが多いので、動産譲渡担保権の対抗要件としての引渡しは、通常は占有改定の方法による。

⑷指図による占有移転（184条）　例えば、Ａが倉庫業者Ｃに保管させている商品甲につきＡＢ間で売買契約がなされ、Ｂもしばらくの間引き続き甲を倉庫業者Ｃに保管させておく場合、ＢがいったんＣから甲の引渡しを受け、ただちにＢがＣに引き渡すことは無意味である。そこで、このように本人（売主Ａ）が代理人（Ｃ）によって甲を占有する場合において、本人（売主Ａ）がその代理人（Ｃ）に対して以後第三者（買主Ｂ）のために甲を**占有することを命じ**、その第三者（Ｂ）がこれを**承諾**したときは、その第三者（Ｂ）は甲の占有権を取得するとしている（184条)。これを「指図による占有移転」という。この場合も、外形的には物の占有の移転は見られないので、**観念的な占有の移転**である。

3. 占有承継の効果

⑴占有承継人の占有　ⓐ占有承継人の占有の二面的性格　売買契約などによりＡからＢが目的物の占有を承継した場合（占有の特定承継)、Ｂの物の占有は、二面的な性格を有するとされる。つまり、Ｂの占有は、一面で、Ａの占有の継

続で、Ａの占有のさまざまな態様（自主占有か他主占有か、善意無過失の占有か善意有過失または悪意の占有かなど）を引き継いでいるとみることができる。また、他面で、占有は物の事実的支配を基礎として成立するのだから、Ｂは自ら物に対する事実的支配を取得したことにより、自ら新たな占有を取得したとみることもできる。

(b)187条の規定の適用　そこで、187条1項は、占有承継人は、その選択に従い、**自己の占有のみを主張**することもできるし、自己の占有に**前の占有者の占有を併せて主張**することもできるとしている。ただし同条2項は、前の占有者の占有を併せて主張する場合には、その**瑕疵をも承継**する、とする。

この規定は、取得時効との関係で重要な意味を持つ。つまり、Ａの所有する甲土地を10年に渡り悪意で占有していたＢから甲土地を譲受けて占有を承継したＣが、善意無過失で11年に渡り占有をしてきた場合には、Ｃは、自己の占有だけを主張することにより162条2項の10年の時効取得（「短期取得時効」という）が認められるが、Ｃも悪意で11年に渡り占有してきた場合には、Ｃは、前の占有者Ｂの10年の占有と自己の11年の占有を併せて主張することにより、162条1項の20年の取得時効（「長期取得時効」という）が認められることになるのである（187条1項）。

これに対して、Ａの所有する甲土地を3年に渡り悪意で占有していたＢから甲土地を譲り受け、善意無過失で占有を開始して8年を経過したＣが、Ｂの3年の占有と自己の8年の占有とを併せて11年の占有を主張するとき、ＣはＢの占有の瑕疵である悪意も承継することになるから、11年の悪意占有ということになり（187条2項）、162条2項の10年の短期時効取得は認められないことになる。

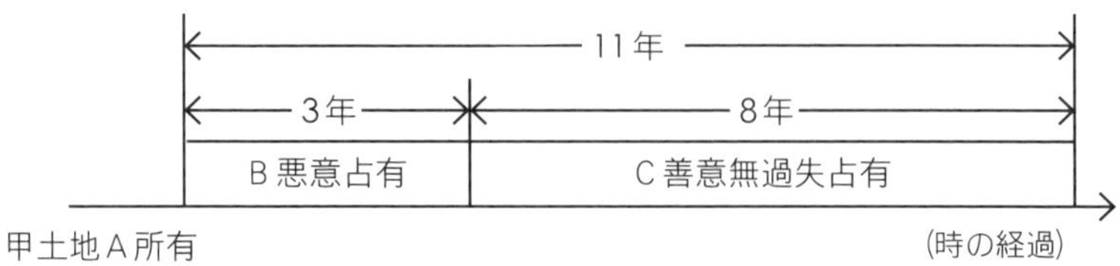

(c)162条2項の占有開始時に善意無過失であったことは、最初の占有者だけで足りるか　162条2項の短期取得時効の要件として、占有開始時に善意無過失であったことが必要である。占有開始時に善意無過失であった占有者Bが、その後悪意となり、10年以上経過した場合、時効取得が認められることについては、162条2項の文言から異論がない。それに対して、善意無過失で占有を開始したBからそれから3年後に、悪意のCが占有を承継し、併せて10年が経過した場合、悪意の占有者Cは10年の短期取得時効を主張し得るかが問題となる。すなわち、162条2項の占有開始時に善意無過失であったことは、最初の占有者についてだけ要求されることなのかである。

判例（最判昭53・3・6民集32-2-135〔百選Ⅰ・46事件〕）は、10年の取得時効の要件としての占有者の善意・無過失の存否については占有開始の時点においてこれを判定すべきものとする162条2項の規定は、時効期間を通じて占有主体に変更がなく同一人により継続された占有が主張される場合についてだけではなく、**占有主体に変更**があって承継された2個以上の占有（Bの占有とCの占有）が併せて主張される場合についても適用されるとしている。したがって、上の例で、悪意占有者Cは10年の短期取得時効を主張し得ることになる。

学説上は、判例と同様、**最初の占有者の占有開始時点**で善意無過失であれば足りるとする説と（近江Ⅰ・374頁、松久三四彦「判批」百選Ⅰ・94頁など）、**時効完成時の占有者**についても占有開始時点での善意無過失が要求されるとする説とに大きく分かれている（幾代・498頁、内田Ⅰ・414頁など）。前説の理由としては、162条2項の文言の他、後の悪意占有者の時効取得が否定されると、その後売買契約の解除により善意無過失の最初の占有者に対する売買代金の返還請求がなされ、最初の占有者が保護されないことになり、最初の占有者が占有を続けていた場合とバランスを失することなどがあげられ（四宮＝能見・450頁、松久・前掲）、後説の理由としては、162条2項の短期取得時効の制度は、不動産取引安全のための制度であるから、後の占有者が占有開始時に悪意または善意有過失である場合は、この者の取引は10年の短期取得時効の保護に値しないこと、などがあげられている。

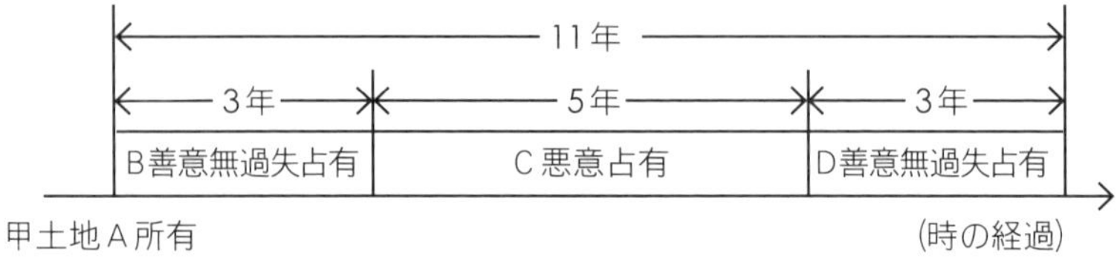

後説に立つと、上図のように、Ａの所有する甲土地を3年に渡り善意無過失で占有していたＢから、Ｃが甲土地を悪意で譲り受けて5年に渡り占有をしてきたが、その後ＣからＤが善意無過失で譲り受けて3年に渡り占有してきた場合に、Ｄは162条2項の10年の短期取得時効を主張できるのか、それとも187条2項の適用を受け、Ｄは前の占有者Ｃの占有の瑕疵（悪意）を承継するから、10年の短期取得時効を主張できないということになるのかが問題となる。短期取得時効を主張する占有者Ｄ自身が善意無過失であればよいとすれば、瑕疵（悪意）の承継を考える必要がないが、187条2項にいう瑕疵は、占有開始後の占有における瑕疵（Ｃの悪意占有）をも意味すると解するならば、Ｄは短期取得時効を主張し得ないことになる（幾代・498頁）。

(2)相続による占有取得とその効果　(a)相続による占有承継を認める必要性

Ａ所有の甲建物をＢが所有の意思をもって善意無過失で3年間占有してきたところ、Ｂが死亡し、Ｂの唯一の相続人ＣがＢを相続した場合、ＣがＢと同居していたときであれば、Ｃが相続開始の時から甲建物を事実的に占有し、Ｂの占有も承継することには異論がない（占有の一般承継）。その後、Ｃが善意無過失で7年以上に渡り自主占有すれば、ＣはＡに対して短期取得時効を主張し得る。

これに対して、上記の例で、相続人Ｃは外国で生活していたため、Ｂにつき相続が開始してから6か月後に初めてＣが甲建物を善意無過失で事実的に占有したときは、Ｂの占有の承継が認められるかが問題となる。このような場合にも、Ｂの法定相続人Ｃは、Ｂの死亡と同時に甲建物の占有を当然に承継すると解されている（占有の一般承継）。これは、Ｂにつき相続開始後、Ｂの相続人Ｃが甲建物を現実に占有するまでの間、Ｂの甲建物の占有をＣが承継していなかったということになると、Ｃが善意無過失で7年以上に渡り自主占有しても、ＣはＡに対して短期取得時効を主張し得ないことになり、同居していた場合とのアンバランスが生じるし、相続開始後Cが現実の占有をするまでの間に、第三者により甲建物の占有を奪われた場合、相続人Cが占有の訴え（200条）を行使することができないという不都合を生ずるからである。

(b)観念的な占有の承継と187条1項の適用の可否　(a)で見たことからすると、相続による占有の承継は、相続により法律上当然に生ずるものであって、物の事実的支配の移転を伴わない観念的な占有の承継ということができる。そうとすると、相続人Cは、承継した被相続人Bの占有とは別個に、相続人C**独自の占有**を主張できるかが問題となる。例えば、被相続人BがA所有の甲建物につき悪意で3年間自主占有をしてきたが、Bが死亡し、Bの唯一の相続人CがBの死後6か月を経て善意無過失で甲建物を**現実に占有**し、10年が経過した場合、相続人Cも187条1項の承継人として善意無過失の自己の自主占有のみを主張することができるかが問題となる。

判例は、古くは、相続人は被相続人の占有を承継するだけで、自己固有の占有を取得すべき独立の新権原は存在しないため187条1項の占有承継人にあたらないから、被相続人の占有の瑕疵（悪意など）を当然に承継するとした（大判大4・6・23民録21-1005など）。しかし、相続人が**現実に相続財産を所持**するに至った場合には、その事実により、**新たに自己の固有の占有**も取得するとみることができる。そこで、判例（最判昭37・5・18民集16-5-1073）も、かつての考えを改め、187条1項の規定は、**相続のような包括（＝一般）承継の場合にも適用**され、相続人は必ずしも被相続人の占有についての善意悪意の地位をそのまま承継するものではなく、その選択に従い、自己の占有のみを主張しまたは被相続人の占有に自己の占有を併せて主張することができるものと解すべきであるとしたのである（この判例は、A所有の甲不動産を悪意で占有していたBからC、CからDへ順次相続により甲不動産の占有が承継され、甲不動産の現実の所持もB→C→Dと移転したケースにつき、原審がBが悪意占有者である以上、Dも悪意を承継するから、10年の短期取得時効は認められないとしたのに対し、CとDの占有を併せて10年以上になるときは、Cが善意無過失の占有者であれば、10年の短期取得時効が認められるとしたものである）。

第4節　占有の効果⑴

本節では、「占有権の効力」の節に規定されている占有の効果のうち、192条から194条に規定されている動産の即時取得（☞第3編第5章第3節）、195条に規定されている家畜以外の動物の取得（☞第1章第5節2⑷）、および占有の訴え（197条〜202条。☞第5節）以外のものを取り上げる。

1．権利適法の推定

⑴占有の推定力　188条は、「占有者が占有物について行使する権利は、適法に有するものと推定する。」と規定する。これは、所有者などが所有権などの本権を有していることを正面から証明することは困難なので（取得時効や即時取得の要件が備わっているようなときは、容易ではあるが）、この困難を解消するために、188条の**占有による本権推定規定**が存在するとされる。もっとも、この推定規定がどのような場合に機能するかについては、注意を要する。

⑵188条の本権推定規定が機能する範囲　188条の本権推定規定が機能するのは、以下の⒝の占有者が原告として自己の所有権の存在を主張する場合（鈴木・90頁以下参照）と、以下の⒞の無権利者からの譲受人が即時取得を主張する場合である。次の⒜の占有者が被告として物の返還を拒む場合には、機能しない。

⒜所有権に基づく物の返還請求訴訟において占有者が物の返還を拒む場合

Ａの占有する甲につき、所有者Ｂが所有権に基づく返還請求訴訟を提起した場合、原告であるＢは、自己に甲の所有権があること（およびＡが甲を占有していること）を主張・立証しなければならない（新問題研究要件事実・58頁参照）。Ｂのこの主張・立証が認められた場合、被告である占有者Ａは、甲につき占有権原を有することにつき188条の本権推定（賃借権、地上権、所有権などの存在の推定）により証明責任を転換することはできず（これができるとすると、所有者ＢがＡの賃借権や地上権などの不存在を証明しなければならないことになる）、Ｂの所有権に基づく返還請求を拒むことができる事由（Ｂからの所有権・賃借権・地上権などの承継取得、所有権等の時効取得、即時取得、留置権を有していることなど）を主張・立証しなければならない（最判昭35・3・1民集14-3-327〔ＡがＢ

から土地を使用貸借し、土地上に建物を建てていると主張したケース〕。新問題研究要件事実・58頁参照)。したがって、(a)の場面では、占有者Aは188条の権利適法の推定規定を使用できないのである。

(b)占有者が占有する物の所有権存在確認等の訴訟を提起する場合　**動産**甲の占有者Aが、原告となって、甲の所有権を主張するBを相手に、甲の所有権がAにあることの確認請求訴訟を提起する場合（鈴木・91頁）や所有権に基づく妨害排除請求訴訟を提起する場合（近江Ⅱ・204頁）には、占有者Aは188条の推定規定を使うことができる。そこで、これに対して被告Bは、この推定を覆す事実（Bに所有権があること）を主張・立証しなければならない。

なお、Aによる**不動産**甲の占有の場合にあっては、不動産甲につきBが所有権移転登記を備えているときは、**登記の推定力**の方が占有の推定力より強いので（大判大15・12・25民集5-897)、不動産甲の占有者Aは、Bの登記の推定力を覆して初めて188条による占有による権利適法推定を使用することができる(鈴木・90頁、内田Ⅰ・406頁など)。未登記不動産の占有については、動産の場合と同様になる。

(c)無権利者からの譲受人が即時取得を主張する場合　188条の占有による本権推定規定は、所有権などの本権を有している占有者が、この本権の存在を正面から証明することは困難なので、この困難を解消するために設けられているとされる（☞(1)参照)。しかし、この188条の規定は、物の占有者の本権の証明の緩和のためだけではなく、動産占有者の取引の相手方によっても利用される。すなわち、動産甲の無権原占有者Aから、甲を善意無過失（A所有の物ではなかったことを知らなかったことにつき過失がないこと）で譲り受けて平穏公然に占有しているBは、甲の所有者Cから所有権に基づく返還請求を受けた場合、192条により**即時取得**を主張できる（☞第3編第5章第3節)。192条の要件としての善意・平穏・公然の占有は、186条により推定されるから、Bは、これらを自ら立証する必要はないが、無過失は186条によっては推定されない。しかし、188条により占有者Aが占有物について行使する権利は、適法に有するものと推定されるから、Aから譲り受けたBが善意であったこと（A所有の物ではなかったことを知らなかったこと）については無過失であったものと推定され、無権利者からの譲受人Bは自己の無過失を立証することを要しないとされている（最判昭41・6・9民集20-5-1011）。この場面でも、188条による本権推定規定は機能する。

(3)法律上の推定　188条による本権推定は、法律上の推定か事実上の推定かが、問題となる。法律上の推定とは、「乙であるときは甲であるものと推定する」と定める法規（推定規定）による推定である。したがって、188条による本権推定は、**法律上の推定**であるとするのが通説である。

法律上の推定と事実上の推定　**法律上の推定**とは、経験則が法規化され、法規（推定規定）の適用という形で行われるものである（新堂・618頁）。188条による本権推定は、法律上の推定（その中の権利推定）の代表的なものである。

法律上の推定を覆すためには、推定の事実と相容れない事実の証明（**本証**）が必要となる。例えば、占有者が権利者であるという推定を覆すためには、占有者に本権がないとの心証を裁判官が抱くまでの証明が必要となる（証明責任が転換されることになる）（新堂・619頁）。

これに対して、不動産の場合、登記にも本権の推定力があるとされるが、この推定は、法規（推定規定）による推定ではなく、**事実上の推定**とされる（川井Ⅱ・41頁、佐久間Ⅱ・118頁）。事実上の推定とは、裁判官が心証を形成する過程で、**経験則**を利用して、ある事実から他の事実の推認を事実上行うことであり、その経験則には、高度の蓋然性を持つ場合もあれば、そうでない場合もある。Aが所有権移転登記の名義人となっていることは、Aに所有権があることがかなり高度の蓋然性を持って推定される（最判昭34・1・8民集13-1-1）。事実上の推定は、個々の訴訟において裁判官が一応の心証に基づいて係争事実を推認することであり、裁判官の**自由心証**の範囲内の問題である。したがって、事実上の推定を覆すためには、**反証**で足りるとされる。例えば、所有権移転登記名義人が権利者でないとの心証を裁判官が抱くまで証明する必要はなく、裁判官の心証において登記名義人が権利者であるか権利者でないか**真偽不明の状態**になるまで証明すれば足りるとされる。この場合、登記名義人は、他の方法で所有権の存在を立証する必要がある。

(4)占有の推定力によって推定される権利　占有の推定力によって推定される権利は、**占有を伴う本権**であり、所有権が通常であるが（186条1項参照）、同じく占有を伴う権利である地上権、賃借権、質権などが推定されることもある。

2. 無権原占有者の占有回復者に対する果実返還義務

所有者等の本権者に対して無権原占有者が占有物を返還した場合、占有者がそれまで取得してきた占有物から生じた果実を返還する必要があるかが問題となる。善意占有者と悪意占有者とで取扱いを異にする。

(1)善意占有者　189条1項は、善意占有者は、占有物から生ずる果実を取得すると規定する。善意占有者に果実の返還を求めるのは酷であるとの判断による。善意占有者とは、果実収取権を伴う本権（所有権、地上権、賃借権、不動産質権など）を有すると誤信していた占有者のことであり、果実収取権を伴わない本権（留置権、動産質権など）を有すると誤信し、しかもこれらの本権が果実収取権を伴うと誤信していた占有者はこれには含まれない。

果実には、**天然果実**および**法定果実**（占有物を賃貸した場合の賃料など）とがあるが、建物の使用利益（賃料相当額）もこれに含まれる（大判大14・1・20民集4-1）。

収取したが**まだ消費していない果実**について、返還義務があるかにつき争いがある。善意占有者には果実収取権が認められるとする説からすると、返還義務がないということになろうが（我妻＝有泉・494頁、広中・255頁など）、返還すべきだとする説もある（舟橋・310頁、近江Ⅱ・206頁など）。消費という偶然の事実により差異を設けるのは妥当ではないし、収取した賃料の場合、消費という考えになじまないから、**返還不要説**が妥当であろう。

善意有過失の占有者も同様の扱いである。しかし、**暴行**もしくは**強迫**または**隠匿**による善意占有者は、悪意占有者と同様に扱われる（190条2項）。善意占有者が本権者から**回復請求の訴えを受けて敗訴**したときは、訴えの提起の時から悪意占有者であったものとみなされる（189条2項）。

善意有過失の占有者は、果実の返還義務を負わないとしても、占有が709条の**不法行為の要件を充たす場合**には、損害賠償責任を負うことになるかについては争いがある（否定説として、川井Ⅱ・121頁、佐久間Ⅱ・288頁など、肯定説として、我妻＝有泉・495頁、近江Ⅱ・208頁など。否定説が妥当ではなかろうか）。

(2)悪意占有者　190条1項は、悪意占有者は、**果実を返還**し、かつすでに消費した果実および過失により損傷しまたは収取を怠った果実の**代価を償還**する義務を負う、と規定する。悪意占有者とは、果実収取権のある本権のないことを知り、またはこのような本権の有無について疑いを有している占有者のことである。

したがって、悪意占有者は一切の果実または果実の代価を返還しなければならないが、709条の要件が充たされる場合、占有物の回復者は、**不法行為に基づき損害賠償請求**をすることも可能か。判例（大判昭18・6・19民集22-491）は、709条の要件が充たされる場合は、回復者は**いずれの方法を選択してもよい**とする立場である。もっとも、189条2項により善意占有者が本権の訴えにおいて敗訴したときに、その訴えの提起の時から悪意占有者とみなされるのは、果実の返還に関してであるから、訴えの提起の時から当然に不法行為の要件である故意または過失が充たされると解すべきではなく、別途その要件が充たされていることについての主張・立証が必要である（前掲大判昭18・6・19、最判昭32・1・31民集11-1-170）。

(3)不当利得との関係　無権原占有者が占有物から利得を受けた場合、不当利得の問題も生じ得る。すなわち、法律上の原因なく他人の財産または労務によって利益を受け、そのために他人に損失を及ぼした者（受益者）は、善意の受益者（法律上の原因があると誤信していた者）であった場合は、利益の存する限度においてこれを返還する義務を負い（703条）、悪意の受益者（法律上の原因がないことを知っていた者）であった場合は、受けた利益に利息を付して返還する義務を負い、なお損害があるときは、その賠償の責任を負う（704条）。そこで、**189条・190条の規定と不当利得についての703条・704条の規定との関係**が問題となる。悪意占有者の場合は、いずれの規定が適用されようと大きな違いは生じないが、善意占有者の場合は、いずれの規定が適用されるかで大きな違いが生じ得る。

判例（前掲大判大14・1・20、最判昭42・11・9判時506-36）および従来の通説は、189条の規定を適用し、**善意占有者**に対して**703条の適用を排除**する。

《展開》不当利得における類型論と189条・190条の適用　これに対して、不当利得について類型論に立つ学説が多くなってきており、この立場に立って類型により取扱いが異なるとする説が有力に存在する。

類型論は、不当利得を「**給付不当利得**」と「**他人の財貨からの不当利得（侵害不当利得）**」に類型化する。「給付不当利得」は、外形上有効な契約その他の法律上の根拠（契約など）に基づいて財産的利益（財貨）が移転したが（給付）、契約が無効・取消し・解除により効力を失った結果、財産を取り戻す不当利得であり、「他人の財貨からの不当利得（侵害不当利得）」は、外形的にも契約関係にない当事者間において、法律上一方に割り当てられている権利（例えば所有権）を他方が侵害し、権原なく利益を得た場合に、それによって得た利益の返還を求める不当利得である。
後者の「他人の財貨からの不当利得」の場合においては、703条・704条の**不当利得の特則**としての189条・190条が適用される。それに対して、前者の**「給付不当利得」の場合**には、契約規範に基づいて契約当事者のなした給付（給付不当利得）を原状に回復させる処理（契約の履行過程とは逆の財貨移動）が必要となるから、例えば建物売買契約において買主への建物の引渡しがなされ、代金が未払いであった場合は、買主は、建物の返還の他、収取した果実ないし使用利益を返還する義務を負うが、**189条・190条は適用されず**、売主も代金の支払いを受けていた場合は、売主も代金の返還とともに代金の利息の返還義務を負うことになり、このときは575条の規定が類推適用されるなどとする（鈴木・債権735頁以下、広中・各論409頁など。）。

3. 占有者と占有物の回復をする本権者とのその他の関係

(1)賃貸借・寄託などの法律関係がある場合　占有者と回復者との間に賃貸借・寄託などの法律関係がある場合には、191条・196条は適用されずに、**両者間の法律関係により処理**される。例えば、賃借人（または受寄者）の責めに帰すべき事由により賃借物（または寄託物）を滅失または損傷させたときは、賃借人（または受寄者）は賃貸人（または寄託者）に対して債務不履行責任を負う。賃借人が賃借物につき必要費や有益費を支出したときは、賃貸人に対してそれらの償還請求権を取得する（608条。受寄者の費用償還請求権などにつき、665条による650条1項準用）。
(2)賃貸借・寄託などの法律関係がない場合　占有者と回復者との間に賃貸借・寄託などの法律関係がない場合については、**191条・196条**による。

(a)占有者が自己の責めに帰すべき事由によって占有物を滅失・損傷したとき

この占有物の滅失には、物理的な滅失の他、発見の困難な紛失や第三者に即時取得された場合なども含まれる。

i 所有の意思のある善意の占有者　所有の意思のある善意占有者にあっては、滅失・損傷行為により**「現に利益を受けている限度」**において損害を賠償すればよい（191条本文）。そこで、損傷した物が占有者のもとにあるときは、この損傷した物を返還すれば足りる。また、無権原占有者が、占有動産を第三者に売買して、第三者が即時取得したときは、その利益の存する限度において代価を償還すれば足りる。すでに浪費してしまったようなときは、現存利益はないものとされる。

ⅱ **悪意の占有者または善意の他主占有者**　このような占有者にあっては、**損害の全部**を賠償する義務を負う（191条本文・但書）。

(b)**占有者の費用償還請求権**　占有者が占有物に投下した必要費および有益費については、占有物を返還する場合に、占有者は本権者に対して償還請求することができるが、償還請求し得る時期および額について違いがある。

ⅰ **必要費**　その物の保存のために支出した金額などを**必要費**という。必要費には、**通常の必要費**（通常、物の保存に必要な費用。小修繕の費用や公租公課など）と、**特別の必要費**（臨時費。地震で占有している建物が壊れ修理した費用、洪水で土砂が流れ土地の復旧に要した費用など）とがある。通常の必要費は、占有者が果実を取得したときは占有者の負担となる（196条1項但書）から、償還請求をなし得ない。

必要費償還請求における**償還額**は、支出時においてその物の保存等に必要であった金額である。

占有者は、本権者に占有物を引き渡す時に必要費償還請求権を行使し得る（196条1項本文）。回復を求める本権者が必要費償還請求に応じないとき、償還がなされるまで占有者は**留置権**を行使して（295条）、占有物の返還を拒み得る。

悪意の占有者も必要費償還請求権を有し、また留置権の行使も可能である。

ⅱ **有益費**　物の改良のために支出した費用など物の価値を客観的に高めるために支出した費用を**有益費**という（大修繕・耐震補強・増改築の費用などを含む）。有益費を支出したけれども、一定期間が経過して、現在では占有物の価格の増加が認められないときは、有益費償還請求権は発生しない（196条2項本文）。

償還請求し得る**有益費の額**は、支出した金額または現存の増価額であるが、いずれになるかは**回復者（本権者）の選択**による（196条2項本文）。

占有者は、本権者に占有物を引き渡す時に有益費償還請求権を行使し得るから、本権者が償還に応じないときは占有者は**留置権**を行使し得る（295条1項本文）。ただし、悪意の占有者の有益費償還請求に対しては、回復者は裁判所に相当の**期限の許与**を求めることができ（196条2項但書）、期限の許与がなされたときは、悪意の占有者は留置権を行使し得ない（295条1項但書）。

第5節　占有の効果(2)

1. 占有の訴えの意義と種類

(1)意義　民法は、物の占有者が他人に物の占有を奪われた場合や占有を妨害されるような場合に、占有者の占有が所有権や賃借権等の占有を適法とする権原（**本権**）に基づくものかどうかを問わず、**占有物の返還**や占有の**妨害の排除**、**妨害の予防**等を妨害者等に請求することができ、また妨害などにより損害が生じた場合には、妨害者等に**損害賠償**を請求できるとしており、この権利に基づく訴えが**占有の訴え**である（197条～202条）。

民法典上は、このような場合、占有者は占有の訴えを提起できる（197条）として、訴えの提起を前提とした規定となっている。しかしこれは、占有権に基づく妨害排除請求権行使方法についての沿革を反映したものであって、現在では、占有権に基づく一種の**物権的請求権**（「**占有保護請求権**」ともいわれる。鈴木・78頁、青山善充「占有の訴えと本権の訴えとの関係」民法の争点112頁など）および**損害賠償請求権**といって差し支えない。

沿革的には、占有の訴え（これを「占有訴権」と言った）については、本権訴訟制度とは異なる簡易迅速な占有訴訟制度が用意されていたのであり、フランスでは現在でも不動産占有に関連して本権訴訟と異なる簡易迅速な占有訴訟を認めている。しかしわが国には占有訴訟について何の手当ても存在しない。また、占有者は、訴えの方法によらなければ相手方に対しこの請求権を行使し得ないのではなく、相手方が任意に請求に応じれば訴え提起の必要はない。したがってわが国では、占有の訴えとして規定されている権利は、特別の訴訟制度との結びつきのない**実体上の権利**にすぎないのであり、占有権に基づく**特殊な物権的請求権と不法行為に基づく損害賠償請求権**であるといってよい。もっとも、実際には占有者からの請求に相手方が任意に応じない場合が問題となるので、以下では占有の訴えが提起された場合につき検討する。

わが国における占有の訴えの制度の存在意義としては、①**自力救済の禁止**による**社会の平和秩序の維持**、②所有権など**本権**を有する占有者にとっての本権の証明の負担の免除、③債権に基づく占有者の保護、④目的物の占有を奪われると物権的請求権を行使し得ない占有を伴う本権者の保護、があげられるが、実際にもそのような意義があるのかについては、占有の訴えが現在わが国でどのように取り扱われているかを検討した後で考察する（☞5）。

⑵占有の訴えの種類　占有の訴えには、占有回収の訴え、占有保持の訴え、および占有保全の訴えの3つがある。

ⓐ占有回収の訴え　占有回収の訴えは、物権的返還請求権に対応するものであり、物の占有者が占有を奪われた場合に、その物の**返還**（鈴木・81頁は、占有に基づくこれらの請求権も、行為請求権ではなく忍容請求権であるとする）および**損害賠償**を請求し得る権利である（200条）。

ⓑ占有保持の訴え　占有保持の訴えは、物権的妨害排除請求権に対応するもので、占有侵奪までには至らないが、占有を妨害されている場合に、**妨害の除去・停止**および**損害賠償**を請求し得る権利である（198条）。

ⓐⓑにおいては、物権的請求権におけるのと異なり、損害賠償請求権も規定されているが、この**損害賠償請求権は不法行為（709条）に基づくもの**である。したがって、これは債権的請求権であり、またその要件としては妨害者等の**故意・過失**を必要とする（通説）。

ⓒ占有保全の訴え　占有保全の訴えは、物権的妨害予防請求権に対応するものであり、将来占有を妨害されるおそれのある場合に、**妨害予防**または**損害賠償**の担保を請求し得る権利である（199条）。例えば、Ａの占有する土地と境界を接するＢの土地にある工作物が、Ａの占有する土地および建物に倒れかかりそうになっている場合に、ＡはＢに対して工作物の除去ないし倒壊防止工事を請求すること、または万一倒壊してＡの占有する土地・建物に損害を与えた場合に生ずる損害賠償請求権の担保の提供を請求することができる。

2. 占有の訴えの要件・当事者および除斥期間

⑴占有の訴えの要件　占有の訴えのうち物の返還を求める占有回収の請求権などは、**物権的請求権の一種**であるから、**客観的**に占有者の占有が侵奪され、妨害され、あるいは妨害されるおそれがある場合に、発生する。相手方の故意・過失は要件とはならない。

これに対して、占有の訴えのうち**損害賠償請求権**（198条・200条1項）は、**不法行為**（709条）**に基づく**ものであるので、相手方の**故意または過失**により占有を侵害し、損害を生じさせたことが要件となる（通説）。

以下、占有回収の訴えの要件としての「占有の侵奪」および占有保持の訴えの要件としての「占有の妨害」につき説明する。

(a)占有回収の訴えの要件としての占有の侵奪　占有回収の訴えにおいては、占有を奪われたことがその要件となる（200条）。

i 占有を奪われたこと（占有の侵奪）　動産の場合は、占有者の意思に反してその物の占有を奪われたことがこれにあたり、占有物を盗まれたときや強奪されたときは、占有の侵奪となる。不動産の場合は、不動産の占有が**全面的に排除**されたことがこれにあたる（**部分的な占有排除**のときは(b)の占有保持の訴えになる）。

ii 詐取・遺失　占有物を詐取されたり遺失したときは、侵奪にはあたらず、その物を占有している人に対して占有回収の訴えを提起し得ない（大判大11・11・27民集1-692〔詐取のケース〕）。所有権等に基づく物権的請求権の場合はこのような制限はない。また、転貸人が転借人に任意に賃借物の占有を移転した後、転借人がその返還を拒む場合も、転借人は占有を侵奪をしているとはいえないので、転貸人は占有回収の訴えを提起し得ない（最判昭34・1・8民集13-1-17）。

iii 違法な明渡しの強制執行　権限のある国家の執行機関により、執行行為として物の占有を強制的に解かれたような場合には、違法な執行であっても、執行行為が著しく違法性を帯びて、もはや社会的に公認された執行と認めるに堪えないとき（外観上も私人の私力の行使と同視し得るような場合）を除いては、占有回収の訴えによってその物の返還を請求することは許されない（最判昭38・1・25民集17-1-41）。

iv 代理人による占有の場合　代理人により物を占有する場合に、占有を侵奪されたか否かは、代理人につき判断する（前掲大判大11・11・27〔占有代理人である賃借人が詐取されたケースで、占有回収の訴えは提起し得ないとする〕）。

(b)占有保持の訴えの要件としての占有の妨害　占有保持の訴えにおいては、占有者がその占有を妨害されたことがその要件となる（198条）。動産の場合には、通常(a) i の占有の侵奪が問題になるが、不動産の場合には、占有の全面的排除に至らない占有の妨害もあるので、占有保持の訴えが問題になり得る。

以下の(3)で見るように、占有回収の訴えの場合には、侵奪された時から1年以内という除斥期間の定めがあるが（201条3項）、占有保持の訴えの場合は、工事による妨害の場合を除き、妨害の存在する間は訴えを提起し得る（201条1項）。したがって、侵奪なのか妨害なのか微妙なケースの場合、早めに訴えを提起すべきである。

(2)占有の訴えの当事者　(a)請求権者　占有の訴えを提起し得るのは、占有が侵奪され、妨害され、あるいは妨害されるおそれのある占有者およびその占有代理人（197条）である。ただし、**占有補助者・占有機関**は、占有者とはみなされないので、請求権者にはならない（通説・判例〔最判昭32・2・22判時103-19は、法人の代表者が法人の業務上なす物の所持は、法人そのものの占有であるとする〕。☞第2節3(5)の前掲最判昭32・2・15）。もっとも、法人の代表者が法人の機関として物を所持するにとどまらず、代表者個人のためにもこれを所持するものと認めるべき**特別の事情がある場合**には、その物について個人として占有の訴えを提起することができる（最判平10・3・10判時1683-95〔宗教法人によりなされた僧籍剥奪処分につき係争中の宗教法人の代表役員が、自己のためにも所持する意思を有して所持していた宗教法人の建物の占有を宗教法人により侵奪されたとして、占有回収の訴えを提起したケース。☞5(1)〕）。

請求権者の**善意悪意を問わない**（自分が占有権原を有しないことを知っていてもよい）とするのが判例（大判大13・5・22民集3-224〔**小丸船事件**〕）・通説であって、例えば泥棒のように占有を侵奪した者が、さらに他人に占有を奪われた場合でも、占有の訴えを提起し得る。

(b)請求の相手方　占有の訴えの相手方になるのは、現に占有を侵奪し、妨害し、あるいは妨害するおそれのある者である。このような状態にあることについて**相手方の故意または過失を必要としない**（通説）。相手方がその物の所有者等、占有すべき権利（本権）を有する者であることもある。

i 占有侵奪者からの特定承継人に対する占有回収の訴え　ただし、占有回収の訴えは、占有侵奪者からの**善意の特定承継人**（売買による買主など）に対しては提起し得ない（200条2項本文。次の図参照）。占有回収の訴えは、社会の平和秩序が破壊されその痕跡が残っている限りで認められるものであることがここに現れている。この点は、**物権的返還請求権**との大きな違いであり、Ａが動産甲の所有者であるような場合には、侵奪者Ｂからの善意の特定承継人Ｃに対しても、Ａは所有権に基づく返還請求権を行使して甲の返還を求めることができる（ただし193条・194条参照）。

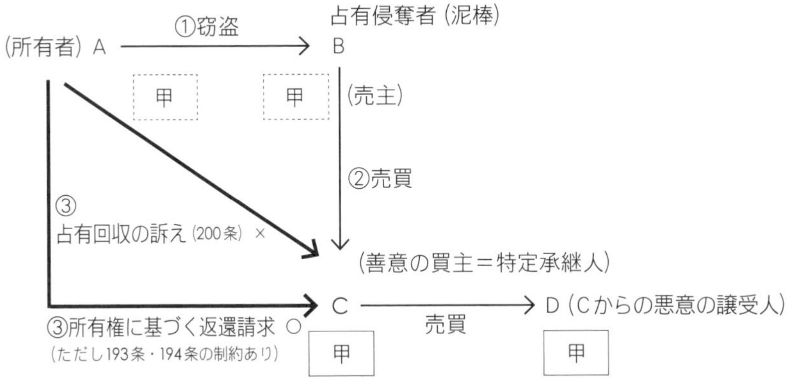

上図のように善意の特定承継人ＣからＢの侵奪を知りながら甲を買い受けたＤ（悪意の特定承継人）に対しても、Ａは占有回収の訴えを提起し得ないと解されている（大判昭13・12・26民集17-2835）。これは、侵奪物がいったん善意の特定承継人の占有に帰した場合は、**占有侵奪の瑕疵は消滅**し新たに完全な支配状態が生じたものとし、これを保護することが事実状態の保護を目的とする占有制度の本旨に合致するという理由による。

これに対して、占有侵奪について悪意の特定承継人（Ｃが悪意だった場合）に対しては、Ａは占有回収の訴えを提起し得る（200条2項但書）。悪意の特定承継人からの悪意の特定承継人(D)に対しても同様である。

ii 侵奪物の賃借人または受寄者　侵奪者Ｂからの侵奪物の賃借人または受寄者Ｃ、あるいは侵奪者Ｂからの特定承継人である買主Ｃからの賃借人または受寄者Ｄのような占有代理人も、**特定承継人**として扱われる。

前者においては、Ａは賃借人Ｃなどが悪意である場合には占有回収の訴えを提起し得るが、善意である場合には占有回収の訴えを提起し得ない（星野Ⅱ・105頁）。もっとも、賃借人Ｃなどは、侵奪者Ｂの占有代理人でもあるから、Ａは侵奪者Ｂに対しては占有回収の訴えを提起し得る（大判昭5・5・3民集9-437〔傍論〕）。

後者においては、特定承継人Ｃが善意であれば、賃借人Ｄなどが悪意であっても占有回収の訴えは提起し得ないが、特定承継人Ｃが悪意であれば、賃借人Ｄなども悪意のときは賃借人Ｄなどに対しても占有回収の訴えを提起でき（大判昭19・2・18民集23-64）、賃借人Ｄなどが善意のときは悪意の特定承継人Ｃに対してのみ占有回収の訴えを提起し得ると解する（広中・353頁、川井Ⅱ・133頁）。

(3)除斥期間　占有の訴えを提起し得る期間については、**原則として1年以内**という期間の制限がある（201条）。占有回収の訴えについては、占有侵奪の時から1年以内（同条3項）、占有保持の訴えは、妨害の存する間または妨害が消滅した後1年以内（同条1項本文）に提起しなければならない。ただし、占有保持の訴えは、工事により占有物に損害を生じた場合においては、工事着手の時から1年を経過し、またはその工事が完成したときは、もはや訴えを提起し得ない（同条1項但書）。占有保全の訴えは、妨害の危険が存在する間は提起することができるのが原則である（同条2項）。

占有の訴えは、物の支配状態に対する侵害を、侵害の状態が残っている間に限って回復させるためのものであり、例えば占有回収の訴えにおいては、1年の期間経過後は、**物の新たな支配状態が確立**してしまっているから、占有の訴えを提起し得ないという考えに基づく（星野Ⅱ・100頁）。占有保持の訴えの場合の201条1項但書も同趣旨である。これに対して本権である所有権や地上権等に基づく物権的請求権の場合には、このような訴えを提起し得る期間について制限はない。

これらの期間の制限は、**除斥期間**とされている（通説）。また、占有権に基づく物権的請求権の行使についてだけではなく、占有妨害等を理由とする**損害賠償請求権に基づく訴えの提起についても適用**されると解される（通説）。なお、占有保持の訴えにつき201条1項本文は、妨害が消滅した後1年以内に提起しなければならないとしているが、妨害が止んだときは妨害の停止の請求は問題とならないから、これは損害賠償請求についての訴え提起の期間制限を意味していると考えられる（我妻＝有泉・507頁、近江Ⅱ・197頁など）。

3. 占有の訴えと自力救済

わが国における占有の訴えの存在意義として、自力救済の禁止による社会の平和秩序の維持があげられる（☞1(1)）。そこでこのことを念頭において占有の訴えが提起される具体的な場面を検討してみよう。なお、占有の訴えと本権に基づく物権的請求権との関係は4において検討することとし、ここでは本権に基づく物権的請求権が登場してこない場面を検討する。

(1)交互侵奪の場合の最初の侵奪者からの占有回収の訴えの可否一般　Ａの占有物甲をＢが侵奪し、それから２年後に侵奪されたＡがＢの占有下にある甲を発見して、実力で（許容される自力救済の範囲を超えた実力で）奪い返した（＝奪還）場合、最初の侵奪者Ｂは、奪還者Ａに対してただちに（Ａの占有奪還から1年以内であることが必要〔201条3項〕）占有回収の訴えを提起し、甲の占有を回復できるかが問題となる（「**交互侵奪**」または「**相互侵奪**」のケースという）。

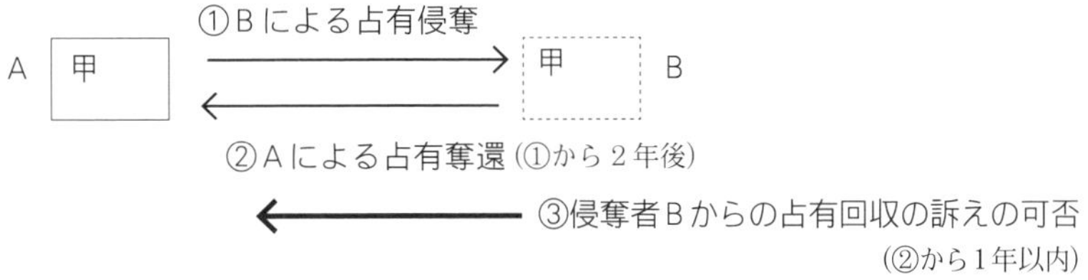

Ａは、Ｂに甲の占有を奪われた場合、占有回収の訴え（Ａが甲の所有者であるときは、物権的請求権の行使も可能）によりＢに対して甲の返還を求めるべきであり、Ｂの占有下にある甲を**許容される自力救済の範囲を超えた実力で奪い返す**ことはできない。したがって、侵奪者Ｂに奪還者Ａに対する占有回収の訴えを認めることは、自力救済の禁止による**社会の平和秩序の維持に適う**といえる。占有の訴えにおいては占有を奪われた者(B)の善意・悪意は問わないとされているので（☞2(2)(a)）、上記の**交互侵奪のケース**においても、占有を奪われたＢが最初の侵奪者であっても、奪還者Ａに対して占有回収の訴えを提起し得ると解されることになる（前掲大判大13・5・22〔小丸船事件〕。☞2(2)(a)）。もっと

も、**小丸船事件**は、Ａの占有物である甲（小丸船）の侵奪者Ｂからの悪意の特定承継人の可能性のあるＣが、**許容される自力救済の範囲を超えて実力で**甲を奪還したＡに対して、甲が滅失したため**占有回収の訴えにより損害賠償請求**をした事案につき、Ｃの占有の善意・悪意を問わず損害賠償請求は認められるとしたものである。

⑵１年以内の交互侵奪の場合の最初の侵奪者からの占有回収の訴えの可否

それでは、⑴のケースで、**Ａによる占有奪還**（許容される自力救済の範囲を超えていることが前提）**がＢによる占有侵奪から１年以内であった場合**（例えば１か月目であった場合）**も、**最初の侵奪者Ｂは、**奪還者Ａに対してただちに**（Ａの奪還から１年以内であることが必要〔201条３項〕）**占有回収の訴えを提起して、**甲の占有を回復することができるか。この点については、見解が分かれている。

⒜判例　判例は、肯定説に立つと考えられている（前掲大判大13・5・22〔小丸船事件〕。事実関係ははっきりしないが、⑵の場合も肯定する立場と考えられる）。

⒝多数学説　これに対して多数学説は、Ａが甲をＢに**侵奪されてから１年以内のＡによる奪還**については、侵奪者Ｂから奪還者Ａに対する**占有回収の訴えを認めるべきではない**とする（我妻＝有泉・510頁、内田Ⅰ・423頁など）。その理由としては、①Ａの奪還がＢの侵奪行為から１年以内である場合には、Ｂの占有は社会的に承認されたものとはいえずむしろ**Ａの占有状態が継続**しているとみるべきで、Ａの奪還は**あるべき秩序の回復**と認めるべきであること（我妻＝有泉・510頁、山野目・127頁など）、②ＢからＡへの占有回収の訴えを認めても、最初のＢの侵奪から１年以内であれば、ＡはＢに対して占有回収の訴えを提起し（200条・201条３項）、再び物の返還を求めることができるから**訴訟経済上**問題であること（内田Ⅰ・423頁など）、③本来占有回収の訴えを提起し得るＡの奪還とＢの占有侵奪とでは、**先に占有を侵奪したＢの方が非難されるべき**程度が大きいこと（広中・354頁など）、④交互侵奪がなされた後は、紛争処理は、占有の訴えによるのではなく、**本権秩序の次元によりなされるべき**こと（例えばＢに本権である所有権があるならＢからＡに対して所有権に基づく返還請求訴訟が提起されるべき。広中・354頁、山野目・127頁など）、などがあげられている。第二次世界大戦後には、類似の立場に立つ下級審裁判例も見られる。

多数学説類似の下級審裁判例　東京高判昭31・10・30高民集9-10-626は、3か月ほどの間にBによるAの建物占有の侵奪、Aによる奪還、Bによる再侵奪、Aによる再奪還が行われ、Bが占有回収の訴えを提起したというケースにつき、最初の侵奪者Bの占有が時の経過により平静に帰し、**社会的に承認されたと認められない状態におけるAの再奪還**に対しては、Bは**占有回収の訴えを提起し得ない**とする。

また、名古屋地判昭50･7･4判時806-71は、賃借人Aの長期旅行中、賃貸人Bが立退料欲しさのAの同居人Cと結託してAの家財道具一切をCが他に搬出し、Bが新たな鍵により建物を施錠していたところ、Aが帰ってきてCに問いただしてその間の事情を知り、数日後この鍵を除去して建物内に入り、従来通り自己の賃借物としてこの建物を使用していたというケースにつき、Aは元来Bに対し占有回収の訴えをなし得る者であったのであり、AがBの占有を奪った行為は、継続していたAの占有状態を顕在化した行為に過ぎないから、Bの側からの占有回収の訴えは許されないとした。

(c)有力学説　しかし、有力学説は、Aが侵奪されてから1年以内のAによる奪還についても、侵奪者Bから奪還者Aに対する**占有回収の訴えを認めるべき**であるとする（柚木＝高木補訂・判例物権413頁、星野Ⅱ・102頁など）。その理由としては、①多数学説によると、侵奪後1年間はAの**自力救済を許す結果**となること、②Aが無権原占有者でBが本権者であるようなときには、奪還されたBに占有回収の訴えを認めない多数学説は、妥当とはいえないこと、をあげる。もっとも有力学説の理由の②に対して、多数学説は、侵奪者Bは占有回収の訴えは提起できないが、所有権など本権に基づく返還請求権を行使すればよいとする。

(d)検討　いずれの説も、**占有の訴えの存在意義**として、**自力救済の禁止による社会の平和秩序の維持**をあげることについては異論はない。ただ、**交互侵奪**の問題においては、自力救済の禁止の原則の実現を**どの程度重視するか**により、説が分かれているといえよう。そして、先の下級審裁判例に現れたケースを見る限り、最初の侵奪者Bに占有回収の訴えを認めるという判断にはなりにくいと思われる。確かに有力学説の主張のように、許容される自力救済の範囲を超えたAの奪還は問題ではあるが、交互侵奪のもともとの発端はBによる侵奪であり、そのBに占有回収の訴えを認めることには抵抗がある（多数学説の理由③）。また、下級審裁判例に現れたケースにおいては、Bの侵奪からAによる奪還までの期間は短いから、Bの占有は社会的に承認されたものとはいえずむしろ**Aの占有状態が継続**しているとみるべきで、このような状態における

Ａによる奪還に対してはＢに占有回収の訴えを認めるべきではないと考えるべきであろう（多数学説の理由①・上記の下級審裁判例）。したがって、⑵のケースについては、多数学説や下級審裁判例の考え方が妥当であろう。

4. 占有の訴えと本権の訴え（物権的請求権）との関係

202条は、占有の訴えと本権の訴えとの関係につき規定する。すなわち、同条1項は、「占有の訴えは本権の訴えを妨げず、また、本権の訴えは占有の訴えを妨げない。」とし、同条2項は、「占有の訴えについては、本権に関する理由に基づいて裁判をすることができない。」とする。ここから、占有の訴えと本権の訴えは、相互に干渉し得ない**別個独立の訴え**であることが窺える。以下、具体的に見てみよう。

⑴占有回収の訴えと所有権に基づく返還請求訴訟との競合　Ａの所有物甲の占有をＢが侵奪した場合、所有者Ａは、甲につき**占有回収の訴え**を提起することもできるし、**所有権に基づく返還請求訴訟**を提起することもできる。この場合、Ａは占有回収の訴えと所有権に基づく返還請求訴訟とを同時に、あるいは別個に提起できるか、また、一方の訴えで敗訴した後に他方の訴えを提起することができるかが問題となる。

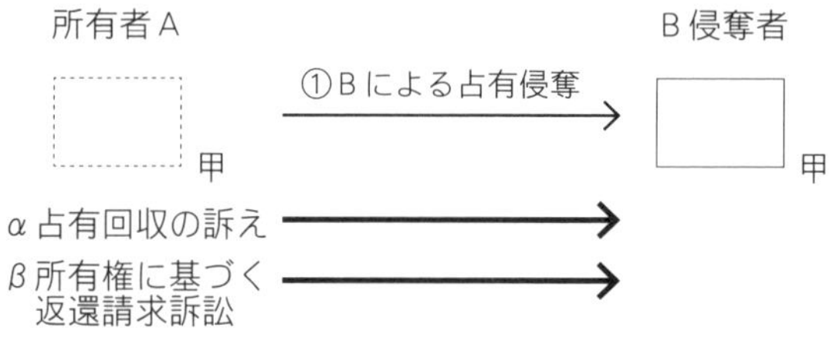

(a)競合説（多数学説）　多数学説は、**占有の訴え**は、物の事実的支配に対する妨害の排除等の請求権であり、**本権に基づく訴え**（所有権に基づく物権的返還請求権の行使など）とは**無関係**であるから（202条1項）、占有を侵害された所有者Ａは、占有回収の訴えと所有権に基づく返還請求訴訟とを同時に提起しても、別々に提起しても差し支えなく、また、一方の訴えにおいて敗訴した後に他方の訴えを提起しても、何ら問題はないとする（我妻＝有泉・514頁、鈴木・

82頁など)。そして、これらはいずれも**二重起訴の禁止**(民訴142条)に触れないとする。判例もこのような立場を前提としているものと考えられる。もっとも実際上は、所有権など本権を有する者は、占有の訴えにつき簡易・迅速な訴訟手続が存在するわけではないので、本権に基づく訴訟を提起することになるから、ここでは占有の訴えは特にメリットはない。

(b)非競合説(有力学説)　これに対して、**新訴訟物理論**の立場からの反対説が有力に主張されている(広中・362頁、青山善充「占有の訴えと本権の訴えとの関係」民法の争点112頁など)。**新訴訟物理論における訴訟物**(訴訟物とは、裁判の対象＝実体法上の権利主張であり、既判力や二重起訴の禁止などの関係で重要な意味をもつ)は、**特定のものの返還を求めることのできる原告の法的地位**(返還請求権)であり、占有権に基づく返還請求権と所有権に基づく返還請求権のように返還請求の理由が2つあるときは、旧訴訟物理論では、これらはそれぞれが訴訟物ということになるが、新訴訟物理論では、これらは**訴訟物を理由付ける攻撃方法**に過ぎないのであって、いずれの理由もこの訴訟で主張しておく必要があり、この訴訟の判決が確定した以上、その訴訟で主張しえた理由は、他の訴訟でもはや主張し得ないとされる。そこで、この理論によると、本権に基づく返還請求訴訟と占有回収の訴えを別々に提起することは、**二重起訴**(民訴142条)にあたり許されず、また、一方の訴えで敗訴した後他方の訴えを提起することも、敗訴判決の**既判力**により許されないということになる。また、わが国では占有の訴えに関する特別の訴訟制度が用意されているわけではなく、実体的に占有権を理由とした物権的請求権が認められているだけであるから、なおさらそのように解すべきであるとする。

(c)検討　この問題については、新訴訟物理論の立場からの有力な反対説が存在するのであるが、新訴訟物理論をとるとしても、占有権に基づく返還請求権と所有権等本権に基づく返還請求権とは**別個の訴訟物になることは、202条1項により実体法において法定されている**と見ざるを得ないから、多数学説が妥当であるというべきであろう(鈴木・83頁)。

(2)占有の訴えと本権の訴えとの衝突　Aが無権原でBの所有物甲を占有していたところ、所有者Bが自力救済として許容される範囲を超えてBの占有を侵奪した場合、Aは所有者Bに対して甲につき占有回収の訴えを提起し得るが、これに対してＢとしては甲の所有権はＢにあるとの抗弁を提出して、Ａの占有回収の訴えにつき請求棄却の判決を取得することができるか、あるいはまた、Ａの占有回収の訴えに対してＢは所有権に基づく甲の返還請求訴訟を反訴として提起することができるかが問題となる。

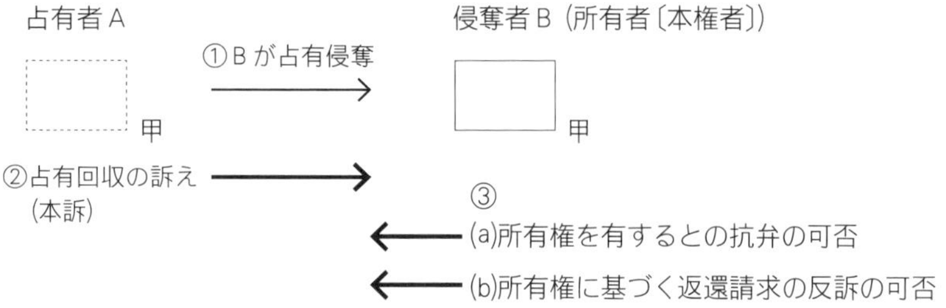

(a)占有の訴えに対する所有権を有するとの抗弁の可否　まず所有者Ｂに対して占有回収の訴えを提起したＡは、Ａが甲を占有していたこと、および甲の占有が奪われてＢが甲を占有していることを主張することになるが、これに対して、所有者Ｂは甲の**所有権**はＢにありＡには占有権原はないとの**抗弁**（抗弁＝原告の主張する権利の発生を妨げ、またはいったん発生した権利を消滅させる効果を定める実体法規範の要件事実の主張）を提出できるか。この点については、202条2項が、「占有の訴えについては、本権に関する理由に基づいて裁判をすることができない。」と規定しているから、Ａの提起した占有回収の訴えにおいて、所有者Ｂが自分に所有権があることを抗弁として提出し、裁判所がそれを取り上げて、原告Ａの請求を棄却することは認められないとするのが通説である（前記(1)(b)の非競合説もこの点は認める。青山・前掲137頁は、この問題は訴訟物論争とは関係しないとする）。

(b)占有の訴えに対する本権に基づく反訴提起の可否　前記(a)に見たように、Ａの提起した占有回収の訴えにおいて、所有者Ｂは自分に甲の所有権がありＡには甲の占有権原がないという抗弁を提出することはできず、この訴訟では占有侵奪者である所有者Ｂは敗訴することになるが、Ｂは、**あらためて所有権に基づき返還請求訴訟（別訴）を提起**して、甲の返還を実現することは可能である。それでは、Ａの提起した占有回収の訴えにつき、被告である所有者Ｂ

は自分に甲の所有権がありAには甲の占有権原がないとして、占有回収の訴え（本訴）に併合して**所有権に基づく返還請求訴訟を反訴**（反訴＝ある訴訟〔反訴との関係で本訴という〕の継続中に当該訴訟の目的たる請求または攻撃防禦方法に牽連する請求を被告から原告に対して本訴に併合して訴えること）**として提起**し得るか。

i 肯定説（判例・多数学説）　判例・多数学説（鈴木・83頁、広中・367頁など）は、本権者からの**反訴の提起は認められる**とする。その理由として、判例（最判昭40・3・4民集19-2-197〔百選Ⅰ・70事件〕）は、①202条2項は、占有の訴えに対し防禦方法として本権の主張をなすことは許されないけれども、本権に基づく反訴を提起することまでは禁じていないこと、および、②本権に基づく反訴は本訴である占有の訴えにおける請求と牽連性がないとはいえないこと、をあげる。多数学説は、これらに加えて、③防御方法である抗弁と独立の請求である反訴とは異なること、④本権者は、本権に基づく別訴は提起し得る（通説）から、反訴を禁止しても意味がないこと、および、⑤占有の訴えにつき特別の手続がなく、占有の訴えに独自の価値をそれほど認めることはできないこと、をあげている。肯定説によると、先のような例では、占有回収の本訴が認容されるとともに、**反訴による所有者の請求も将来の請求として認容**され、判決主文は、例えば、「B〔侵奪者＝所有者〕はA〔被侵奪者〕に別紙物件目録記載の店舗を引き渡せ。前記店舗の引渡しを受けたのち、A〔被侵奪者〕はB〔侵奪者＝所有者〕に前記店舗を引き渡せ。」といった内容になる（東京地判昭45・4・16下民集21-3=4-596のケース）。

ii 否定説（有力学説）　これに対して、有力学説は、本権者からの**反訴の提起も認められない**としている（星野英一「判批」法協82巻6号787頁以下〔1966年〕など）。その理由としては、①判例・多数説によると、本権者であれば自力救済をし、侵奪された占有者から占有回収の訴えを提起されたら、反訴を提起し、自力救済の結果を事実上追認させ得ることになるから、反訴肯定説は、**自力救済禁止の原則**から認められるべきではないこと、②200条2項により、防禦方法として（抗弁という形で）主張できないことは、**反訴としても**提起できないとみるべきであること、③もっとも、多数学説の理由の④はもっともな点があり、反訴否定説は、単に自力救済者Bを**「叱り置く」**という効果しか認められない（反訴としてではなく、別訴としてあらためて本権に基づく訴えを提起しなければならないというだけ）ことは認めざるを得ないこと、をあげている。

5. 占有の訴えの制度の実際の機能

すでに1で述べたように、わが国における占有の訴えの制度の存在意義としては、①自力救済の禁止による社会の平和秩序維持、②所有権など本権を有する占有者にとっての本権の証明の負担の免除、③債権に基づく占有者の保護、④目的物の占有を奪われると物権的請求権を行使し得ない占有を伴う本権者の保護、があげられているが、これらが現在でも存在意義として認められるかにつき、以上の検討をふまえて考察する。

(1)自力救済の禁止による社会の平和秩序維持　①については、例えば、B所有の店舗を不法に占拠しブティック店を経営しているAを、所有者Bが暴力団等を使って無理矢理追い出したような場合に、Aは店舗の不法占有者でありながらBに対して占有回収の訴えを提起して、店舗の引渡しを求めることができるとされていることによって（☞4(2)）、自力救済の禁止が実現されるのであり、**占有の訴えは、自力救済の禁止による社会の平和秩序維持に重要な役割**を果たしていることは明らかである（通説。鈴木・86頁はこれに批判的である）。

もっとも、占有を奪った者が所有者や地上権者のように目的物に本権を有する場合（☞4(2)）には、これらの侵奪者は、占有回収の訴えに対して、所有権等に基づく目的物返還請求の反訴を提起することは妨げられないとされるから（判例・多数学説。☞4(2)(b)）、このような場合には実際に占有回収の訴えが提起されることは少ないであろう（損害賠償請求の部分は別である）。

ただし、**宗教団体内部の紛争**のように、所有者が実力で所有物を回復した場合、侵奪された者は占有回収の訴えにより物の回復を請求し得るが、これに対して、所有者が所有権に基づく目的物返還請求の反訴や別訴を提起しても、裁判所は実体的権利関係を判断しないので（最判平10・3・10判時1683-95）、このようなケースにおいては、占有回収の訴えは非常に大きな意味があることになる。

また、**占有の交互侵奪の場合**にも、占有の訴えは、自力救済の禁止による社会の平和秩序維持の機能を果たしているといえるが（☞3(1)）、多数学説や下級審裁判例は、侵奪行為から1年以内の奪還（☞3(2)）については、占有回収の訴えの提起を認めず、結果として自力救済を認めている。

(2)本権の証明の負担の免除　次に②ついては、所有者や地上権者等の本権者が目的物の占有を侵奪されたような場合には、物権的返還請求権の行使により侵害を排除することができるが、これらの本権者が占有の訴えを提起するメリットとして、占有の訴えの場合には、物権的請求権の行使と異なり所有権等の本権を有していることの証明は不要で、占有に対する妨害と相手方が占有を侵害していることを証明するだけで足りるという点があげられる。これに対しては、ⓘ物権的請求権の行使に必要な、現在における所有権等の本権の帰属は、過去のある時点での所有権等の本権の取得原因（前主との売買契約の締結など）の主張・立証で足りるから（新問題研究要件事実・59頁)、物権的請求権の行使が占有の訴えに比べて特に困難であるとはいえないこと（通説)、ⅱ占有の訴えに簡易迅速な特別の手続が存在するわけではないこと、ⅲ占有の訴えには、行使期間に一定の制限があること（201条)、また、ⅳ善意の特定承継人には占有回収の訴えを提起し得ないという制約があること（200条2項）から、所有者や地上権者等の**本権者にとって占有の訴えの意義はあまりない**と考えられている。もっとも本権の証明に手間取ることがないわけではなく、そのような場合には、とりあえず占有の訴え（さらには、占有回収の訴えを本案訴訟とする処分禁止・占有移転禁止あるいは執行官保管の仮処分命令の申立て〔民保23条・24条〕）を提起する意味はあるというべきであろう。

(3)債権に基づく占有者の保護　③の債権に基づく占有者の保護というのは、使用借人・賃借人・受寄者などは債権者であるから、使用貸借・賃貸借・寄託などの**目的物の占有が侵害される場合**に、債権に基づいて侵害者に対して侵害の排除を請求し得ないが、**占有の訴えによれば**侵害者に対して直接侵害排除を請求し得るということである。もっとも、対抗要件を備えた不動産賃借権の場合には、判例（最判昭28・12・18民集7-12-1515）・通説を受けて創設された605条の4は、賃借人に直接妨害排除請求権を認めるし（☞第1編第3章第1節3)、また、判例（最判昭29・9・24民集8-9-1658〔建物賃借権に関するもの〕）・通説は、不動産賃借人は所有者が侵害者に対して有する物権的返還請求権等を代位行使し得るとするから（423条の債権者代位権の転用)、不動産賃借権については、この③はそれほど大きな意義はない。

⑷目的物の侵奪に対して物権的請求権を行使し得ない本権者の保護　留置権者が留置物を奪われたときは留置権は消滅し（302条）、また動産質権者が質物を奪われたときは占有回収の訴えによってのみ質物を回復することができるとされている（353条）。つまり留置権者や動産質権者は物権を有するのではあるが、目的物の占有を奪われた場合、**これらの物権に基づく返還請求権を行使し得ない**のであり、ここでは**占有回収の訴えが重要な意味を持つ**ことになる（203条但書参照。鈴木・88頁）。

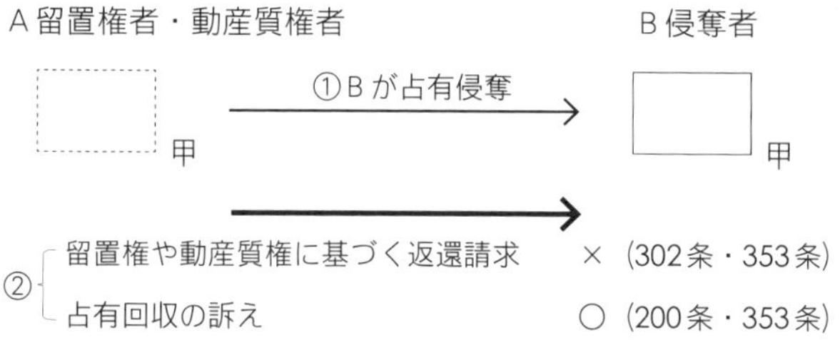

第6節　占有権の消滅

1. 自己占有の消滅事由

占有（占有権）は、物の事実的支配を基礎として成立するから、他の物権とは異なる消滅事由が存在する。

①目的物の滅失　占有の目的物が滅失したときは、占有権も消滅する。もっともこれは、物権共通の消滅事由である。

②占有の意思の放棄（203条本文）　占有者が自己のためにする意思を持たないことを積極的に表示することにより、自己占有は消滅する。

③占有物の所持の喪失　占有者は、占有物の所持を失うことにより、占有権を喪失する（203条本文）。ただし、占有を侵奪された場合、**占有回収の訴えを提起して勝訴し物の占有を回復**したときは、**占有は継続**していたものとみなされる（203条但書。判例〔最判昭44・12・2民集23-12-2343〕・通説）。侵奪者

が任意に物を返還したときも、占有は継続していたものと解される。

2. 代理占有の消滅事由

⑴代理占有の消滅事由　下記の事由により、代理占有が消滅し、その結果、本人の占有（間接占有）も消滅する。

①本人が占有代理人に占有させる意思を放棄したこと（204条1項1号）。

②占有代理人が、本人に対して、以後自己または第三者のために占有物を所持する意思を表示したこと（204条1項2号）。

③占有代理人が占有物の所持を失ったこと（204条1項3号）。

⑵法律上の占有代理関係の消滅と代理占有　本人と占有代理人との間の**法律上の占有代理関係が消滅**しても（例えば、賃貸借契約や寄託契約の終了）、**代理占有そのものは当然には消滅しない**（204条2項）。これは、代理占有も物支配の外形に依拠しているのだから、占有代理人であった者による**事実的支配が継続**している限り、代理占有は消滅しないのは当然であると解されるからである（大阪地判昭47・9・14判時705-85）。そこで、例えば、賃貸借終了（法律上の占有代理関係の消滅）後、賃借人が賃借物を賃貸人に返還する前に、第三者が賃借物を奪ったとき、賃借人が占有回収の訴えを提起し得るのはもちろんであるが、賃貸人も占有回収の訴えを提起し得る（所有者ではない賃貸人の場合に意味がある）。

第7節　準占有

1. 意義

占有は、物の事実的支配であるが、**準占有**とは、物の事実的支配を内容としない財産権において、社会通念上、当該**財産権がある人の支配内にあるように見える客観的事情が存在**することである。例えば、AからBが著作権の譲渡を受け、BがAの著作物を公刊していたところ、著作権の譲渡が無効であったという場合、Bは自己のためにする意思をもって著作権を行使していたのであり

(205条参照)、著作権の準占有者にあたるということができる。

このような財産権の事実的支配の外形（準占有）についても保護の必要がある。そこで、205条は、占有の章の規定を、準占有について準用すると規定している。

2. 準占有の成立要件

(1)準占有の成立要件　準占有の成立要件は、①「自己のためにする意思」をもって、②「財産権を行使する」こと、である（205条)。

(2)自己のためにする意思　これについては、占有の成立要件としての「自己のためにする意思」(☞第2節2(2)）を参照されたい。

(3)財産権の行使　(a)準占有の対象となる財産権　占有を伴う物権（所有権、地上権、留置権、質権など）や賃借権・使用借権などは含まれない（通常の占有権が認められる)。そこで、準占有の対象となる財産権としては、鉱業権、採石権、漁業権、入漁権などの**準物権**、著作権、特許権、商標権などの**知的財産権**などがあげられる。**地役権**も、土地の事実的支配が弱いこともあり、準占有の対象となるとされる（大判昭12・11・26民集16-1665)。1回限りでの行使で消滅するような権利（一般の債権や先取特権、抵当権、解除権・取消権のような形成権など）につき準占有が認められるかについて、否定説も有力であるが（鈴木・110頁)、通説（我妻＝有泉・520頁以下、川井Ⅱ・138頁など）は、肯定説をとる。

(b)財産権の行使　当該**財産権がある人の支配内にあるようにみえる客観的事情が存在**する場合に、財産権の行使が認められる。

3. 準占有の効果

205条は、準占有には占有の章の規定が準用されるとするから、占有の効果(☞第4節・第5節）が準占有にも認められることになるが、注意すべき点がある。

占有の訴えに関する規定（197～202条）は、財産権の準占有者にも準用される。例えば、前記1に掲げた例において、著作権の準占有者Bは、著作権者AがAに著作権があることを確認する勝訴判決を取得することなしに、同一の著作物を公刊すると、Bは著作権を有しないにもかかわらずAに対して占有の訴えに基づいて著作物の公刊の差止めを請求することができるし、第三者が同一著作物を公刊したときも、同様である（鈴木・109頁）。もっともこれに対して著作権者Aは、本権である著作権に基づきAに著作権があることの確認および著作権妨害排除請求の訴訟をBに対して反訴または別訴により提起し、この訴訟ではBに勝訴し得ることになる。

また、権利適法の推定（188条）、果実の取得・返還（189条・190条）、費用償還請求権（196条）などの規定も準用される。なお、財産権の一定期間の準占有による時効取得については、163条が適用される。

これに対して、即時取得（192条）の規定は、準占有には準用されない（通説）。即時取得の規定は、動産取引の安全のために動産の占有に特に公信力を認めたものであるからである。

第 3 編

物権変動

第1章　序　説

第1節　物権変動の意義

物権の変動とは、物権の発生、変更、または消滅をいう。これを物権の主体（物権を有する者）の側からみれば、物権の得喪（取得・喪失）および変更である。

1. 物権の発生

物権の発生には、⑴物権の絶対的発生と、⑵物権の相対的発生とがある。

⑴物権の絶対的発生　この世の中に、新たに所有権の対象となる物が発生することである。例えば、自動車や機械などの動産を生産したり、建物（不動産）を建築したり、飼い犬が子を生んだりした場合などがこれにあたる。

⑵物権の相対的発生　これには、次の2つがある。

(a)移転的承継　これは、不動産所有者から当該不動産の所有権の移転を受けたり、地上権者から地上権の移転を受けたりするように、すでに存在する物権（所有権や地上権など）を物権を有する者から承継することである。

(b)設定的承継　これは不動産所有者から不動産に地上権の設定を受けたり、抵当権の設定を受けたりするように、前主の権利（所有権など）の内容の一部を承継することである。

2. 物権の内容の変更

建物の増築による所有権の内容の変更や、抵当権の順位の変更（374条）により抵当権の順位が上昇または下降することによる抵当権の内容の変更などがこれにあたる。

3. 物権の消滅

建物の滅失や取壊しによる建物所有権の消滅や、債務の弁済による抵当権の消滅などがこれにあたる。

第2節　物権変動の原因（法律要件）

物権変動の原因（権利の変動〔権利の発生・変更・消滅〕を生じさせる原因を「**法律要件**」という）として最も一般的なのは、**法律行為**（1個または数個の意思表示を不可欠の要素とする法律要件であり、法がその意思表示の内容に従って私法上の効果を生ぜしめるもの）であるが、法律行為によらない物権変動も多い。

1. 法律行為

法律行為による物権変動は、**契約**（売買契約や贈与契約などの債権契約、および地上権設定契約や抵当権設定契約などの物権契約）により生ずるのが一般的であるが、**単独行為**（遺言など）により生ずることもある。

2. 時効（時効取得・時効消滅）

一定の時の経過と時効の援用（145条）により物権の得喪を生じる（162条および163条による時効取得、166条2項による所有権以外の物権の時効消滅）。時効取得は、物権の**原始取得**である。

3. 相続

被相続人の死亡により被相続人の有する物権（所有権、地上権、抵当権など）が相続人に移転する（**一般〔＝包括〕承継**）。

4. 無主物先占・遺失物拾得・添付など

無主物先占（239条1項）・遺失物拾得（240条）・埋蔵物発見（241条）・家畜以外の動物の占有による取得（195条）および添付（付合・混合・加工。242条以下）は、物権の原始取得である（☞第2編第1章第5節2・3）。

5. 混同

地上権者が地上権の目的土地の所有権を取得したときは、地上権を存続させる必要は一般にはないから、混同により地上権は消滅する（179条）。混同は、売買契約や相続などにより生ずる。

第2章以下では、物権変動の原因として最も多い法律行為による物権変動を中心に説明する。

第2章　法律行為による物権変動

第1節　物権行為と債権行為

わが国では、物権変動は、売買契約（555条）や贈与契約（549条）などの債権契約に基づき、売買や贈与の目的物の所有権が、売主または贈与者から買主または受贈者に移転する場合と、地上権設定契約や抵当権設定契約などの物権契約に基づき、設定者所有の不動産につき地上権者または抵当権者が、地上権または抵当権を直接取得する場合とがある。

1. 物権行為（物権契約）

地上権設定契約や抵当権設定契約などのように、物権の設定や移転のみを目的とする法律行為を物権行為（物権契約）という。

2. 債権行為（債権契約）

それに対して、売買契約、贈与契約、地上権売買契約など、終局的には物権の移転を目的とするが、直接的には債権・債務を生じさせる法律行為を、債権行為（債権契約）という。例えば、不動産の売買契約が締結されると、売主は買主に不動産の所有権を移転する債務を負い、買主は売主に代金を支払う債務を負う（555条）。売主の所有権移転の債務が履行されることにより、売主から買主へ不動産の所有権が移転する。

第2節　意思主義・形式主義、物権行為の独自性の有無など

わが国の物権変動論は、フランス民法とドイツ民法から大きな影響を受けているが、両国の民法の物権変動の取扱いには、大きな対立がある。そこで、これらの立法例を理解した上で、わが国の物権変動を考えることが必要となる。

1. 意思主義と形式主義

所有権移転など物権変動を生ずる法律行為を成立させるためには、意思表示だけで足りるか、それとも何らかの形式が必要なのかの対立である。

⑴意思主義　当事者間の**合意**（意思の合致）だけで物権変動を生ずる法律行為が成立するという法制を意思主義という。フランス民法はこの法制である。

⑵形式主義　これに対して、物権変動を生ずる法律行為を成立させるためには、当事者間の合意（意思の合致）だけでは足りず、一定の**形式的行為**が必要とする法制を形式主義という。ドイツ民法はこの法制であり、形式的行為としては、不動産の物権変動においては登記、動産の物権変動においては引渡しが必要であるとしている。

2. 物権行為の独自性否定の法制と物権行為の独自性肯定の法制

地上権設定契約や抵当権設定契約などは、物権契約であるから物権変動だけを目的とする法律行為（物権行為）であるが、売買契約など**原因行為**である債権契約（**債権行為**）により所有権や地上権などを移転する場合（売買契約の場合、売主には目的物の所有権を買主に移転する債務が生じ、買主には売主に代金を支払う債務が生ずる。555条）についても、債権行為とは別に物権変動だけを目的とする行為（**物権行為**）が必要なのか、それとも債権行為だけで足りるのかの法制上の対立である。

⑴物権行為の独自性否定の法制　これは、売買契約など原因行為である債権契約により所有権などを移転する場合、物権変動だけを目的とする物権行為は不要であって、債権契約（売買契約）の効果として物権変動が生ずるとする法

制である。フランス民法は、この立場をとる。
(2)物権行為の独自性肯定の法制　これは、売買契約など**原因行為**である債権契約に基づいて所有権や地上権（地上権者による地上権の売買もある）などを移転する場合、原因行為である債権契約とは別に物権変動だけを目的とする行為（**物権行為**）が必要であるとする法制である。ドイツ民法は、この立場であり、物権変動だけを目的とする行為（物権行為）として、物権移転の合意（Einigung〔アイニグング〕という。不動産所有権移転の場合には、公証人の面前で行い、公正証書を作成しなければならない。この場合の合意をAuflassung〔アウフラッスング〕という）と、不動産物権変動のときは登記、動産物権変動のときは引渡しが必要とする。

3. 物権行為の有因性・無因性

債権契約に瑕疵があった場合、例えば、売主ＡからＢが甲土地を買い受けて所有権移転登記を経由したところ、物権変動の原因である売買契約（債権契約）が、公序良俗違反（90条）により無効だったり、錯誤取消し（95条）や詐欺・強迫取消し（96条）により効力を失ったりした場合に、物権変動（所有権移転）も無効または取消しとなるか。
(1)物権行為の独自性否定の法制　この法制からすると、債権契約（売買契約）の効果として物権変動が生ずるのであるから、債権契約の無効・取消しの場合には、物権変動の効力は当然に否定される。物権行為の独自性を否定する法制からすると、有因・無因を論ずる意味はない（鈴木・115頁、星野Ⅱ・33頁注(2)）。
(2)物権行為の独自性肯定の法制　(a)物権行為の無因性の立場　物権行為独自性肯定の法制からすると、債権契約（原因行為）が無効または取消しにより効力を失っても、物権変動の効力は何の影響も受けないとする考えが出てくる。これを**物権行為の無因性**という。ドイツ民法は、この立場である（ただしドイツでも、原因行為が有効なことを条件として物権行為がなされたときは、原因行為により物権行為は影響を受ける。もっともAuflassungには条件を付けられない）。物権変動の当事者間では、債権契約が効力を失っているから不当利得の問題が生ずる。物権行為の無因性の立場は、転得者が有効に物権を取得できるという点で、取引の安全に資するとされる（もっとも、公信の原則〔☞第3章第2節1〕が認められている国では、それほどの意味はないとされる)。なお、物権行為自体に無効または取消原因があった場合は、物権変動は効力を失う。

(b)物権行為の有因性の立場　もっとも、物権行為独自性肯定の法制をとりつつ、債権契約（原因行為）が無効または取消しにより効力を失えば、物権変動もまた効力を失うという考えもあり、これを物権行為の有因性という。スイス民法は、この立場である（我妻＝有泉・55頁、鈴木・115頁参照)。

第3節　わが国における意思主義・形式主義、物権行為の独自性の有無など

1. 意思主義

わが国の物権変動については、176条が、「物権の設定及び移転は、当事者の意思表示のみによって、その効力を生ずる。」とし、また、177条が、不動産物権変動は、「登記」を第三者対抗要件とし、178条が、動産の物権譲渡は、「引渡し」を第三者対抗要件としている。したがって、わが国の物権変動においては、フランス民法にならって、登記や引渡しは物権変動の要件ではなく第三者対抗要件であるにすぎないから、形式主義ではなく**意思主義**がとられたと理解することができる。民法典の起草者は、ローマ法以来の種々の形式に拘泥し当事者の意思に法律上の効力を付与しない主義から脱却し、当事者の意思を重視する意思主義を採用したと述べている（梅Ⅱ・5頁)。わが国の物権変動において意思主義がとられているという点については、ほとんど異論がない。

2. 物権行為独自性否定説

それでは、わが国では、物権行為の独自性がとられ、176条の「意思表示」は、物権的合意を指し、売買契約のような債権契約とは別個独立の意思表示がなされることが必要であると解すべきか（物権行為独自性肯定説)。

(1)学説の変遷　民法典制定時（明29〔1896〕年）から、これらの規定の母法であるフランス法にならって物権行為独自性否定説がとられてきたが、大正期

には、ドイツ法の影響を受けて独自性肯定説が支配的となった。しかし、その後は、再び独自性否定説が一般的となり、これが現在では通説・判例（最判昭33・6・20民集12-10-1585〔百選Ⅰ・52事件〕）となっている（この判例は、特定物売買においては、所有権移転を将来に行うこととする特約がない限り、買主に対してただちに所有権移転の効力を生ずるとするものであるが、独自性否定説を前提としているものと解されている。近江Ⅱ・50頁は、物権・債権峻別論の論理必然の帰結、および所有権移転時期の合理的な解釈を理由に、独自性肯定説をとる）。

(2)物権行為独自性否定説の理由　物権行為独自性否定説からは、次のような理由があげられている。①176条のもととなったのはフランス民法であるから、独自性否定説が妥当である（星野Ⅱ・31頁）、②物権行為独自性肯定説をとり、売買契約だけでは物権変動を生じないとしたとしても、売買契約が成立し、履行期が到来しても売主が履行をしなければ、強制執行により物権変動のための意思表示が強制されることになるから（民執177条1項）、物権行為を独立に要求しても意味がない（鈴木・116頁以下）、③フランス法にならい意思主義をとり物権変動のための形式を要求しないわが国において、独自性肯定説をとり独自の物権的合意を要求しても、物権行為と公示手段の具備が結びついているドイツ法のような、当事者間での物権変動の時期の明確化や当事者間の関係と対第三者の関係との統一的把握という長所をもたらさない（鈴木・116頁以下）、④物権行為独自性肯定説の立場からは、無因性をとることにより取引の安全に資するとされるが、売買契約のような債権契約に無効や取消原因があるときは、物権行為にもこれらが存在することが少なくないから、取引の安全に資するともいえないし、取引の安全も、登記に公信力を認めていないわが国ではそれほど強く進めることはできないであろう（星野Ⅱ・32頁）。

(3)独自性否定説からする債権契約による物権変動の説明　物権行為独自性否定説の立場から、債権契約により物権変動が生ずることをどのように説明するか。次の2つがある。その1は、売買契約などにおいては、1個の意思表示から債権の発生とともに、**債権契約の効果として物権変動も生ずる**とする見解である（我妻＝有泉・56頁以下、鈴木・118頁など多数学説）。その2は、意思表示による物権行為を認めるが、**売買契約など物権変動を目指す債権行為**には、物権変動を目的とする**物権的意思表示も必ず含まれている**とする見解である（安永・36頁など)。

第4節　所有権移転時期の問題

1. 問題の所在

A所有の甲土地につきＡＢ間で地上権設定契約が締結された場合、地上権設定契約は物権契約であるから、契約成立時にＢは甲土地上の地上権を取得すると考えられる。これに対して、A所有の甲土地につきＡＢ間で売買契約（債権契約）が締結され（代金5000万円とする)、その1か月後に代金の支払いと引換えにＡはＢに甲土地を引き渡すとともに所有権移転登記手続をするという契約内容であった場合、甲土地の所有権は**売買契約時**に移転するのか、それとも、**代金支払時**に移転するのかが問題となる。

これについては、現在も判例・学説上の大きな論争点になっている。

かつては、**所有権移転時期の問題**も、物権行為の独自性を肯定するか否かの議論と大きく関係していた。すなわち、独自性否定説は、原則として、売買契約時に売買の目的物の所有権は買主に移転するとした。他方、独自性肯定説においては、債権契約である売買契約の時ではなく、その後の物権行為がなされた時、具体的には代金の支払い、引渡しまたは所有権移転登記など外部的徴表行為がなされた時に物権行為が成立し、この時に所有権がＡからＢに移転するとする見解が有力であった。

現在では、物権行為の独自性否定説が、判例・通説になっているが（☞第3節2(1))、176条は、物権の設定および移転は、当事者の意思表示のみによってその効力を生ずるとしているだけで（**意思主義**をとることを明らかにしているだけ)、所有権移転時期を定めるものではないから、売買契約が締結された場合に、いつの時点で買主に所有権が移転することになるかを別個に検討する必要がある。

2. 所有権移転時期についての判例理論

判例は、原則として、不動産や美術品・骨董品・中古品のような**特定物売買**においては、**売買契約締結時**に目的物の所有権が売主から買主に移転するが、売買契約締結時に所有権移転が生じない例外的場合があることも認めるものであると理解されている。

(1)売買契約時説（原則）　判例（前掲最判昭33・6・20〔百選Ⅰ・52事件〕の立場である。この判例の引用する大判大2・10・25民録19-857も同旨であり、176条を根拠とする）は、売主の所有に属する**特定物の売買**においては、他の時期に所有権を移転する特約がない限り、売買契約時にただちに買主に所有権が移転するとしている。

この昭和33年最高裁判例の事案は、不動産売買の代金が分割払いで、最後の分割金の支払いと所有権移転登記および引渡しとが同時履行の関係にあったものであり、買主がすでに代金の6割ほどを支払い、**最後の分割金を提供**して売主に所有権移転登記手続および引渡しの**履行を求めた**が、売主がこれに応じなかったため、買主が売主に対して、残代金の支払いと引換えに所有権移転登記手続および目的不動産の引渡しの請求と、目的不動産の所有権確認を求めて訴えを提起したケースである（訴え提起時には代金の8割ほどが支払われていた)。そして、1・2審とも買主の請求を認め、最高裁も売主の上告を棄却した。

したがって、この判例では、特定物売買において、買主は代金支払義務を約定通りすべて**履行・提供**していたといえるものであるから、特定物売買における所有権移転時期につき、いかなる説をとっても、買主への所有権移転が肯定されるケースであったといえるのであり、特定物売買において、単に売買契約締結だけで買主に所有権が移転することを認めたケースではなかった点に、注意すべきである。

(2)売買契約時に所有権が買主に移転しない例外的場合　そして判例も、次のような場合には、売買契約時に所有権は移転しないとする。

(a)売買契約によりただちに買主に所有権を移転するのに障害がある場合

判例は、他人物売買、第三者のためにする契約、および不特定物売買など、売買契約によりただちに買主に所有権を移転するのに障害がある場合には、売買契約時に所有権は買主に移転しないが、その障害が取り除かれた時にただちに買主に所有権が移転するとしていると理解されている。しかし、個々の事案を検討すると、そのように理解してよいか疑問が生ずる。

ⅰ他人物売買　売主Ａと買主Ｂとの間で他人Ｃ所有の特定物につき売買契約を締結した場合（561条）には、他人Ｃから買主Ｂへの目的物の所有権および占有移転の時期、方法につき特段の約定ないし意思表示がない限り、売主ＡがＣより目的物の所有権を取得すると同時に買主ＢがＡより目的物の所有権を取得し、また、Ａの占有取得と同時にＢが約定に基づき占有改定の方法によりＡよりその占有を取得するに至ったものと解すべきであるとする（最判昭40・11・19民集19-8-2003）。もっともこの判例において、**他人物売買**の買主とされるＢは、Ａに金銭を貸し付けて船舶甲の備品乙（特定物）につき**譲渡担保権**の設定を受けた譲渡担保権者である。すなわち、この判例は、Ｂが特定物である備品乙に譲渡担保権の設定を受けた時点では、乙は他人Ｃ所有の物であったが、その後、ＡがＣから船舶甲およびその備品乙の所有権を取得したので、これと同時にこの時点でＢがＡから乙の所有権（乙に対する譲渡担保権）を取得し占有改定による引渡しを受けた（譲渡担保権の対抗要件具備）としたものである（したがって、この時より後にＡの債権者ＤがＡから船舶甲につき抵当権の設定を受け抵当権設定登記を備え、次いでＤの申立てにより船舶甲とその備品乙に対して抵当権の実行としての競売がなされたため、Ｂが乙所有権（譲渡担保権）に基づき第三者異議の訴え〔民執38条〕を提起し、本判決はこれを認めたのである）。譲渡担保契約は、債権契約ではなく**物権契約**であるから、設定者Ａに所有権等処分権限がある物について設定することができ、その場合、契約により当事者に債権・債務が生ずるのではなく、担保権者に**ただちに譲渡担保権**が認められるのであるから、上記の判例の考え方は妥当である。しかし、この判例から、一般の他人物売買の場合についても、特約がない限り売主ＡがＣより目的物の所有権を取得すると同時に買主ＢがＡより目的物の所有権を取得する（代金の支払いも目的物の買主への引渡しもなくても）と解してよいかについては、異論が生じ得る。

ⅱ不特定物売買　判例（最判昭35・6・24民集14-8-1528）は、**不特定物売買**においては、目的物が特定しない限り買主は目的物の所有権を取得し得ないから、原則として目的物が特定した時（401条2項参照）に所有権は当然に買主に移転するとする。本判例は、売主Ａと買主Ｂとの間の不特定物（動産である亜鉛華5トン）の売買契約において、Ａは、Ｂから亜鉛華5トンの転売を受けたＣにこれを直送したが、Ｂから代金の一部しか支払われなかったので、亜鉛華5トンの所有権は依然としてＡにあり、転得者Ｃがこれをさらに第三者に売却したことは不法行為にあたるとして、ＡがＣに損害賠償を請求したケースである。上記判例は、亜鉛華5トンについては特定が生じており所有権は買主に移転している等の理由により、Ａの主張を認めなかったのであるが、このケースでは、不特定物につき単に特定が生じただけではなく、売主から買主（本件では買主の指示を受けて転得者Ｃ）に**引渡し**もなされていたのであるから、☞3(1)の説によっても所有権は買主に移転していることになる。

iii 第三者のためにする契約　ＡＢ間で、Ａ所有の特定物の所有権を第三者Ｃに移転する旨の契約（第三者のためにする契約。537条）が締結された場合につき、同条1項・3項は、第三者が受益の意思表示をした時に、Ａに対して給付を請求する権利が発生すると規定するのであるが、判例（大判明41・9・22民録14-907）は、さらにＣが受益の意思表示をした時にＣに所有権が移転するのであって、第三者ＣとＡとの間でさらに所有権移転のための契約（物権契約）を締結する必要はないとする。この判例の事案は、ＡＢ間で、ＡがＢに対してＡ所有の不動産をＣに贈与する旨の第三者のためにする契約が締結され、Ｃが受益の意思表示をして、ＣがＡに対して第三者のためにする贈与契約の履行として、ＡＣ間の贈与契約の締結および贈与を原因とする所有権移転登記手続を請求したものである。Ａは、第三者のためにする契約は債権契約であるから、所有権移転を目的とする物権契約が締結されていない以上、ＡはＣの請求に応ずることはできないなどと主張したのに対し、大審院は、上記のような判断をした。本件は、物権変動の前主と後主の間の所有権移転をめぐる争いではあるが、有償・双務契約である売買契約当事者間の所有権移転時期をめぐる争いではなく、第三者への**贈与の趣旨の第三者のためにする契約**であるから（代金の支払いは不要）、売買契約の当事者間において特定物の所有権はいつ買主に移転するかという問題にとっては、参考にならないであろう。

(b)所有権移転時期について特約がある場合　前掲昭和33年判例も、売買契約時以外の時を所有権移転時期とする特約があるときは、その時に所有権が移転するとする。この点については、所有権移転時期を定めることに意義があるとするいずれの説においても異論はない。なお、**不動産売買契約**においては、通常、売買代金支払いと所有権移転登記および不動産の引渡しとが同時履行となっており（533条参照）、この**代金支払いの時に所有権が買主に移転するとする約定**があるのが一般的である。最判昭38・5・31民集17-4-588は、ＡＢ間の不動産売買契約において、代金完済、所有権移転登記手続完了までは、なお所有権を買主に移転しない趣旨であった場合、売買契約締結と同時に本件不動産の所有権が買主に移転するものと解さなければならないものではないとした判例である。もっとも、この判例においては、売買契約当事者間で所有権移転時期が争われたのではなく、ＡからＣが不動産を賃借していたのであるが、当該不動産につきＡＢ間の売買契約締結後Ｂからの代金支払およびＢへの所有権移転登記前に、Ｃの賃料不払いによりＡがＣとの間の賃貸借契約を解除し、Ｃに対して不動産の明渡しを請求したのに対して、賃借人Ｃが不動産の所有権は売買契約によりすでに買主Ｂに移転しているなどと主張したものである。

明示的に所有権移転時期についての特約があったわけではないが、解除条件付売買契約をそれに準じて取り扱ったものとして最判昭35・3・22民集14-4-501がある。この判例は、ＡＢ間の特定物売買契約において、Ｂが約定日時までに代金を支払わないときは契約が失効する旨の解除条件が付いており、この解除条件が成就したため、売主Ａから受寄者Ｃに対して荷渡依頼書を取り消した旨通告した後に、受寄者ＣがＢからの買主Ｄ（荷渡依頼書における受取人）に本件特定物を引き渡したとしても、特段の事情の存しない本件では、本件売買の目的物の所有権はＡＢ間の売買契約により当然Ｂに移転することはなかったものと解するのが相当であるとして、Ａから受寄者Ｃ対する損害賠償請求を認めたものである。この結論は妥当であるが、この判例も、特定物売買の当事者間で所有権の移転時期が争われたものではない。

3. 売買契約における所有権移転時期についての学説

(1)代金支払い、引渡しまたは所有権移転登記時説　多数の学説は、判例のように、特定物売買の場合に、売買契約時に買主に所有権が移転するという考え方は、**取引社会の実情**に反しており、当事者間に特約のない限り、**登記・引渡**

し・代金支払いのいずれかが行われた時に所有権が移転すると考えるべきであるとし（舟橋・86頁、広中・52頁以下など。近江Ⅱ・58頁は、物権行為の独自性肯定説の立場から同じ結論）、あるいは、売買契約のような有償契約においては、**有償性の原理**によって、**代金支払いの時**に所有権が移転するのが原則であり、代金支払いより前に登記や引渡しがなされたときは、売主が買主に信用を授与したと考えて、その時に所有権が移転するとする（川島・理論248頁以下）。

⑵売買契約時説　これに対して、判例と同様、原則として**売買契約締結時**に所有権が買主に移転するとする説もなお有力である（我妻＝有泉・59頁、横山美夏「判批」百選Ⅰ・106頁ほか）。この説は、その理由として、①**176条の文言**に素直な解釈であること、②契約時に所有権移転が生ずるとすることは、法律行為の効力発生に関する一般原則に合致し、**所有権移転についての証明が容易**であること、③不動産売買においても、契約時に所有権が移転すると考えることは、当事者の意識に反するとはいえないこと（佐久間Ⅱ・42頁）、④母法である**フランス法**の理論体系が相応の合理的裏付けを持つこと、⑤フランス法継受の歴史的過程、立法者意思等を尊重しつつ解釈論に反映することが妥当であると考えられること（滝沢・60頁以下）、などをあげている。

⑶なし崩し的（段階的）移転説　以上の諸説とは異なり、売買のプロセスにおいて**所有権の移転時期をある一点に画することは実益がなく**、また、物権・債権を峻別せず、かつ登記・引渡しを物権変動の成立要件としていない（意思主義）わが民法のもとで、所有権移転の時期をある一時点に確定することは、**理論的にも不可能**であるとする見解も有力に存在する（鈴木・121頁以下、内田Ⅰ・433頁など。安永・37頁は、この説に批判的）。この説は、わが民法においては、所有権の法的効果と考えられる各種の権能は時を異にして売主から買主に移行し、売買のプロセス終了後は完全に買主に帰属するに至るが（売買契約締結、代金支払い、引渡し、登記等の過程〔プロセス〕を通じて、所有権がなし崩し的に売主から買主に移っていく）、売買のプロセスの期間中の法律関係は、当事者間では契約により、第三者との関係では対抗要件により処理されるとする。

4. 検討

⑴判例理論とその適用の実態　判例は、特定物の売買においては、原則とし

て売買契約時に買主に所有権が移転し、不特定物の売買においては、原則として目的物の特定の時（401条2項）に買主に所有権が移転するとする見解に立っていると考えられているが、判例を詳しく分析すると、前記2で見た通り、売買契約が締結されたが、代金の支払い、目的物の引渡し、所有権移転登記の**いずれもがなされていない**にもかかわらず、売主からの所有権移転を買主が主張しそれを認めた**判例は存在しない**ことが明らかとなった。前掲の昭33・6・20の最高裁判例は、買主が**残代金の提供**をしたにもかかわらず売主は目的不動産の引渡しや所有権移転登記に応じず、買主の訴え提起時には売主はすでに代金の8割ほどを受け取っていたというケースであるし、前記2⑵に掲げた最高裁判例はいずれも、特定物売買の場合は売買契約時に売主から買主へ目的物の所有権が移転するという判例理論を補強するケースとはいえなかった。

⑵所有権移転時期の意味するもの　ところで、従来は、特定物売買における目的物の所有権移転時期に関する「代金支払い、引渡し、または所有権移転登記時説」（以下、「代金支払時説」とする）と売買契約時説のいずれもが、特定物売買においてはある一定の時期に目的物の所有権が移転するとするだけで、所有権移転時期に、所有権に伴ういかなる権能、責任が売主から買主に移転するか（所有権移転の具体的内容）についての分析をほとんどしてこなかった。それに対して、なし崩し的移転説は、所有権移転に伴う様々な権能や責任ごとにその移転時期を検討し（その端緒は、1961年の日本私法学会のシンポジウムにある。私法24号3頁以下）、売買のプロセスにおいて所有権の移転時期をある一点に画することには解釈論上実益がないという結論を導いたのである。しかし、この説は、所有権移転の具体的な内容を分析した点には功績があるが、そこで採用されている解釈論のいくつかは、判例・通説の地位を占めていないのであり、その結論の導き方には大きな問題があったといえるし、⒜で述べるように所有権移転の核心である「処分権能の移転」の時期についての検討を看過してしまっていたのである（生熊長幸「特定物売買における目的物の所有権移転時期⑴⑵」立命館法学377号346頁以下、378号153頁以下〔2018年〕）。もっとも、この説に対するこのような評価は、わが国の法体系および176条の存在を前提とした解釈論としてであり、立法論としては、その是非は別としてなし崩し的移転説もあり得るといえる（現にアメリカ〔太田知行『当事者間における所有権の移転』

(勁草書房・1963年）参照〕や北欧諸国では、所有権移転時期自体を問題とすることはない)。

所有権には、使用・収益権能、および処分権能がある（206条)。このうち、使用・収益権能の移転時期については、売買契約の当事者間で、所有権移転時期と切り離して、所有権移転に先行させたり所有権移転に後らせたりすることができる（☞(b)iv《展開》果実収取権および危険負担の移転時期と所有権移転時期との関連)。これに対して、処分権能が買主にいつ移転するかは、次の(a)で見るように、売買契約の当事者間でも、第三者との関係でも、極めて重要であって、所有権の移転時期とは、まさに処分権能の移転時期を意味すると考えるべきである（原島重義「特定物売買と所有権移転時期」『民法の判例〔第2版〕』42頁〔有斐閣・1971年〕、石田穣『物権法』〔信山社・2008年〕など少数ながらこの点を指摘する学説も存在した)。

(a)所有権の移転時期＝処分権能の移転時期　特定物売買において、売主から買主へ売買の目的物の**処分権能**（目的物の所有権の移転、地役権や地上権などの用益権の設定、抵当権や質権などの担保物権の設定などをなし得る権能。目的物を滅失させることもできる）**がいつ移転**するかは、売買の当事者間ではもちろんのこと、買主から処分を受ける第三者にとっても、最大の関心事である。すなわち、売主から買主に目的物の処分権能が移転していれば、買主は目的物を第三者に有効に処分することができるが、まだ買主に処分権能が移転していなければ、買主が第三者に目的物を譲渡し、または目的物に用益権や担保物権を設定しても、無権利者による処分であって、第三者は所有権やこれらの物権を取得し得ない（ただし、動産売買の場合には192条による即時取得が認められることがある)。また、買主が売買の目的物を滅失させた場合、買主に処分権能が移転していれば、買主は売主から債務不履行責任または不法行為責任を問われることはないが、まだ買主に処分権能が移転していなければ、買主は売主から債務不履行責任または不法行為責任を問われることになる。このように処分権能が売主から買主へいつ移転するかは、売買の当事者間ではもちろんのこと、買主から処分を受ける第三者にとっても、極めて重要な事柄であり、所有権の移転時期とはまさに売主から買主への処分権能の移転時期を意味すると解すべきである（原則として代金を支払った時を所有権の移転時期とすべきことについては☞

(3))。そして、この所有権の移転（処分権能の移転）に、(b)に挙げる事柄が連動する。

(b)所有権の移転＝処分権能の移転に連動する事柄　**i 物権的請求権の移転**

所有権に基づく**物権的請求権**も、所有権の移転とともに買主に移転する（☞第1編第3章第3節3)。売買の目的建物を不法に取り壊そうとする者がいる場合に、買主に所有権が移転していれば、買主は、所有権につき対抗要件を備えていなくとも所有権に基づく物権的請求権を行使できる（☞第1編第3章第3節)。まだ買主に所有権が移転していないときは、買主は売主の有する物権的妨害排除請求権を代位行使して（423条)、不法行為者に対して妨害の排除を請求することになる。

ii 所有権侵害を理由とする損害賠償請求権の発生　売買の目的物が第三者の故意・過失により滅失・損傷させられた場合、買主に売買の目的物の所有権が移転しているときは、買主は、**所有権侵害**を理由として第三者に対する不法行為に基づく損害賠償請求権を行使することができるが（709条)、まだ買主に所有権が移転していないときは、買主は、**特定物債権侵害**を理由として不法行為に基づく損害賠償請求権を行使することになる。いずれであるかにより、損害賠償請求権行使の要件・効果に違いが生ずる（広中・62頁、吉村良一『不法行為法〔第5版〕』57頁〔有斐閣・2017年〕など参照)。

iii 土地工作物の所有者責任の移転　処分権能の買主への移転と裏腹のことであるが、土地工作物の所有者責任（717条1項但書）も、所有権移転時期に売主から買主へ移転する（竹下守夫『不動産執行法の研究』320頁注(1)〔有斐閣・1977年〕)。

iv 買主から売主への所有権確認訴訟の提起　買主が代金を完済し、あるいは残代金全額を買主に提供し、目的物の所有権が買主に移転したにもかかわらず、売主が目的物の引渡しや所有権移転登記手続を拒む場合、買主は、売主に対して売買契約に基づきもしくは所有権に基づき目的物の引渡しや所有権移転登記手続を求めて訴訟を提起することができるが、同時に所有権が買主に移転していることを理由として所有権の確認訴訟を提起することもできる（最判昭29・12・16民集8-12-2158)。

《展開》果実収取権および危険負担の移転時期と所有権移転時期との関連

果実収取権の移転時期は、必ずしも所有権の移転時期に結びついているわけではないし、**危険負担の移転時期**は、現在では民法上も明らかに所有権の移転時期と切り離されている。

(1)果実収取権の移転時期　所有権には収益権能があり（206条）、果実収取権が認められるが、売買契約により目的物の買主への引渡しを所有権移転に先行させ、果実収取権の移転時期と所有権移転時期を切り離すことは可能であるし、実際にもしばしば行われる。他方、575条は、履行期後も引き渡されていない売買の目的物が果実を生じたときは、その果実は売主に帰属するとともに、買主は代金支払義務が履行遅滞にあるときでも、目的物の引渡しを受けるまでは代金の遅延利息を支払う必要がないとして、所有権移転時期と果実収取権の移転時期を切り離し、売主・買主間の調整を図った規定であるが、買主が代金を完済した以上（所有権は買主に移転している）、売主は果実収取権を有しないとする見解が判例・通説である（大判昭7・3・3民集11-274、新版注民⒁・420頁以下、潮見佳男『新契約各論Ⅰ』214頁〔信山社・2021年〕）。したがって、所有権の移転時期と果実収取権の移転時期が当然に結びついているわけではないが、果実収取権の移転時期は、通常は所有権移転時期に連動するといえる。

(2)危険負担の移転時期　危険負担の移転時期も、売買契約で所有権移転時期と別個に定めることが可能である。2017（平成29）年の改正前の534条1項では、特定物売買における危険負担の移転時期につき債権者主義（契約締結後は物の引渡債権者である買主が危険を負担する）がとられていた。他方、所有権移転時期については、売買契約時に所有権が買主に移転するとする見解（売買契約時説）が判例とされ（☞2）、有力説であったから（☞3(2)）、この考えに立つと、危険負担の移転時期と所有権移転時期との結びつきには、違和感はなかったであろう。

しかし、旧534条の債権者主義に対しては、学説上批判が多かった。改正後の民法においては旧534条が削除され、536条は、当事者双方の責めに帰することができない事由によって債務を履行することができなくなったときは、物の引渡債権者である買主は反対給付（代金の支払い）の履行を拒むことができることとされた（債務者＝売主の危険負担）。なお、改正後の民法では、旧543条但書と異なり、債務者の帰責事由に基づくか否かを問わず、履行不能の場合、債権者は契約を解除することができることになったから（542条1項1号・3号）、買主はこの方法で契約を解消することもできる。

すなわち、改正民法は、特定物売買における危険負担の移転時期を、目的物が買主に引き渡された時とし（占有改定を除く）、目的物の所有権移転時期の問題と切り離したことは明らかである。買主の代金支払いが先履行、目的物の引渡しが後履行の場合であって、買主が代金を全額支払い、目的物の引渡時期の前に売主の責めに帰すべからざる事由によって目的物が滅失し履行不能になった場合も、債務者である売主が危険を負担する（536条1項・567条1項参照）。この場合、買主が売主に対して代金の返還を請求し得ることについては異論がないが、債務不履行を理由とする売買契約の解除が必要か否かについては意見が分かれる。

⑶代金支払時説の妥当性　不動産売買のような高額の特定物の売買においては、売買契約の中で所有権移転時期が定められていることが多く、この場合にはこの約定の時に所有権が移転すると解すべきことになる。前述のように、不動産売買契約においては、通常、**売買代金支払いと所有権移転登記および不動産の引渡しとが同時履行**となっており（533条参照）、この**代金支払いの時に所有権が買主に移転する旨の約定**があるのが一般的である。したがって、所有権移転時期が定められていなかった場合に、いつの時点で買主に所有権が移転すると解すべきかが問題となる。

所有権の移転時期とは、まさに売買の目的物の処分権能が売主から買主に移転する時期を意味するから（☞⑵）、売買契約当事者にとって極めて重要な時期となる。そして、売買契約は有償の双務契約であり、売主は目的物の所有権を買主に移転する債務を負い、買主はこれに対してその代金を支払う債務を負う（555条）。したがって、特定物売買の場合、契約当事者は、通常は目的物の対価である代金の支払いと引換えに買主に所有権が移転すると考えており、これが取引慣行でもある。所有権の移転は処分権能の買主への移転という極めて重大な事柄をもたらすのであるから、特定物売買の場合、判例のように、売買契約締結だけで買主に目的不動産の所有権が移転するのが原則であると解するのは、取引の慣行に反するし、取引当事者の意思にも反する。それ故、代金支払時以外の時を所有権移転の時とする特約がない限り、対価である**代金を支払った時**を所有権移転の時と解すべきである（前記3⑴の川島説と同旨。松岡・95頁もほぼ同旨。ちなみに、不動産を競売で買い受ける場合も、買受人が代金を納付した時が不動産取得時とされている〔民執79条〕）。引渡しや所有権移転登記が代金支払後になっても、代金支払時に所有権は買主に移転すると解すべきことになる。

それでは、所有権移転時期につき約定がなく、代金の支払いに先行して目的物の引渡しまたは所有権移転登記がなされたときは、これらがなされた時を所有権移転の時としたものと解すべきか。このようなことは、売買契約上、引渡しまたは登記の時が代金支払いの時よりも早い時期に定められている場合、および、これらが同時履行と定めれていたが、何らかの事情で引渡しまたは登記が先になされた場合に生ずる。

(a)引渡しを対抗要件とする動産の売買の場合　引渡しを対抗要件とする動産の売買にあっては、目的物の引渡しが代金支払いに先行したときは、**引渡しの時**に買主に所有権が移転すると解すべきであろう（代金債権の担保のために、売主には売買の目的動産に法定担保物権である動産売買先取特権〔311条5号・321条〕が認められる）。これは、これらの動産譲渡の対抗要件は、引渡しであり(178条)、買主に目的動産の現実の引渡しがなされたときは、単に買主がこれを使用・収益できるようになるにとどまらず、買主が目的物を第三者に処分し、対抗要件を備えやすい立場に売主は買主を敢えて置いたのであり、また、買主に占有改定による引渡し（183条）や指図による占有移転（184条）がなされたときも、買主は間接占有であるが目的物の引渡しを受けており、目的物を第三者に処分し、対抗要件を備えさせやすい立場に売主は買主を敢えて置いたのであるから、引渡しの時に買主に所有権が移転すると解してよいと考えられる。もし、売主が買主に目的動産の引渡しをするにもかかわらず、売買代金債権担保のためになお所有権を留保したいと考えるときには、所有権留保特約を締結すべきであり、この場合には、代金完済時に所有権が買主に移転する（もっともこれは所有権留保につき所有権的構成をとった場合であり、担保権的構成をとった場合には、買主への目的動産引渡し時に所有権が買主に移転し、売主は留保所有権という担保権の設定を受けたことになる)。このような合意の存在は、売主が主張・立証すべきである（もっとも割賦販売法7条は、割賦販売された指定商品につき売主に所有権が留保されたものと推定する)。

(b)不動産売買および登記・登録を対抗要件とする動産売買の場合　i 目的物の引渡しが先行した場合　不動産や登記・登録を対抗要件とする動産（自動車や船舶など）の売買にあっては、目的物の引渡しが代金支払いに先行しても、所有権移転時期は原則として**代金支払時**であって、引渡し時に所有権は買主に移転しないと解すべきであろう。これは、所有権移転に先立って売主が買主に目的物の使用収益や果実収取を認めることがあるからであるし、これらの売買の場合に買主が引渡しを受けただけでは、買主は第三者にこれらの物を処分しても、対抗要件を備えさせることができないからである。もし、買主が、引渡しの時に買主に所有権を移転する旨の合意があったと主張する場合には、買主はその旨の合意の存在を立証する必要がある。

ⅱ所有権移転登記・登録が先行した場合　これに対して、不動産の売買または登記・登録を対抗要件とする動産の売買において、買主への所有権移転登記または登録が代金支払いに先行した場合には、原則として所有権は**登記または登録の時**に買主に移転すると解するべきであろう。これは、①登記または登録は所有権の公示方法であり対抗要件であること（177条）、②買主に所有権移転登記または登録を備えさせたということは、目的不動産などを買主が第三者に処分し、対抗要件を備えさせやすい立場に、売主は買主を敢えて置いたこと、③代金支払いに先行して売主が買主に目的不動産の使用収益や果実収取を認めるだけである場合には、所有権の登記または登録を買主に移転する必要はないこと、および④固定資産税・都市計画税・自動車税などは、登記または登録を備えている者を所有者として課せられること、などによる。もし、売主が、所有権移転登記または登録の時ではなく代金支払いの時が所有権移転の時であると主張する場合には、売主はその旨の合意の存在を主張・立証する必要がある。

ところで、以上のような意味での代金支払時説をとると、売主から買主への目的物の**所有権移転の事実の証明**に関するこれまでの裁判実務に大きな影響を与えることになる。なぜなら、裁判実務においては、前記2(1)の**売買契約時説**に立ち、売主から買主への所有権移転の事実の証明は、売買契約の締結を証明することによりなされてきたからである（その根拠となっているのが前記2(1)掲載の最判昭33・6・20である。新問題研究要件事実・66頁）。これに対して、**代金支払時説**をとると、売主から買主への**所有権移転の事実の証明**は、**売買契約の締結**の他、**代金支払いの事実**、不動産売買の場合は**所有権移転登記**、動産の場合は**引渡しの事実**、または**約定による所有権移転時期の経過**のいずれかを証明することによってなされる必要がある。

第３章　公示の原則と公信の原則

第１節　物権変動における公示の原則

1. 176条と177条および178条との関係

⑴物権変動における公示の必要性　　前述のように、わが国では物権変動につき176条により**意思主義**がとられているということになると、引渡しや登記のような権利の外観を伴わずに売主から買主へ所有権が移転することになる（所有権移転時期につき売買契約時説に立った場合はもちろんのこと、本書のように、代金支払時説に立った場合も同様である）。

所有権は物権であるから、債権と異なり、排他性を有し、また優先的効力を有する（☞第１編第３章第１節３・第２節１）。債権の場合には、排他性がなく債務者との関係での相対的効力を有するにすぎないから、同一内容の債権が二重・三重に成立しても差し支えないが、物権の場合には、排他性があり、同一の目的物につきＢの所有権が存在するときは、これと両立し得ないＣの所有権の存在は認められない。例えば、Ａ所有の不動産甲につきＡＢ間で売買契約が締結され、買主Ｂが代金は完済したが、まだＢへの甲の引渡しも所有権移転登記もなされていない場合であっても、所有権移転時期につきなし崩し的移転説をとらない限り、買主Ｂに所有権が移転していると解されるが、甲不動産の所有権は買主Ｂにではなくなお売主Ａに帰属しているような外観を呈している。このような状態で、ＡからＣが甲不動産を買い受けて引渡しを受け、所有権移転登記を備えた場合、第１買主Ｂが甲不動産の所有権はＢにあるとして、所有権の排他性・優先的効力を第2買主Cに主張できるとすると、Bは第2買主Cに対して所有権に基づき甲不動産の引渡しおよび所有権移転登記の抹消登記手続（またはBへの所有権移転登記手続）を請求し得ることになる。しかし、これでは物権取引（所有権・地上権などの譲渡や、地上権・抵当権の設定など）の安全を脅かすことになる。

そこで、取引の安全を図るためには、所有権・地上権・抵当権などの物権を取得した者（前掲の例で第1買主B）は、取得した物権につき何らかの**公示方法**を備えないと、第三者（前掲の例で第2買主C）に対しては、物権を主張できないとする必要がある。

(2)公示の原則　このように、物権の変動については、これに対応する公示方法における変動を伴わない場合、その物について取引等により利害関係を有する者は、そのような物権はその物には存在しないものとして扱うことができるとするのが、**公示の原則**である。(1)にあげた例で、甲不動産の第1買主Bは、売主Aに代金を支払いAとの関係では甲不動産の所有権を取得したといえるが、Aから甲不動産を二重に譲受けたCに対して、甲不動産の所有権はBにあるとして、所有権に基づき甲不動産の引渡しおよび所有権移転登記の抹消登記手続（またはBへの所有権移転登記手続）を請求しても、Cは甲不動産にはBの所有権は存在しないことを主張して、Bの請求を拒むことができることになる。

(3)成立要件主義と対抗要件主義　もっとも、公示を**物権変動の成立要件**（公示がなければ物権変動が生じない）とする国（ドイツなど）と、公示を**物権変動の第三者対抗要件**（公示がなくても物権変動は生ずるが、物権変動を第三者には対抗できない）とする国（フランスなど）とがあり、わが民法は、公示を**物権変動の第三者対抗要件**としている（若干の例外がある。質権設定は、質物の引渡しが質権の成立要件であり〔344条〕、抵当権の順位の変更は登記が効力発生要件である〔374条2項〕など）。すなわち、177条は、不動産物権変動は、登記をしなければ第三者に対抗することができないとし、178条は、動産の譲渡（譲渡担保権設定も含む）は、動産の引渡しがなければ第三者に対抗することができないとしている。

2. 公示の種類

民法上は、不動産物権変動の公示方法は、登記（不動産登記法による登記）であり（177条）、動産物権譲渡の公示方法は、引渡しであるが（178条）、特別法や取引慣行による公示方法が存在する。動産であっても、登記または登録を公示方法とするものがある（船舶につき船舶登記などが所有権移転の対抗要件〔商687条〕、登録自動車につき登録が所有権移転の対抗要件〔道路運送車両法5条1項〕、自動車抵当権につき登録が対抗要件〔自動車抵当法5条〕など）。また、樹木の集団は、土地の定着物であり、土地の構成部分であるが、土地と分離して譲渡したり、抵当権を設定したりすることができ、この場合、**立木法による登記**が、立木所有権や立木抵当権の公示方法となる（立木法1条・2条・12条・21条など参照）。後述のように、立木や未分離果実などについては、**明認方法**と呼ばれる公示方法がある（☞第6章）。

第2節　物権変動における公信の原則

1．公信の原則

(1)権利帰属と権利外観の齟齬　前述のように、物権には、公示の原則が存在するから、不動産甲を所有する者Aは、通常は甲につき所有権移転登記を備えており、また、動産乙を所有する者Aは、通常は乙の引渡しを受けて乙を占有している。

しかしながら、不動産甲の登記名義が所有者A名義ではなくB名義になっていたり、動産乙の占有者が所有者AではなくBであったりすることがある。これは、不動産の場合であれば、①Bが勝手に偽造書類などを使用して、AからBへの所有権移転登記を経由したり、②AがAの債権者の申立てによる不動産甲への強制執行を回避するために、AとBとが通謀して売買契約締結の虚偽の意思表示をして（94条）、AからBへの所有権移転登記を経由したり、あるいは③Cから不動産甲を買い受けたAが、Bに所有権を移転する意思がないのにCからB名義に所有権移転登記をすることを承認したときなどに生ずる。また、動産の場合には、動産乙の所有者A以外の者Bが乙を占有している事例は、広範に存在する。すなわち、①乙につきBが賃借権、使用借権、質権などの設定を受け、または寄託を受けて占有しているとき、②代金完済まで売主Aに所有権を留保する約束でBが買い受けて乙を使用しているとき、③泥棒Bのように、乙につき占有権限がないにもかかわらず乙を占有しているときなどである。

⑵静的安全の保護と動的安全の保護

〔1⑴の不動産の場合の①のケース〕

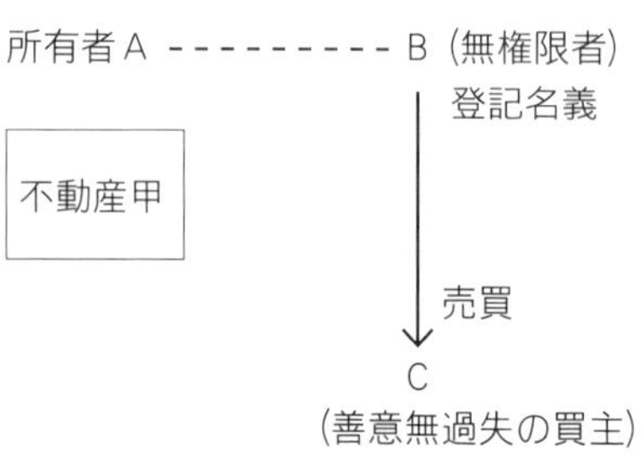

〔1⑴の動産の場合の①のケース〕

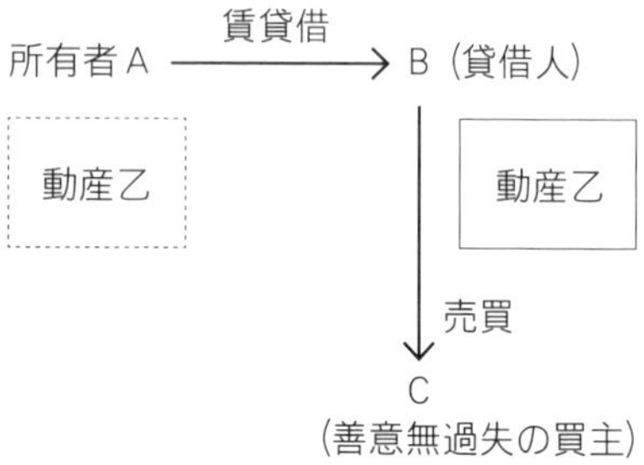

⑴にあげた例のようにBに所有権がないのにもかかわらず、Bが不動産甲または動産乙を、Bのものとして第三者Cに売買することが生ずる。不動産甲または動産乙は、A所有のものであってBのものではないから、Bは不動産甲または動産乙の処分権能を有しない。しかし、売主Bとしては、不動産甲につき所有権移転登記を備え、または動産乙を占有しているから、所有者らしい権利の外観を備えており、Bからの買主Cが不動産甲または動産乙はB所有のものであると信じて買い受けることもしばしばある。取引の安全からすれば、買主Cに所有権取得を認めるべきではないかということになるが（**動的安全〔＝取引安全〕の保護**）、もしそれを肯定すると真の所有者Aの所有権を害することになる（**静的安全の保護**）。

⑶公信の原則　実体的には取引の相手方Bに権利が存在しないがBに権利の公示方法（登記・登録・引渡しなど）が存在するため、権利の存在を過失なく信じて取引をした者Cに、相手方Bに権利が存在した場合と同様の保護を与える（Cに甲または乙の所有権取得を認めるなど）ことを**公信の原則**という。公信の原則が認められる場合、Bの登記またはBの占有に**公信力**があるという。

⑷公示の原則と公信の原則との関係　物権変動においてはその発生要件ま

たはその第三者対抗要件として公示方法の具備が要求されており（**公示の原則**。☞第1節1(2))、物権を取得した者は公示方法を備えることになる。しかし、前記(1)にあげた例のように、公示方法に対応する物権が存在するとは限らず、実際には無権利者である相手方を権利者と過失なく信じて取引に入る者が現れる。取引の安全からこのような善意無過失で取引をした者を保護する必要も存在するので、公示の原則の他に**公信の原則**も、一定の取引においては必要とされることになる。

2. わが国の民法における公信の原則の取扱い

わが国の民法においては、動産取引においては公信の原則が認められているが、不動産取引においては公信の原則は認められていない。

(1)動産取引　動産取引においては、192条に**即時取得**（または**善意取得**）の制度が規定されており、これは動産占有につき**公信の原則**を認めた規定である。動産の取引は、頻繁になされ、買主に目的物の帰属について慎重な調査を要求することは現実的ではないから、動的安全（取引の安全）の方を重視したものである。詳細については、後述する（☞第5章第3節)。

(2)不動産取引　不動産取引においては、**公信の原則は認められていない**。不動産は一般に高額な物件であり、また頻繁に取引されることは少ないこと、登記名義人が真の所有者ではないこともあるから、買主は慎重に権利関係を調査すべきであり、また買主にそれを期待することもできることなどから、動的安全より**静的安全**が保護されているのである。

もっとも、前記1(1)にあげた不動産に関する例のうち、②については、**虚偽表示**として94条2項の適用により、Bからの善意の買主Cに対してはAは所有権を主張できないし、③については、虚偽表示があるわけではないが、B名義の登記になっていることにつき所有者Aに**帰責事由**があるときは、94条2項の類推適用により、Bからの善意の買主Cに対して、Aは所有権を主張できないとされている。94条2項の適用および類推適用は、わが国の民法で不動産取引に公信の原則が認められていない状況で、買主Cの善意（または善意無過失）および真の所有者Aの帰責事由などを要件として、一定の範囲で不動産取引の安全を図ろうとするものである（詳細については、民法総則で学ぶ)。

第4章　不動産物権変動における公示

第1節　序　説

1. 第三者対抗要件

177条は、「不動産に関する物権の得喪及び変更は、不動産登記法…その他の登記に関する法律の定めるところに従いその登記をしなければ、第三者に対抗することができない。」と規定する。したがって、わが国においては、不動産の物権変動における公示方法は、物権変動の成立要件ではなく、第三者対抗要件である。

例えば、売主Ａ所有の甲土地を買主Ｂが買い受けた場合、ＡとＢは売買契約の当事者であり、原則として代金支払時が所有権移転時であるとする本書の立場からすれば、代金の支払いがなされると（契約締結時説によれば売買契約締結だけで）ＡからＢに所有権が移転するが、177条によれば、Ｂへの所有権移転登記がなされないとＢは第三者には甲土地の所有権を対抗できない。そこで、その後、同じ甲土地をＡから第三者Ｃが買い受けて甲土地の引渡しを受けた場合、第1譲受人Ｂは、所有権移転登記を備えていないと甲土地所有権に基づいてＣに甲土地の返還（物権的返還請求権の行使）を請求し得ないことになる。他方、同じ甲土地をＣがＡから買い受けた場合、ＡとＣは売買契約の当事者であり、ＣがＡに代金を支払いＣへの所有権移転登記がなされると、177条によりＣは甲土地の所有権を第三者である第1譲受人Ｂに対抗することができる。そこで、仮に第三者である第1譲受人Ｂが、Ｃが所有権移転登記を備える前に甲土地の引渡しを受けていた場合であっても、Cは甲土地所有権に基づきBに対して甲土地の返還（物権的返還請求権の行使）を請求し得る。

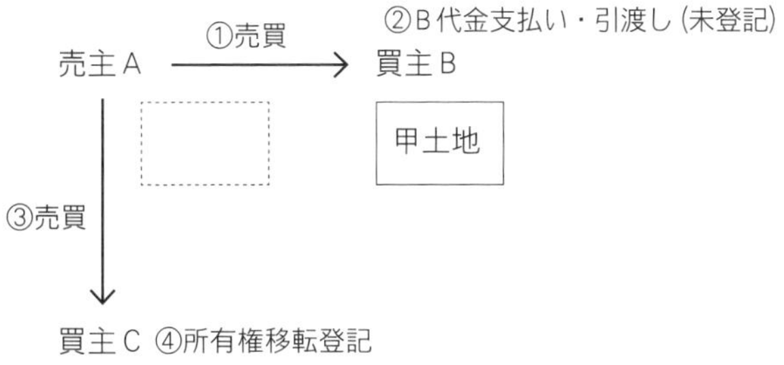

2. 本章で検討すべき課題

本章では、177条により不動産物権変動の対抗要件となる不動産登記の制度の概要（☞第2節）、前記1であげた例では、不動産所有者がすでに不動産を譲渡した場合であっても、第1譲受人に所有権移転登記をしていないときは二重譲渡が可能であること前提としているが、このことを理論的にどのように説明するか（☞第3節）、すべての物権変動は、登記をしないと第三者に対抗できないか（☞第4節）、登記なしに対抗できる第三者は存在するか（☞第5節）、を順次検討し、最後に、不動産登記をめぐるその他の実体的問題につき検討する（☞第6節）。

第2節　不動産登記制度の概要と申請手続

1. 不動産登記制度の概要

(1)登記の意義　177条により対抗要件となる登記は、不動産登記法による不動産登記である（登記には、動産・債権譲渡特例法による登記、船舶抵当法による船舶登記、建設機械抵当法による建設機械の登記、商業登記などもある）。

(2)登記所および登記官　登記の事務をつかさどるのは、不動産の所在地を管轄する法務局（東京法務局・大阪法務局・仙台法務局など全国8法務局）・地方法務局（京都地方法務局・水戸地方法務局・函館地方法務局など）・それらの支局および出張所であり、これを登記所という（不登6条）。登記所における登記事務を取り扱う者を登記官という（不登9条参照）。

(3)登記簿　(a)登記簿の意義　登記簿とは、登記記録が記録される帳簿であって、磁気ディスク（これに準ずる方法により一定の事項を確実に記録できる物を含む）をもって調製するもののことである（不登2条9号）。かつては、紙により調製されていた。

(b)物的編成主義　わが国では個々の不動産ごとに登記簿を編成する物的編成主義を採用しており（不動産を所有する人ごとに登記簿を編成する立法主義を人的編成主義という）、1筆の土地または1個の建物ごとに登記簿が編成される。なお、磁気ディスクにより調製されるため現在の不動産登記法では、土地登記簿と建物登記簿との区別はしていない。

2. 登記簿の構成

登記簿は、表題部と権利部により構成される（☞4の登記事項証明書の例参照）。

(1)表題部　登記記録のうち表示に関する登記（**表示の登記**）が記録される部分（不登2条7号）であり、「**表示に関する登記**」ともいう。当該不動産の同一性を表示するための情報や物理的状況が記録されている。土地および建物に共通な登記事項（登記原因およびその日付、登記の年月日、所有権の登記がない不動産については、所有者の氏名または名称および住所ならびに共有であるときはその所有者ごとの持分など。不登27条）、土地についての登記事項（土地の所在・地番・地目・地積など。不登34条）、および建物についての登記事項（建物の所在・家屋番号・建物の種類・構造および床面積など。不登44条）がある。

表題部の登記は、所有者の申請（申請義務がある）による他、登記官が職権ですることもできる（不登28条）。表示の登記は固定資産税等の課税の基礎にもなる（表題部の登記の前身は、税務署の管轄である土地台帳・家屋台帳である）。

表題部には、権利に関する事項は記載されないから、表示の登記だけでは177条の対抗要件としての効力は生じない（もっとも、借地権の対抗要件として、借地借家法10条1項の「建物の登記」にはなる。最判昭50・2・13民集29-2-83)。

(2)権利部　登記記録のうち権利に関する登記が記録される部分のことである(不登2条8号)。甲区と乙区に分かれる。**甲区**には、**所有権に関する事項**(所有権保存、所有権移転、所有権移転請求権、停止条件付所有権など)が記録され、**乙区**には、**所有権以外の権利に関する事項**(地上権設定、賃借権設定、抵当権設定、地上権移転、抵当権移転など)が記録される。それぞれ、順位番号、登記の目的、受付年月日・受付番号、権利者その他の事項(この欄に「売買」、「譲渡担保」、「弁済」など「**登記原因**」も記録される)の欄がある。

3. 不動産登記法により登記することができる権利

民法上の物権(ただし入会権は共有の登記か地役権の登記による。また、留置権は登記できない)・賃借権・配偶者居住権(1031条)・採石権の10種類である(不登3条)。

4. 登記の種類

(1)本登記(終局登記)と予備登記　**本登記**は、177条の物権変動の対抗力を生じさせる効力を有する登記であり、これが通常の登記である(所有権保存登記、所有権移転登記、地上権設定登記、抵当権設定登記など)。

予備登記は、本登記に備えてする登記であり、**仮登記**(不登105条～110条)がこれにあたる(かつては、第三者が権利を取得できないことがあり得ることを警

〔土地の登記事項証明書の例〕

<table>
<tr><td colspan="3">表　題　部　(土地の表示)</td><td>調整</td><td>平成5年6月10日</td><td>不動産番号</td><td>012345689012</td></tr>
<tr><td>地図番号</td><td colspan="2">余　白</td><td>筆界特定</td><td colspan="3">余　白</td></tr>
<tr><td>所　　在</td><td colspan="4">京都市中京区○○</td><td colspan="2">余　白</td></tr>
<tr><td>①地　番</td><td>②地　目</td><td colspan="2">③地　積　㎡</td><td colspan="3">原因及びその日付〔登記の日付〕</td></tr>
<tr><td>３１３番３</td><td>宅地</td><td>２２２</td><td>００</td><td colspan="3">３１３番から分筆
〔昭和５０年２月１５日〕</td></tr>
<tr><td>余　白</td><td>余　白</td><td colspan="2">余　白</td><td colspan="3">昭和６３年法務省令第３７号附則第２条第２項の規定により移記
〔平成５年６月１０日〕</td></tr>
</table>

権　利　部　（甲　区）（所　有　権　に　関　す　る　事　項）			
順位番号	登記の目的	受付年月日・受付番号	権　利　者　そ　の　他　の　事　項
1	所有権移転	昭和５０年６月１日 第１１１１号	原因　昭和５０年５月２０日売買 所有者　京都市中京区□□ 伊　藤　一　郎 順位３番の登記を移記
	余　白	余　白	昭和６３年法務省令第３７号附則第２条第２項の規定により移記 〔平成５年６月１０日〕
2	所有権移転	平成２０年８月１日 第２２２２号	原因　平成２０年７月２８日売買 所有者　京都市左京区△△ 佐　藤　二　郎
3	所有権移転	令和２年６月１０日 第３３３３号	原因　令和２年６月７日譲渡担保 所有者　京都市下京区○○ 中　川　三　郎

権　利　部　（乙　区）（所　有　権　以　外　の　権　利　に　関　す　る　事　項）			
順位番号	登記の目的	受付年月日・受付番号	権　利　者　そ　の　他　の　事　項
1 付1	地上権設定	平成２２年７月１日 第３２１０号	原因　平成２２年６月２８日設定 目的　建物所有 存続期間　３０年 地代　１平方メートル１年５，０００円 支払期　毎年６月３０日 地上権者　京都市右京区■■ 田　中　四　郎
2	抵当権設定	平成２７年７月１日 第２４４４号	原因　平成２７年６月３０日金銭消費貸借同日設定 債権額　金３，０００万円 利息　年６・０％ 損害金　年１２・０％ 債務者　京都市左京区△△ 佐　藤　二　郎 抵当権者　京都市下京区☆☆ ○○信用金庫
1付記 1号	１番地上権移転	平成２８年６月２０日 第２３１３号	原因　平成２８年６月２０日売買 目的　建物所有 存続期間　３０年 地代　１平方メートル１年５，０００円 支払期　毎年６月３０日 地上権者　京都市上京区●● 青　山　五　郎
3	２番抵当権抹消	平成３０年４月３０日 第１６６６号	原因　平成３０年４月２５日弁済

＊下線のあるものは抹消事項であることを示す。

告する予告登記も予備登記として存在したが、予告登記の制度は廃止された)。一般には、仮登記には本登記の順位保全の効力が認められる（不登106条。☞第6節2)。

(2)主登記と付記登記　**主登記**は、順位番号欄に登記の順序に従って独立の順位番号がつけられる登記であり（所有権保存登記、所有権移転登記、抵当権設定登記、地上権設定登記など)、一般の登記は主登記である。

付記登記は、登記の順位は維持したまま、主登記の内容や名義人などを変更するために行われるもので、独立の順位番号は付けられず、主登記の順位番号に枝番号（「1付記1号」のように）を付けて使われる登記である（主登記の登記名義人の表示を変更するような場合〔住居表示の変更、住所の変更など〕、地上権の譲渡〔登記簿の例参照〕、被担保債権譲渡に伴う抵当権の移転、根抵当権の被担保債権の範囲の変更、極度額の変更など)。

5. 不動産登記の申請手続

(1)登記の申請方法　不動産登記は、原則として当事者の申請に基づいて行われる（不登16条1項)。申請者は、いかなる不動産につき、いかなる内容の登記を求めるかなどの情報（「申請情報」という）を登記所に提供してする必要がある（不登18条)。登記の申請方法としては、電子情報処理組織を使用する方法（**オンライン申請**）と、申請情報を記載した書面（申請情報の全部または一部を記録した磁気ディスクを含む）を提出する方法（**窓口申請**または**郵送による申請**）とがある（同条1号2号)。

物権変動等が生じても通常は登記申請の義務はないが、所有者不明の不動産や所有者所在不明の不動産が生じないように、一定の場合には、一定期間内の登記申請義務が課され、申請を怠ったときは過料の制裁が課せられることとなった（☞第2編第1章第2節《展開》所有者不明または管理不全の土地・建物を減少させるための法整備の⑴①②参照)。

(2)共同申請主義　登記は、登記権利者と登記義務者の**共同申請**によりなされるのが原則である（不登60条)。例えば甲土地の売買契約により売主Aから買主Bに所有権移転登記をする場合、売主が**登記義務者**、買主が**登記権利者**となる（民560条参照)。Bへの所有権移転登記により不利益を受ける売主Aが買主

Ｂと共同で登記の申請をすることにより、Ｂの登記がＡからＢへの所有権移転という実体関係を反映しているものであることが原則として担保されることになる（もっとも、通謀虚偽表示による登記などが例外的にあり得る）。なお、実際には、売主Ａと買主Ｂとが同一の司法書士に登記申請手続を委任することが多い（登記申請は、公法上の行為であって法律行為ではなく、また単に債務の履行にすぎないから、108条1項の双方代理の禁止の適用はない。最判昭43・3・8民集22-3-540）。

売主Ａが共同申請に協力しないときは、買主ＢはＡを相手に所有権移転登記手続請求訴訟を提起し、勝訴判決が確定すれば、Ｂは単独でＢへの所有権移転登記を申請することができる（不登63条1項）。法定相続分での**相続登記**も登記権利者の**単独申請**による（同条2項）。法定相続分での相続登記がされている場合において、その後、遺産分割の協議などにより所有権の取得に関する登記などをするときは、更正登記によることができ、また、登記権利者が単独で申請することができるよう、法務省は登記実務の運用を改めるとしている（法制審議会「民法・不動産登記法（所有者不明土地関係）の改正等に関する要綱」第2部第1・1⑸）。相続人に対する遺贈の場合も、当該相続人が単独で所有権移転登記の申請をすることができることとなった（不登63条3項）。建物新築の場合の**保存登記**も建物所有者の**単独申請**である。

⑶登記の真正の担保　ⓐ登記義務者本人の確認方法　登記義務者として共同申請に現れた者が、登記義務者本人であることを確認する方法として、登記申請書面に対する記名押印と印鑑証明書の添付を必要とし、さらに権利に関する登記の共同申請の場合には、「**登記識別情報**」の提供が必要である。本人確認手段として、従来は**登記済権利証**の提供が要求されていたが、これは書面であるため登記の**オンライン申請**には使えないので、登記済権利証の制度は**廃止**され、新たに**本人確認手段**として「登記識別情報」の制度が創設されたものである（登記済権利証のある不動産については、これを利用することができる）。「**登記識別情報**」は、その登記をすることによって申請人自らが登記名義人（例えば買主）となる場合において、当該登記を完了したときに当該申請人に対して登記官から通知される（不登21条）。「登記識別情報」は、12桁の符合（アラビア数字とアルファベットその他の符合の組合せによる）である（不登規61条）。申請

人は「登記識別情報」の通知を希望しないことも可能であり、このような場合には、代替手段が認められている（不登23条）。

(b)登記申請の内容の真正の担保　所有権移転登記や抵当権設定登記など権利に関する登記については、登記申請の**内容の真正さを担保**するために、申請情報（☞(1)）と併せて「**登記原因証明情報**」を必ず提供しなければならないこととされている（不登61条）。不動産売買の場合であれば、**売買契約書**および**代金全額受領の領収書**の組合せが典型であり、抵当権設定の場合であれば、**抵当権設定契約書**が典型である。しかし、**オンライン申請**の利用を考えると、売買契約書などの証書原本の提供は現実的ではなく、不動産売買の場合であれば、登記義務者である売主が売買契約（契約当事者、目的不動産、契約締結日が内容として含まれている必要がある）の存在、およびこの売買契約に基づき当該不動産の所有権が買主に移転したこと（代金完済により所有権が移転する場合であれば、代金完済日など）を**確認した書面または情報**（つまり、売買契約書は不要であり、売買代金額の記載や売買代金の領収書も不要）、また抵当権設定の場合であれば、登記義務者である抵当権設定者が、金銭消費貸借契約と抵当権設定契約の存在（契約当事者、被担保債権、目的不動産、契約締結日などを含む）、金銭の貸渡しがなされたこと（金銭の貸渡しにより貸金返還請求権が成立し、抵当権も成立するため）、および目的不動産に抵当権を設定したことを**確認した書面または情報**で足りるとされている（鎌田＝寺田編・191頁〔安永正昭〕、山野目・登記法293頁以下など参照）。

(4)形式的審査主義　登記官は実体関係（売買による所有権移転、地上権設定など）は審査せず、形式的要件に適合していれば登記簿に記録する（**形式的審査主義**。実質的審査主義はとらない）。したがって、実体的権利関係を反映しない登記も時折出現する。

第3節　不動産物権変動と対抗(1)
――不動産物権変動における「対抗」の意義

1．176条の意思主義と177条の不動産物権変動における対抗

176条は、物権変動における意思主義を規定し、例えば不動産甲の売買契約においては、所有権移転につき引渡しや登記などの特別の形式なしに、意思表示のみで売主Ａから買主Ｂへ甲の所有権は移転するとし、それに続く177条は、所有権移転などの不動産の物権変動は、登記をしないと第三者に対抗できないとしている（地上権や抵当権設定などの物権変動も同様）。

そこで、前記第1節の1に掲げた二重譲渡のケースが登場する。同様のことは、甲土地所有者ＡからＢが甲土地につき建物所有の目的で地上権の設定を受け甲土地の引渡しを受けたけれども、地上権設定登記（借地借家法10条1項の対抗要件でも可）を備えないうちに、Ａが甲土地を第三者Ｃに譲渡してＣがＡから所有権移転登記を受けた場合にも起こり、177条によれば、地上権者Ｂは地上権を、所有権移転登記を備えた甲土地譲受人Ｃに対抗できないことになる（ＢはＣに対して地上権設定登記を請求し得ない）。逆に甲土地譲受人Ｃは、甲土地所有権に基づいて地上権者Ｂに対して甲土地の引渡しを請求できる。以下では、**二重譲渡**を例に説明する。

このことは、甲土地所有者Ａがすでに甲土地をＢに譲渡した場合であっても、Ｂに所有権移転登記をしていないときは、なおＡが甲土地を第三者であるＣに**二重に譲渡**することが可能であることを示している。

しかし、売主Ａから買主Ｂに甲土地が売買されてＢが代金を支払った場合、甲土地につきＢに所有権移転登記がなされていなくても甲土地所有権はＢに移転しており、売主Ａはもはや B所有の甲土地所有権をＣに移転できないのではないか、したがって、第2譲受人Ｃの登記は実体関係を伴わない無効の登記ではないか、との疑問が生ずる。この点をどのように説明するかが問題となり、学説上見解がさまざまに分かれているが、ここでは主要な学説のみを取り上げる（さまざまな学説については、川井Ⅱ・28頁以下、近江Ⅱ・69頁以下参照）。

2. 176条と177条との関係についての学説

(1)不完全物権変動説　この説は、従来の多数説（我妻＝有泉・149頁など。最判昭33・10・14民集12-14-3111、最判昭39・3・6民集18-3-437〔百選Ⅲ・74事件〕なども同様）といってよいであろう。この説は、甲土地譲受人Ｂが、所有権移転登記を備えていなくても、売買契約当事者間（ＡＢ間）でも第三者（例えば二重譲受人Ｃ）に対する関係でも物権変動は生ずるが、わが国では公示の原則の適用として対抗要件制度が採用されているから、登記を備えない限り完全に**排他性のある権利変動**を生ぜず（ＢはＣに対して所有権を主張できない）、したがって売主Ａも**完全な無権利者とはならない**から、売主Ａがさらに甲土地を第三者Ｃに**譲渡することは可能**であると考える。

この説は、したがって、登記を備えた第三者である第2譲受人Ｃの側から、ＡからＢへの物権変動の効力を認めることは差し支えないとする。また、ＡからＢおよびＣに**二重譲渡**がなされたが、第1譲受人Ｂも第2譲受人Ｃもともに登記を経由していないときは、互いに自己の所有権を他方に対抗し得ないとする（ＢであれＣであれ、原告となってＣまたはＢに対して所有権存在確認の訴えや所有権に基づく引渡請求訴訟などを提起した場合、原告となった者の請求は棄却される）。

この説に対しては、売主Ａと未登記のＢとに所有権が帰属するというのは、一物一権主義に反するのではないか、また、第1譲受人Ｂは、登記を備えない間は完全な所有権を取得できないというのは、176条の意思主義に反するのではないか、などの批判がある。

(2)法定制度説　この説は、176条は意思表示のみにより不動産物権変動は生ずるとするが、**177条**が存在することによりわが国では**二重譲渡の可能性が法律上認められている**と理解すれば足りるとする（鈴木・134頁、星野Ⅱ・39頁以下など、この説に立つ学説が現在では多い）。この説の論者は、不完全物権変動説に親和的ではあるが、不完全物権変動説では必ずしも理論的に説明し切れていないとして、端的に**条文に根拠**を求めているともいえる。確かに不完全物権変動説にはそのような側面がないとはいえないが、第2章第4節で見た所有権の移転時期の問題は、売買契約当事者間の問題であり、第三者が登場したときについては、不完全物権変動説は巧みな説明であるから、不完全物権変動説を支持してもよいのではなかろうか。

⑶公信力説　この説は、売主Ａから買主Ｂへ甲土地の譲渡がなされて176条によりＢへ所有権が移転した以上Ａは**無権利者**となるから、Ａからの第２譲受人Ｃは甲土地所有権を取得できないという見解に立った上で、Ｃに所有権取得が認められることがあるのは、売主Ａに登記があるためＡを所有者と信じて買い受けたＣが、一種の**登記の公信力**により保護されることによるとする（第三者Ｃが悪意または善意有過失の場合は保護されない）。しかし、わが国では登記に公信力はないとするのが判例・通説であるので（☞第３章第２節2⑵）、この説をとる論者は少数である。

第4節　不動産物権変動と対抗⑵
——登記を必要とする物権変動（物権変動の原因）

1. 問題の所在

177条は、不動産の物権変動は、登記をしないと第三者に対抗できないと規定するが、第1に、あらゆる物権変動は登記なしには第三者に対抗できないのか、第2に、あらゆる第三者との関係で登記なしには物権変動を対抗できないのかが問題となる。

第１の問題は、不動産物権変動は、一般には売買契約や地上権設定契約など意思表示により生ずるが、時効取得や相続など意思表示によらないでも生ずるのであり、このような意思表示によらない物権変動についても、登記なしには第三者に対抗し得ないのかというものである。176条は、意思表示による物権変動につき規定するが、そのすぐ後に規定されている177条の文理からすると、すべての不動産物権変動は第三者に対抗するためには登記を必要とするとしているようにも読めるので、この点を検討する必要がある。

第２の問題は、例えば、Ａ所有の甲土地をＢが買い受けて代金を支払ったが、Ａからまだ所有権移転登記を受けていない場合に、甲土地を不法占拠するＣに対してBは未登記のままでは所有権に基づいて甲土地の返還を請求し得ないのか、といった問題である。

(1)民法典起草者の立場　フランス法においては、第1の問題である登記なしに対抗し得ない物権変動の原因についても、第2の問題である登記なしに対抗し得ない第三者の範囲についても、一定の場合には登記なしに対抗し得るとする**制限説**の立場がとられていたが、民法典起草者は、公示を促進する立場から、いずれの要件についても、例外なしに登記なしには対抗し得ないとする**無制限説**の立場を採用したとされる（七戸克彦「判批」百選Ⅰ・110頁）。

(2)判例の立場　古く判例は、起草者意思に反していずれの要件についても制限説を採用したが、その後、曲折を経て1908（明治41）年の2つの連合部判決により次のような立場を採用した。

(a)物権変動の原因については無制限説　第1に、判例は、登記なしに対抗し得ない物権変動の原因については、当事者の意思表示による物権変動のみならず、家督相続のような法律の規定により生ずる物権変動にも177条は適用されるとして、**無制限説**に立った（大連判明41・12・15民録14-1301〔百選Ⅰ・54事件〕、大連判大14・7・8民集4-412〔時効取得〕）。

(b)登記なしに対抗し得ない第三者の範囲については制限説　その上で、判例は、第2に、登記なしに対抗し得ない177条の第三者は、当該不動産につき「正当の利益」ないし「正当の権原」を有し、登記欠缺を主張する正当の利益を有する第三者に限られ、無権原者や不法行為により損害を加えた者などは第三者に含まれないとして、登記なしに対抗し得ない第三者の範囲については**制限説**に立った（大連判明41・12・15民録14-1276）。この第2の問題については、あらためて後記第5節で検討する。

(3)登記を必要とする物権変動（物権変動の原因）　以下、本節では、第1の問題を検討する。

売買契約、贈与契約、地上権設定契約、抵当権設定契約など意思表示による物権変動については、対抗要件として登記を必要とする（遺贈と登記については、家族法で学習する）。これに対して、取消し、解除、相続、時効取得などによる物権変動については、判例は、一定の場合に登記なしに物権変動を第三者に対抗し得るとしている。判例は、いかなる場合に、どのような理由で、登記なしに物権変動を第三者に対抗し得るとしているか、また、学説はどのように考えているのかにつき、以下検討する。

2. 取消しと登記

(1)設例　Ａ所有の甲土地につきＡＢ間で売買契約が締結され、代金支払いと引換えにＢに甲土地の引渡しと所有権移転登記がなされたが、ＡＢ間の売買契約（法律行為）には、錯誤（95条）、Ｂの詐欺または強迫（96条1項）、もしくはＡの制限行為能力（5条2項・9条本文・13条4項・17条4項）を理由とする取消原因があったとする。甲土地売買契約が取り消される前に甲土地をＢがＣに譲渡して引渡しがなされ（Ｃに所有権移転登記がなされていることが多いが、登記がまだなされていないこともある）、次いで甲土地売買契約が取り消された場合、取消しによる甲土地所有権をＡがＣに対抗するには、登記を必要とするか（**「取消前の第三者」**のケース）、また、甲土地売買契約が取り消された後に、Ｂがまだ甲土地の所有権移転登記が自分の所にあることを利用して、甲土地をＢからＣに譲渡して引渡しがなされた場合（Ｃに所有権移転登記がなされていることが多いが、登記がまだなされていないこともある）、取消しによる甲土地所有権をＡがＣに対抗するには、登記を必要とするか（**「取消後の第三者」**のケース）。

(2)取消しの効果（遡及的無効）　取消しの効果につき、民法は**遡及的無効**とする（121条）。そうとすると、甲土地売買契約が取り消された場合、甲土地の所有権はＡにあり続けたことになるから、ＢはＡから所有権を取得せず、した

〔取消前の第三者〕

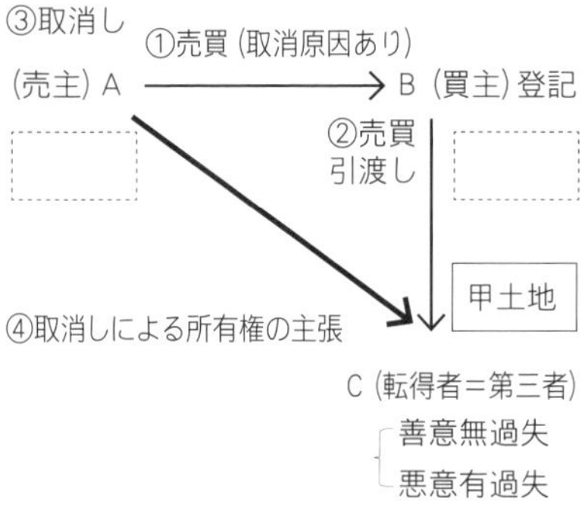

〔取消後の第三者〕

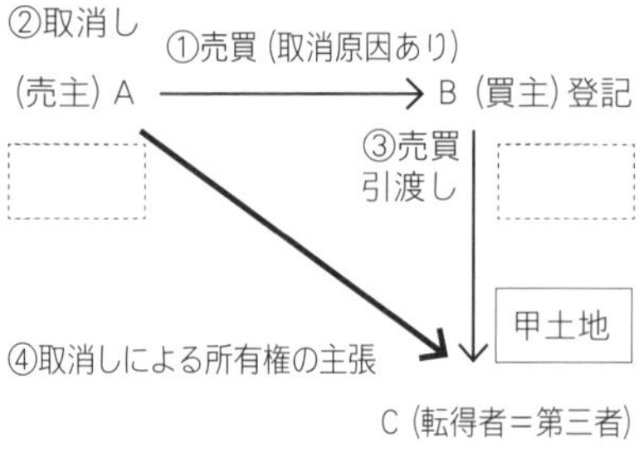

がってＣも所有権を取得し得ず無権利者ということになる。そこで、Ａは甲土地につき所有権移転登記を備えていなくても、甲土地所有権をＣに主張することができることになるはずである（Ａは、ＣからＡへの甲土地の引渡しおよびＢからＣへの所有権移転登記の抹消登記手続またはＣからＡへの所有権移転登記手続を請求し得るはずである）。しかし判例は、「取消前の第三者」のケースと「取消後の第三者」のケースとで、全く取り扱いを異にしている。

⑶判例の考え方　判例は、前記⑴の設例の「**取消前の第三者**」のケースにおいては、**遡及的無効**の考えを原則として貫くが、「**取消後の第三者**」のケースにおいては、取消権者Ａは登記なしに第三者Ｃに対して甲土地所有権を主張し得ないとする**対抗要件主義**の考えに立つ（「**遡及効切断説**」ともいう）。

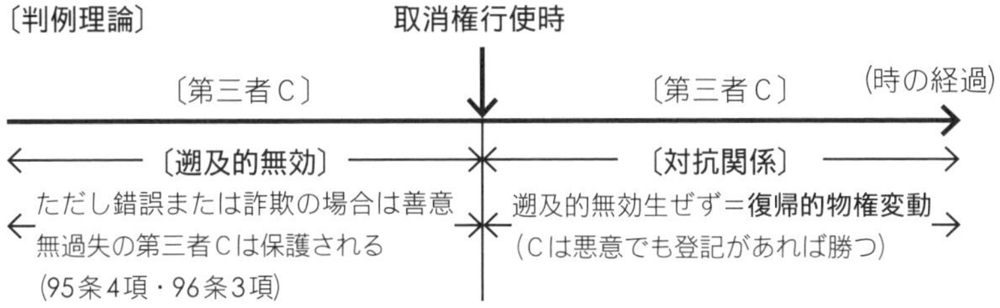

(a)取消前の第三者との関係　ⅰ遡及的無効　「取消前の第三者」との関係では、取消しの遡及的無効が貫かれている。したがって、取消前の第三者Ｃがすでに所有権移転登記を備えていたときも、取消権者Ａは、登記なしにＣに対して甲土地所有権を主張し得る（☞⑵に述べたようになる）。

ⅱ錯誤・詐欺取消しの場合の例外的取扱い　もっとも、錯誤または詐欺による取消しの場合には、善意無過失の第三者との関係で例外的取扱いがある。

(α)善意無過失の第三者　錯誤取消しについては95条4項が、詐欺取消しについては96条3項が、それぞれ錯誤または詐欺による意思表示の取消しは、善意無過失の第三者に対抗することができない旨規定する（強迫の場合と異なり、錯誤または詐欺の場合は、Ａの保護よりも善意無過失の第三者の保護を図るべきだとの判断による）。したがって、Ｂからの譲受人Ｃが、ＡＢ間の売買契約が錯誤またはＢの詐欺によるものであったことを過失なしに知らないで（善意無過失）甲土地を買い受けた場合には、Aは錯誤取消しまたは詐欺取消しによる遡及的無効で甲土地所有権はAにあることをCに主張することができないから（大判昭17・9・30民集21-911〔百選Ⅰ・55事件〕）、AはCに対して甲土地引渡しおよび所有権移転登記手続を請求し得ないことになる。

(β)善意無過失の第三者の登記の要否　善意無過失の第三者Cが95条4項または96条3項により保護される場合、CはBから所有権移転登記を経由している必要があるか。判例は、登記不要説をとるかに見えるが、必ずしもはっきりしない（最判昭49・9・26民集28-6-1213〔百選Ⅰ・23事件〕。同旨、近江Ⅱ・95頁、山田卓生「法律行為の取消しと登記」民法の争点99頁など）。

最判昭49・9・26民集28-6-1213のケース　この判例は、Aから詐欺により条件付き所有権を取得し、条件付き所有権移転の仮登記を経由したBより、善意のCが仮登記上の権利を取得して移転の付記登記を経由していたケースである。仮登記上の権利の移転については、その公示方法は、移転の付記登記であるから、第三者Cは取得した権利につき対抗要件を具備していたといえるケースである。

学説は、登記必要説（多数学説）と登記不要説（有力説）に分かれている。**登記必要説**は、取消しにより遡及的無効となるのだから、本来は売主Aが保護されるべきであるが、Aが不注意のために錯誤に陥りまたは詐欺にかかり、他方、Cが善意無過失であるので、民法は95条4項または96条3項により善意無過失の第三者Cの保護を図ったのだから、Cが保護されるためにはCとしてもなすべきこと（登記）をなしておく必要があるとして、対抗要件としての登記ではなく、「**保護要件（保護資格要件）としての登記**」が必要であるとする（近江Ⅱ・96頁、内田Ⅰ・85頁など）。**登記不要説**は、95条4項または96条3項は、実体的判断上、善意無過失の第三者の動的安全を保護することとしているのであるから、取消権を行使した売主Aとの関係では登記不要と解すべきなどとする。代金を支払ったCを保護すれば足りると考えれば、代金支払いと登記とは原則として同時履行となるから、登記必要説が妥当であろう。

(b)取消後の第三者との関係　ⅰ対抗関係　判例（前掲大判昭17・9・30）は、取消権者Aと取消し後の第三者Cとの関係については、遡及的無効の構成をとらず、取消しによるBからAへの「**復帰的物権変動**」とBからCへの**売買によ**

る所有権移転との**対抗関係**となり、先に登記を備えた方が、他方に対して所有権を対抗し得るとする。したがって、〔取消後の第三者〕のケースにおいては、ＢからＣへの所有権移転登記がなされる前に、ＡがＢの所有権移転登記の抹消登記手続を実現できＡの登記に回復できた場合には、ＡはＣに対して甲土地所有権を対抗し得る（甲土地の引渡しを請求し得る）が、Ａが登記を回復する前に、ＢからＣへ所有権移転登記がなされた場合（前掲大判昭17・9・30は、このケース）には、ＡはＣに対して甲土地所有権を対抗し得ず（Ｃの所有権移転登記の抹消登記手続および甲土地の引渡しを請求できない）、逆にＣがＡに対して甲土地所有権を対抗し得る。

ⅱ第三者の善意・悪意不問　取消権者Ａと取消し後の第三者Ｃとが対抗関係になるということは、後述の登記なしに対抗し得ない第三者の範囲についての判例理論からすると、第三者Ｃが、ＡＢ間の売買契約が取り消されたことを知りつつ（悪意または有過失）、Ｂから甲土地を買い受け所有権移転登記を経由した場合であっても、取消権者ＡはＣに対して甲土地所有権を主張できないことを意味する（☞第5節3(2)(b)）。逆に、ＡＢ間の売買契約取消後に、ＣがＡＢ間の売買契約が取り消されたことを過失なしに知らずに（善意無過失）買い受けた場合であっても、ＣがＢから所有権移転登記を受ける前にＡがＢから登記を回復したときには、Ｃは甲土地所有権取得をＡに対抗できないことを意味する（前掲大判昭17・9・30）。このことは、**錯誤または詐欺取消しの場合も同様**であって、したがって、**95条4項および96条3項は、取消後の善意無過失の第三者については適用はなく**、取消前の善意無過失の第三者についてのみ適用される規定だということになる。

(c)判例理論の基礎にある考え　判例は、取消前の第三者Ｃとの関係では、**取消しの遡及効**（121条）を認めるが（ただし錯誤または詐欺取消しの場合、善意無過失の第三者との関係で例外がある）、取消後の第三者との関係では取消しの遡及効は生ぜず、取消しによる復帰的物権変動と第三者への所有権移転との**対抗関係**が生ずるとするものである（「**遡及効切断説**」とも呼ばれる）。なぜ判例がこのような考えをとるのかを判例は明らかにしていないが、次のように考えることができよう。

すなわち、取消前の第三者との関係では、取消権者Ａは取消前にあらかじめ取消しにより回復される所有権の登記をしておくことができないから、第三者との関係でも121条の遡及的無効をそのまま認め、登記なしに第三者Cに所有権を主張し得るとする必要がある。これに対して、取消後の第三者との関係では、取消権者Aは第三者Cが権利取得につき登記を備える前に、回復した所有権につき登記を備えることができるのであるから（Bが登記の回復に応じないときは、Aはさしあたり処分禁止の仮処分〔民保23条1項・53条1項〕をかけて、Bによる甲土地の処分を禁止しておくことができる)、対抗関係として扱ってよい(対抗要件主義の適用)。判例は、このような考えに基づくものであるといえよう。

(4)学説の考え方　学説上は、判例理論に賛成する説が多いが（我妻＝有泉・95頁以下、近江Ⅱ・97頁以下)、判例理論の問題点を指摘して、以下のような有力説も展開されている。いずれにしてもこの問題は、取消権を行使したAとBからの譲受人Cとの利害をどのようにして調整するのが妥当と考えるべきかであり、学説上は、Aが取消可能であるにもかかわらず取消権を行使していない場合、Aが取消権を行使したのに登記を回復していない場合、第三者Cが取消権が行使されたことにつき悪意（または善意有過失）である場合などを、どのように評価すべきかで見解が分かれている。

(a)対抗要件主義徹底説　この説は、判例理論によれば、取消権者Aが取消原因（錯誤、詐欺・強迫、制限行為能力など）の存在に気づいていながら取消権を行使しないで**放置**している間に、取消原因の存在につき**善意無過失の第三者**Cが甲土地を買い受けて登記を備えた場合も、Cは「取消前の第三者」とされ、取消権者Aが甲土地所有権を主張し得る（錯誤および詐欺取消しの場合を除く）のは適切ではないのであり、制限行為能力を理由とする取消しの場合を除き、**取消権発生の原因がやみ、かつ取消権者Aが取消しの理由のあることを知った後にBから買い受けた第三者Cとの関係**では、**対抗関係**として扱うべきであるとする（鈴木・145頁以下)。この説に対しては、次の(b)説は、取消可能時以降に登場する悪意の第三者が保護されてもいいのかと批判する。

この説とほぼ同様であるが、取消制度の趣旨に鑑み、取消前の第三者CがAに取消原因があることを知っていた場合、および取消後の第三者CがAが取り消したことを知っていた場合は、Cを**「背信的悪意者」**として扱うことを原則とすべきであるから、Aは登記なしに甲土地所有権の回復をCに対抗し得るとする説があり（広中・123～131頁）、この説は、悪意の第三者Cとの関係では取消権者Aを保護しようとする点で、次の(b)説と共通する。

(b)遡及的無効貫徹説　この説は、①判例理論は、取消しの前後で遡及的無効が生じたり生じなかったりしており**理論的ではない**こと、②判例理論によれば、制限行為能力や強迫を理由とする取消しの場合、取消前の第三者は善意無過失でも保護されないのに、取消後の第三者は悪意でも登記を備えていれば取消権者に対抗し得ることになり、妥当性を欠くこと、③取消しによる遡及的無効からすれば、**悪意の第三者まで保護される判例理論は適切ではない**こと、などを理由に判例理論を批判する。

その上でこの説は、取消権者Aは、取消しによる遡及的無効（121条）により、取消前の第三者Cに対しても（ただし、錯誤または詐欺による取消しの場合の善意無過失の第三者を除く）、取消後の第三者Cに対しても、登記なしに対抗できるのが原則であるが、取消時または取消可能時（あるいは追認可能時。錯誤または詐欺による取消しの場合は、取消前の善意無過失の第三者は95条4項または96条3項により保護されるから、取消時でよい。）以降に目的不動産につき権利を取得した善意あるいは善意無過失の第三者Cは、**94条2項の類推適用**により保護されるとする（四宮＝能見・334頁、内田Ⅰ・84頁など）。取消後の悪意（AB間の売買契約が取り消されたことを知っている）の第三者まで保護する必要はなく、遡及的無効貫徹説に立ち、Aの帰責性の要件を緩和することにはなるが（取消し後ただちにAに登記名義を回復しなかった点にAの帰責性を求める）、94条2項類推適用により善意無過失の第三者を保護することで足りると解する説も、十分説得的であろう。

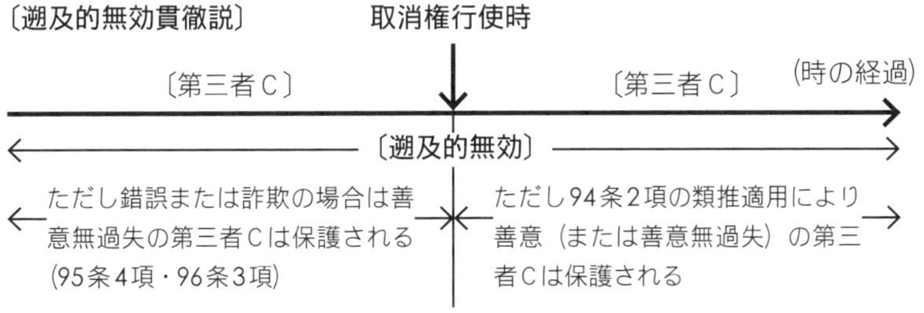

《展開》取消し後の法的処理　前記2(1)の設例でＡＢ間の甲土地売買契約取消後、Ｃが Ｂから甲土地を買い受けて登記を備えたために、ＡがＣに対して甲土地所有権を主張し得ない場合、Ａは甲土地を取り戻せないことになる。この場合、ＡＢ間の売買契約は取り消されているので、ＡＢ間では原状回復義務が生ずる。錯誤、詐欺または強迫を理由とする取消しの場合には、売主Ａは、買主Ｂから受け取った代金をＢに返還し(121条の2第1項。この場合も、利息を付すべきだとする見解が有力である。なおＡが制限行為能力者であるときについては、121条の2第3項後段の適用がある)、買主Ｂは甲土地を売主Ａに返還することができないから、ＢからＣへの甲土地売買時の不動産の価額相当額の金銭（悪意の受益者とされる場合には、利息を付す。704条）を返還することになる(価額償還義務。潮見佳男『民法（債権関係）改正法の概要』30頁〔金融財政事情研究会・2017年〕)。

3. 解除と登記

(1)解除の意義　契約が締結されたが、契約解除の原因が生じた場合に、一方の当事者の意思表示により契約を終了させることを解除という（540条参照)。解除原因には、当事者があらかじめ合意により解除権を一方または双方に留保している場合の**約定解除権**と、一定の事由が発生した場合に法律上当然に一方の当事者に解除権が発生する**法定解除権**とがある。次の例は、一方の当事者に債務不履行が生じた場合に、一定の要件のもとに他方の当事者に解除権が発生するもので（541条参照)、法定解除権にあたる。なお、契約の効力が発生した後に契約の終了を当事者が合意する**合意解除**もあるが、これは解除の合意自体が別個の新たな1個の契約であり、その効果は合意により定まるから、ここでは対象としない。解除につき詳しくは債権法の講義で学習するが、ここでは、前記2の取消しと登記との関連で、不動産売買契約の解除と登記の問題を検討する。

(2)設例　Ａ所有の甲土地につきＡＢ間で売買契約が締結され、代金の半分の支払いと引換えにＢに甲土地の引渡しと所有権移転登記がなされたが、その後、買主Ｂの残代金支払債務の履行遅滞（債務不履行）を理由とする売買契約の解除原因が生じたとする。甲土地売買契約が解除される前に甲土地をＢがＣに譲渡して引渡しがなされ（Ｃに所有権移転登記がなされていることが多いが、登記がまだなされていないこともある)、次いで甲土地売買契約が解除された場合、解除による甲土地所有権をＡがＣに対抗するには、登記を必要とするか（「解除前の第三者」のケース)、また、甲土地売買契約が解除された後に、Bがまだ甲土地の所有権移転登記が自分の所にあることを利用して、甲土地をBからCに譲渡して引渡しがなされた場合（Cに所有権移転登記がなされていることが多いが、登記がまだなされていないこともある)、解除による甲土地所有権をAがCに対抗するには、登記を必要とするか（「解除後の第三者」のケース)。

〔解除前の第三者〕

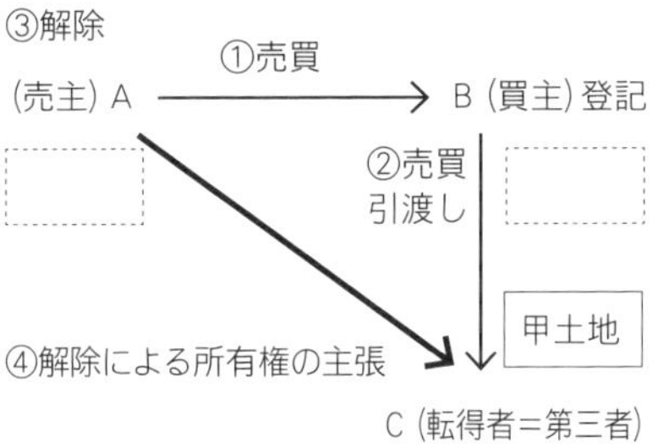

〔解除後の第三者〕

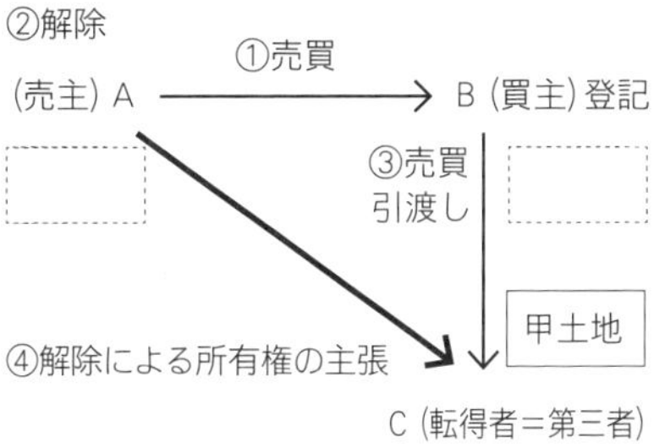

⑶問題の所在――解除の効果と第三者　解除の効果については545条が定めており、その1項は、「当事者の一方がその解除権を行使したときは、各当事者は、その相手方を原状に復させる義務を負う。ただし、第三者の権利を害することはできない。」と規定する。取消しの効果につき121条は、遡及的無効としていたが、解除については、当事者に**原状回復義務**が生ずるとし、契約の遡及的消滅という表現は使用していない。そこで、不動産売買契約の解除の場合、単に当事者に原状回復の債権的義務が生じ、その履行がなされて初めて契約が消滅し、また売主に所有権が復帰するのかが、問題となる。また、545条1項但書は、第三者の権利を害することはできないとしており、この点も取消しの効果と大きく異なっている。以下に見るように、解除の効果について判例は、545条の文言から離れて、売買契約が遡及的に消滅するとする考えに立っており、取消しと登記の場合と類似のアプローチをする。

⑷判例および学説　⒜直接効果説　判例および伝統的な学説（我妻＝有泉・102頁以下など）は、解除の効果について直接効果説をとる。**直接効果説**とは、契約解除の意思表示により債権的効果も物権的効果も**遡及的に消滅**するとする見解である（物権行為の独自性を否定する判例・通説の立場)。すなわち判例

は、「解除によって売買契約が**遡及的に効力を失う**」とし（最判昭51・2・13民集30-1-1〔百選Ⅱ・45事件〕）、また、「特定物の売買により買主に移転した所有権は、解除によって当然**遡及的に売主に復帰**する」（最判昭34・9・22民集13-11-1451）、とする。そこで、民法は、第三者を保護する必要から、545条1項但書に、解除により第三者を害することはできないとする規定を置いたと理解する。直接効果説は、解除の効果も遡及するという点については、取消しの効果（遡及的無効）と同様に考えるものである。

ⅰ解除前の第三者　解除前の第三者Cについては、545条1項但書が適用され、売主Aは、解除による甲土地所有権の遡及的復帰を第三者Cに主張し得ない。錯誤または詐欺取消前の第三者（95条4項または96条3項）と異なり、第三者Cに善意無過失が要求されていないのは、AB間に債務不履行の事実がありそれを第三者Cが知りつつ取引をしたかどうかは、第三者保護の考慮要素にはならないと考えられるからである（Aは、解除をせずに未払いの代金の支払いをBに請求することもできる）。

もっとも、解除前にBから甲土地を買い受けたCが545条1項但書の適用により保護されるためには、Cは**登記を備えている必要**があるとされている（大判大10・5・17民録27-929〔特定動産の売買のケース。引渡しが必要とする〕、最判昭33・6・14民集12-9-1449〔債務不履行解除ではなく合意解除のケース〕）。545条1項但書により売主Aは解除により第三者Cの権利を害することができないとされているのだから、第三者Cに要求されるこの登記は、対抗要件としての登記ではなく**保護要件（保護資格要件）としての登記**と解される（内田Ⅱ・101頁）。しかし、判例は、保護要件としての登記という考え方をとっているわけではない。この考えに立つと、第三者Cが登記を備えていない場合は、AがBから登記を回復していないときでも、AはCに甲土地所有権を主張できる。

ⅱ解除後の第三者　解除後の第三者Cと解除した売主Aとの関係については、判例（大判昭14・7・7民集18-748、最判昭35・11・29民集14-13-2869〔百選Ⅰ・56事件〕）および伝統的学説は、545条1項但書の適用はないとし、取消しと登記の場合と同様、解除によるAへの復帰的物権変動とCへの所有権移転との**対抗関係**になり、先に登記を備えた方が勝つとする。ACそれぞれ自己の物権変動につき登記を備えることができる状態にあることがその理由となる。

(b)間接効果説　この説は、解除により契約の効力は遡及的には消滅せず（直接的効果説によると545条4項の損害賠償請求の説明が困難となる）、契約の作用が阻止されるだけであり（物権の遡及的復帰は生じない）、原契約（売買契約）上の債権関係は、**原状回復の債権関係に変形**し、その履行があって初めて消滅するとする。そして、すでに履行された債務（先の例でAからBへの所有権移転登記義務、甲土地引渡義務、BからAへの代金の一部支払債務）については、原状回復義務が生ずるが、未履行債務（Bの残代金支払債務）については、消滅せずに、履行拒絶の抗弁権が生ずるとする（鈴木・127頁、同・債権161頁以下は、解除と登記の問題は給付不当利得の問題として解決することができ、給付不当利得は間接効果説を発展的に解消させたものといえるとする）。

この説によると、**解除の前後を問わず**、解除した売主Aには、解除によりBからAへの復帰的物権変動が生じ、第三者CにはBからCへの所有権移転が生ずるから、**二重譲渡と同様の関係**となり、解除の前後を問わず先に登記を備えた方が勝つことになる。この説によると、解除により物権の遡及的復帰は生じないから、第三者を害することにはならないのであり、545条1項但書は**当然のことを規定**しているにすぎないことになる。

(c)折衷説　この説は、契約の効力は、解除の時から将来に向かって消滅すると考えるから、未履行債務については将来に向かって消滅するが、既履行債務については消滅せず、新たな返還請求権（目的物所有権返還請求権）に変容し、これが履行されることによって消滅するとする（広中・各論352頁、近江Ⅱ・103頁など）。解除者Aと第三者Cとの関係については、(b)の間接効果説と同様になる。

4. 相続と登記

不動産甲を所有するAの死亡により、甲はA（被相続人）の相続人に包括的に承継される。

(1)単独相続の場合　相続人がB1人である場合（単独相続）は、Bが被相続人Aの登記名義となっている不動産甲につき相続を原因とする所有権移転登記を備えていなくとも、相続人以外の者による甲の処分は有効には行われないから、相続不動産甲をめぐって相続人Bと第三者との対抗問題は生じない。仮に第三者が偽造書類などにより甲につき自己名義に所有権移転登記をしても第三者は無権利者であり、登記には公信力がないから、この者からの譲受人もやはり不動産を取得できない。

(2)共同相続の場合　これに対して相続人が複数存在する場合（共同相続）には、900条から902条の規定により算定したそれぞれの法定相続分等を共有持分権とする共同相続人の共有となり（898条1項・2項〔新設〕）、相続財産の共有は、249条以下に規定する「共有」とその性質を異にするものではないとされる（最判昭30・5・31民集9-6-793。☞第2編第1章第6節1(1)）。

共同相続の場合に、その後、遺産分割や遺言による相続分の指定などによって相続人間の権利関係が確定しそれに従った登記がなされる前に、以下の(a)～(e)に示すような事態が生じた場合、どのような法律関係になるか、177条により処理されるかが問題となる。

この点については、2018（平成30）年相続法改正で、共同相続における権利の承継の対抗要件として、899条の2が新設され、その1項は、「相続による権利の承継は、遺産の分割によるものかどうかにかかわらず」、900条および901条の規定により算定した法定「相続分を超える部分については、登記、登録その他の対抗要件を備えなければ、第三者に対抗することができない」としたので、これが従来の解釈論に大きな影響を与えることになった。

899条の2第1項の「相続による権利の承継」には、遺産分割のほか、遺言による場合（遺言による相続分指定〔902条1項〕と遺産分割方法の指定〔908条。特定財産を特定の相続人に相続させる旨の遺言もこれに入る〕）が含まれる。従来の解釈論は、相続分の指定や遺産分割方法の指定は、特定承継（特定の原因に基づいて個々の権利または義務を承継）である特定物の遺贈（最判昭39・3・6民集18-3-437〔百選Ⅲ・74事件〕は、177条が適用され、登記を対抗要件とするとした）と異なり、**相続を原因とする包括承継**（権利および義務を一括して承継）であることから、177条の適用はなく登記なしに対抗できるとしてきた。しかし、相続分の指定や遺産分割方法の指定も、被相続人の意思表示によって法定相続分を変更するという意味を有しているし、また、相続不動産あるいは共有持分権を譲り受ける第三者やこれらを差し押さえる第三者にとっては、法定相続分は分かっても、遺言による相続分の指定や遺産分割方法の指定の有無や内容は、必ずしも分からない。そこで、**包括承継である相続**の場合にも、法定相続分を超える部分については、登記を備えなければ第三者に対抗することができないとすることに合理性があると考えられ、899条の2第1項が設けられたものであり、この規定は、特定承継の場合の177条と同様、第三者の取引の安全や差押債権者の不測の損害の防止を測ろうとするものである。したがって、包括承継である相続による権利の承継の場合の第三者対抗要件につき899条の2第1項が設けられたことにより、包括承継である相続の場合に第三者との対抗が問題となるときには、今後は、特定承継を前提とする177条ではなく、899条の2第1項が適用されることになろう。なお、特定物の遺贈は特定承継であるから、従来と同様177条が適用される。

以下の各場合につき、どのように解すべきか、従来の解釈論と899条の2第1項を前提とした新しい解釈論を見ていく。結論を先取りして述べれば、(a)〜(d)はいずれも899条の2第1項により処理される。以下、共同相続人であるBとCの2人が各1/2の法定相続分を有する例で説明する。

(a)遺産分割前の法定相続分を超えた譲渡　例えば、Aが死亡しBとCが共同相続したが（相続分各1/2）、共同相続人の1人Cが、遺産分割協議書を偽造して相続不動産である甲土地につきCの単独相続の登記をして、この甲土地を第三者Dに譲渡しCからDへの所有権移転登記がなされた場合、他の共同相続人Bは、法定相続分に相当する自己の持分権（1/2）を登記なしに第三者Dに対抗し得るか。

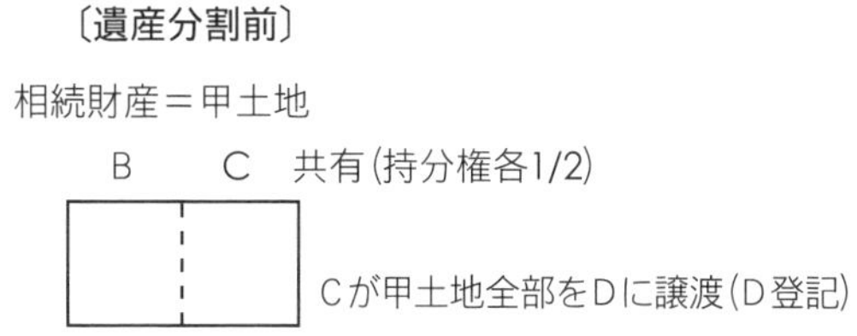

判例（最判昭38・2・22民集17-1-235〔百選Ⅰ・59事件〕）・多数学説（近江Ⅱ・114頁、安永・57頁など）は、相続人Cの登記は、相続人Bの持分に関する限り無権利の登記であり、わが国では登記に公信力が認められていないので、譲

受人DもBの持分については権利を取得し得ないとし、したがって、相続人Bは登記なしに法定相続分に相当する自己の持分権（1/2の共有持分権）をDに対抗し得るとしてきた（登記不要説）。

それでは、相続人Cからの譲受人Dが善意（甲土地全部がCのものと思っていた）の第三者である場合、Dを保護する必要はないか。判例は、善意の第三者の保護を特に考えていないが、94条2項の類推適用による善意の譲受人Dの保護を考える説も有力であった。94条2項の類推適用のために必要とされる他の相続人Bの帰責事由としては、BがC名義の登記を知ったのに自己の持分についての一部抹消（更正）登記手続の請求や処分禁止の仮処分などをせずに放置していた点などに求められた（広中・147頁。安永・57頁は、BがCの虚偽の登記を承認していた場合に帰責性ありと解すべきであるとする）。なお、各共同相続人は、相続開始後ただちに、**共同相続登記**（不登63条2項）を単独で申請することができる（☞第2節5⑵）。

新しく制定された899条の2第1項は、共同相続の場合、法定相続分を超える部分については、登記を備えなければ第三者Dに対抗することができないとしており、このことは逆に法定相続分に相当する相続不動産上の持分権については、登記を備えることなく第三者に対抗できることを意味している。したがって、⒜は899条の2第1項により処理される。これは、899条の2第1項が、従来の判例・多数学説に依拠し、Bの法定相続分に相当する相続不動産上の持分権を他の相続人Cが譲渡することは、無権利者による譲渡であり、登記に公信力がないため第三者Dは権利を取得し得ないという考えに立っていることを意味している。899条の2第1項は、善意の譲受人Dの保護については触れていないので、この点については従来の議論がなお継続することになる。私見としては、善意の第三者の保護は、94条2項の類推適用により図るべきであり、C名義の単独登記がなされたことをBが知りながら長期に渡り放置していたような場合に、Cからその法定相続分を超える持分を譲り受けた善意のDを保護すべきではないかと考える。

⒝遺産分割前または遺産分割後の遺産分割による持分権を超えた譲渡　遺産分割の効果については、909条本文が、「遺産の分割は、相続開始の時にさかのぼってその効力を生ずる。」とし、同条但書が、「ただし、第三者の権利を

〔遺産分割前〕

相続財産＝甲土地

B　　C　共有（持分権各1/2）

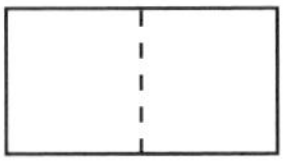

①Cが甲土地の1/2の共有持分権をDに譲渡（D登記）
②その後遺産分割によりBが甲土地全部を取得

〔遺産分割後〕

相続財産＝甲土地

B　　C　共有（持分権各1/2）

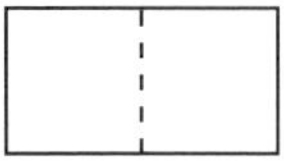

①遺産分割によりBが甲土地全部を取得（B未登記）
②その後Cが甲土地の1/2の共有持分権をDに譲渡（D登記）

害することはできない。」と規定する。そこで、以下のような場合に、遺産分割によって相続不動産である甲土地の全部を取得した相続人Bが、遺産分割前または遺産分割後に、他の相続人CからCの法定相続分に相当する共有持分権を譲り受け所有権移転登記を備えたDに対して、甲土地全部の所有権を主張し得るかが問題となる。

ⅰ遺産分割前に遺産分割による持分権を超える譲渡がなされた場合　例えば、Aの共同相続人B・C（相続分各1/2）のうちCが、遺産分割前に相続不動産である甲土地についてのCの法定相続分に相当する持分権を第三者Dに譲渡したが（D登記経由）、その後遺産分割が行われて他の共同相続人Bが甲土地を単独で相続した場合、BはDに対して登記を備えないまま甲土地全部の所有権を対抗し得るか。

これにつき、通説（我妻＝有泉・108頁など）は、Cからの譲受人Dは、Cの法定相続分に相当するCの持分権（1/2の共有持分権）についてはこれを有効に譲り受けており、909条但書により、相続人Bは、遺産分割前に第三者Dが譲り受けた持分権（1/2の共有持分権）を害することはできないから、Bは遺産分割による甲土地全体の所有権をDに主張し得ないとした。もっとも、この第三者Dは、そのためには甲土地につき持分権（1/2の共有持分権）の登記を備えている必要があるとしてきた。そこで、このDの登記が対抗要件としての登記なのかそれとも**保護要件**としての登記なのかが争われた。

899条の2第1項は、「相続による権利の承継は、遺産の分割によるものかどうかにかかわらず」、法定相続分を超える部分については、登記、登録その他の対抗要件を備えなければ、第三者に対抗することができない、としたことから、設例の場合、今後はこの規定によって処理され、遺産分割によりＢが甲土地全部を相続しても、法定相続分を超える部分については、ＢとＤとの対抗関係になる。すなわち、899条の2第1項は、後掲最判昭46・1・26と同様（☞ⅱ）、Ｂが甲土地全部を相続するとする遺産分割は、相続人Ｃが相続によりいったん取得した権利（1/2の持分権）につき、分割時にＣからＢへの持分権の移転が生じ（第三者との関係では、909条の遺産分割の遡及効として処理しない）、他方、Ｃの有する持分権のＤへの移転も生ずるから、両者は対抗関係に立つという考えをとっているといえる。したがって、Ｄの備えるべき登記は、対抗要件としての登記ということになる。

ⅱ遺産分割後に遺産分割による持分権を超えた譲渡がなされた場合　例えば、Ａの共同相続人Ｂ・Ｃ（相続分各1/2）の遺産分割により甲土地をＢが単独で相続することになったが、その旨の登記をしないうちに、他の相続人Ｃが喪失した持分権（1/2の共有持分権）を第三者Ｄに譲渡し、Ｄが持分権の登記をした場合、Ｂは遺産分割による甲土地全部の所有権を登記なしにＤに対抗し得るか。

判例（最判昭46・1・26民集25-1-90〔百選Ⅲ・72事件〕。Ｃの債権者Ｄが、Ｃに代位して共同相続の登記〔相続を原因とする共有登記〕をし、Ｃの持分〔1/2〕につき仮差押をした事案）・通説は、ＢとＤとは**対抗関係**に立つとしてきた（177条適用説）。すなわち、「不動産に対する相続人の共有持分の遺産分割による得喪変更については、民法177条の適用があり、分割により相続分と異なる権利を取得した相続人は、その旨の登記を経なければ、分割後に当該不動産につき権利を取得した第三者に対し、自己の権利の取得を対抗することができないものと解するのが相当である。」とする。その理由として判例は、①遺産の分割は、相続開始の時にさかのぼってその効力を生ずるものではあるが、第三者に対する関係においては、相続人が相続によりいったん取得した権利につき**分割時に新たな変更を生ずる**のと実質上異ならないものであること、②**909条但書の規定**によれば、**遺産分割は第三者の権利を害することができない**ものとされ、その限度で分割の**遡及効は制限**されているのであって、その点において、絶対的に遡及効を生ずる相続放棄とは同一に論じ得ないこと、③遺産分割後においても、分割前の状態における共同相続の外観を信頼して相続人の持分につき第三者が権利を取得することは、相続放棄の場合に比して多く予想されるところであって、このような第三者をも保護すべき要請は、分割前に利害関係を有するに至った第三者を保護すべき要請と同様に認められること、などをあげた。通説は、これに加えて、④相続人Bは遺産分割時に不動産全部につき自己名義の所有権登記を具備することができること、をあげる。

899条の2第1項が設けられたことにより、上の例において、遺産分割により甲土地を単独で相続することになったBがその旨の登記をしないうちに、Cからの持分権（1/2の共有持分権）譲受人Dが持分権の登記をした場合、今後はこの規定により、Bは法定相続分である甲土地の1/2の共有持分権しかDに対抗し得ないことになる（Dの備えるべき登記は、対抗要件としての登記ということになる）。

(c)法定相続分を超える指定相続分　例えば、被相続人AによりBの相続分を3/4、Cの相続分を1/4とする旨の遺言がなされたが（指定相続分。902条1項）、Cが、相続財産である甲土地につきB・C各1/2の共有持分の相続登記をした上で自己の法定相続分に相当する甲土地の1/2の共有持分権をDに譲渡し、Dがその旨の登記をしたとき、Bは、法定相続分（1/2の持分権）を超える指定相続分に相当する持分権（1/4の持分権）について、登記なしにDに対抗できるか。

従来は、指定相続分（Bの場合、3/4）も、法定相続分と同様に扱われるとされ、DがCから譲り受けた甲土地の1/2の共有持分権のうち1/4の共有持分権の登記は無権利の登記であり、Bは、法定相続分を超える指定相続分に相当する持分権（1/4の持分権）についても、登記なしにDに対抗できるとしていた（最判平5・7・19判時1525-61）。

しかし、899条の2第1項が設けられ、相続による権利の承継は、遺産の分割によるものかどうかにかかわらず、法定相続分を超える部分については、登記を備えなければ、第三者に対抗することができないとしたことにより、Bは、法定相続分（1/2の持分権）を超える指定相続分に相当する持分権（1/4の持分権）については、登記なしにDに対抗できないことになる。

(d)甲土地をBに「相続させる」旨の遺言　例えば、被相続人Aが甲土地を

Ｂに「相続させる」旨の遺言をしたが、Ｂが甲土地につきＡからＢへの相続登記をしないうちに、Ｃが、Ｂ・Ｃ各1/2の共有持分の相続登記をして自己の法定相続分に相当する甲土地の1/2の共有持分権をＤに譲渡し、Ｄがその旨の登記をしたとき、Ｂは、Ａの遺言により取得した法定相続分を超える甲土地全体の所有権を、登記なしにＤに対抗できるか。

特定の遺産を特定の相続人に「相続させる」趣旨の遺言は、特段の事情のない限り、当該遺産を当該相続人に単独で相続させる遺産分割の方法が指定されたものと解すべきであり、この場合、特段の事情のない限り、何らの行為を要せずして、当該遺産は、被相続人の死亡の時に直ちに相続により承継されるとされてきた（最判平3・4・19民集45-4-477〔百選Ⅲ・87事件〕）。

そこで従来は、「相続させる」趣旨の遺言による権利の移転は、法定相続分または指定相続分の相続と本質において異なるところはないのであるから、これらと同様、Ｂは、法定相続分を超える部分（1/2の持分権）についても、登記なしにＣの法定相続分に相当する持分権（1/2の持分権）を譲り受けたＤに対抗できるとされてきた（最判平14・6・10判時1791-59〔百選Ⅲ・75事件〕）。

しかし、この場合も、899条の2第1項が設けられたことにより、Ｂは、法定相続分を超える持分権に相当する持分権（1/2の持分権）については、登記なしにＤに対抗できないことになる。

(e)相続放棄者による放棄により喪失した持分権の譲渡　例えば、Ａが死亡しＢとＣが共同相続したが（相続分各1/2）、共同相続人の1人Ｃが相続を放棄（938条・939条）したため、他方の相続人Ｂが相続不動産甲土地を単独で承継したところ、Ｂが甲土地につき単独相続の登記をしないうちに、相続放棄をしたＣがＢＣ共有の相続登記をした上で相続放棄前の甲土地上の自己の持分権（1/2の共有持分権）をＤに譲渡し、Ｄが持分権につき登記をした場合、Ｂは登記なしに甲土地全部の所有権をＤに対抗し得るか。

相続放棄の効力につき、939条は、「相続の放棄をした者は、その相続に関しては、初めから相続人とならなかったものとみなす。」と規定する。

判例（最判昭42・1・20民集21-1-16〔百選Ⅲ・73事件。Ｃの相続放棄後、Ｃの債権者Ｄが相続人Ｃに代位して未登記建物につきＢＣ共有の所有権保存登記をし、Ｃの持分につき仮差押をした事案〕）・通説（我妻＝有泉・109頁、近江Ⅱ・114頁以下など）は、939条により、相続放棄をした相続人Cは相続開始時に遡って**相続開始がなかったと同じ地位**に置かれることとなり（相続資格の遡及的消滅）、この効力は**絶対的**で、何人に対しても登記等なくしてその効力を生ずると解すべきであるとする。したがって、上記の例で、Bは、単独相続をしたのと同じことになり、Bは登記なしに甲土地全部の所有権を、無権利者Cより甲土地の1/2の共有持分権を譲り受けたDに対抗することができ、BC共有の相続登記およびDの持分権移転の登記（上の判例では、Dの仮差押登記）の抹消登記手続を請求し得ることになる。

この判例は、その理由を特に述べていないが、遺産分割後の第三者と登記に関する前掲最判昭46・1・26（☞(b)ii）は、遺産分割と放棄とで取扱いを異にする理由を述べている。すなわち、①遺産分割の遡及効は、909条但書の規定により第三者の権利を害することはできないが、相続放棄は、**絶対的**に遡及効を生ずること、②相続放棄は、相続開始後**短期間**にのみ可能であり、かつ相続財産に対する処分行為があれば放棄は許されなくなるため、遺産分割の場合と異なり、相続開始後、相続放棄をなし得る時期までの間の第三者の出現を顧慮する余地は比較的乏しいと考えられること、である。さらに、判例を支持する学説は、相続不動産を譲り受けようとする者は、相続放棄できる期間（915条1項〔3か月が原則〕）経過後、相続放棄がないことを家庭裁判所で確かめた上で譲り受ければよいから、判例・通説のような取扱いによっても取引の安全を害さないこと（これに対して、遺産分割については期間の制限はなく、また遺産分割の有無は家庭裁判所では確認できない）なども、その理由にあげている。

そこで、899条の2第1項の適用であるが、同項は、「相続による権利の承継は」としている。相続放棄の場合には、939条により相続放棄をした者は、初めから相続人とならなかったものとみなされるから、前記の例でCは相続人としては扱われず、共同相続ではなく、Bの単独相続ということになる。したがって、相続放棄をしたCが甲土地の1/2の共有持分権をDに譲渡しても、これはBの相続分であり（無権利者Cによる譲渡になる）、899条の2第1項にいうBの法定相続分を超える部分には当たらず、同条同項の適用はない。前掲最判昭42・1・20が変わらず適用され、Bは登記がなくても甲土地全部の所有権をDに対抗し得ることになる。

5. 取得時効と登記

(1)問題の所在　所有権の時効取得の要件につき規定する162条は、所有の意思をもって平穏公然に他人の物を20年間または10年間継続占有した者は、その物の所有権を取得するとしており、登記は不動産の時効取得の要件となっていない。それでは不動産の時効取得者は、時効取得した所有権を登記なしに何人に対しても対抗し得るのか。そこで、時効取得については177条の適用はないのかにつき以下検討する。

この問題については、確固たる判例理論が確立しているので、まず判例理論につき説明する。

なお、理解を容易にするために、次の〔ケース1〕と〔ケース2〕を使用する。〔ケース1〕は、A所有の甲土地をBが時効取得の要件を充たす占有をして時効が完成したが、時効完成時より前にCが甲土地をAから譲り受け所有権移転登記を経由しており、Bの時効完成時の甲土地所有者Cと時効取得者Bとの間で、甲土地の所有権をめぐり争いが生じたというものである（CからBに対する所有権に基づく甲土地返還請求訴訟、逆にBからCに対する所有権に基づく所有権

〔ケース1〕〔時効完成前の譲受人〕

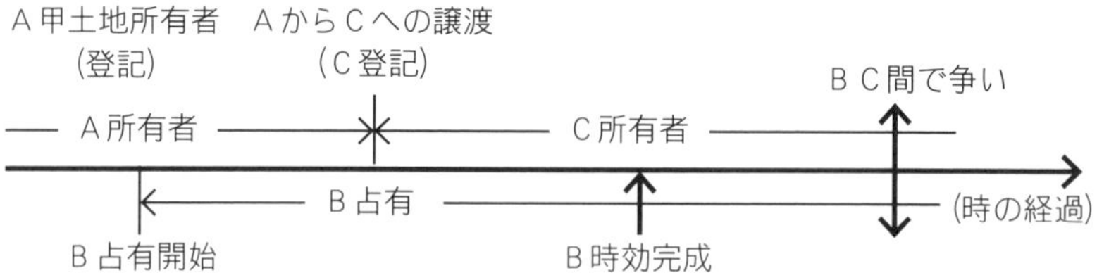

〔ケース2〕〔時効完成後の譲受人〕

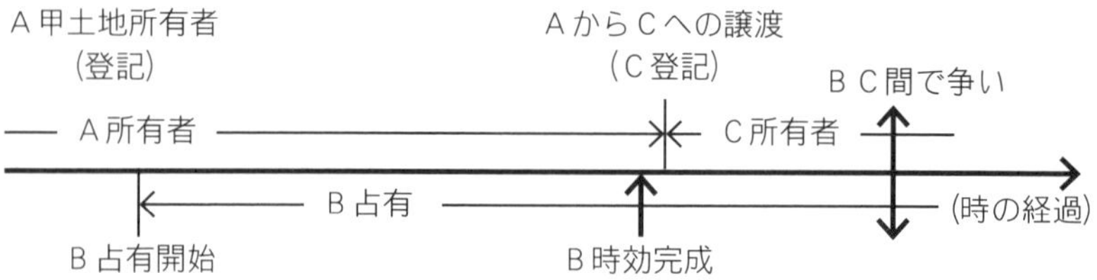

移転登記手続請求訴訟など)。これに対して〔ケース2〕は、同様にA所有の甲土地をBが時効取得の要件を充たす占有をして時効が完成したが、Bが時効取得を登記原因とする所有権移転登記を備えていなかったところ、その後にCが甲土地をAから譲り受け所有権移転登記を経由しており、Bの取得時効完成後の譲受人Cと時効取得者Bとの間で、甲土地の所有権をめぐり争いが生じたというものである(具体的な訴訟は、〔ケース1〕と同じ)。

(2)判例理論　判例理論は、時効取得者Bは、取得時効完成時の不動産所有者との関係では、登記なしに時効取得を主張できるが、時効完成後に目的不動産を所有者Aから譲り受けた者Cとは**対抗関係**となり、登記なしには時効取得を対抗できないという考えに立つ。判例理論は、以下の3つの原則から成り立っている。

(a)原則1＝対抗要件主義　第1の原則は、時効完成時の当該不動産の所有者(〔ケース1〕ではC、〔ケース2〕ではA。当該不動産に抵当権が設定されていて、競売により不動産の所有者となった者もこれに含まれる。最判昭43・12・24民集22-13-3366)と時効取得者(相続人などこれらの包括承継人を含む)とが時効取得における「**当事者**」であり、当事者間では時効取得した権利を主張するのに登記を必要としないが、時効完成後に従来の所有者(〔ケース2〕のA)から当該不動産を譲り受けた者(〔ケース2〕のC)は、当事者およびその包括承継人以外の「**第三者**」にあたり、時効取得者Bは登記なしに所有権の時効取得を対抗し得ないというものである。

すなわち判例(大判大7・3・2民録24-423)は、時効による不動産所有権の取得は**原始取得**であるから、法律行為におけるような当事者は存在しないのであるが、時効の完成の時に占有者が所有権を取得する結果、目的不動産の所有者だった者の所有権が消滅するのであるから、**時効完成時の所有者**は、**時効取得者との関係において**はあたかも承継取得における**当事者の地位**にあるものとみなすべきであり、時効取得者Bは時効完成時の所有者に対しては所有権登記なしに時効取得した所有権を主張できるとする。したがって、〔ケース1〕〔時効完成前の譲受人〕のように、Bの取得時効完成前にAからCが甲土地を譲り受け所有権移転登記をしていた場合においても、Cは時効完成時の甲土地所有者で当事者であるから、BはCに対しては登記なしに甲土地所有権を主張することができる（最判昭41・11・22民集20-9-1901）。

これに対して、判例は、〔ケース2〕〔時効完成後の譲受人〕のように、Ｂの**取得時効完成後**、当該不動産につきもとの所有者Ａから所有権を取得し登記を経由した第三者Ｃに対しては、Ｂは、**第三者Ｃの善意・悪意を問わず、登記なしには**時効による所有権の取得を対抗し得ないとするのである（大連判大14・7・8民集4-412、最判昭33・8・28民集12-12-1936。Ｃが背信的悪意者である場合については、☞第5節3(2)(b)iii）。

この判例の考え方は、①時効完成時の不動産所有者との関係で、時効取得主張者Ｂに登記を要求すると、取得時効の要件として、162条以外の要件（登記の具備）も要求することになるから、時効完成時の所有者との関係では所有権登記をＢに要求することができないこと、および、②時効完成による甲土地所有権の時効取得は、原始取得ではあるが、甲土地所有者から時効取得者Ｂへの承継取得のように見て、時効取得主張者Ｂは時効完成時の所有者に対して**時効取得を原因とする所有権移転登記手続を請求できる**から、時効取得者Ｂと時効完成時の所有者からの譲受人Ｃとを対抗関係に立たせて、登記なしにはＢは時効取得した所有権をＣに対抗できないとするのが**取引の安全**上妥当であると考えられること（対抗要件主義）による。

(b)原則2＝時効の起算点は占有開始時に固定　第2の原則は、**取得時効の起算点**は、「**占有開始時**」に**固定**しなければならないというものである。これにつき判例（最判昭35・7・27民集14-10-1871）は、取得時効の基礎たる事実（占有）が法律に定めた時効期間以上に継続した場合においても、必ず時効の基礎たる事実（占有）の開始した時を起算点として時効完成の時期を決定すべきものであって、取得時効を援用する者において任意にその起算点を選択し、時効完成の時期を早めたり遅らせたりすることはできないとする。もし時効の起算点を任意に選択することができるとすると、〔ケース2〕においても、紛争時から時効期間を10年または20年間さかのぼりその時を取得時効の起算点、紛争時をＢの時効完成時とすることができることになり、時効取得者Ｂは登記なしに第三者に対抗できることになって、**原則1が無意味**になってしまうからである。

《展開》不動産の二重譲渡における未登記の第1譲受人の取得時効の起算点（自己の物についての時効取得）　〔ケース1〕において、甲土地占有者ＢがＡからの未登記の第１譲受人で、登記を備えた第２譲受人Ｃに対して、時効取得を理由に甲土地についての時効取得を原因とする所有権移転登記手続を主張する場合、取得時効の期間は、Ｂの**甲土地占有開始の時（引渡しを受けた時）から**計算されるのか、それとも**第2譲受人ＣがＡから所有権移転登記を経由した時から**計算されるのかが問題となる。

これは、第２譲受人Ｃが登記を経由するまでは、甲土地の所有者は未登記の第１譲受人Ｂであるから、Ｂは**自己の甲土地を占有**しているのであって、この期間は、まだ時効期間は進行しないと考えることもできるからである（162条は、「他人の物」を20年間または10年間占有した場合に時効取得が認められるとする)。時効の起算点がいずれであるかによって、第２譲受人Ｃが時効完成時の所有者で、判例理論によれば、Ｂは登記なしに時効取得を主張し得るという事態も生じ得る。

判例（最判昭46・11・5民集25-8-1087〔百選Ⅰ・57事件〕）は、**第1譲受人Ｂが甲土地につき占有を開始した時から**時効期間を計算すべきであるとする。その理由として判例は、不動産の二重譲渡がなされ、第２譲受人Ｃに所有権移転登記がなされたときは、第２譲受人Ｃは登記の時に完全に所有権を取得するわけであるが、その所有権は、売主Ａから第２譲受人Ｃに直接移転するのであり、売主Ａからいったん第１譲受人Ｂに移転し、第１譲受人Ｂから第２譲受人Ｃに移転するものではなく、第１譲受人Ｂは当初から全く所有権を取得しなかったことになる、したがって、Ｂの取得時効の起算点は、Ｂが甲土地の占有を取得した時であるとする。

もっとも、この昭和46年判例に先立って最高裁（最判昭42・7・21民集21-6-1643〔百選Ⅰ・45事件〕）は、同じく二重譲渡のケースにおいて、**自己の物**についても一定期間の占有により**時効取得が認められる**とする考えを明らかにしていたのである。この判例によれば、第１譲受人の甲土地占有の時から時効期間が計算されることは当然である。この判例は、その理由として、①取得時効は、当該物件を永続して占有するという事実状態を、一定の場合に権利関係にまで高めようとする制度であるから、所有権に基づいて不動産を永く占有する者であっても、その登記を経由していない等のために所有権取得の立証が困難であったり、または所有権の取得を第三者に対抗することができない等の場合において、取得時効による権利取得を主張できると解することが制度本来の趣旨に合致すること、および、②162条が時効取得の対象物を他人の物としたのは、通常の場合において自己の物について取得時効を援用することは無意味であるからに他ならないのであって、162条は、**自己の物**について取得時効の援用を許さない趣旨ではないこと、をあげていた。

(c)原則3＝時効期間の再進行　第３の原則は、原則１によれば、時効取得者Ｂは時効取得を、時効完成後Ａから当該不動産を譲受け所有権移転登記を備えたＣに対抗できないのであるが（〔ケース2〕)、**第三者Ｃの登記後Ｂが引き続きさらに時効取得に要する期間占有を継続**した場合には、時効はＣの登記時より再び進行し、再取得時効完成時の所有者Ｃに対しては登記なしに時効取得を対抗し得るというものである（最判昭36・7・20民集15-7-1903）。

〔時効期間の再進行〕

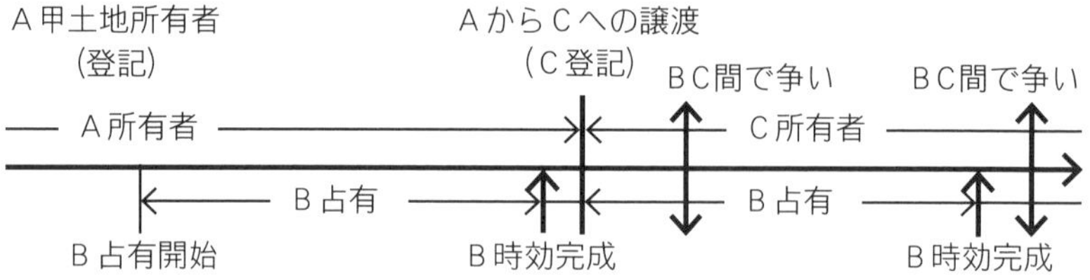

⑶判例理論の問題点　判例理論に対しては、以下のような問題点が指摘されている。①判例理論によると、〔ケース2〕のような場合、時効完成後Ｂはただちに Ａに対して取得時効を原因とする所有権移転登記手続を請求して登記を備える必要があるが（Ａがこれに応じないときは、訴えを提起するとともに甲土地につき処分禁止の仮処分をかけておく）、甲土地を自己の土地と信じて占有してきた**善意の時効取得者の場合**、時効完成時がいつであるかを意識していないから、時効完成後ただちに登記をしないとその後の譲受人に対抗できないとすることは酷である。②判例理論によると、ＡからＣへの譲渡がＢの時効完成の前か後かで時効取得者Ｂの登記の要否が決まるから、ＢＣの勝ち負けが**偶然によって左右**される。③時効取得者Ｂの占有が善意無過失であったときと、悪意（または善意有過失）であったときとで、後者の場合の方がＢに有利になることがあり、不都合である（例えば、Ｂの占有期間が仮に21年間であって、Ｂの占有開始から15年目にＡからＣが当該不動産を譲り受けて登記を備え、Ｂの占有開始から21年目に時効取得者ＢとＡからの譲受人Ｃとの間で争いが生じた場合、Ｂが善意無過失で占有を開始したときは、10年で時効が完成するから〔ケース2〕にあたり、Ｂは登記なしに時効取得をＣに対抗できないが、Ｂが悪意で占有を開始したときは、20年で時効が完成するから〔ケース1〕にあたり、Ｂは登記なしに時効取得をＣに対抗できる。もっともこのようなケースでは、Ｂは善意無過失を主張するのではなく、20年の時効取得を主張すればよい。ＣがＢの善意無過失を主張・立証できれば、〔ケース2〕として裁判所に処理させることができるかが問題となるが、10年の短期

取得時効の主張は、善意無過失のBの保護のために認められるのであるから、Bが20年の長期取得時効を選択したときは、それにより処理すべきであろう)。

《展開》抵当権登記後の時効期間の再進行　この論点については、抵当権について学習してから読む方が分かりやすいであろう。時効と登記に関する判例理論の原則1（対抗要件主義）によると、A所有の甲土地につきBの取得時効が完成したが、Bが所有権移転登記を備えないうちに、Aが甲土地をCに譲渡しCへの所有権移転登記がなされた場合、Bは甲土地所有権の時効取得をCに対抗できない。しかし、判例理論の原則3（時効期間の再進行）によると、BがCの登記の時より引き続き取得時効に必要な占有を継続したときは、Bは登記なしに甲土地の再取得時効の完成をCに対抗できる。

このことは、Bの取得時効完成後、Bが時効取得した権利（甲土地または甲土地上の賃借権）につき対抗要件を備えないうちに、Aが甲土地に第三者Cのために抵当権を設定しCが抵当権設定登記を備えたが、BがCの抵当権設定登記の時からさらに善意無過失で取得時効に必要な期間占有を継続した場合にも、妥当するのか。

近時、これに関する2つの最高裁判決が第2小法廷より登場した（裁判官の構成はいずれも同じである)。最判平23・1・21判時2105-9（百選Ⅰ・48事件。以下、ここでは「平成23年判決」という）と最判平24・3・16民集66-5-2321（百選Ⅰ・58事件。以下、ここでは「平成24年判決」という）がそれである。

平成23年判決は、簡略化すると次のようなケースについてのものである。すなわち、Bは相続によりA所有の甲土地に対する賃借権と甲土地上の乙建物を承継したが、乙建物未登記のため甲土地賃借権につき対抗要件を備えていなかった。Bは、甲土地賃借権の時効取得に必要な占有を継続したが、なお賃借権の対抗要件を備えないうちに、Aは甲土地にCのために抵当権を設定した（抵当権設定登記経由)。その後もBは、賃借人として長年に渡り甲土地を継続的に用益していた。抵当権者Cの申し立てた甲土地の競売によりDが甲土地の買受人になったので、Dは、甲土地所有権に基づきBに対して乙建物収去甲土地明渡しを求めて訴えを提起した。これに対して、Bは、Cの甲土地抵当権設定登記の時から、甲土地賃借権の時効取得に必要な占有を継続し、DはBの甲土地賃借権の時効完成時の所有者であるから、賃借権の対抗要件なしに賃借権をDに対抗し得ると主張した。

これに対して平成23年判決は、次のような理由によりBの主張を認めなかった。①抵当権の目的不動産につき賃借権を有する者は、当該抵当権の設定登記に先立って対抗要件を具備しなければ、競売により賃借権は消滅し、目的不動産の買受人に賃借権を対抗することができないのであり、このことは、抵当権の設定登記後にその目的不動産について賃借権を時効取得した者の場合も同様である。②したがって、不動産につき対抗要件を具備していない賃借権を有する者が、目的不動産につき第三者のために抵当権が設定されその登記がなされた時から、賃借権の時効取得に必要とされる期間、当該不動産を継続的に用益したとしても、賃借権の時効取得を競売における買受人に対抗することはできないことは明らかである。③時効期間の再進行に関する前掲最判昭36・7・20（☞本文(2)(c)）は、不動産の時効取得者と不動産の二重譲受人との互いに相容れない権利の得喪に関わるものであり、そのような関係にない抵当権者と賃借人との間の関係に係る本件とは事案を異にする。

この平成23年判決の論理は、不動産賃借権と抵当権との優劣は、それぞれの対抗要件の具備の先後により決まるのであり、このことは時効により取得された不動産賃借権についても同様である、したがって、Cのために抵当権が設定されその登記がなされた時から、賃借権の時効取得に必要な期間Bが当該不動産を継続的に用益しても、賃借権の時効取得を抵当権に対抗できず、それゆえまた競売における買受人Dに対抗できないというものである。

しかし、この判決は、当該不動産上の権利につき時効取得を主張する者と当該不動産上の権利を当該不動産の所有者から取得した者との関係を、対抗要件具備の先後だけで処理し、取得時効制度の趣旨との関係を顧慮していない点で、従来の判例理論とは趣を異にする。すなわち、従来の判例理論は、(2)(a)の〔ケース1〕や(2)(c)の時効期間の再進行のケースに見るように、両者の関係を対抗要件具備の先後だけで処理するのではなく、それだけでは対抗要件を備えていないために敗れてしまう者についても、時効制度の趣旨から取得時効に必要な期間の占有を充たした場合には、時効完成にもかかわらず対抗要件を備えていないうちに第三者が登場した場合（☞(2)(a)の〔ケース2〕）を除けば、時効取得の主張を認めてきたのである（未登記の第1譲受人Bの取得時効とAからの二重譲受人で所有権移転登記を経由した第2譲受人との関係）。

また、従来の判例は、A所有の甲不動産をAからBが贈与により譲り受けたが所有権移転登記を備えていなかったところ、AがCのために甲に抵当権を設定し（抵当権設定登記経由）、その後Cの申立てによる抵当権の実行としての競売においてDが甲を買い受けた（所有権移転登記経由）という事案において、Bの占有開始時を起算点とする時効完成時の甲の所有者Dが、抵当権の実行としての競売における買受人であるときにおいても、Dに対するBの取得時効の主張を認める判断をしており（前掲最判昭42・7・21〔自己の物についても時効取得が認められるとした判例〕）、抵当権との関係においても、対抗要件を備えていなかった者の取得時効の主張を一定の場合に認めてきたのである。

取得時効は、当該物件を長年に渡り継続して占有するという事実状態を、一定の場合に権利関係にまで高めようとする制度であるから、抵当権と時効により取得した権

〔土地賃借権の時効取得の土地抵当権への対抗〕（平成23年判決）

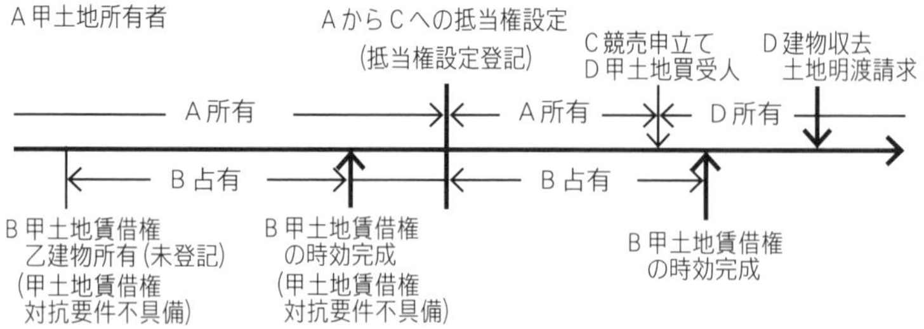

利の優劣を、抵当権の設定登記が先になされていたという一事によってすべて決めてしまうとすることには無理がある。いったんBが時効取得した賃借権につき対抗要件を備えないうちに、Cのために抵当権が設定されて（抵当権設定登記経由）、その賃借権が抵当権に対抗できなくなったとしても、Bが引き続き占有を継続し、抵当権設定登記の時からさらに賃借権の時効取得に必要な占有を継続したときは（Cは、抵当権設定を受ける際に、目的土地の現況を見て、土地上の建物の存在を認識しているはずである）、賃借権は抵当権に優先する権利となり、その不動産の競売における買受人は、賃借権の負担の付いた不動産を買い受けると解するべきなのではなかろうか（大久保邦彦「判批」〔平成23年判決〕判例セレクト2011〔Ⅰ〕15頁も同旨）。その理論構成としては、以下の平成24年判決に見られるような不動産賃借権の再時効取得の構成、または397条（抵当不動産の時効取得に必要な占有を継続したことによる抵当権の消滅）の類推適用（抵当不動産につき賃借権を時効取得し得るに必要な期間占有を継続したことにより、この賃借権は抵当権に対抗し得るものになると解釈する）の構成が考えられる。

また、平成23年判決は、理由の③で、不動産の賃借権の時効取得者と抵当権者との間には互いに相容れない権利の得喪は存在しないと述べる。たしかに、抵当権実行前はそうであるが、抵当権が実行されると互いに相容れない権利の得喪が顕在化するから、理由の③は適切ではない。

次いで現れた平成24年判決は、簡略化すると次のようなケースについてのものである。

すなわち、A所有の甲不動産をBが譲り受け占有を開始したが未登記であったため、その後にAによりCのために設定された抵当権（抵当権設定登記経由）に対抗できなくなった。また、BはAから甲を譲り受けた時から甲を善意無過失で占有してきたので、10年で甲につき時効取得が完成したが、時効取得を原因とする所有権移転登記を経由しないうちに上記のCの抵当権が設定されたものであった。しかし、Cの抵当権設定登記後、Bは従来通り甲の占有を続け10年が経過した。Cが抵当権の実行としての競売を申し立てたのに対して、Bは、抵当権設定登記の時より善意無過失で10年に渡り占有を継続してきたので、甲につき再時効取得が完成し、その結果Cの抵当権は消滅したとして、Cに対して競売手続の停止・取消しを求めて第三者異議の訴え（民執194条・38条）を提起した。

〔土地所有権の時効取得の土地抵当権への対抗〕（平成24年判決）

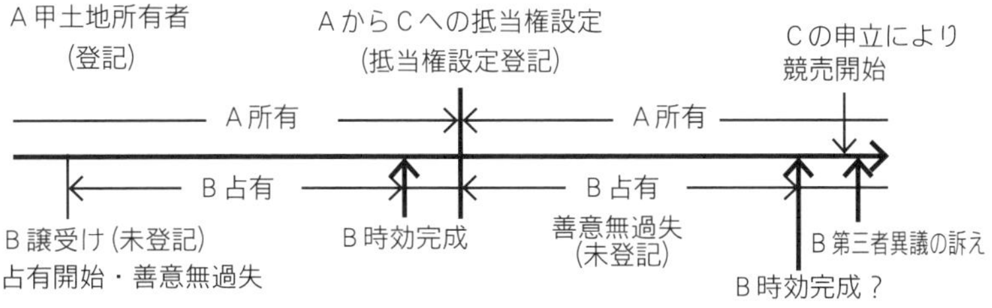

これにつき、平成24年判決は、A所有の甲不動産につきBの取得時効が完成したが、Bが甲につき時効取得を原因とする所有権移転登記を備えない間に、第三者Cが目的不動産につき抵当権の設定を受けた（抵当権設定登記経由）ときは、BとCとは対抗関係に立つが、甲不動産の時効取得者Bが、引き続き抵当権設定登記の時より時効取得に必要な期間占有を継続したときは、BがCの抵当権の存在を容認していたなど抵当権の消滅を妨げる特段の事情がない限り、Bは甲不動産を時効取得し、その結果、Cの抵当権は消滅すると解するのが相当であるとして、Bの抵当権者Cに対する第三者異議の訴えを認めたのである。

その理由は、次の点にある。①甲不動産につきBの取得時効の完成後、所有権移転登記がされないうちに、第三者Cが原所有者Aから抵当権の設定を受けて抵当権設定登記を備えたならば、Bがその後いかに長期間占有を継続しても抵当権の負担のない所有権を取得することができないと解することは、長期間に渡る継続的な占有を占有の態様に応じて保護すべきものとする時効制度の趣旨に反する。②判例（前掲最判昭36・7・20。☞本文⑵⒞参照）によれば、取得時効の完成後に所有権を得た第三者は、Bが引き続き占有を継続した場合に所有権を失うことがあり、それと比べて取得時効の完成後に抵当権の設定を受けた第三者が上記の場合に保護されることとなるのは、不均衡である。

平成24年判決のケースのように、Cが抵当権の設定を受け抵当権設定登記を経由した後に、Bが占有を継続し、不動産につき再び取得時効の要件を充たしても、Bは抵当権の消滅を主張できないとすることは、平成24年判決の指摘の通り⑵⒞の時効期間の再進行とのバランスが悪く、平成24年判決のあげる理由は説得的である（同旨、松岡久和「判批」百選Ⅰ・119頁）。

ところで、平成24年判決は、時効取得は原始取得であって、その反射として不動産上に存在した抵当権は当然に消滅するとする通説的な見解を前提とする（我妻・総則481頁、鈴木・234頁など）。これに対して有力説は、397条は、抵当不動産の時効取得の反射的効果としての抵当権の消滅を規定しているのではなく、抵当権自体の時効消滅を規定しているとする。その上で、397条の規定により、抵当不動産占有者が、抵当権の存在につき善意無過失で占有を開始したときは10年の継続占有で抵当権は時効消滅し、悪意または有過失で占有を開始したときは20年の継続占有により抵当権は時効消滅するとしている（道垣内・237頁）。いずれの見解に立っても、平成24年判決の事案は、Bは甲不動産を買い受けて善意無過失で占有を続けてきた者であり（抵当不動産の第三取得者ではない）、その後の抵当権の設定につき善意無過失のまま占有を継続してきたのであるから、抵当権の消滅の主張は認められてよいということになろう。

《展開》取得時効と登記に関する判例理論以外の有力学説　取得時効と登記に関しては、判例理論が確立していることもあって（☞本文⑵⒜〜⒞）、判例を支持する学説が多いが（鈴木・142頁、川井Ⅱ・47頁など）、以下のような有力学説が存在する（詳しくは、新版注民⑹・632頁以下〔原島重義＝児玉寛〕参照）。

⑴登記尊重説　この説（我妻＝有泉・118頁、末川・125頁など）は、〔ケース1〕・〔ケース2〕を問わず、甲土地所有者Aから甲土地を譲り受け登記を経由した第三者C

が現れた場合、占有を続けてきたＢが甲土地の時効取得をＣに対して主張するためには、Ｃの登記の時から162条の規定する期間（10年または20年）の占有継続を必要とするとするものである（「登記尊重説」という）。判例理論によると、〔ケース1〕においては、占有を継続してきたＢは、登記なしに、登記を備えたが占有していないＣに時効取得を主張できるが、登記尊重説によると、Ａからの譲受人Ｃは占有を取得していないが登記を経由したことによりＢの取得時効を更新したものとして扱われるので、〔ケース1〕の場合、Ｃの登記時からＢが10年または20年間占有を継続していないと、ＢはＣに対して時効取得を主張できない。

この説に対しては、次のような批判がある。①この説によると、登記を時効の完成猶予事由として扱うが、登記は、147条以下の時効の完成猶予事由にはあげられていない。②この説によると、取得時効を主張するＢが長期に渡り占有を続けてきても、甲土地所有者Ａからの譲受人Ｃ、Ｃからの譲受人Ｄなどが甲土地を一度も占有しないまま、譲受人それぞれの登記時から計算してＢの時効が完成する前に順次譲渡および所有権移転登記を繰り返せば、Ｂは永久に時効取得を主張し得ないことになる。

不動産の売買は、当該不動産の形状、占有状態、占有者の権原などを調査した上でなされるのが通常であるから、Ｂが甲土地を占有しているにもかかわらず、Ｂの占有を排除する手立て（147条・150条などの時効の完成猶予事由となる手立て）もとらずに甲土地を買い受けて所有権移転登記を受け、引き続きＢの占有を放置しているうちに時効が完成した〔ケース1〕においては、判例理論のようにＢの時効取得の主張が認められてよいのではなかろうか。

(2)占有尊重説　他方、わが民法は、占有の継続のみを取得時効の基礎としており、登記は問題としていないのだから、時効取得者Ｂは常に、登記なしにその権利を何人に対しても主張できるとする占有尊重説も存在する（於保・110頁など）。この説は、さらに次のような構成に分かれる。

ⅰ時効完成時の所有者＝無権利者説　Ｂの時効取得（原始取得）により時効完成時の所有者（〔ケース1〕のＣ、〔ケース2〕のＡ）は全くの無権利者となるから、時効完成時の所有者からの譲受人（〔ケース2〕のＣ）は所有権を取得できず、したがって時効取得者Ｂは、これらの者に対して登記なしに甲土地所有権を主張できるとする。

ⅱ時効期間逆算説（起算点任意選択説）　この説は、時効制度の目的は、継続した占有という事実を基礎とした現在における権利関係の確定であるから、取得時効の援用者Ｂは、現時点を完成時とする、時効期間を満たす継続した自主占有の事実を証明すれば足りるはずであるとして、時効期間逆算説または起算点任意選択説をとる。その結果、時効取得者Ｂと紛争時点の甲土地所有者とは、**常に当事者の関係**に立つことになるから、対抗の問題は生ぜず、対抗要件としての登記は不要になる。

これらの占有尊重説に対しては、占有者Ｂにつきいったん取得時効が完成すれば、その後はＢは所有権取得をいつまでも何人に対しても登記なしに主張し得ることになるから、物権の存在を公示するための制度である登記制度の趣旨が蔑ろにされてしまうとする批判がある。この批判を受けて、時効取得者Ｂは、常に占有のみを基礎にして所有権取得を主張し得るが、それを認容する判決が確定した時以降は、Ｂは登記なくして第三者に対抗し得ないとする修正説が登場した（舟橋・172頁など）。

(3)類型説　事案の類型に応じた処理をすべきであるとする類型説が近時では有力である（星野英一・民法論集第4巻316頁以下〔有斐閣・1983年〕、広中・155頁以下など。近時では、内田Ⅰ・453頁、安永・67頁など）。この説は、取得時効と登記が問題となる主要な場合として、二重譲渡型と境界紛争型とがあり、この2つは、異なった考え方で処理すべきとする。

①二重譲渡型　これは先の〔ケース1〕および〔ケース2〕において、Bが甲土地のAからの第1譲受人（甲土地の引渡しを受け占有を開始したが、未登記）、Cが甲土地の第2譲受人（甲土地の所有権移転登記経由）であるケースである。第1譲受人Bは、Aからの譲受人であるから善意無過失の譲受人であって、判例理論によれば、162条2項により占有開始後10年で甲土地を時効取得し、時効完成前にAから甲土地を二重に譲り受けて所有権移転登記を備えていたCに対して、甲土地所有権の時効取得を対抗できることになるが（《展開》不動産の二重譲渡における未登記の第1譲受人の取得時効の起算点に掲げた2つの最高裁判例は、いずれも二重譲渡のケース）、類型説は、このような二重譲渡型の場合は、未登記の第1譲受人Bの時効取得の主張を認めるのではなく、177条の対抗問題として処理すべきである（先に登記を備えた譲受人が勝つ）とする。

例えば、星野教授は、①の類型は、二重譲渡の問題であるから、先に登記を備えた者が所有権を対抗し得るのが当然で（177条）、未登記の第1譲受人Bが10年程度の占有で先に登記を備えたCに優先するのは問題であるとし（第2譲受人Cが背信的悪意者の場合は別）、したがって、未登記の第1譲受人Bは、Cの登記後10年間または20年間占有しないとCに対して時効取得を主張できないと解すべきであるとする（この点で、登記尊重説と同様、登記に一種の時効の完成猶予の効力を認める）。また、広中教授は、①の類型は、二重譲渡の問題であるから、177条の対抗問題として処理すべきであるが、第1譲受人Bが単なる占有にとどまらず現実の利用（土地上に建物を建てて居住しているなど）をしており、Bの取得時効の完成を知って譲り受けた悪意の第2譲受人Cは、背信的悪意者として扱われることを原則とすべきであるとする。

②境界紛争型　以下の図のように、甲土地および乙土地は隣接する土地であり、Aが甲土地を、Bが乙土地をそれぞれ所有していたが（いずれの土地も所有権移転登記経由）、Bは乙土地の前の所有者より乙土地と甲土地との境界線はαのラインであると説明を受け、Bが乙土地と甲土地2の部分を10年以上に渡り占有してきたというケースにおいて、甲土地2の部分につきBの取得時効が完成する前に、甲土地をCがAから譲受けて所有権移転登記を経由していたときと、甲土地2の部分につきBの取得時効が完成した後で、甲土地をCがAから譲受けて所有権移転登記を経由していたときのいずれの場合でも、Bは甲土地2の部分につき登記を備えていないまま、時効取得をCに対抗できるかが問題となる。判例理論によれば、前者のCは時効完成時の所有者であるから、Bは登記なしに甲土地2の部分につき取得時効を主張できるが、後者のCは時効完成後の甲土地譲受人であるから、Bは登記なしには甲土地2の部分につき取得時効を対抗できないことになる。

類型説は、①の二重譲渡型と異なり②の境界紛争型の場合には、甲土地2の部分については、BがAから譲り受けた不動産ではないから、その部分につきBが登記をしておくことはできず、また、Bは乙土地の一部と思って占有してきたので、Bに時効取得が認められるが、Bは善意占有者であるので、時効完成後ただちに甲土地2につき登記を備える（あるいはBがAに対して甲土地2の部分につき時効取得を原因とする所有権移転登記手続を求めて訴えを提起し勝訴判決を受けるまで、甲土地につき処分禁止の仮処分をかける）ことは期待できない、したがって、時効完成時の甲土地所有者との関係でも、時効完成後の甲土地譲受人との関係でも、Bは登記なしに甲土地2の部分の時効取得を主張できると解すべきであるとする。

甲土地をAから譲り受けようとするCは、現地に行って甲土地の現況を確認し、Bがαのラインまで占有しており、甲土地として使用し得る面積（例えば220㎡）が、売買で売主Aから示された面積（例えば300㎡）よりかなり狭ければ、何故そのようになっているのかを調査することで、Bの越境を知り、Aに甲土地2の占有を回復させた上で（あるいは、Aに売買契約上の甲土地の面積を220㎡に修正させ、売買価格をその面積に見合った額にさせた上で）買い受けることになろうし、また、甲土地として使用し得る面積（例えば220㎡程度）が売買で売主Aから示された面積（例えば220㎡）とほぼ一致していれば、そのような面積の甲土地として買い受けるであろうから、類型説のように取り扱って差し支えないであろう。

したがって、類型説の取扱いを支持してよいのではなかろうか（①の二重譲渡型については広中説を支持する）。

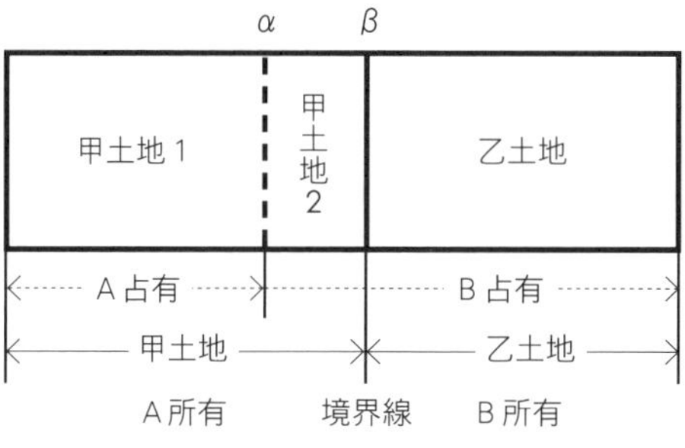

第5節　不動産物権変動と対抗(3)
――登記をしないと対抗し得ない「第三者」の範囲

1. 問題の所在

177条は、不動産に関する物権変動は、「登記をしなければ、第三者に対抗することができない。」と規定するが、前記第4節で検討した「登記を必要とする物権変動」の場合、物権取得者は、当事者およびその包括承継人（相続人など）以外のすべての第三者に対して物権変動を登記なくしては対抗し得ないのか（**無制限説**）、それとも一定の第三者に対しては登記なくして対抗し得るのか（**制限説**）が問題となる。

(1)民法典制定当時　民法典制定当時は、「登記を必要とする物権変動」については、すべての第三者に対して登記がなければ対抗できないとする**無制限説**がとられていた。

しかし、無制限説をとると、例えばA所有の甲土地につきBが偽造書類によりAからBへの所有権移転登記をしてしまったような場合、Aが甲土地所有権に基づきBに対して登記名義の回復を求めようとしても、Aに登記がないのでこれは認められないということになりかねないし、未登記建物乙の譲受人Aがまだ所有権保存登記を備えないうちに、乙建物がBの放火により焼失させられた場合、Aが乙建物の所有者としてBに対して不法行為に基づく損害賠償を請求しようとしても、Aに登記がないのでこれは認められないということになりかねない。そこで、無制限説は、民法典制定後比較的早い時期に捨て去られた。

(2)制限説　その後の判例・通説は、登記をしないと対抗し得ない「第三者」の範囲につき**制限説**をとり、現在に至っている。

(a)判例　判例（大連判明41・12・15民録14-1276）は、177条の「第三者」とは、当事者もしくはその包括承継人以外の不動産に関する物権の得喪および変更につき**「登記欠缺を主張する正当の利益を有する者」**を指し、同一の不動産に関する所有権、抵当権等の物権、または賃借権を正当の権原により取得した者や同一の不動産に対する差押債権者などはこれに含まれるが、同一の不動産に関し正当の権原によらないで権利を主張する者や、不法行為により損害を加えた者などは、これに含まれないとした。その後の判例も、この立場を踏襲している。

(b)学説　学説は、判例同様、177条の「第三者」とは、「**登記欠缺を主張する正当の利益を有する者**」を指すとするものが多いが（広中・87頁、川井Ⅱ・32頁など）、これではあまりにも抽象的であるとして、より限定的な表現を使用する学説も多い。例えば、①「**当該不動産に関して有効な取引関係に立つ第三者**」とする説（我妻＝有泉・154頁）、②より限定的に、「**当該物権変動を認めるとすれば、内容がこれと両立しないため、論理上当然に否認されなければならない権利を有する者**」（「食うか食われるかの関係にある第三者」ともいう。末広・上166頁以下。「物的支配を相争う相互関係に立ち、かつ登記に信頼して行動すべきものと認められる者」とする説〔舟橋・182頁〕もこれとほぼ同じ）、とする説などが存在する。以下の2の(2)や(3)の例を考えると、②説が最も適切ではなかろうか。

もっともこれらの基準だけではなお抽象的であるので、より具体的な考察が必要とされている。そこで以下、2では「登記をしないと対抗し得ない第三者」について、3では「登記なしに対抗できる第三者」について、それぞれ具体例を見ていくことにする。

2. 登記をしないと対抗し得ない第三者

(1)物権取得者　例えば、甲土地所有者AからBが甲土地所有権を取得した場合、甲土地につき所有権、地上権、抵当権などの物権を取得した者（下の図のC）は、Bにとっては登記をしないと対抗し得ない第三者の典型である。

〔二重譲渡のケース〕

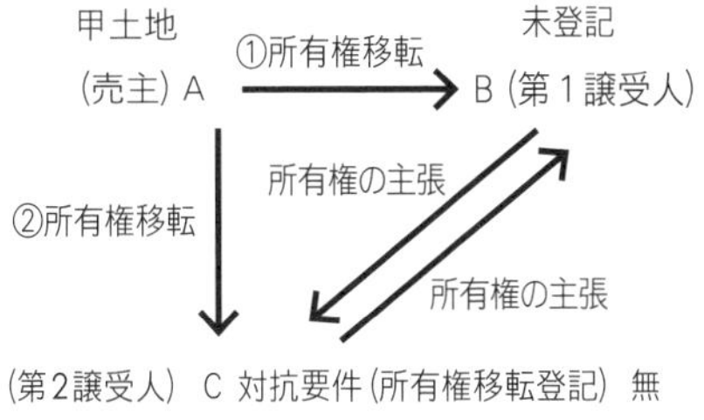

〔所有権移転と制限物権の設定のケース〕

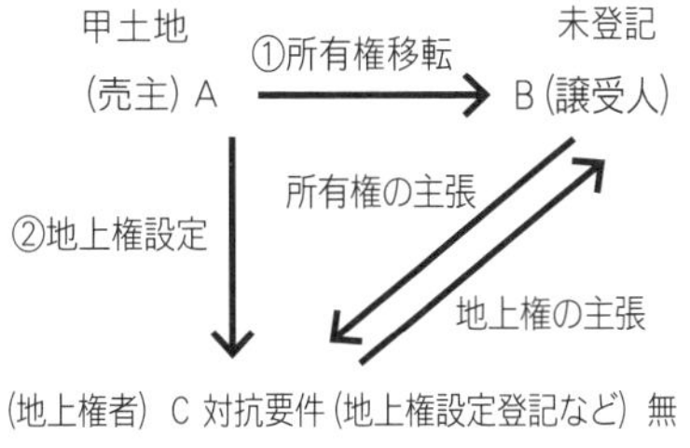

Ａから甲土地の所有権を譲り受けたが未登記のＢは、その後にＡから甲土地につき物権（所有権、地上権、抵当権など）を取得し先に対抗要件（所有権移転登記、地上権設定登記、抵当権設定登記など）を備えたＣの物権取得を否認し得ない。このことは、対抗要件を備えた物権変動は第三者に対抗し得るとする177条の規定から当然である。

これに対して、Ａから甲土地の所有権を譲り受けたがいまだ未登記のＢは、その後にＡから甲土地につき物権（所有権、地上権、抵当権など）を取得したが対抗要件を備えていないＣに対して、Ｃの物権取得を否認し得るか（例えば登記を備えていない所有権取得者または地上権取得者Ｃに対して甲土地の引渡しを請求し得るか）。すなわち、所有権取得者Ｂにとって、**未登記の物権取得者**Ｃは、登記をしないと対抗できない第三者かが問題となる。

所有権取得者Ｂは、Ｃの物権（所有権、地上権など）取得を否認するには登記が必要であるとする点には異論がない。したがって、物権取得者は、登記をしないと対抗し得ない第三者である。

そこで、Ｂが未登記のまま物権取得者Ｃに対して甲土地の引渡請求訴訟や所有権確認訴訟を提起しても、Ｂの訴えは棄却される。逆に、Ｃにとっても、ＢはＡからの物権取得者であるので、登記をしないと対抗できない第三者であり、Ｃが未登記のまま物権取得者Ｂに対して甲土地の引渡請求訴訟や所有権または地上権確認訴訟を提起しても、Ｃの訴えは棄却される。要するに、**物権取得者双方が未登記**である場合には、原告となって訴えを提起した者の請求は棄却されるのである。

(2)不動産賃借人　不動産賃借権は、民法上は物権ではなく債権（601条）であるが、不動産賃借人も登記をしないと対抗し得ない第三者か。

Ａから甲土地の所有権を譲り受けたが未登記のＢは、対抗要件を備えたＣの甲土地賃借権を否認し得ない。これは不動産賃借権は債権ではあるが、対抗要件を備える方法が認められており（605条、借地借家法10条1項参照。建物賃借権の場合は同法31条1項）、対抗要件を備えたときは不動産賃借権も第三者に対抗し得るから、当然のことである。したがって、対抗要件を備えた不動産賃借人Ｃは、未登記の所有者Ｂの明渡請求を拒むことができる。

〔所有権移転と賃借権の設定のケース〕

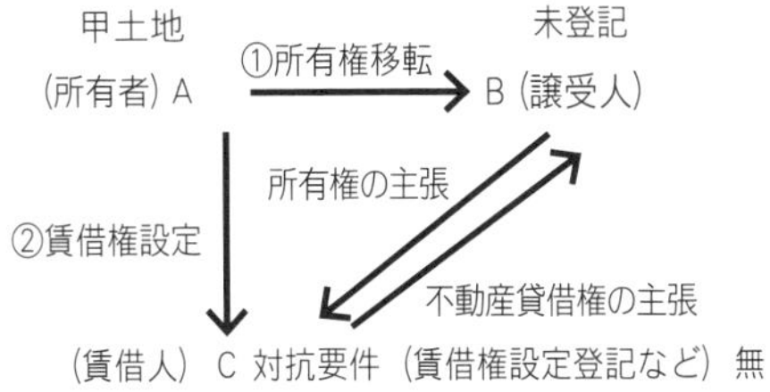

これに対して、Aから甲土地所有権を譲り受けたが未登記のBは、その後にAから甲土地につき不動産賃借権の設定を受けたが対抗要件を備えていないCの賃借権を否認し得るか（例えば不動産賃借人Cに対して甲土地の引渡しを請求し得るか）。すなわち、所有権取得者Bにとって、自己の権利につき**対抗要件を備えていない不動産賃借人**は、登記をしないと対抗できない第三者か。

これにつき、判例（大判昭6・3・31新聞3261-16）・通説は、所有権取得者Bは、Cの不動産賃借権を否認するには所有権移転登記を備えていることが必要としている。したがって、不動産賃借人も、登記をしないと対抗できない第三者にあたる。甲土地譲受人Bが未登記のまま、所有権に基づいてCに対して甲土地引渡請求訴訟を提起しても、Bの請求は棄却される。

《展開》賃貸不動産の未登記譲受人による賃借人に対する賃料請求や賃貸借契約解除　A所有の甲土地をCが賃借し、賃借権につき対抗要件を備えていたが、その後、甲土地がAからBに譲渡されたケースにおいて、甲土地譲受人Bは、所有権移転登記を備えないまま、賃借人Cに対して甲土地の**賃料を請求**したり、賃料不払いによる**賃貸借契約解除**などをなし得るかが問題となる。

この問題は、未登記の甲土地譲受人Bが賃借人Cの賃借権を否認しようとするのではなく、Cの賃借権を認めた上での賃貸人の地位の譲受人としての主張であるから、Bは所有権移転登記を経由しないまま、このような請求をなし得るようにも考えられる。

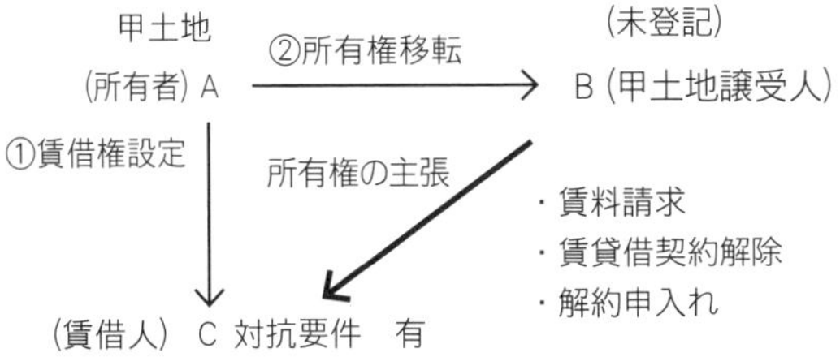

この場合、甲土地譲受人Bが登記を経由している必要があるかについては、判例（大判昭8・5・9民集12-1123〔賃料請求のケース〕、最判昭25・11・30民集4-11-607〔解約申入れのケース〕、最判昭49・3・19民集28-2-325〔賃料不払いによる賃貸借契約解除のケース〕）・多数学説（内田Ⅰ・457頁、安永・71頁など）は、不動産の二重譲渡の場合の賃料の二重払いの回避などを理由に登記必要説をとったが、この問題は上記のように対抗問題ではないことなどを理由に登記不要説も主張されていた（舟橋・189頁など）。

賃貸不動産の譲受人による賃借人に対する賃料請求や賃貸借契約の解除は、**賃貸人たる地位**の移転に伴うものといえる。そこで、改正民法は、賃貸人たる地位の移転の賃借人に対する対抗要件に関する規定を置いた。すなわち、まず605条の2第1項・2項は、不動産の賃借人が賃借権の対抗要件を備えた場合において、賃貸不動産が譲渡されたときは、不動産の賃貸人たる地位は、原則として不動産の譲受人に移転するとした。その上で、同条3項は、賃貸人の地位の移転を不動産賃借人に対抗するためには、賃貸不動産譲受人は、賃貸不動産につき所有権移転の登記をしなければならないとしたのである。この規定は、従来の判例・多数学説を前提としたものではあるが、605条の2第3項の所有権移転登記は、177条の物権変動の対抗要件ではなく、賃貸人の地位の移転の不動産賃借人との関係での対抗要件ということになる。

⑶差押債権者・仮差押債権者　**差押債権者**とは、債務者Aに対する金銭債権者であって、金銭債権の強制的実現を図るために、債務者Aの責任財産である、例えばA所有の甲土地に対して強制競売の申立てをし、強制競売開始決定を受けて差押えの登記を備えた者Ⓒである（民執43条・45条・46条参照）。**仮差押債権者**とは、債務者Aに対する金銭債権者であって、例えば債務者Aの責任財産であるA所有の甲土地に対する将来の強制競売申立てに備えて、甲土地につき仮差押命令の申立てをし、仮差押えの登記を備えた者Ⓒである（民保13条・20条・47条参照）。これらの債権者Cは、甲土地を債務者Aの責任財産に属するものとして差押えまたは仮差押えをしているのであるが、差押えの登記または仮差押えの登記がなされるより前に甲土地をAからBが譲り受けていたが所有権移転登記を経由していなかった場合、Bは甲土地所有権がBに属することを差押債権者Cまたは仮差押債権者Cに対抗できるかが問題となる（手続的には、BはCに対して甲土地所有権に基づき民事執行法38条の第三者異議の訴え〔民事保全法46条による準用もある〕を提起し、Cの申し立てた強制競売手続または仮差押手続を取り消させることになる）。これについては、差押債権者や仮差押債権者は、登記をしないと対抗し得ない「第三者」にあたると解する点に異論は

ない。すなわち、Bが甲土地を、差押えまたは仮差押えの登記より前にAから譲り受けていたとしても、所有権移転登記を備えていない以上、Bは甲土地所有権を差押債権者または仮差押債権者Cに対抗し得ず、甲土地所有権に基づき第三者異議の訴えを提起してCの行っている強制競売手続または仮差押の執行手続を排除することはできない。

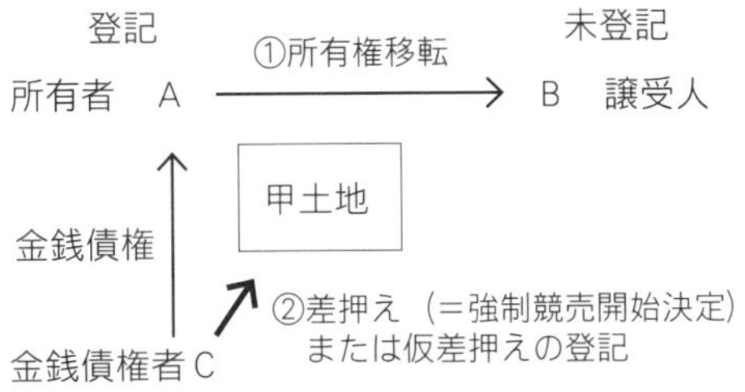

これに対して、Aに対して金銭債権を有する債権者Cが、甲土地につき差押えや仮差押えをしていない**単なる一般債権者**に留まっている場合は、CはAの登記名義になっている甲土地につき直接の法的利害関係を持たないから、BからCに対する請求もCからBに対する請求もあり得ず、一般債権者Cは登記なくして対抗し得ない第三者かという問題はそもそも生じない（通説）。

3. 登記なしに対抗できる第三者

「登記をしないと対抗し得ない第三者」について**制限説**をとる判例・通説は、前記2の「登記をしないと対抗し得ない第三者」のうち一定の第三者に対しては、物権変動または不動産賃借権の取得を登記（対抗要件）なしに対抗できるとする。

(1)不動産登記法5条の第三者　不動産登記法5条によれば、①「詐欺又は強迫によって登記の申請を妨げた」第2譲受人Cは、第1譲受人Bが登記を備えていないことを主張することができないし、また、②第1譲受人Bのために「登記を申請する義務を負う第三者」（AからBへの所有権移転登記手続をなすことにつきBから委任を受けた者）Cも、第1譲受人Bが登記を備えていないことを主張することができない。したがって、不動産登記法5条の第三者は、「登記なしに対抗できる第三者」にあたる。

(2)背信的悪意者　A所有の甲土地がB、次いでCに二重に譲渡された場合、BにとってCは、「登記をしないと対抗できない第三者」である。そこで、甲土地の第1譲受人Bは、所有権移転登記を備えないまま、第2譲受人Cに対して所有権に基づきCを相手に所有権確認請求や所有権移転登記抹消登記手続請求（Cに甲土地が引き渡されているときは、甲土地引渡請求も）の訴訟を提起しても、CがBは登記を備えていない旨を抗弁として提出すれば、Bの請求は棄却される（☞2(1)）。

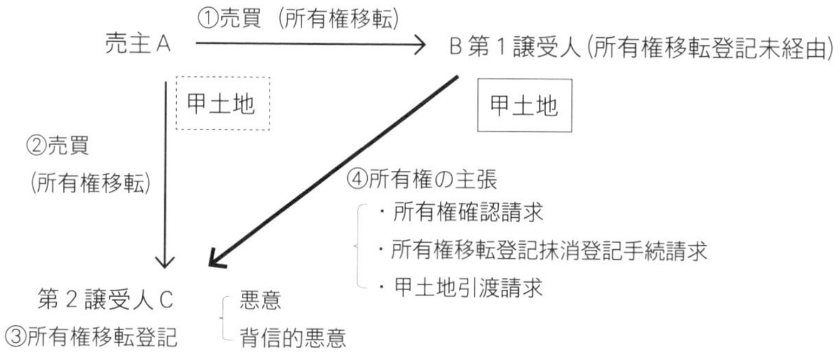

それでは、第2譲受人Cが、Bが甲土地をAから**すでに譲り受けていたことを知っていながら（悪意）**、Aから二重に甲土地を譲り受けた場合でも、未登記の第1譲受人Bは、甲土地所有権を第2譲受人Cに対抗することはできないか（所有権確認請求、所有権移転登記抹消登記手続請求、甲土地引渡請求をなし得ないか）が問題となる。すなわち、「**悪意の第三者**」は、「登記なしに対抗できる第三者」か。

(a)善意・悪意不問説（かつての判例・学説）　この説は、かつての判例・学説であり、登記をしないと対抗し得ない第三者については、その**主観**（第1譲渡等の存在を知らなかった〔善意〕か、知っていた〔悪意〕かなど）**を問わない**とするものである。これは、当事者の主観を問題とせず登記により**画一的**に第1譲受人と第2譲受人の優劣を決めるべきであり、当事者の主観を問題とすると紛争が増大して好ましくないなどとする考えに基づくものであった。

しかし、判例（最判昭31・4・24民集10-4-417）は、昭和31（1956）年には、上記(1)に類するような、「登記の欠缺を主張することが信義に反すると認められる事由がある場合」には、当該第三者は登記の欠缺を主張するにつき正当な利益を有しないとした。もっとも、最判昭36・4・27民集15-4-901は、A所有の山林をAからBが買い受けその引渡しを受けて20数年を経た後に、この事実を熟知していたCが、Bに対する別の紛争につき復讐をしようとして、Bの所有権取得登記が未了なのに乗じ、Aの相続人A1に対しその意図を打ち明けて当該山林の売却を懇請し、A1から低廉な価格でこれを買い受けC名義の登記をした場合に、Bは山林の所有権取得登記なしにCに対して所有権に基づき所有権移転登記の抹消登記手続を求めることができるかが問題となった事案につき、A1とC間の売買契約は**公序良俗違反**にあたり90条により**無効**とし、したがってCは177条の第三者に該当せず、登記なしに対抗できる第三者であるとして、Bの請求を認めたものであった。

(b)背信的悪意者排除説（判例・通説）　その後、「民法177条にいう第三者については、**一般的にはその善意・悪意を問わない**ものであるが、不動産登記法4条または5条（現行不動産登記法5条に対応）のような明文に該当する事由がなくても、少なくともこれに類する程度の**背信的悪意者**は民法177条の第三者から除外さるべきである」とする判例（最判昭40・12・21民集19-9-2221〔傍論〕）が現れ、次いで、最判昭43・8・2民集22-8-1571が初めて第2譲受人を背信的悪意者と認定し、第1譲受人の第2譲受人に対する所有権に基づく請求を登記なしに認めるに至ったのである。そしてその後、この**背信的悪意者排除説**が判例理論として確立しており（最判昭43・11・15民集22-12-2671、最判昭44・1・16民集23-1-18〔第2譲受人の背信的悪意の時期を、当該不動産につき利害関係を持つに至った時とした〕、最判昭44・4・25民集23-4-904、最判平18・1・17民集60-1-27〔百選Ⅰ・60事件〕など）、通説（我妻＝有泉・159頁以下、広中・99頁以下など）もこの立場に立っているといえる。

ⅰ背信的悪意者排除説の意義　背信的悪意者排除説は、基本的には**自由競争の論理**に立つものであるが、**自由競争を逸脱した悪意の第2譲受人**は、背信的悪意者であって177条の第三者にはあたらず、第1譲受人は背信的悪意者に対しては所有権を登記なしに対抗できるとするとするものである。次のような内容を有する。

第1に、**単純悪意**の第2譲受人などは、**177条の第三者**にあたり、第1譲受人などは、このような第三者に対しては登記なしには物権変動を対抗できない。すなわち、実体上物権変動（第1譲渡や第1の地上権取得など）があった事実を単に知りながら当該不動産について利害関係を持つに至った者（単純悪意の第2譲受人、単純悪意の第2の地上権者など）がこれにあたる。その理由としては、①177条は、第三者の善意・悪意を区別していないこと、②善意・悪意を問題とすると、登記制度の持つ**客観性**、**画一性**の利点を著しく揺るがし、紛争の解決を複雑化すること（我妻＝有泉・160頁）、および、③第1譲受人Bが甲土地を買い受けたが所有権移転登記を備えていないとき、そのことを知って第2譲受人がより高値を示して買い受け所有権移転登記を備えることも、**自由競争の原理**からは認められること（鈴木・154頁、広中・101頁）、があげられている。

もっとも、背信的悪意者排除説に立つ学説の中には、第1譲受人Bが**代金の大部分をすでに支払っていることを知りながら**二重に譲り受け登記を備えた第2譲受人（鈴木・155頁）、あるいは、第1譲受人がすでに譲り受けた**不動産を利用していた**場合の第2譲受人（広中・103頁、田山・60頁）は、次の**背信的悪意者**として扱われるべきであるとする有力説が存在する。

第2に、**背信的悪意者**は、登記の欠缺を主張するについて正当な利益を有しないから177条の第三者には当らず、第1譲受人などは背信的悪意者に対しては登記なしに物権変動を対抗し得るとする。**背信的悪意者**とは、①実体上**物権変動**（第1譲渡や第1の地上権取得など）**があった事実を知りながら**当該不動産について利害関係を持つに至った者（悪意の第2譲受人や第2の地上権者など）であって、②当該物権変動（第1譲渡や第1の地上権取得など）について**登記の欠缺を主張することが信義に反する**ものと認められる事情がある者である。

もっとも、いかなる悪意の第2譲受人が背信的悪意者にあたるとされるかについては、iiの事例が参考になろう。

ii 背信的悪意者の事例　(α)不動産登記法5条の第三者（☞(1)）**と類似する立場にある第三者**　①甲不動産の贈与者Aの受贈者Bに対する欺罔行為に協力した第三者CがAから甲不動産を譲り受けたケース（前掲最判昭44・4・25）。②甲不動産の贈与者Aと受贈者Bの間の和解契約の立会人Cが、Aの債権者として、ＡからＢへの所有権移転登記がなされる前に甲不動産を差し押さえたケース（前掲最判昭43・11・15）。

(β)不動産取得の目的や方法が著しく信義に反する第三者　Ａからの山林の第１譲受人Ｂが登記をしていないのを奇貨として、Ｂに対して高値で売りつけて利益を得る目的で第三者Ｃが当該山林をＡから二重に譲り受けたケース（前掲最判昭43・8・2）。

(γ)第1譲受人の不動産取得を害意をもって侵害しようとする第三者　(a)で取り上げた前掲最判昭36・4・27の事例は、背信的悪意者排除説のもとでは、背信的悪意者の例として扱うこともできよう（もしその後さらにＣから山林をＤが善意で譲り受けたとすると、後掲の判例理論〔☞iiiの《展開》に掲載の最判平8・10・29〕によれば、登記を備えていない第１譲受人Ｂは、Ｄに対しては山林所有権を対抗し得ないが、A1とＣ間の売買を公序良俗違反で無効とすれば、Ｂは善意の転得者Ｄに対しても山林所有権を主張し得ることになる）。

(δ)譲渡人と実質的に同一人格と判断される第2譲受人　譲渡人Ａと第２譲受人Ｃが、法人とその代表者の関係にあったり、親族の関係にあったりする場合、第２譲受人Ｃが背信的悪意者として扱われることがある。

iii土地の時効取得と背信的悪意者の要件の緩和　背信的悪意者の要件の１つとして、「実体上**物権変動**があった**事実を知りながら**当該不動産について利害関係を持つに至った者」であることが要求されるが（☞ｉの第2）、このことはＡ所有の土地の時効取得者Ｂが登記なしに、取得時効完成後Ａから当該土地を譲り受けたＣに対して、時効取得した当該土地の所有権を主張する場合にも全く同様なのか、すなわち、「ＣはＢが**取得時効の成立要件を充足していることをすべて具体的に認識していた**こと」をＢは主張・立証しなければならないのかが、判例上問題となった。次のようなケースである。Ａ所有の甲土地の一部（乙部分とする）を隣接地の所有者Ｂが、自己の所有地と信じてコンクリート舗装をし長年に渡り通路として使用し、乙部分につきＢの取得時効が完成したが、乙部分につき時効取得を原因とする所有権移転登記をしていなかった。Ｂの取得時効完成後、Ｃは乙部分のＢによる使用を知りつつ甲土地をＡから買い受けて甲土地につき所有権移転登記を経由し、Ｂに対して乙部分の所有権確認およびコンクリート舗装撤去請求の訴えを提起した（☞第4節5⑵ⓐ参照）。そこでBは、Cは背信的悪意者にあたるからCに対して登記なしに乙部分の時効取得を対抗できると主張した。判例（前掲最判平18・1・17）は、Bの時効取得についてのCの背信的悪意の判断につき、①取得時効の成否については、その要件の充足の有無が容易に認識・判断することができないものであることから、Cにおいて、Bが**取得時効の成立要件を充足していることをすべて具体的に認識していなくても**、背信的悪意者と認められる場合があるというべきである、②しかし、その場合であっても、少なくともCがBによる**多年に渡る占有継続の事実を認識**（この点についての悪意は必要）**している必要**があるとしている。その上で、この判例は、Cが、(i)当該不動産の譲渡を受けた時点において、Bが多年に渡り当該不動産を占有している事実を認識しており（「悪意」の要件）、(ii)Bの登記の欠缺を主張することが**信義に反する**ものと認められる事情が存在するときは（「背信性」の要件）、Cは**背信的悪意者**にあたるというべきである、としたのである（原審はBによる多年に渡る占有継続の事実を認識していたかどうかを確定していないとして、破棄差戻しとした。なお、原審は、後掲最判平10・2・13（☞(3)(a)）とほぼ同様の考えに立って、CはBの登記欠缺を主張する正当な利益を有する第三者にあたらないとしていた）。

《展開》背信的悪意者からの転得者および背信的悪意の転得者　判例理論を前提とした場合、背信的悪意者Cからの甲土地の善意の転得者Dも、登記なしに対抗し得る第三者か、また、逆に背信的悪意者ではないC（善意または単純悪意）からの甲土地の背信的悪意の転得者Dも、登記なしに対抗し得る第三者か、が問題となる。

(a)背信的悪意者からの転得者のケース　(ア)転得者は所有権を取得し得るか　まず、背信的悪意者Cからの転得者Dは、無権利者からの譲受人なのか、所有者からの譲受人なのかが問題となるが、判例・通説は、背信的悪意者Cも甲土地の二重譲渡人Aから**有効に所有権を取得**しており、背信的悪意者Cからの転得者Dも無権利者からの譲受人ではなく、**所有者からの譲受人**であるという考えに立っている。すなわち、判例（最判平8・10・29民集50-9-2506〔百選Ⅰ・61事件〕）は、第2譲受人Cが背信的悪意者であるがゆえに登記の欠缺を主張する正当な利益を有する第三者にあたらないとされる場合であっても、第1譲受人Bは、Cが登記を経由した権利をBに対抗することができないことの反面として、登記なしに所有権取得をCに対抗することができるというにとどまり、AC間の売買自体の無効を来すものではなく、したがって、転得者Dは無権利者から当該不動産を買受けたことにはならないとする（もっとも、第2譲受人Cの甲土地の取得が公序良俗に反して無効である場合には〔前掲最判昭36・4・27参照〕、Cは所有権を取得し得ず、Cからの転得者Dも所有権を取得し得ない）。

(a)背信的悪意者からの転得者のケース

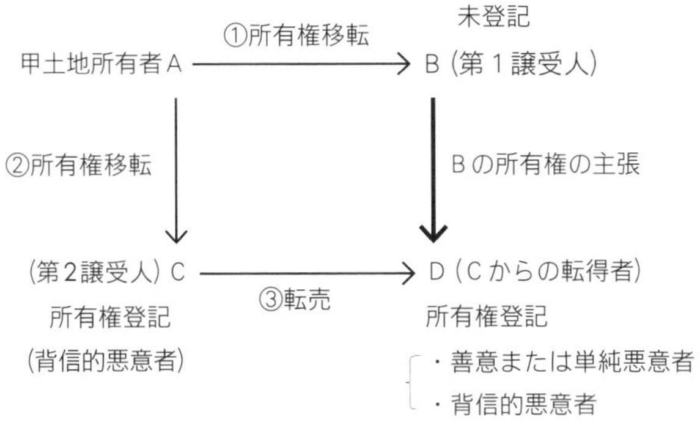

(b)善意者（または単純悪意者）からの背信的悪意の転得者のケース

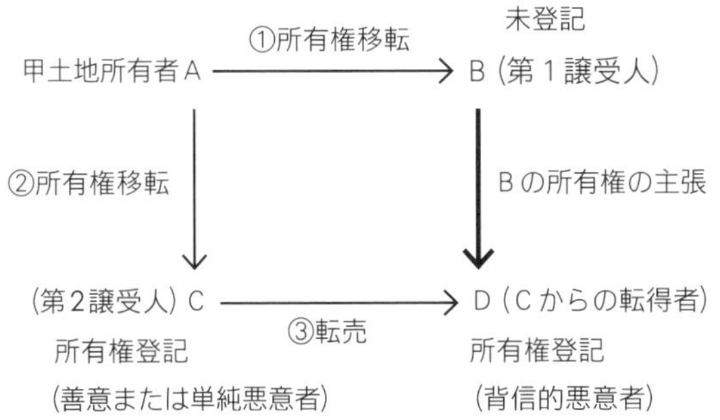

(イ)相対的構成説か絶対的構成説か　背信的悪意者Cからの善意の転得者Dに対して、未登記の第1譲受人Bが登記なしに甲土地の所有権の回復を請求し得るか（Bは、DからBへの真正な登記名義の回復を原因とする所有権移転登記手続および甲土地の引渡を請求し得るか）については、相対的構成説と絶対的構成説が存在する。

ⅰ相対的構成説　相対的構成説は、転得者Dの取得する権利は、Cの背信的悪意には影響されず、**転得者D**が第1譲受人Bとの関係で**相対的に**背信的悪意者でない限り、第1譲受人Bの登記欠缺を主張し得るとするものである。判例（前掲最判平8・10・29）・通説（近江Ⅱ・87頁、内田Ⅰ・462頁など）は相対的構成説をとる。すなわち、前掲最判平8・10・29は、その理由につき、背信的悪意者が正当な利益を有する第三者にあたらないとして177条の「第三者」から排除される所以は、第1譲受人の売買等に遅れて不動産を取得し登記を経由した者が登記を経ていない第1譲受人に対してその登記の欠缺を主張することが、その取得の経緯等に照らし信義則に反して許されないということにあるのであって、登記を経由した者がこの法理によって「第三者」から排除されるかどうかは、**その者と第1譲受人との間で相対的に判断されるべき**事柄であるからである、と述べている。

ⅱ絶対的構成説　これに対して、絶対的構成説は、第2譲受人Cが背信的悪意者である場合には、転得者Dは、背信的悪意者Cの有した権利を承継するだけであるとするなどして、転得者Dが甲土地を善意で買い受けて登記を備えたとしても、未登記第1譲受人は、登記なしに善意の転得者Dに対してなお所有権の回復を請求し得るとする。

ⅲ検討　転得者Dも背信的悪意者である場合には、いずれの説をとっても、未登記第1譲受人Bは、転得者Dに対してなお所有権の回復を請求し得る。これに対して、転得者Dが善意（以下、単純悪意についても同様）である場合には、未登記第1譲受人Bは、相対的構成説によると転得者Dに対してもはや所有権の回復を請求し得ないが、絶対的構成説によると転得者Dに対してなお所有権の回復を請求し得る。

いずれの説が妥当であるかが問題となる。**相対的構成説**の場合、背信的悪意者Cからの善意の転得者Dは保護されるから、**取引の安全**に資するといえるのに対して、**絶対的構成説**の場合、取引の安全を害することになる（この説による場合、善意の転得者Dは、背信的悪意者Cに対して561条の類推適用により、Cの責任を追及することはできようが、Dにとって負担が大きいし、Cが無資力であることも多い）。相対的構成説に対しては、善意の転得者Dからの転得者Eが背信的悪意者である場合には、未登記の第1譲受人Bは、なお背信的悪意の転得者Eに対して所有権の回復を請求できることになり、権利関係が確定しないとする批判もある。しかし、前掲判例は、まずは背信的悪意者Cからの善意の転得者Dを保護しようとするものであり、不動産取引の安全の観点からこの判例は支持されるべきである。

(b)善意の第2譲受人からの転得者が背信的悪意者であるケースなど　それでは、(a)のケースとは異なり第2譲受人が善意である場合、あるいは、背信的悪意者である第2譲受人からの転得者が善意である場合に、これらの者からの転得者が背信的悪意者であれば、未登記の第1譲受人は、これらの背信的悪意の転得者に対して所有権の回復を請求することができるか。

まず、前者であるが、善意の第2譲受人Cからの転得者Dが背信的悪意者である場合、未登記の第1譲受人Bは、もはや登記なしに所有権をDに対抗し得なくなるのか。前掲最判平8・10・29は、背信的悪意者である第2譲受人Cからの転得者Dのケースにつき、相対的構成説に立つことを明らかにしたもので、(b)のケースについて述べるものではない。

(ア)相対的構成説か絶対的構成説か　善意の第2譲受人からの転得者が背信的悪意者であるケースについても、相対的構成説と絶対的構成説とがある。

ⅰ絶対的構成説　このケースについては、絶対的構成説も有力である（瀬川信久「判批」百選Ⅰ〔第6版〕・116頁、安永・80頁など）。すなわち、第2譲受人Cが善意であれば、その後の転得者Dが第1譲受人Bとの関係で相対的に背信的悪意者であっても、Bは登記なしには所有権を転得者Dに対抗できないとする。その理由としては、①第2譲受人Cが善意で買い受けて所有権移転登記を備え、第1譲受人Bとの関係でCに所有権が認められることになった以上、Bはこの時点で**完全な無権利者**であり、Cからの転得者Dが背信的悪意者であってもBはDに所有権を主張し得ないこと、②善意の譲受人Cが取得した所有権を自由に処分できるようにするためには、背信的悪意者である転得者Dに対して未登記第1譲受人Bからの所有権回復を認めないようにする必要があること、③相対的構成説によると、Cが**責任を追及**され（561条類推適用）、Cの権利取得が実質的に否定されるおそれがあること、また④相対的構成説をとると、甲土地が善意の第2譲受人Cから善意の転得者D、Dから背信的悪意者Eなどと転々譲渡された場合、途中に善意者が現れても、その後に背信的悪意者が登場すれば、未登記第1譲受人は、なおその背信的悪意者に所有権の回復を請求できることになり、**権利関係が安定しない**こと、などがあげられる。

ⅱ相対的構成説　他方、この善意の第2譲受人からの転得者が背信的悪意者であるケースについても、相対的構成説は多い（内田勝一「民法判例レビュー」判タ493号116頁、近江Ⅱ・88頁など）。その理由としては、①絶対的構成をとると、善意の第2譲受人Cからの転得者Dが背信的悪意者の場合には、第1譲受人BはDに所有権の回復を請求できなくなり、**具体的妥当性の観点**から問題であること、②相対的構成をとり、背信的悪意者である転得者Dに対する未登記第1譲受人Bに所有権の回復請求を認めても、DからCに対する**責任追及**は問題とならず、中間に介在する善意の第2譲受人Cの法律関係、法的地位に影響を及ぼすものでないこと（東京高判昭57・8・31判時1055-47。背信的悪意者である転得者Dが第1譲受人Bにより所有権を回復された場合には、Dは二重売主Aに対して不当利得の返還を請求し得るとする見解がある〔椿寿夫＝松野民雄「背信的悪意論の相対的適用」法時55巻8号143頁〕）、③絶対的構成説をとり背信的悪意の遮断を認めると、背信的悪意者Dは、善意の第三者（いわゆる「**わら人形**」）Cを介在させることにより背信的悪意者Dが免責されるという不当な結果を認めることになること（前掲東京高判昭57・8・31）、などがあげられている。

ⅲ検討　この善意の第2譲受人からの転得者が背信的悪意者であるケースについても、**相対的構成説**をとるべきではなかろうか。善意の第三者（いわゆる「わら人形」）を介在させるという問題については、絶対的構成説をとった場合、未登記第1譲受人Bは、善意の譲受人CがDのわら人形に過ぎないことを証明できれば、転得者Dは背信的悪意者である第2譲受人となるので、BはDに所有権を主張できるが、CがDのわら人形であることをBが証明することは容易ではないから、この点で相対的構成説の方が優れているといえる。絶対的構成説の理由の②と③については、善意の譲受人Cは、対抗要件を備えた完全な所有権を取得し、これをDに譲渡しているのであるから、相対的構成説をとり、未登記第1譲受人Bから背信的悪意者である転得者Dへの所有権の対抗を認めたとしても、それはDがBとの関係で背信的悪意者であるが故であるから、DからCへの**責任追及**は認められず、したがってまた、善意の第2譲受人Cの所有権処分に何の差し障りもないといえる。絶対的構成説の理由の④については、観念的にはそのような懸念がないとはいえないが、実際問題として、善意の第2譲受人Cが登場しその後に背信的悪意の転得者Dが登場することはあまり考えられないし、仮にこのようなDが登場し、BがDの背信的悪意を立証できて、転得者Dが未登記の第1譲受人Bから所有権を対抗されても、自身の行為の招いた結果であり、権利関係が安定しないという批判は当たらないであろう。そうとすると、善意の第２譲受人Ｃから転得したＤが背信的悪意者であることを未登記の第１譲受人から問題とされるのは、ＣがＤのわら人形であるような場合に限定されるであろう（前掲東京高判昭57・8・31は、このようなケース）。

(b)のもう１つの場合である背信的悪意者である第２譲受人からの善意の転得者からさらに転得した者が背信的悪意者であるケースにおいても、上記と同様な見解の対立が生ずるが、上記と同様に考えられる。

したがって、この(b)のケースについても、相対的構成説が妥当ではないかと思われる。

《展開》不動産の二重譲渡と主張・立証責任　例えば、甲土地所有者ＡからＢへ甲土地が譲渡され、Ｂは代金を支払って甲土地の引渡しを受け甲土地上に乙建物を建てたが、甲土地につき所有権移転登記を備える前にＡが甲土地をＣに二重に譲渡し、ＡからＣへの所有権移転登記がなされたとする。この場合、ＣがＢに対して甲土地所有権に基づく返還請求（物権的請求権）としての乙建物収去・甲土地明渡しを求めて訴訟を提起した場合、主張・立証関係はどのようになるか。大筋は次のようになる（詳細は、法科大学院等における要件事実の講義で勉強する）。

原告Ｃは、①Ｃが甲土地を所有していること、および②Ｂが甲土地を占有していること、を主張・立証することになる。Ｃの①の立証のためには、③一般には甲土地所有者ＡからＣは甲土地所有権を取得したこと（判例・実務のとる売買契約時所有権移転説によれば、ＡＣ間の売買契約の締結、代金支払時所有権移転説によれば、ＡＣ間の売買契約の締結、およびＣがＡに代金を支払ったこと）を主張・立証する。これに対して、被告Ｂは、②は認めるが、①については、ｉＢが甲土地をＡから買い受け所有していること（売買契約時所有権移転説によれば、ＡＢ間の売買契約の締結、代金支払時所有権移転説によれば、ＡＢ間の売買契約の締結、およびＢがＡに代金を支払ったこと）を主張・立証し、またiiＣが対抗要件を備えるまで、Ｃの所有権取得を認めないことを主張することになる（抗弁。新問題研究要件事実・74頁）。

第１譲受人Ｂは、Ｃにとっても登記をしないと対抗し得ない第三者であるから、登記を備えないままでは第２譲受人である原告Ｃの請求は認められない。そこで、Ｃは甲土地につきＡＣ間の売買契約に基づき所有権移転登記を備えたことを主張・立証する（再抗弁）。これがなされると、登記を備えたＣは第１譲受人Ｂに所有権を対抗できるから、原告Ｃの請求が認容されることになる。

しかし、Ｃが背信的悪意者であれば、Ｂは登記なしに所有権をＣに対抗できる。そこで、設例のような場合、ＢはＣが背信的悪意者に該当すること、すなわち、①甲土地をＢがＡから譲り受けたことをＣは知りながら、甲土地をＡから譲り受けたこと、および②ＡからＢへの所有権移転について、ＣがＢの登記欠缺を主張することが信義に反することを基礎づける具体的事実を主張・立証することになる（再々抗弁）。

(c)背信的悪意者排除説以外の有力学説　以上の背信的悪意者排除説に対しては、有力な反対説が存在する。

ⅰ悪意者・善意有過失者排除説　判例・通説は単純悪意の第2譲受人を排除しない理由を自由競争の原理に求めるが（☞(b)ⅰ本文の第1）、この説は、**自由競争の原理**の理解を判例・通説とは異にする。すなわち、自由競争の原理とは、**契約締結に当たっての原理**であり、売主Aにとって有利な売買条件を提示した者が通常はAと契約できるというものであって、すでにAがBと甲不動産につき売買契約を締結してBに所有権が移転していることを知って（悪意）譲り受けた第2譲受人を保護する趣旨は含まないと考える。

したがって、第1譲渡の存在を知って二重に甲不動産を譲受け、登記を備えた悪意の第三者Cに対して、第1譲受人Bは登記なしに甲不動産所有権を対抗できるとする。また、甲土地の第1譲受人Bが甲土地上に建物を建てているときや、甲建物の第1譲受人が甲建物に住んでいるときなどは、第2譲受人Cは、Bがいかなる権原で甲土地や甲建物を占有しているかを調査すべきであって、それをしないままBへの甲不動産の第1譲渡の存在を知らずに甲不動産を譲り受けた場合、Cには過失があり、このような善意有過失者Cに対しても、第1譲受人は登記なしに甲不動産所有権を対抗できるとする（内田Ⅰ・458頁など。川井Ⅱ・36頁は、悪意者排除説に立つ）。結局、この説によると、悪意者および善意有過失者は登記なしに対抗し得る第三者であるということになる。

背信的悪意者排除説の中には、判例・多数学説より背信的悪意者の範囲を拡張すべきであるとする鈴木説・広中説など（☞(b)ⅰ参照）があり、その指摘はもっともであるといえる。悪意者と背信的悪意者との差は微妙なところがあり、通常の不動産取引であれば、対象不動産の所在、形状、占有関係などを調査して行われるのが原則であり、また、すでに買い受けようとする不動産につき第1譲受人が存在することを知って、または第1譲受人が存在する可能性があることを知って、あえて当該不動産を買い受けることは、ほとんど考えることができないのであるから、悪意者および善意有過失者は、登記なしに対抗し得る第三者にあたると解して差し支えないのではなかろうか（後掲の最判平10・2・13〔☞(3)(a)〕は、未登記の通行地役権に関するものであるがこの考えに近い）。

もっとも、この説をとった場合、第1譲受人Bが、第2譲受人Cの悪意または有過失を主張・立証することになり、この立証は必ずしも容易ではないが、Bが買い受けた不動産を現実に占有して利用している場合には、第2譲受人は、悪意または善意有過失として扱われよう。

ⅱ悪意者・善意有過失者＝無権利者説　公信力説（☞第3節2(3)）の場合は、甲不動産の第2買主Ｃは無権利者Ａからの買受けで、第2買主Ｃに所有権取得が認められるのは登記の公信力によるとするのであるから、Ｃが悪意または善意有過失で買い受けたときは、甲不動産の所有権を取得できない。したがって、この説によると、悪意または善意有過失の第三者Ｃは、以下の(4)の無権利者ということになり、登記なしに対抗し得る第三者ということになる。

(3)登記欠缺を主張することが信義則に反するその他の第三者　実体上**物権変動があった事実を知らないで（善意）**、当該不動産について利害関係を持つに至った者であっても、先の物権変動につき登記欠缺を主張することが**信義則に反する**とされたケースがある。

(a)未登記の通行地役権の承役地譲受人に対する対抗　次のようなケースがある。Ａ所有の甲土地（承役地）に、隣地であるＢ所有の乙土地（要役地）のためにＡＢ間で通行地役権設定契約が締結されたが、地役権設定登記はなされていなかったところ、乙土地がＢからＣに譲渡され（所有権移転登記経由）、Ｃが通行地役権を行使して甲土地を通行していた。その後、Ｄが、甲土地の一部はＣにより継続的に通路として使用されていたことを認識しつつ、Ａから甲土地を譲り受けた場合（Ｄへの所有権移転登記経由）、Ｃは通行地役権を登記なしにＤに対抗し得るか（例えば、ＣはＤに対して甲土地の一定部分につき通行地役権が存在することの確認を求めることはできるか）。このＤは、背信的悪意者の基準（☞(2)(b)ⅰの第2参照）を充たさない善意有過失者と見ることもできる第三者で

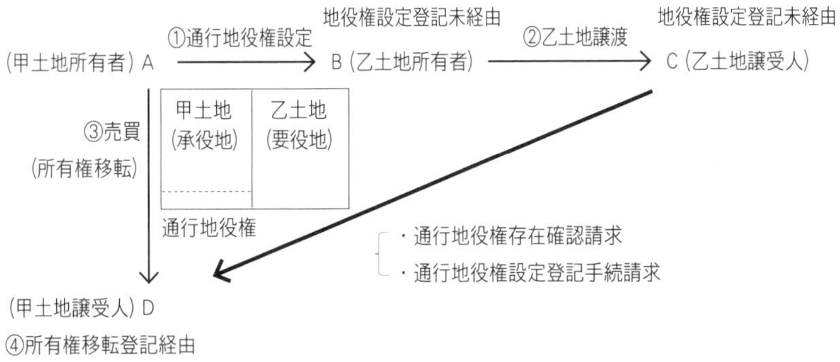

ある。

このようなケースにつき判例（最判平10・2・13民集52-1-65〔百選Ⅰ・63事件〕）は、通行地役権の承役地が譲渡された場合において、譲渡の時に、①当該承役地が要役地の所有者によって**継続的**に通路として使用されていることがその位置、形状、構造等の物理的状況から**客観的**に明らかであり、かつ、②譲受人がそのことを**認識**していたかまたは**認識することが可能**であったときは、譲受人は、通行地役権が設定されていることを**知らなかったとしても、③特段の事情がない限り、**地役権設定**登記の欠缺を主張することは信義に反する**ものというべきで、このような譲受人は、登記の欠缺を主張するについて正当な利益を有する第三者にあたらないと解するのが相当であるとする。そして、この判例は、**特段の事情**がある場合として、例えば、承役地の譲受人が通路としての使用は無権原でされているものと認識しており、かつ、そのように認識するについては地役権者の言動がその原因の一半を成しているときをあげ、このような場合には、地役権設定登記の欠缺を主張することは信義に反するものということはできないとしている。なおこの判例は、このように解するのは、承役地の譲受人が背信的悪意者であることを理由とするものではないから、承役地譲受人が承役地を譲り受けた時に地役権の設定されていることを知っていたこと（地役権の存在についての悪意）を要するものではないという点を付け加えている。

この判例はその理由として、通行地役権の承役地が譲渡された時に、上記の①と②が充たされるときは、譲受人は、要役地の所有者が承役地について通行地役権その他の何らかの通行権を有していることを**容易に推認**することができ、また、要役地の所有者に**照会**するなどして通行権の有無、内容を**容易に調査**することができるのであるから、このような譲受人は、通行地役権が設定されていることを知らないで承役地を譲り受けた場合であっても、何らかの通行権の負担のあるものとしてこれを譲り受けたものというべきである、ということをあげている。

判例は、このように未登記の通行地役権については、いわば善意有過失の承役地の譲受人に対しても、登記なしに通行地役権を対抗できるとし、未登記の通行地役権者の実際の土地利用を重視する考えに立ったが、これは、通行地役権の負担は承役地にとってその一部に限られるからであろうか。A所有の甲土地の第1譲受人が甲土地につき登記を経由しないまま甲土地上に乙建物を建てて甲土地を利用している場合に、従来の判例理論からすると背信的悪意者とはいえない第2譲受人Cが、甲土地をAから二重に譲り受け所有権移転登記を経由したケースについても、未登記第1譲受人Bに、第2譲受人Cに対する所有権の対抗を認める方向（☞⑵ⓒⅰ）への判例の展開を期待したいところである。

ⓑ未登記の通行地役権者の承役地譲受人に対する登記請求権　ⓐのケースの場合に、要役地の譲受人Cは承役地の譲受人Dに対して通行地役権に基づく地役権設定登記手続を請求し得るかが問題となる。判例（最判平10・12・18民集52-9-1975）はこれを肯定する。その理由としてこの判例は、①譲受人は通行地役権者との関係において通行地役権の負担の存在を否定し得ないのであるから、このように解しても譲受人に不当な不利益を課するものであるとまではいえず、また、②このように解さない限り、**通行地役権者の権利**を十分に保護することができず、承役地の転得者等との関係における取引の安全を確保することもできない、ということをあげている。

⑷無権利者　B所有の甲不動産につきAが偽造書類により勝手に登記名義をBからAに移転し、甲不動産をAからCが買い受けた場合、わが国では登記に公信力が認められていないから、Cは甲不動産につき所有権を取得できず、無権利者である。このような無権利者は、登記なしには対抗できない177条の第三者にはあたらず、登記なしに対抗できる第三者である（最判昭34・2・12民集13-2-91〔所有権を有していない架空の登記名義人のケース〕）。したがって、BはAおよびCに対して所有権に基づく物権的妨害排除請求権の行使として、AおよびCの所有権移転登記の抹消登記手続を請求できる。

⑸不法行為者・不法占拠者　A所有の甲建物の譲受人Bが所有権移転登記を備えていない状態で、Cが甲建物を不法に滅失・損傷させたり、甲建物を不法に占拠しているとき（最判昭25・12・19民集4-12-660〔百選Ⅰ・62事件〕）、BがCに対し不法行為に基づく損害賠償を請求し、あるいは建物所有権に基づき建物明渡しを請求するためには、甲建物につき所有権移転登記を備えている必要はない。不法行為者・不法占拠者は、登記なしに対抗できる第三者である。

⑹順次譲渡（転々譲渡）の場合の前主　A所有の甲不動産がAからB、BからCに順次譲渡され、現在Cが甲不動産の所有者であるが所有権移転登記を備

えていない場合に、Cは譲渡人Bの前主であるAに対して、甲不動産の所有権に基づき甲不動産の引渡請求や、BがAからBへの所有権移転登記手続を行わないために**債権者代位権**の転用によりAからBへの所有権移転登記手続請求などをしたとき（423条の7)、AはCの登記欠缺を理由にこれらの請求を拒めるか。

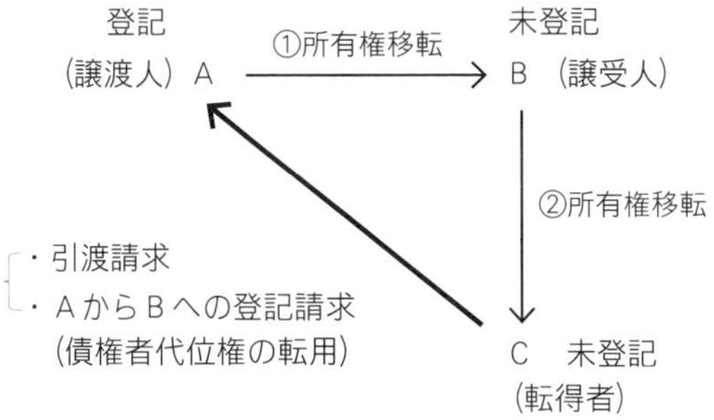

これについては、判例（最判昭39・2・13判タ160-71〔CからAに対する所有権移転登記手続請求のケース〕、最判昭43・11・19民集22-12-2692）・通説とも、前主Aは後主Cの登記の欠缺を主張し得ないとしている（もっとも、例えばCの甲土地引渡請求に対して、AがBから代金の一部の支払いを受けていないときに留置権の抗弁権を提出されたりすることはある）。例えば、判例（前掲最判昭43・11・19）は、177条の第三者というためには、係争甲土地に対して何らかの正当な権利を有することを要し、甲土地をすでに他に有効に譲渡した前所有者のように甲土地につき何らの正当な権利を有しない者は、**登記の欠缺を主張するについて正当の利益を有するものとはいえない**とし、甲土地がAからB、BからCへ順次譲渡され、BからCへの甲土地所有権移転後Cへの所有権移転登記がなされる前に、前主であるAがBに対して甲土地につき処分禁止の仮処分を申立て仮処分の登記がなされたため、未登記のCがAに対して甲土地の所有権確認、甲土地の明渡し、Aが甲土地に対してなした処分禁止の仮処分の執行の排除を求めたケースにおいて、Cの請求を認めたものである。

同様に、甲土地所有者AがBのために地上権（制限物権）を設定し、Bがこの地上権をCに譲渡したが、BもCも地上権につき未登記のまま、Cが甲土地所有者Aに対して地上権に基づき甲土地の引渡請求や債権者代位権の転用によるAからBへの地上権設定登記手続請求（423条の7）などをなし得るかが問題となるが、これについても、AはCの登記欠缺を主張し得ないと解される。

第6節　不動産登記のその他の実体法上の諸問題

1. 登記の推定力と公信力

以上のように、わが国において不動産の登記は、不動産物権変動の対抗要件とされており（177条。例外的に保護要件〔＝保護資格要件〕としての登記や、不動産賃借人の地位の移転の対抗要件としての登記（605条の2第3項）がある）、不動産登記には物権変動についての**対抗力**が認められるが、不動産登記の効力としては、その他、**推定力**および**公信力**がある。もっともわが国においては、登記には推定力は認められるが、公信力は認められていない。

(1)登記の推定力　判例（最判昭34・1・8民集13-1-1）・通説は、例えば甲不動産をAが占有しているが、甲の所有権登記名義がBになっている場合、甲の所有権はBにあるものと推定されるとしており、登記に推定力を認めている。登記の推定力は、188条の占有の推定力とは異なり、法律上の推定ではなく**事実上の推定**である（☞第2編第3章第4節1(3)参照）。例えば、不動産甲の占有者Aが、甲不動産につき所有権移転登記を備えているBに対して、Aが所有者であるとしてBからAへの所有権移転登記手続を請求する場合は、前述のように、登記の推定力の方が占有の推定力より強いので、甲不動産占有者Aは、反証によりBの登記の推定力を覆して初めて188条による占有による権利適法推定を使用することができる（☞第2編第3章第4節1(2)(b)参照）。

(2)登記の公信力　登記の公信力とは、例えば、甲不動産の所有権（地上権など他の物権の場合も同様である）は実体的にはAにあるが、登記名義はBになっているため、Cが甲不動産はBの所有であると無過失で信じて買い受け（善意無過失）、BからCへの所有権移転登記を経由した場合に、無権利者からの譲受人Cに甲不動産の所有権取得（原始取得）を認める（その反面、真実の甲不動産所有者Aは所有権を喪失する）ことのできる登記の効力である。わが国においては、登記に**公信力は認められていない**ことについては前述した（☞第3章第2節2(2)参照）。ただし、真の所有者Aが、他人B名義となっている実体を伴わない登記を放置したことにつき**責めに帰すべき事由**があり、当該不動産につき取引をする第三者Cが登記を信頼して（**善意**または**善意無過失**）取引をしたときは、**94条2項の類推適用**により第三者Cの権利取得が認められることがある。これは、真実の権利者Aの帰責事由を要件とする点で登記に公信力を認めたわけではないが、一定の範囲で不動産取引の安全を図っている。

2. 仮登記の効力

(1)仮登記の意義　仮登記とは、現時点で本登記をなす手続上または実体上の要件が備わっていないために不動産物権変動の対抗要件としての本登記（所有権移転登記や地上権設定登記、抵当権設定登記など）をすることができないが、将来なされるべき**本登記の順位を保全**するためになされる登記である（本登記ではなく予備登記である。☞第2節4(1)）。

(2)仮登記がなされる場合　仮登記は、次の各場合にすることができる。

(a)本登記申請に必要な手続上の要件が備わらないとき（不登105条1号）
実体的には本登記を備えることができる物権取得者であるが、登記申請のために登記所に対し提供しなければならない情報であって、不動産登記法25条9号の申請情報と併せて提供しなければならないものとされているもののうち法務省令（不動産登記令）で定めるものを提供できないとき（不登105条1号）は、手続的に本登記を備えることができないため、仮登記により本登記の順位を保全しておくことができる。①登記義務者が登記原因を証する情報（不登令7条1項5号ロ）を提供できないときや、②登記原因につき第三者の許可・同意等を要する場合（農地の売買などで県知事の許可がいるようなケース）に許可は得ているが許可等の情報（不登令7条1項5号ハ）を提供できないときなどがこれにあたる。

(b)物権の設定、移転等に関する請求権を保全するとき（不登105条2号）
例えば、売買予約に基づく所有権移転請求権保全の仮登記、代物弁済予約に基づく所有権移転請求権保全の仮登記（仮登記担保の公示方法）などがこれにあたる。これらの予約権者は、予約を完結するまでは所有者ではないので所有権移転登記を備えることはできないが、予約後に目的不動産に物権等を取得する者に、予約を完結した場合に優先できるように、仮登記をしておくのである。

(c)始期付きまたは停止条件付き物権などを保全するとき（不登105条2号）

停止条件付所有権や停止条件付賃借権などを有する者が、その後に目的不動産に物権等を取得する者に、停止条件が成就した場合に優先できるように、仮登記をしておくのである。

(3)仮登記の申請手続　仮登記も、仮登記義務者と仮登記権利者の共同申請でなされるのが原則であるが（不登60条）、仮登記義務者の承諾または仮登記を命ずる処分があるときは、仮登記権利者は単独で申請できる（不登107条1項）。

(4)仮登記の効力　(a)本登記の順位保全の効力　仮登記に基づいて本登記をした場合は、当該本登記の順位は、当該仮登記の順位による（不登106条）。これを、仮登記には本登記の順位保全の効力があるという。

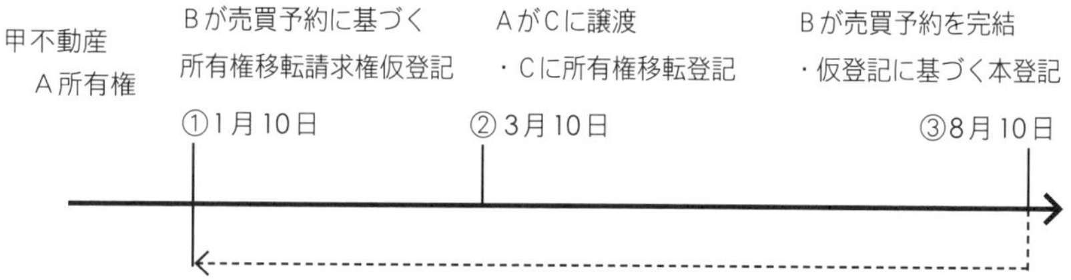

(b)対抗力遡及説・対抗力不遡及説　上の図の例で、③の時点でＢが売買予約を完結し、仮登記に基づく本登記を備えた場合、Ｂの本登記の順位は、仮登記の順位によることになり（不登106条）、Ｂは甲不動産につき②の時点で所有権移転登記を経由したＣに対抗し得ることになるが、Ｂの所有権の対抗力は、①の仮登記の時点まで遡及することになる（対抗力遡及説）のか、それとも、Ｂの所有権の対抗力は③の時点から生ずるのであり、①の仮登記の時点まで遡及はしない（対抗力不遡及説）のかが問題となる。不遡及説によれば、②から③までの間に生じた不動産の果実はＣが取得することができ、ＢはＣに対して不当利得返還請求権を行使し得ない。**対抗力不遡及説**が、判例（最判昭36・6・29民集15-6-1764）・多数説である。

⑸仮登記に基づく本登記の申請手続　仮登記に基づく本登記を申請する場合、目的不動産上に**登記上の利害関係**を有する第三者C（上の例の仮登記後にAから甲不動産を譲り受け所有権移転登記を備えたC、仮登記後に地上権や抵当権の設定を受け設定登記を備えたCなど）が存在するときは、Cの**承諾**が必要である（不登109条1項）。第三者Cが任意に承諾しない場合は、Bは仮登記のままでCに対して本登記手続承諾請求訴訟を提起し得る。Bのために仮登記に基づく本登記がなされると、Cの登記は登記官が職権で抹消する（不登109条2項）。

3. 登記請求権

⑴登記請求権の意義　登記権利者が登記義務者に対して登記手続に協力すべき旨を請求する権利を**登記請求権**という。登記義務者がこれに応じないときは、登記権利者は登記義務者に対して登記手続請求訴訟を提起することができる。

⑵登記請求権の発生原因　登記請求権の発生原因を一元的に説明することは困難であり、以下のように複数の原因から発生すると説明してよい（**多元説**＝判例・多数学説）。

ⓐ物権的登記請求権　当該不動産につき物権を有する者は、物権を有していないにもかかわらず登記名義を備えている者に対して、**物権に基づく登記請求権**を有する。例えば、A所有の甲不動産につきAB間で売買契約が締結され、Bに所有権が移転した場合、BはAに対して所有権に基づく登記請求権を有する（もっともこの場合、通常はⓒの登記請求権による）。また、B所有の甲不動産の登記名義をAが偽造の登記関係書類等を使用して勝手にA名義の登記にした場合、所有者Bは、不正登記の名義人Aに対して**物権的妨害排除請求権**としての所有権移転登記抹消登記手続請求権を有する（大判昭3・11・8民集7-970）。

ⓑ物権変動の事実そのものから生ずる登記請求権　この登記請求権は、**権利変動の過程**も登記簿上に表現することを目的とする不動産登記法の要請から生ずる。そこで、判例（最判昭36・4・28民集15-4-1230）は、その権利変動の当事者となった者は、現在は不動産の実質的権利者でなくても、その登記の是正に関して利害関係を有する限り、登記名義人に協力を求める登記請求権を有

するとする。そこで、Ａ所有の甲不動産がＡからＢ、ＢからＣへ順次譲渡され、順次所有権移転登記がなされたが、各所有権移転行為が無効であったケースにつき、所有者ＡがＢおよびＣに対して各所有権移転登記の抹消登記手続請求権を有する他、現在は所有者ではないＢもまたＣに対して所有権移転登記の抹消登記手続請求権を有するとしている。

(c)債権的登記請求権　Ａ所有の甲不動産につきＡＢ間で売買契約が締結され、Ｂに所有権が移転した場合、ＢはＡに対して所有権に基づく登記請求権を有する（☞(a)）とともに、売買契約に基づく債権的登記請求権を有する（560条、大判大9・11・22民録26-1856）。また、Ａ所有の甲不動産につきＡＢ間で賃貸借契約が締結され、Ｂの賃借権につき設定登記をする旨の**特約**がなされた場合（賃借権は債権であるから当然に登記請求権は発生しないとされている）に、Ｂの取得する賃借権設定登記手続請求権は**債権的登記請求権**である。

(3)登記引取請求権　例えば、甲不動産の売主である登記義務者Ａが買主Ｂに所有権移転登記をしようとしているのに、登記権利者である買主Ｂが登記手続に協力しない場合に（共同申請主義がとられている。☞第2節5(2)）、登記義務者Ａは登記権利者Ｂに登記を引き取るよう請求し得るかが問題となる。判例（最判昭36・11・24民集15-10-2573）・通説は、これを肯定する。これを認めないと、甲不動産所有権がＢに移転しても、甲不動産の固定資産税が依然としてＡに課せられ（ＡはＢに不当利得返還請求権を行使し得るにしても）、また甲不動産につき所有者責任（717条1項但書）を負わせられる可能性もあるからである。

4. 登記の有効要件

甲不動産につきＡ名義の所有権移転登記が存在しても、その登記が有効なもの、すなわち、公示方法として効力を生ずるものとは限らない。登記が有効であるためには、以下の形式的要件と実質的要件を必要とする。

(1)形式的要件　当該登記が有効であるためには、不動産登記法所定の手続的要件を充たしていることが必要である。

(a)不法に登記が抹消され、抹消登記がなされた場合　甲不動産所有者Ａの所有権登記が、Ａの委任した司法書士の錯誤による申請によって抹消された（最判昭42・9・1民集21-7-1755〔対抗力は消滅する〕）のではなく、**登記官の過**

誤や**第三者の不法行為**（偽造の書類による抹消登記の申請など）により不法に抹消されて抹消登記がなされても、この抹消登記は効力を有さず、Ａの甲不動産所有権についての対抗力は失われない（大連判大12・7・7民集2-448など）。もし、抹消登記に効力を認めＡの所有権の対抗力を喪失させると、抹消登記に公信力を認めたことになるからである。

(b)二重の登記がなされた場合　1棟の建物につき誤って二重に表示の登記がなされて、二重の保存登記がなされ、さらにそれぞれ所有権移転登記や抵当権設定登記などがなされることがある。この場合、**先になされた登記が有効**で、後になされた登記は無効であり、無効な登記を基礎に抵当権設定登記などがなされてもこの登記には効力がない（大判大4・10・29民録21-1788、最判昭44・11・20判時581-38）

(c)現在の権利関係を反映している登記の場合　(ア)偽造文書による登記　登記申請が**登記義務者の意思**に基づいてなされたものであり、なされた登記が**実体的権利関係に合致**するときは、他の登記の申請のための書類や偽造の書類により申請されたときでも、登記は有効とされている（最判昭34・7・14民集13-7-1005など）。

(イ)登記原因が実体に合致しない登記　例えば、贈与を原因とする所有権移転登記を申請すべきところ売買を原因とする所有権移転登記を申請し、後者の登記がなされても、この登記は有効である（大判大5・12・13民録22-2411）。

(ウ)抹消登記に代わる所有権移転登記　Ａ所有の甲不動産がＡからＢ、ＢからＣへ順次譲渡され、順次所有権移転登記がなされたが、各所有権移転行為が無効であった場合、Ａは、ＢおよびＣに対してそれぞれ抹消登記の手続請求をなし得るが（☞3(2)(a)）、「**真正な登記名義回復**」を登記原因とするＣからＡへの所有権移転登記手続を請求することもでき（大判大10・6・13民録27-1155、最判昭54・1・30判時918-67）、この場合のＡの所有権登記は有効な登記である。

(2)実質的有効要件　当該登記が有効であるためには、登記が**実体関係に合致**していることが必要である。

(a)登記に対応する実体関係がない場合　例えば、Ａ所有の甲土地につきＢが地上権の設定を受け地上権設定登記を経由していたが、その後地上権が消滅しなお地上権登記が抹消されずに登記簿上に残っていても、この地上権登記は無効である。なお、建物の所有権登記において、建物がその後の**移築改造**等によって構造坪数等に変更を生じたためその登記簿上の表示と合致しなくなった場合においても、移築改造後の建物が登記簿上の地番と同一の地番に存在しかつ**従前の建物との同一性**が認められる以上、この建物について有効な登記が存在する場合にあたるとされている（最判昭31・7・20民集10-8-1045）。

(b)無効登記の流用　現在、形式的には登記に対応する実体関係があるが、その登記はすでに消滅した実体関係のためのものであった場合、この登記は有効な登記といえるかが問題となる（**無効登記の流用**の問題）。

(ア)新築建物への旧建物登記の流用　甲建物を取り壊し、同一敷地に乙建物を新築し、甲建物の所有権保存登記を乙建物の所有権保存登記として流用する際、表示の変更登記により登記簿の表題部が新築建物の構造・坪数と合致するように変更された場合、流用登記は効力を有するか。判例（最判昭40・5・4民集19-4-797）は、流用登記は乙建物の所有権保存登記として効力は認められず、したがって、建物所有者から乙建物につき仮登記担保の設定を受け、経由された仮登記および仮登記に基づく本登記も無効であるとしている。その理由につき判例は、旧建物が滅失した以上、その後の登記は真実に符合しないだけでなく、新建物についてその後新たな保存登記がなされて、1個の不動産に二重の登記が存在するに至るとか、その他登記簿上の権利関係の錯雑・不明確を来す等、不動産登記の**公示性をみだす**おそれがあり、制度の本質に反する、ということをあげている。

(イ)抵当権登記の流用　これに対して、被担保債権が消滅した抵当権登記の流用については、判例は一定の場合に流用登記を有効としている（担保物権法で学習する。生態・担保物権28頁）。

《展開》中間省略登記の効力　**(a)中間省略登記の意義**　A所有の甲不動産がAからB、BからCへ順次売買され譲渡された場合、通常はまずAからBへの所有権移転登記がなされ、次いでBからCへの所有権移転登記がなされるのであるが、例外的に中間者Bの登記を省略して、Aから直接Cに売買を登記原因として所有権移転登記がなされることがあり、これを**中間省略登記**という。

これは、不動産につき所有権移転登記がなされる都度、登録免許税（登録免許税法による。現在、売買や贈与の場合、不動産の価額の20/1000。もっとも、土地の売買の場合、令和5年3月31日までは軽減税率の適用があり、15/1000）がかかる（登記申請を司法書士に委任したときは、手数料や報酬もかかる）から、これを節約する意味がある。

このような中間省略登記がなされた場合、その登記に効力は認められるかが、従来問題となっていた。

(b)中間省略登記請求権　まずそもそも前記(a)のケースにおいて、甲不動産の登記名義がまだAに残っている場合、Cは直接Aに対してAからCへの中間省略登記を請求し得るか。これについては、従来見解の対立があったが、判例（大判大11・3・25民集1-130、最判昭40・9・21民集19-6-1560〔百選Ⅰ・53事件〕）・通説は、Cには当然には中間省略登記請求権は認められず、A・B・C三者間に中間省略登記をなすにつき**特約ないし合意**がある場合に限ってCは中間省略登記を請求し得るとした。その理由としては、物権変動の過程を忠実に登記記録に反映させようとする不動産登記法の原則があげられたが（最判平22・12・16民集64-8-2050は、したがって、甲不動産の相続人Cが被相続人Bに甲を贈与したA〔甲の登記名義を有する〕に対して、真正な登記名義の回復を原因とする所有権移転登記手続を請求することは、許されないとする）、その他、BがCから代金全額の支払いを受けていない場合、中間省略登記請求権が認められると、Bの所有権移転登記義務とCの代金支払義務の同時履行が実現できなくなることもあげられた。そこで、BがCへの所有権移転登記手続に協力しないときは、Cは423条の債権者代位権の転用としての423条の7によりAからBへの所有権移転登記を実現し、次いでBに対してBからCへの所有権移転登記手続を請求することになる（大判明43・7・6民録16-537）。

ところで、2004（平16）年成立の改正不動産登記法によると、登記申請の内容の真正さを担保するために、「**登記原因証明情報**」を必ず提供しなければならないことになり（不登61条。☞第2節5(3)(b)）、不動産売買の場合であれば、登記義務者である売主が、売買契約の存在およびこの売買契約に基づき当該不動産の所有権が買主に移転したことを確認した書面または情報などを登記の申請にあたり登記所に提供しなければならない。そこで、実際には存在しないAC間に所有権移転があったとの登記原因証明情報を作成することは許されないから、今後は**中間省略登記は困難**となるのではないかとされている（安永・83頁、内田Ⅰ・442頁など）。しかし、実際には、AとCとの間で売買契約がなされ、Cが代金全額をAに支払い、Aが代金を受領して、AからCへ所有権が移転したとの真実でない登記原因証明情報を作成・提供することにより、中間省略登記がなされないとも限らない。そこで、中間省略登記がなされた場合、従来、その登記の効力はどのように解されていたのかを概観しておくことにする。

(c)中間省略登記の効力　ⅰＡＢＣ全員の合意があった場合　ABC三者の合意によりなされた中間省略登記も、不動産に関する現在の真実の権利状態を公示している以上、不動産登記法の目的を達しているから、有効な登記であるとされた（大判大5・9・12民録22-1702）。特にCからさらにDに譲渡され、Dに所有権移転登記がなされたような場合は、Cの登記は有効とされるのではないかと思われる。

ⅱ中間者Bの同意がなかった場合　①中間者Bからの中間省略登記の抹消請求
中間者Bの同意のないまま中間省略登記がなされた場合、中間者Bは中間省略登記の抹消登記手続を請求し得るか。これにつき判例・多数学説は、中間者Ｂ名義の登記を一度経由すべき客観的利益が認められない限り（例えば、ＣのＢに対する代金未払いなど）、中間者Ｂは中間省略登記の抹消登記手続を請求する法律上の利益は認められないとする。判例（最判昭35・4・21民集14-6-946）に現れたのは、次のようなケースである。すなわち、Ａ所有の甲不動産がＡからＢ、ＢからＣ、ＣからＤへ順次譲渡されたが、Ａのもとに所有権移転登記がまだ残っていた状態でＣが甲不動産をＥへ二重に譲渡し、中間者Ｂの同意がないままＡからＥへ中間省略登記がなされた。中間者Ｂは、甲不動産をＣに譲渡するに当たっても単に所有権をＣに与えてその対価を得ることで満足し、譲渡した甲不動産の登記が誰の名義になるかについて当初は全く関心がなかった。しかしＢは、Ｃが甲不動産をＤおよびＥに二重に譲渡したことを聞き及び、その譲受人の1人であるＤを正当の権利者と解して、Ｄ名義の登記を実現するため、中間者Ｂの同意のないままなされた二重譲受人Ｅ名義の中間省略登記は無効であるとして、その抹消登記手続を求めて訴えを提起したものである。これにつき、上記判例は、二重譲受人Ｄ・Ｅ間の優劣はＤ・Ｅ間で決着を図るべきであり、Ｂには本件中間省略登記の抹消登記手続を訴求するについての法律上の利益を認めがたい、としたのである。このような判断は、今後も維持されてよいと思われる。

②対抗関係にある一方からの他方の中間省略登記による対抗力の否認　また判例（最判昭44・5・2民集23-6-951）は、次のケースについても中間者の同意の欠缺を理由に中間省略登記の無効を主張することはできないとした。すなわち、Ａ所有の甲土地がＡからＢ、ＢからＣへ順次譲渡され、中間者Ｂの同意がないままＡからＣへ中間省略登記がなされた後に、甲土地につきＡがＤのために賃借権の設定をし、Ｄが乙建物を建て所有権保存登記を経由した。そこで、甲土地譲受人Ｃが、Ｄの借地権はＣに対抗できないものであるとして、Ｄに対して建物収去・土地明渡しの訴訟を提起したところ、Ｄが、ＡからＣへの中間省略登記は中間者Ｂの同意がないから無効であり、Ｃの所有権取得はＡから土地賃借権の設定を受けたＤに対抗し得ないと主張した。これにつき、上記判例は、中間者Ｂの同意を必要とするのは、中間者Ｂの正当な利益を守るためであるから、中間省略登記が実体的権利関係に合致していれば、第三者Ｄの側からＢの同意の欠缺を理由に中間省略登記の無効を主張することはできないとしたのである。多数学説も、この判例を支持した。ＤがＡからの二重譲受人である場合や、地上権や抵当権の設定を受けた者である場合も、同様に考えられる。この判断も、今後も維持されてよいと思われる。

第5章　動産物権変動における公示と即時取得の制度

第1節　序　説

1. 動産物権変動の対抗要件

不動産物権変動の対抗要件につき規定する177条に続く178条は、「動産に関する物権の譲渡は、その動産の引渡しがなければ、第三者に対抗することができない。」と規定する。したがって、動産に関する物権の譲渡の代表である動産所有権の移転においては、「引渡し」が第三者対抗要件となる。

なお、2004年の法改正（平16法148。施行は2005〔平成17〕年4月1日）により動産譲渡についても登記制度が設けられた（「動産及び債権の譲渡の対抗要件に関する民法の特例等に関する法律」〔動産債権譲渡特例法〕）。これは、従来の債権譲渡特例法を、企業の資金調達の円滑化を図る目的で改正したものであり、動産譲渡担保（集合動産譲渡担保を含む）の対抗要件としてこの登記が利用されることを主に念頭においている。もっとも、誰でもがこの動産譲渡登記を利用できるわけではなく、譲渡人（または譲渡担保権設定者）が法人である場合に限り利用できる（同法1条・3条1項）。この登記制度の概要については、後述する。

第2節では、動産所有権移転の対抗要件につき、178条が適用される動産の範囲（☞第2節1）、対抗要件として「引渡し」が必要な物権とは何か（☞第2節2）、引渡しの種類（☞第2節3）、引渡しなしに対抗し得ない「第三者」の範囲（☞第2節4）、および動産譲渡登記制度の概要（☞第2節5）について説明する。

2. 動産物権変動と即時取得制度

178条により動産所有権移転の対抗要件は、動産の「引渡し」とされているが、動産を現実に占有している者が所有者であるとは必ずしも限らない。例えば、A所有の動産甲（例えば、パソコンやデジカメ）をAはBに譲渡し、Bに占有改定による引渡しをし（183条）、引き続き甲をBから借り受けて占有している場合、Bは甲の所有権につき対抗要件具備しているが（☞第2節3）、このことは、不動産の登記などと異なり第三者から見て明確ではない。したがって、動産所有権の対抗要件としての「引渡し」は、所有権の公示方法としてははなはだ不十分なものといわざるを得ない。

そこで、このようにB所有の動産甲を占有しているAが、動産甲を自己の物としてCに売買し、CもAが動産甲を占有しているため甲をAの物と信じて買い受ける場合がしばしば生ずる。Aは他人Bの物を売買契約の目的とすることはできるが（561条）、AがBからその動産の所有権を取得できないと、CもAから買い受けた動産の所有権を取得できない。しかしこれでは、頻繁に行われる動産取引の安全を害することになる。そこで、不動産の取引の場合と異なり、動産の取引においては、売主Aの動産占有に**公信力**を認め、Cが目的動産をAの所有物であると過失なく信じて買い受け（善意無過失）、引渡しを受けたときは、原則として目的動産の所有権を取得できるという取扱いにしている（192条の**即時取得**〔または**善意取得**〕の制度）。この問題も、動産の公示制度との関係で生ずる事柄であるので、後記第3節で取り上げる。

第2節　動産物権変動の対抗要件

1. 178条が適用される動産

民法上、土地およびその定着物以外の物（85条により、「物」とは有体物をいう）は、すべて動産とされているので（86条2項）、これらの動産につき178条が適用されるのが原則である。もっとも、178条の適用されない以下のような動産がある。

(1)登記または登録を対抗要件とする動産　特別法により、船舶や建設機械などについては登記制度があり、また、自動車（軽自動車等を除く）や航空機などについては登録制度があって、それぞれ登記または登録などが、所有権移転などの対抗要件となっている（商686条・687条、建設機械抵当法7条、道路運送車両法4条・5条1項、航空法3条・3条の3）。そこで、登記または登録されたこれらの動産については、178条の適用がない。これらの動産であっても、**未登記**または**未登録**であれば、178条の適用がある。

(2)不動産の従物である動産　建物が譲渡されると、建物の従物（主物である建物とは独立の物。☞第1編第4章第3節「主物と従物・従たる権利」）である畳、建具、備付けのエアコンなどの所有権も、建物買受人が取得するが（87条2項）、建物につき所有権移転登記がなされれば、建物買受人がこれらの従物につき引渡しを受けなくても、従物の所有権につき対抗力を備える。

(3)金銭　金銭も動産であるが、古銭など特別の場合を除いては、物としての個性を有さず、単なる価値そのものと考えるべきであり、価値は金銭の所在に随伴するものであるから、金銭の所有権は占有の移転とともに相手方に移転すると考えられている（最判昭29・11・5刑集8-11-1675、最判昭39・1・24判時365-26〔百選Ⅰ・77事件〕。☞第1編第4章第4節2）。したがって、金銭は、占有のあるところにその金銭の所有権があり、178条の適用はない。

2. 物権の譲渡

178条は、動産に関する物権の譲渡の対抗要件は、動産の「引渡し」であるとする。もっとも、178条が適用されるのは、**動産の譲渡**（=**動産の所有権移転**。担保目的で動産の所有権を移転する**動産譲渡担保の設定**も含む）だけである（通説）。これは、動産に関する物権のうち占有権、留置権、および動産質権の場合は、それぞれ占有がこれらの物権の成立要件でありかつ存続の要件であること（占有権につき180条・203条、留置権につき295条・302条、質権につき344条・352条参照）、また、動産先取特権の場合は、一定の債権につき法律上当然に債務者の動産から優先弁済を受けることのできる法定の担保物権であり（303条・311条〜324条）、他の債権者との優先順位は、動産の占有とは無関係に法律で定められている（303条・329条2項・330条・332条・334条など参照）ことによる。

3. 引渡し

動産所有権移転の対抗要件としての「引渡し」には、次の4つの態様の引渡し（☞第2編第3章第3節2参照）を含む（通説・判例）。いずれの態様の引渡しであっても、所有権移転の対抗要件となる。すなわち、①**現実の引渡し**（182条1項）、②**簡易の引渡し**（182条2項）、③**占有改定**（183条。大判明43・2・25民録16-153、最判昭30・6・2民集9-7-855〔百選Ⅰ・64事件。譲渡担保権のケース〕）、および④**指図による占有移転**（184条。最判昭34・8・28民集13-10-1311）の4つである。

4. 引渡しなしに対抗し得ない第三者の範囲

これについては、不動産の物権変動における登記なしに対抗し得ない「第三者」の範囲の場合（☞第4章第5節）と同様、**制限説**がとられている。したがって、同一の動産につき所有権、質権等の物権を取得した者や同一の動産に対する差押債権者などは、引渡しなしに対抗し得ない第三者に含まれるが、同一の動産に関し正当の権原によらないで権利を主張する者（最判昭33・3・14民集12-3-570〔A所有の動産甲を譲り受けたBにとって、甲を仮差押えした、甲の無権原占有者Cに対する債権者Dは、引渡しなしに対抗し得る第三者である〕）や、不法行為により損害を加えた者などは、これに含まれない。

見解の対立があるのは次のようなケースである。すなわち、AはA所有の動産甲をBに賃貸（601条）または寄託（657条）し、甲をBが賃借人または受寄者として占有していたところ、Aが甲をCに譲渡しCは所有権を取得したが、現実の引渡しも指図による占有移転も受けていない場合、Cの所有権に基づく甲の引渡請求に対して、賃借人または受寄者Bは、Cの引渡し（動産所有権の対抗要件）の欠缺を主張して引渡しを拒むことができるか、換言すれば、動産賃借人または受寄者Bは、引渡しなしには対抗し得ない第三者か。

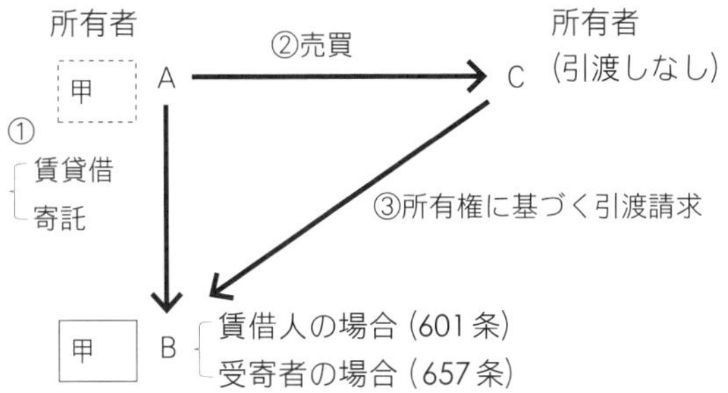

この問題の前提としては、動産賃借権の場合は、不動産賃借権の場合と異なり対抗要件は認められず、「売買は賃貸借を破る」の原則が適用されるから、賃借人Ｂは甲の譲受人Ｃに対して、甲についての賃借権を主張できないこと、および、寄託者は、いつでも寄託物の返還を受寄者Ｃに請求できること（662条）がある。

判例は、Ｂが賃借人である場合と受寄者である場合とで取扱いを異にしている。すなわち、Ｂが動産賃借人であった場合につき判例（大判大4・4・27民録21-590）は、動産甲の譲受人Ｃは引渡し（指図による占有移転）を受けている必要があり、賃借人Ｂは、引渡しの欠缺を主張するにつき正当な利益を有する第三者であるとする。これに対して、Ｂが受寄者であった場合について判例（最判昭29・8・31民集8-8-1567）は、Ｂは甲を一時保管するにすぎないものであって、このような者はＡからＣへの甲の譲渡を否認するにつき正当の利害関係を有するものということはできないから、受寄者ＢはＣの引渡しの欠缺を主張し得ないとしている。

これに対して、多数学説は、賃借人であれ受寄者であれ、動産甲を誰に返還すべきかについては重大な利害関係を有しているから、譲受人ＣがＢに対して所有権に基づく引渡しを請求する場合は、指図による占有移転を受けている必要があるとする。もっとも、上記のようにＣとＢとは対抗関係に立たないから、この引渡しは対抗要件としての引渡しではなく、**保護要件としての引渡し**（＝保護資格要件としての引渡し）と解されよう。

他方、有力学説は、動産の賃借人Ｂや受寄者Ｂは、物権化された不動産賃借権の場合と異なり、単なる債権者であって（上記のように、Ｂは賃借権あるいは受寄者としての権利をそもそもＣに対抗し得ない)、甲の所有権譲受人Ｃと物的支配を相争うという関係にはないから、ＢとＣとの間には対抗問題を生ずる余地はないとし、指図による占有移転なしに、甲の譲受人ＣはＢに対して所有権に基づく引渡しを請求し得るとする。そして、この説は、動産甲の返還にあたってのＢの保護は、受領権者としての外観を有する者に対する弁済の保護（478条）などによるとする。

Ｃは指図による占有移転を容易に受け得るのであり、甲の返還請求を受けるＢの立場を考えれば、保護要件としての引渡し（保護資格要件としての引渡し）をＣに要求する多数学説の考え方が妥当であろう。

5. 動産債権譲渡特例法による動産譲渡登記

⑴特例法による動産譲渡登記の効力　動産の譲渡（または譲渡担保権の設定）については、動産債権譲渡特例法（以下、「特例法」という）による動産譲渡登記も対抗要件となる。すなわち、動産譲渡（または動産譲渡担保）につき特例法による登記がなされたときは、当該動産について民法178条の引渡しがあったものとみなされる（特例法3条1項）。

動産所有者が二重に動産譲渡（または動産譲渡担保の設定）をした場合において、一方に動産譲渡登記をし、他方に民法178条の引渡しをしたときは、登記がなされた時と引渡しがなされた時の先後により、いずれの譲受人が動産所有権につき対抗要件を備えたかが決せられる。登記優先主義は採用されていない。

⑵特例法による動産譲渡登記を利用できる譲渡人（または譲渡担保権設定者）

譲渡人（または譲渡担保権設定者）については、法人に限定されている（特例法1条・3条1項）。したがって、株式会社、医療法人、宗教法人などは利用できるが、権利能力なき社団や個人の開業医や個人商店経営者などは利用できない。

法人に限定した理由としては、①特例法は、事業者の資金調達の円滑化、資金調達手段の多様化という実務界からの要望に基づき、動産譲渡担保の安定性、実効性を向上させることを目的にしているが、法人が行う動産譲渡を対象とすれば、事業者が行う動産譲渡がほぼカバーされること、②個人が行う動産譲渡をも特例法の譲渡登記の対象にした場合には、事業用資産のみならず、生活のための財産を含む全財産を譲渡担保に供するよう、与信者（融資者）から強要される事態が懸念されること、などがあげられている。

⑶特例法による動産譲渡登記を利用できる譲受人（または譲渡担保権者）　譲受人（または譲渡担保権者）は法人でなくともよい（個人でもよいし、権利能力なき社団でもよい。権利能力なき社団の場合、登記は、一般に代表者の個人名義の登記となる）。

⑷特例法の譲渡登記の対象となる動産　⒜特定動産および集合動産　特例法の譲渡登記は、集合動産譲渡担保の円滑化、実効性の向上を意図したものであるが、特定動産も譲渡登記の対象となる（特に高額の製造機械や医療機器など）。

⒝特例法の譲渡登記の対象とすることができない動産　ⅰ倉荷証券などが作成されている動産　倉荷《くらに》証券（商600条・605条）、船荷《ふなに》証券（商757条・761条）または複合運送証券（商769条）が作成されている動産は、これにあたる（特例法3条1項括弧書き）。これは、これらの証券が作成されている動産を処分するには証券によらなければならない（証券を交付しなければならない）ので、二重譲渡を考える余地がなく、譲渡登記の対象とする必要がないからである。

ⅱ特別法により登記または登録を所有権移転の対抗要件としている動産　船舶、自動車、航空機、建設機械などの動産は、特別法上の登記または登録がなされると、その後は登記または登録を受けない限り第三者に所有権移転を対抗し得ないことになるから（☞1⑴）、特別法によりすでに登記または登録のされた動産は、特例法の譲渡登記の対象にすることはできない。これらの動産につき、特別法による登記または登録がなされていない場合は、特例法の譲渡登記の対象とすることができる。

⑸譲渡の目的　特別の制限はなく、真正の譲渡（売買・贈与・代物弁済などによる）であってもよいし、担保目的の譲渡（譲渡担保・買戻特約付き売買）であってもよい。これに対して、動産譲渡登記を利用して質権設定をすることはできない。これは、動産質権設定には質権者への目的動産の現実の引渡しが原則として必要であるが（344条・345条）、動産譲渡登記はそれによりその動産譲渡につき対抗要件が付与される（引渡しがなされたものとみなす）ことを意味するだけで、現実に相手方にその動産の引渡しがなされたことを意味しないからで

ある。なお、動産譲渡登記には仮登記の制度はない。

⑹動産譲渡登記制度のメリット　(a)対抗要件具備の先後関係の証明が容易
登記であるから、引渡しよりも対抗要件具備の先後関係の証明が簡単である（登記の日付だけではなく、時刻も記載される）。

(b)動産譲渡登記がなされた動産の第三者による即時取得の可否　動産譲渡登記がなされると、譲受人（または動産譲渡担保権者）に178条の引渡しがあったものとみなされるが、目的動産を譲渡人が占有しており、第三者が目的動産を譲渡人の所有であると信じて買い受けた場合、この第三者が譲渡登記の有無を調査しなかったことは**過失**と判断され、第三者に**即時取得**の成立（☞第3節）が認められないことになるかが問題となる。これについては、一般には、譲受人が**譲渡登記の有無**を調査しなくても過失があるとはいえず、即時取得の成立が認められるが、集合動産につき**金融機関**が譲渡担保権の設定を受ける場合や、**将来**、高額な機械等がしばしば譲渡または譲渡担保の目的物となり、動産譲渡登記がされるという**取引慣行**が形成される場合には、譲受人または譲渡担保権者に過失が認定されることもあり得るとされている（植垣勝弘ほか「『債権譲渡の対抗要件に関する民法の特例等に関する法律の一部を改正する法律』の概説⑵」ＮＢＬ803号32頁〔2005年〕、内田Ｉ・474頁など）。

⑺動産譲渡登記の申請手続　譲渡人と譲受人との**共同申請**により行う。当事者出頭による申請の他、郵送等による申請やオンライン申請も可能である。

⑻動産譲渡登記ファイルと登記事項　申請が認められた場合は、指定法務局等（当面、東京法務局のみ）に備えられた磁気ディスクをもって調整する動産譲渡登記ファイル（特例法7条1項参照）に、次の登記事項が記録される。

特例法7条2項所定の事項、すなわち、譲渡人の商号または名称および本店または主たる事務所、譲受人の氏名および住所、動産譲渡登記の登記原因（売買・贈与・譲渡担保設定など）およびその日付、譲渡に係る動産を特定するために必要な事項で法務省令で定めるもの、登記番号、登記の年月日（登記の時刻も記録される）などが記録される。**譲渡に係る動産を特定するために必要な事項**は、①動産の特質によって特定する方法（動産の種類、および動産の記号、番号その他の同種類の他の物と識別するために必要な特質、を必要な登記事項とする）、または、②動産の所在という場所的範囲によって特定する方法（動産の種類および動産の保管場所の所在地、を必要な登記事項とする）により、記録される（動産債権譲渡登記規則8条1項）。

(9)登記の存続期間　原則として10年以内とされている（特例法7条3項）。

(10)登記情報の開示　(a)登記事項全部証明書　この証明書には、譲渡された動産を特定する事項をも含む登記事項の全部が記載されている。登記事項全部証明書を請求し得る者は、動産譲渡（または動産譲渡担保権設定）の当事者、利害関係人（動産の差押債権者、破産管財人等）または譲渡人の使用人に限られる（特例法11条2項）。これは、譲渡人（または譲渡担保権設定者）の財産関係を営業上の競争相手や利害関係を有しない者にまで開示することは不適切だからである。

(b)動産譲渡登記概要記録事項証明書　これは、「動産譲渡登記事項概要ファイル」に記録されている事項を証明した書面である。東京法務局で動産譲渡登記がなされると、譲渡人（または譲渡担保権設定者）の本店所在地の登記所の「動産譲渡登記事項概要ファイル」に、自動的に登記事項の概要が記録される。何人も「概要記録事項証明書」の交付を請求し得る（特例法13条1項）。これによって、法人と取引をしようとする者はその法人の動産取引の状況を把握できる。

第3節　動産の即時取得（善意取得）

1. 即時取得の制度

(1)民法上の規定　192条は、「取引行為によって、平穏に、かつ、公然と動産の占有を始めた者は、善意であり、かつ、過失がないときは、即時にその動産について行使する権利を取得する。」と規定する。これが動産の即時取得（善意取得）を定めた規定であり、193条および194条に動産が盗品または遺失品であった場合の例外規定を置いている。

(2)即時取得の制度の趣旨　ＢＣ間の不動産甲の売買においては、不動産甲の登記名義が売主Ｂになっていても、甲がＢの所有ではなくＡの所有である場合には、買主Ｃが不動産甲を売主Ｂ所有の物と過失なく信じて買い受け、Ｂから Ｃへ所有権移転登記がなされても、登記には公信力が認められていないので、買主Ｃは不動産甲の所有権を取得できず、不動産甲のＡの所有権は守られるのが原則である（☞第４章第６節１⑵）。これに対して、動産の取引については、192条の規定が設けられていることにより、売買の目的である動産甲を売主Ｂが占有しているが、甲がＢの所有ではなくＡの所有である場合にも、買主Ｃが甲を売主Ｂ所有の物と過失なく信じて買い受け、ＢからＣへ甲が引き渡されたときは、買主Ｃは即時に甲の所有権を取得し、その反面、所有者Ａは甲の所有権を喪失する。これを動産の**即時取得**の制度または**善意取得**の制度という。

これは、本来であれば、動産甲につき処分権限を有しないＢからＣが、甲をＢ所有の物であると信じて買い受けても、Ｃは甲の所有権を取得できないのであるが、売主Ｂが動産甲を占有しているためＢが甲の所有者のような外観を呈しており、また動産取引は頻繁に行われることから、買主に目的動産が誰に帰属するかにつき慎重な調査を要求することは適切ではないため、売主Ｂの**動産占有に公信力**を与え、Ｂを所有者と過失なく信じて買い受けた者Ｃに所有権を取得させることによって、**動産取引の安全を保護**しようとする趣旨の制度である。なお、そのことを明らかにするために192条に、「取引行為によって」という文言が追加された（平16法147改正）。

⑶即時取得制度の沿革　ローマ法においては、「何人も自己の有する以上の権利を他人に与えることはできない」という原則が動産取引についても貫かれていたので、即時取得の成立の余地はなかった。それに対して、ゲルマン法においては、Hand wahre Hand（手は手を守れ）の原則といわれるものが存在した。この原則は、所有者は、所有者の意思に基づかないで動産占有＝Gewere（ゲヴェーレ＝権利と物の事実的支配が未分化の観念）を失った場合には、所有者はその所有権を失うことなく何人の占有にあってもその返還を請求し得るが、所有者が**相手方を信頼して**任意に動産占有＝Gewereを与えた場合（動産を賃貸したり、保管させた場合など）には、この者に対してだけ物の返還を請求することができるという原則であり、この者よりさらにGewereを取得した第三者に対しては、その物の返還を請求できず、**追及力が制限**された。これが即時取得の制度の起源と考えられている。13世紀まで「動産は追及を許さず」とし

て同様の原則が行われていたフランス法はその後14世紀から16世紀にかけてローマ法の影響を受けたが、フランス民法は、Gewere的構成のもとに原所有者の追及権を制限するという構成をとった。そして、この趣旨を発展的に承継したドイツ民法は、Gewere的構成を脱却し、取得者の「**善意**」を要件として付け加えるとともに、追及権の制限という効果ではなく、**所有権取得**という効果を与えた。ここに、**動産占有に公信力**を与える制度（善意取得の制度）としてこの制度は確立し、動産取引の安全の確保が図られることになった（詳細については、新版注民(7)・129頁以下〔好美清光〕参照）。

わが民法192条の規定は、取引の相手方（一般に売主）の目的動産の占有に対する買主の信頼を表に出さず、「動産の占有を始めた者は」として、Gewere的構成を留めるが、原所有者の追及力の制限という構成ではなく、善意取得の構成をとっているといえ、この観点から即時取得の要件および効果を考えることが重要である。

2. 即時取得の要件

例えば、A所有のコピー機甲をAから借り受け使用していたBが、Bの家に遊びに来たCに、このコピー機甲はB所有の物であるが、近いうち新品に買い替えようと思っているので、これを5万円で買わないかと持ちかけ、Cも5万円ならお買い得だと考えて買い受けることにし、5万円をBに支払ってコピー機甲を家に持ち帰った場合、Cはコピー機甲を即時取得し、Aからの所有権に基づく引渡請求を拒むことができるか。

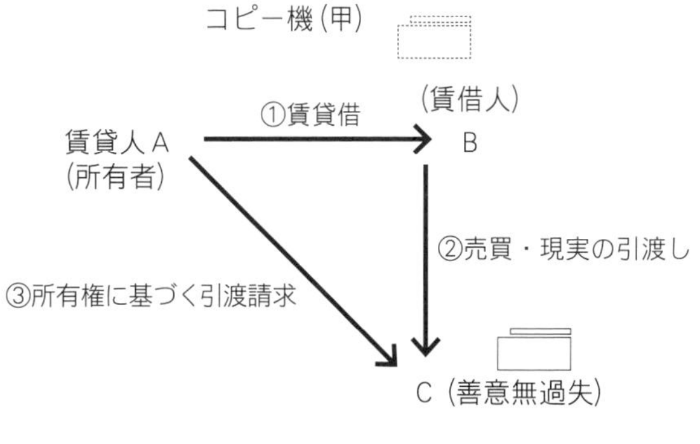

192条の即時取得の要件としては、①取引の目的物が**動産**であること、②**取引行為**により占有を承継取得すること、③取引の相手方が目的動産につき**無権利者**ないし**無権限者**（処分権限を有しない者。貸借人や受寄者など）であり、かつ目的動産を**占有**していること、④取引の相手方が目的動産につき無権利者ないし無権限者であることにつき、**善意無過失**であったこと、および⑤目的動産につき**平穏公然**に占有を始めたことが必要となる。

(1)取引の目的物が動産であること　即時取得の対象となるのは、動産である（192条）。不動産については、登記に公信力がなく即時取得は認められない。

なお、譲渡人が法人である場合には、動産債権譲渡特例法により動産譲渡の登記が認められている（☞第2節5）。この場合、譲渡登記により目的動産は譲受人に引き渡されたものとみなされ、動産の所有権移転についての対抗要件が備わる。しかし、目的動産が引き続き譲渡人のもとに置かれているときは、譲渡人がこの動産を自己の物として第三者に譲渡し、第三者が譲渡人のものと信じて買い受けることが生じ得る。この場合にも192条の即時取得の成立は妨げられないと解されている。ただ、目的動産の種類によっては、そのような動産がしばしば譲渡登記の対象になるようになると、第三者が動産譲渡登記ファイルを調査しないで買い受けた場合は、無過失の要件（前記④の要件）を充たさないとされて即時取得が認められないことが生じ得る（☞第2節5(6)(b)参照）。

(a)登記または登録を所有権移転の対抗要件とする動産　登記または登録を所有権移転の対抗要件とする動産（自動車、船舶、航空機など）であって、すでに登記または登録がされているものについては、192条の即時取得は認められない（最判昭62・4・24判時1243-24〔道路運送車両法により登録を受けた自動車〕）。これらの動産であっても、**未登記または未登録**のものや、登記または登録が抹消されたもの（最判昭45・12・4民集24-13-1987）については、192条の即時取得の適用がある。

(b)工場抵当法により工場抵当権の効力の及ぶ動産　工場抵当法は、工場財団を設定しない場合と工場財団を設定する場合とに分ける。そして前者においては、抵当権の目的となる土地または建物に備え付けた機械、器具その他工場の用に供する物の目録を抵当権設定登記の申請の際に提出した場合、これらの動産にも工場抵当権の効力は及ぶが、抵当権設定者がこれらの動産を第三者に売却しまたは質権を設定したときにつき、同法5条2項は192条の適用を妨げないとする。それに対して、同法8条により工場財団を設定した場合は、工場財団を組成するものを表示した工場財団目録を提出することが必要となるが、抵当権設定者が工場財団を組成するこれらの動産を第三者に売却しまたは質権を設定したときについては、同法5条2項に対応する規定がない。これにつき、判例（最判昭36・9・15民集15-8-2172）は、このような動産といえども工場財団から分離され第三者に譲渡、引き渡された場合、192条の適用があるものと解すべきであるとしている。学説も同様の考えに立つ。

(2)取引行為による占有の承継取得　**(a)取引行為による占有の承継取得**　即時取得の第2の要件として、動産の即時取得を主張する者が、取引行為により占有を開始したことが要求される。従来の192条には、「取引行為によって」という文言が存在しなかったが、2004（平16）年の改正により、取引行為による占有の承継取得が要件であることが、条文上も明らかにされた。

i 取引行為による占有の承継取得の例　取引行為による占有の承継取得の典型は、**売買**であるが、譲渡担保権の設定（ただし、後述のように占有改定による引渡しでは、即時取得は認められない）や動産質権の設定、担保権の実行としての競売や強制競売（最判昭42・5・30民集21-4-1011）による動産の取得、代物弁済、あるいは消費貸借の成立のために動産の交付を受ける場合も、取引行為による占有の承継取得にあたる。

なお、**贈与**が即時取得の認められる取引行為にあたるかについては争いがある。肯定説が多数であるが（我妻＝有泉・217頁、内田Ⅰ・473頁など）、否定説も有力に主張されている（近江Ⅱ・153頁、松岡・210頁など）。贈与のような無償行為によっても即時取得が認められるとする多数学説の立場からすると、原所有者から即時取得者に対する不当利得返還請求権が認められるかという問題が生ずる（☞3(3)参照）。

ii 事実行為による占有の取得　例えば、無権利者から山林あるいは山林に生育する立木のみを善意無過失で譲り受けて（山林あるいは立木は不動産であるため192条の適用がない）、立木が自己の所有に属すると信じている者が、その後に立木を伐採し（**事実行為**）、動産となった材木を占有しても、事実行為による占有の取得であるから即時取得の要件を充たさない（大判明35・10・14刑録

8-9-54。大判昭7・5・18民集11-1963は、仮差押えがされた山林を伐採し材木を占有したケース)。他人の所有する山林内より無権原で雑草木を採取し善意無過失で占有した場合も、同様である（大判大4・5・20民録21-730など)。学説も同じ見解である。

iii包括承継による占有の承継　相続により相続財産中にある他人の動産を相続人が包括承継して占有を開始しても、取引行為による占有の承継取得ではないから、即時取得は認められない。会社の合併等による包括承継の場合も同様である。

(b)瑕疵のない取引行為であること　即時取得が成立するためには、取引行為に**無効**や**取消原因**がないことが必要である。取引の相手方である動産の売主Ａが、制限行為能力者（成年被後見人・被保佐人・被補助人・未成年者）であった場合（5条～21条参照)、意思無能力であった場合（3条の2)、錯誤、詐欺または強迫による取消し（95条・96条）の事由があった場合、または売主Ａの無権代理人と契約を締結した場合（113条以下）には、物権変動の効力が生じなかったり取り消されたりする。このような場合には、買主Ｂがこれらの事情につき善意無過失であったとしても、即時取得の規定の適用はない。このことは192条の規定上明瞭ではないが、これらの場合は取引行為そのものに瑕疵があるのであり、即時取得の規定は**取引行為の瑕疵を治癒する規定ではなく**、これらの場合に即時取得の規定の適用を認めると、制限行為能力者の保護、意思の欠缺や瑕疵ある意思表示の場合の表意者の保護、無権代理における本人の保護などに関する民法の諸規定は意味を失ってしまうからである（通説)。もっとも、かかる買主Ｂ（無権利者）からさらに瑕疵のない契約により、Ｂが無権利者であることにつき善意無過失で譲り受け占有を取得したＣは、192条の要件を備える限り売買の目的動産を即時取得し得る（通説。我妻＝有泉・220頁、新版注民(7)・159頁〔好美清光〕など)。

(3)取引の相手方が無権利者ないし無権限者であり、かつ目的動産を占有していること　取引の相手方が、動産の賃借人、使用借人、受寄者、無権限（不法）占有者など、目的動産につき譲渡や質権設定などの**処分権限を有しない者**であり、かつこれらの者が、目的動産を**占有**していることが要件となる（商法上の問屋〔商551条〕は、所有者ではないが処分権限を有するので、これにあたらず、買主は有効に動産所有権を取得する)。192条には、「取引の相手方の動産の占有」は要件として現れていないが、即時取得の制度は動産の**占有に公信力を与える制度**であるから、これが要件となるのは当然のことである（最判昭41・6・9民集20-5-1011は、「物の譲渡人である占有者が権利者たる外観を有しているため、その譲受人が譲渡人にこの外観に対応する権利があるものと誤信し」と述べている)。取引の相手方の占有は、直接占有が一般的であるが、間接占有であっても、単なる所持（占有補助者の場合）であっても、差し支えない。

(4)取引の相手方の無権利ないし無権限につき善意無過失であること　以下、2の冒頭の例で説明する。

(a)善意無過失の意義　192条の即時取得主張者の善意無過失とは、取引の相手方が目的動産につき無権利者ないし無権限者ではないと誤信し、かつこのように信ずるにつき過失のなかったことである（最判昭26・11・27民集5-13-775、前掲最判昭41・6・9)。**善意無過失の基準時**は、即時取得主張者Cの目的動産についての**占有取得時**であるとするのが、判例の考え方である（後述の折衷説は、契約締結時とする)。

(b)善意無過失の推定規定と主張・立証責任　即時取得主張者Cの主観的態様については、**186条1項の占有の態様に関する推定規定**から、Cの**善意が推定**されるので、Cは善意を主張・立証する必要がない。そこで、所有者AがCの悪意を主張・立証することになる（Aがこれをなし得ないときは、過失の点でAは争う)。

無過失については、**188条**が、「占有者が占有物について行使する権利は、適法に有するものと推定する。」と規定するから、甲の占有者である取引の相手方Bに甲の所有権があるとCが信ずることについて**過失がないものと推定**されるとされ、したがって、即時取得主張者Cは無過失を立証する必要はない（前掲最判昭41・6・9。☞第2編第3章第2節5(1)参照)。そこで、所有者Aとしては、Cが善意であったとしてもCに過失があったと評価するに足りる具体的事実を主張・立証することになる。これに対して、即時取得主張者Cは、Cに過失があったとの評価を妨げるに足りる具体的事実を主張・立証することができる（過失の認定に関する裁判例の詳細については、生態・即時取得59頁以下参照。例えば、最判昭42・4・27判時492-55は、土木建設請負業者が土木建設機械をその販売業者から買い受けるについては所有権留保の割賦販売の方法によることが多いという事情に通じている古物商が、新品である土木建設機械を土木建設請負業者から買い受けるに当ってはその者の所有権の有無を調査すべきであり、調査をしなかったときは過失があるとする)。

⑸目的動産につき平穏公然に占有を始めたこと　即時取得主張者Ｃが、目的動産につき平穏公然に占有を始めたことが要件となる。

ⓐ平穏・公然　この要件も、**186条1項の規定により推定**され、即時取得主張者Ｃは主張・立証する必要はない。もっとも取引による占有の承継取得が前提となっているから、この点は通常は問題にはならない。

ⓑ占有を始めたこと　即時取得主張者Ｃが、目的動産につき「占有を始めたこと」が要件となる。占有の態様としては、①現実の引渡し（182条1項）、②簡易の引渡し（182条2項）、③占有改定（183条）、および④指図による占有移転（184条）があるが、そのいずれであっても192条の占有開始の要件を充たすかが問題となる。

これは、2の冒頭にあげた例のように、Ａ所有のコピー機甲につき賃借人ＢとＣとの間で売買契約を締結し、ＣがＢから現実の引渡しを受けた場合や、賃借人ＢからＣがコピー機甲を借り受けていてその後にＢＣ間で売買契約を締結し、簡易の引渡しを受けた場合は、即時取得を主張するＣが甲を直接占有しているから、192条の目的動産につき「占有を始めたこと」にあたることには問題がないが、占有改定や指図による占有移転もこれにあたるかにつき見解の対立がある。

ｉ占有改定と即時取得　⒜占有改定と即時取得が問題となる主要なケース

占有改定と即時取得が問題となる主要なケースとしては、①無権限処分型（ケース①）、②二重譲渡型（二重譲渡担保型）（ケース②）、③複合型（無権限二重譲渡型または無権限二重譲渡担保型）（ケース③）、の3つがある（新版注民⑺・172頁以下〔好美清光〕参照）。

①**無権限処分型**は、所有者Ａが動産甲を寄託あるいは賃貸借等によりＢに預けていたところ、Ｂが無権限で善意無過失のＣに動産甲を譲渡し、あるいは動産甲に譲渡担保を設定し、Ｃに占有改定による引渡しをしたケースである。②**二重譲渡型**（**二重譲渡担保型**）は、所有者Ｂが動産甲をまずＡに譲渡して（また

は譲渡担保の設定をして)、Aに占有改定による引渡しをし（Aは所有権あるいは譲渡担保権につき178条の対抗要件を具備)、次いで無権限者となったBが、善意無過失のCに動産甲を譲渡して（または動産甲に譲渡担保権を設定して)、Cにも占有改定による引渡しをしたというケースである。③**複合型**（無権限二重譲渡型・無権限二重譲渡担保型）は、①の無権限処分型と同様、所有者Aが動産甲を寄託あるいは賃貸借等によりBに預けていたところ、Bが無権限で善意無過失のCに動産甲を譲渡して（または動産甲に譲渡担保を設定して)、BがCに占有改定による引渡しをしたが、次いで、Bが動産甲を善意無過失のDにも二重に譲渡して（または譲渡担保権を設定して)、Dにも占有改定による引渡しをしたというケースである（これらのケースごとの裁判例については、生態・即時取得96頁以下参照)。

これらのケースにおいて、対抗要件を備えている所有者Aに対して、無権限占有者Bからの善意無過失の動産譲受人または動産譲渡担保権者CもしくはDが所有権または譲渡担保権の即時取得を主張し得るか、またCとDとの関係はどうなるかが問題となる。

(β)判例（否定説）　判例（大判大5・5・16民録22-961、最判昭32・12・27民集11-14-2485、最判昭35・2・11民集14-2-168〔百選Ⅰ・68事件〕）は、多数学説と同様、**否定説**をとる。すなわち、占有改定によっては即時取得は認められず、占有改定以外の方法による引渡しを受けた時点で買主が善意無過失であれば、即時取得が認められるとする。その理由として判例は、即時取得はこれまで他人に占有を任せてきた者から権利を奪うのであるから、**一般外観上従来の占有状態に変更**を生ずるような占有を取得した場合に限り即時取得を認めるのが妥当であり、一般外観上従来の占有状態に変更を生じさせない占有改定では、即時取得は認められないとする（前掲大判大5・5・16、前掲最判昭35・2・11)。

(γ)学説　学説は、肯定説、否定説、および折衷説に分かれているが、現在では、否定説が多数学説であり、折衷説が有力学説といえる。

①肯定説　肯定説は、占有改定によっても即時取得は認められるとする。その理由としてこの説は、(ア)即時取得の制度は、ゲルマン法のHand wahre Handの原則から脱却した近代的な取引安全の制度であり、前主（取引の相手方）のもとに存在した動産物権の表象である占有に基づき、無権利者である前

〔ケース①無権限処分型〕

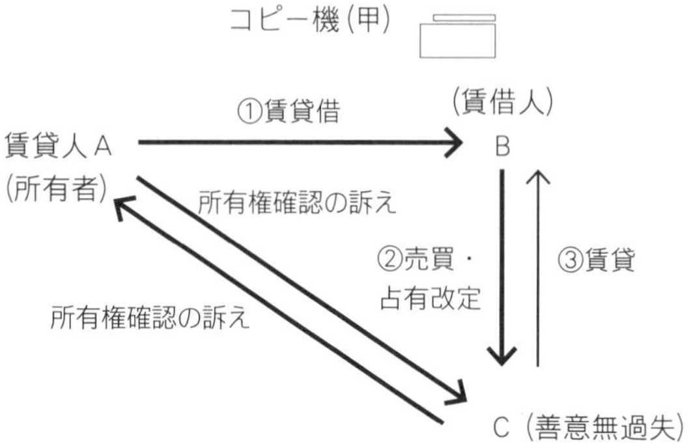

〔ケース②二重譲渡型（二重譲渡担保型）〕

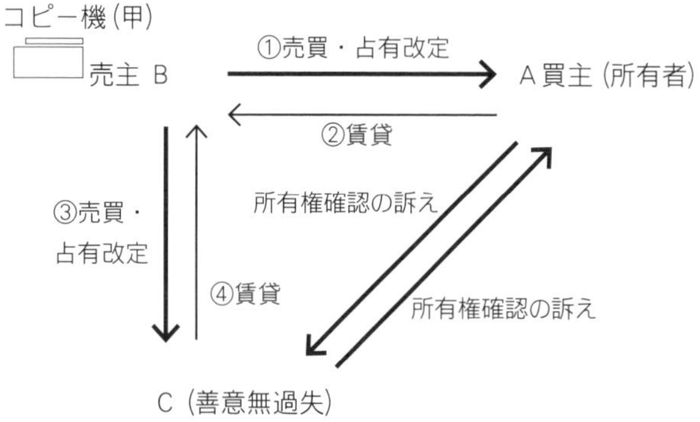

〔ケース③複合型（無権限二重譲渡型・無権限二重譲渡担保型）〕

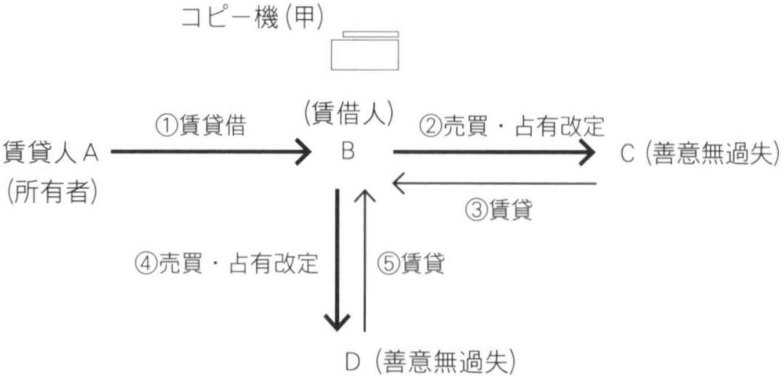

主を真の権利者と信じて取引をした第三者を保護しようとするものであり、第三者の占有の効力として権利取得を認めるのではないから、第三者の占有の態様によって差異を生ずるべきではないことをあげ、(イ)192条が、即時取得主張者の占有の承継取得を要求しているのは、第三者が対抗要件（占有改定も対抗要件となる）を備えた場合にのみ権利取得を認めることにより、即時取得の適用を一定限度に留めようとするためであるとする。

②否定説（多数学説）　否定説（広中・191頁以下、安永正昭「民法192条～194条（動産の善意取得）」広中俊雄＝星野英一編・民法典の百年Ⅱ 500頁〔有斐閣・1998年〕など）は、占有改定によっては即時取得は認められないとする。その理由としてこの説は、(ア)占有改定によっては、占有を預けた者の信頼はまだ裏切られているとはいえないこと（もっとも、近代的な善意取得の制度の理解からすると、この理由は適切ではないとする批判がある）、および(イ)即時取得の制度は、その反面において必ず原権利者Ａの権利の剥奪を伴うものであるから、できるだけ原権利者Ａの保護を図るのが当然であり、占有改定は、**観念的占有移転**のうちで最も**不明確**なものであるから、これにより原権利者Ａの権利を剥奪すべきではないこと（判例と同様の理由）、をあげている。

否定説は、肯定説に対して次のように批判する。ａ肯定説によると、ケース①で原所有者Ａが現に目的物を所持する前主Ｂにその返還を請求したとき、Ｂが譲受人Ｃの即時取得を理由にこれを拒否できることになり、また、原所有者Ａがその後Ｂから返還を受けて現実の占有を取得した後でも、Ｃの即時取得を理由とする引渡請求に応じなければならないことになるのは不当である。ｂ同様に、肯定説によると、ケース③で、第１の即時取得者Ｃがその占有代理人である前主Ｂに引渡しを求めたとき、Ｂが第２の即時取得者Ｄの即時取得を理由にこれを拒否できることになり、また、第１の即時取得者Ｃが現実の占有を取得した後でも、第２の即時取得者Ｄの引渡しに応じなければならないことになるのは妥当ではない。

③折衷説（有力説）　折衷説（我妻＝有泉・223頁、鈴木・213頁など）は、肯定説と同様、占有改定によっても**即時取得が成立**するが、肯定説と異なり、その所有権取得は**確定的ではなく**（したがって、原所有者Ａであれ、即時取得主張者Ｃであれこの段階では原告となって訴えを提起した方が負ける）、後に即時取得

主張者が**現実の引渡し**を受けることによって**確定的**に所有権を取得し（現実の引渡しを受ける時点では**悪意**になっていてもよい）、逆に原所有者（ケース①③のＡ）ないし第1譲受人（ケース②のＡ）も、無権限の譲渡人（ケース①②③ともＢ）が占有する間は所有権を確定的に喪失せず、即時取得主張者である譲受人（ケース①②③ともＣ、ケース③ではＤも）よりも先に現実の引渡しを受ければ、譲受人が一応即時取得した所有権は確定的に消滅する、とする。

(δ)諸説による具体的な差異　ケース①②③において、ＡとＣとの関係は次のようになる（ＡとＤとの関係も同様）。

(ア)動産甲がＢの直接占有下にあった場合　**肯定説**によれば、占有改定によりＣの即時取得が認められ、ＡＣ間の所有権確認訴訟ではＣの請求が認められる。**否定説**によれば、Ｃの即時取得は認められず、ＡＣ間の所有権確認訴訟ではＡの請求が認められる。**折衷説**によれば、Ｃ（およびＤ）は甲を一応即時取得するが確定的ではなく、Ａも確定的には所有権を喪失していないので、ＡＣ間の所有権確認訴訟では原告となって訴えを提起した方が敗訴する。

なお、ケース②において、動産甲の所有者Ｂが、甲につき債権者Ａのために譲渡担保権を設定し、次いで債権者Ｃのために譲渡担保権を設定した場合については、譲渡担保権を担保権的に構成する立場からは、ＣはＡの譲渡担保権につき悪意または善意有過失であっても、後順位譲渡担保権を取得するとする説が有力である（集合動産譲渡担保については、最判平18・7・20民集60-6-2499〔百選Ⅰ・99事件〕は、それを肯定するような表現をしている）。

(イ)その後原所有者ＡがＢから動産甲の返還を受け、甲がＡの直接占有下にあった場合　**肯定説**によれば、占有改定によりＣの即時取得が認められ、ＣはＡに対する所有権に基づく甲の引渡請求訴訟で勝訴する。**否定説**によれば、占有改定によりＣの即時取得は認められず、ＣはＡに対する所有権に基づく甲の引渡請求訴訟で敗訴する。**折衷説**によれば、Ｃは甲を一応即時取得するが確定的ではなく、ＡであれＣであれ先に**現実の引渡し**を受けた者が確定的に所有権を取得することになるから、Ａが甲を直接占有するに至った以上、ＣはＡに対する所有権に基づく甲の引渡請求訴訟で敗訴する。

(ウ)その後即時取得主張者ＣがＢから動産甲の現実の引渡しを受け甲がＣの直接占有下にある場合　**肯定説**によれば、占有改定によりＣの即時取得が認められるから、AはCに対する所有権に基づく甲の引渡請求訴訟で敗訴する。**否定説**によれば、占有改定によりCの即時取得は認められないが、CがBから**現実の引渡しを受けた時点で善意無過失**であったときは、この時に即時取得が認められ、AはCに対する所有権に基づく甲の引渡請求訴訟で敗訴し、Cが現実の引渡しを受けた時点で悪意または善意有過失であったときは、Aの引渡請求訴訟が認容される。**折衷説**によれば、Cは占有改定により甲を一応即時取得するが確定的ではなく、AであれCであれ、**先に現実の引渡しを受けた者**が確定的に所有権を取得することになり、現実の引渡しの時点ではCの善意無過失は要求されないから、Cが甲を直接占有するに至った以上、AはCに対する所有権に基づく引渡請求訴訟で敗訴する。

ケース③におけるCとDとの関係は、次のようになる。**肯定説**によれば、後にBより買い受けて占有改定を受けたDが勝つ。**否定説**によれば、CまたはDが**現実の引渡しを受けた時点で善意無過失**であれば、この者に即時取得が認められ、この者が勝つ。**折衷説**によれば、現実の引渡しを受けた時点で善意無過失であるか否かを問わず、先に**現実の引渡しを受けた者**が勝つ。

(ε)検討　即時取得の問題は、動産甲の所有権を有し対抗要件を備えた者(原所有者) Aが、賃貸借、使用貸借、寄託、譲渡担保設定などに基づいて動産甲の占有を他人Bに預けている場合などに、占有者Bが所有者Aの信頼を裏切ってこれを善意無過失の第三者（C・D）に処分したとき、原所有者Aを保護すべきか、それとも善意無過失の第三者（C・D）を保護すべきかというものであるが、多くは無権限占有者Bに**資力**がなく(無権限占有者が資金に困って動産を処分し、その後倒産しているケースが多い)、Bに原所有者Aあるいは第三者（C・D）が損害賠償を請求しても実現性がないため、目的動産の所有権が誰に帰属するかが重大な問題となるのである。原所有者Aも、善意無過失の第三者（C・D）も、相手方Bを信用して動産甲を預けているのであり、いずれを保護すべきかは難しい問題であるが、原所有者Aは動産所有権を有し対抗要件を備えた者なのであるから、無権利者である占有者Bから動産を譲り受けあるいは動産譲渡担保の設定を受けた者（C・D）は、占有改定による引渡しによってはまだ即時取得し得ないとする**否定説**の方が妥当なのではなかろうか。折衷説は、前記δ(ア)の場合に、原所有者Aと第三者（CまたはD）との間で動産甲につき所有権確認の訴えが提起されたときは、原告となって訴えを提起した方が敗訴するとするが、これは妥当ではなく、この時点ではＣまたはＤの一応の即時取得も認めらず、原所有者Ａが勝訴すると解すべきではないかと考える。

ⅱ指図による占有移転と即時取得　即時取得を主張する者が、無権限者から動産甲を譲り受け、指図による占有移転を受けた場合、192条の「動産の占有を始めた」とする要件が充たされ、即時取得が認められるかも問題となる。占有改定の場合と同様、即時取得主張者は、動産甲につき直接の占有を有していないからである。

指図による占有移転と即時取得については、否定判例と肯定判例が存在する。**否定判例**（大判昭8・2・13新聞3520-11、大阪地判昭63・8・17判タ683-154など）は、原所有者Ａが動産甲を賃借人Ｂに占有させたところ、Ｂ（処分権限を有しない無権限者）が、第三者Ｃに動産甲を譲渡して占有改定による引渡しをし（判例のとる否定説からするとＣは即時取得しておらず、無権限者である）、譲受人ＣがさらにＤに甲を譲渡して、指図による占有移転をした（ＣがＢに、以後はＤのために占有するように命じ、Ｄがこれを承諾をした）というものであって、原所有者Ａが動産を占有をさせたＢに目的動産の**直接占有**がなお存在するケースである（これを「類型Ⅰ」とする）。これに対して、**肯定判例**とされる最判昭57・9・7民集36-8-1527は、原所有者Ａが動産甲を賃借人Ｂに占有をさせたところ、Ｂ（処分権限を有しない無権限者）が第三者Ｃに甲を寄託をし、その後、Ｂが間接占有者の状態でＤに甲を譲渡をし、ＢからＤに指図による占有移転をしたというもので、原所有者Ａが占有を預けたＢには、すでに直接占有はもとより**間接占有**もなくなっていたというケースである（これを「類型Ⅱ」とする）。もっとも、この最高裁判例は、当該取引地域における取引慣行を重視しており、指図による占有移転一般について即時取得の成立を認めるという考えを表明しているわけではないとされている（最高裁判例解説〔民事篇〕昭和57年度667頁〔塩崎勤〕）。

〔指図による占有移転と即時取得〕

〔類型Ⅰ〕

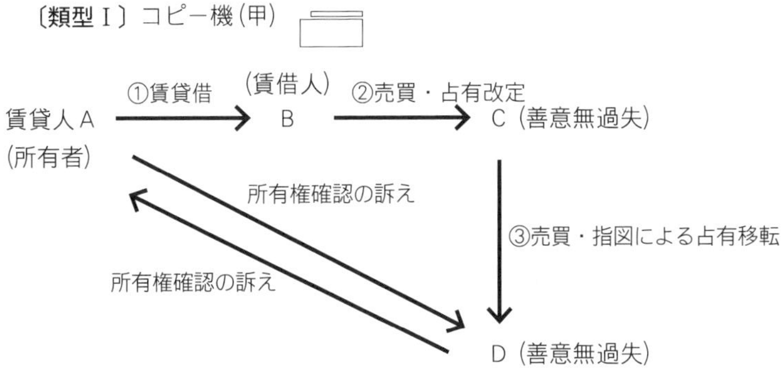

〔類型Ⅱ〕

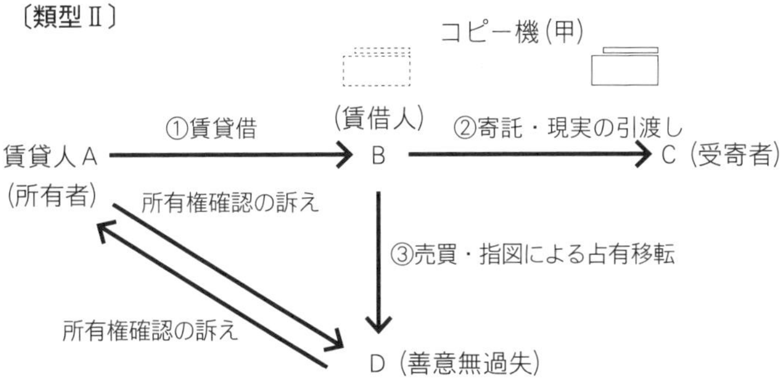

学説は、指図による占有移転と即時取得につき論ずるものはあまり多くはないが、**肯定説**が多い（近江Ⅱ・159頁、内田Ⅰ・474頁など)。占有改定の場合と異なり、無権限の譲渡人（類型ⅠのC、類型ⅡのB）が現に目的動産を所持していないこと、および指図による占有移転は、**占有代理人**（類型ⅠのB、類型ⅡのC）への意思表示（占有者の変更の伝達）を介して動産物権変動の公示・対抗要件としての機能を有しているのだから、占有状態に**変化を来す**ものであることなどがその理由とされる。

これに対して、指図による占有移転と即時取得においては、類型に応じて処理すべきであるとする学説も有力であり、次のように主張している（広中・193頁、安永・119頁など)。類型Ⅰにおいては、原所有者Aの信頼は形の上では全く裏切られていないし、Ｄの即時取得行為の存否も、占有改定同様、外部からは認識しにくい。また、ＣがＢに命じてＤに指図による占有移転をした場合、Ｃの間接占有は消滅してＤが間接占有者となるが、Ａの（Ｂを直接占有者とする）間接占有は併存し続けている。したがって、類型ⅠではＤの即時取得を認めなくてよい。類型Ⅱにおいては、ＢがＣに命じてＤに指図による占有移転をした以上、Ｂは動産甲に対する占有関係を失い、したがってＢを介してのＡの動産甲に対する占有関係も遮断される。動産甲の直接占有者Ｃを介する（間接）占有者はＤだけになる。したがって、ＤがＡを排除して即時取得をするに必要な占有を取得したと解してよい。

このような類型に応じて処理すべきだとする有力説も十分説得力があるといえよう。

《展開》即時取得と主張・立証責任　Ａ所有のコピー機甲（動産）の賃借人Ｂが、Ｂの家に遊びに来たＣに、甲はＢの所有物であるとして5万円で売却し、Ｃが甲を家に持ち帰ったという2の冒頭の設例で、ＡがＣに対して所有権に基づき甲の返還を求めて訴えを提起した場合、Ａの主張・立証はどのようになるか。これも、詳しくは法科大学院や司法研修所等の要件事実の教育で勉強することになるが、ここではその大筋を述べておくことにする。

Ａは、Ｃに対して所有権に基づく返還請求権（物権的請求権）としての動産引渡請求権に基づいて訴えを提起する。Ａは、①甲をＡが所有していること、および②Ｃが甲を占有していること、を主張・立証する。①の立証のためには、例えば、Ａは、電気製品量販店Ｄから甲を買い受けたこと（売買契約時所有権移転説では売買契約の締結、代金支払時所有権移転説では、売買契約の締結と代金の支払い）を主張・立証することになる。もっとも、Ｃが①を争わなければ、その必要はない。

これに対して、Ｃは甲をＢから売買契約により買い受けたので甲の所有権はＣにある、仮にＢに甲についての処分権限がないとしても、Ｃは甲を即時取得し、甲の所有権はＣにあると主張することになる。すなわち、Ｃは甲を即時取得したとの抗弁を提出する。

192条の即時取得の要件は、2の冒頭にあげた通りである。①の「取引の目的物が動産であること」については争いがない。②の「取引行為により」占有を承継取得すること、および③の「取引の相手方が目的動産につき無権利者ないし無権限者であり」、かつ「目的動産を占有していること」については、Ｃは、甲をＢから5万円で買い受けて（甲についてのＢＣ間の売買契約の締結）、甲の引渡しを受けたことを主張・立証すればよい。取引の相手方Ｂが目的動産につき無権利者ないし無権限者であることは、Ａが主張・立証することになるが、ここではＣが、仮にＢが無権限者であったとしてもとして、Ｂが無権限者である場合に備えて即時取得の抗弁を提出しているから、Ｃ

はＢから甲の引渡しを受けたことを主張・立証するだけで足りる（取引当時Ｂが甲を占有していたこともこのことに含まれている）。

即時取得の要件の④の取引の相手方が目的動産につき無権利者ないし無権限者であることにつき、「善意無過失」であったことについては、前記⑷⒝で見たように、186条1項により**善意**が、188条により**無過失**がそれぞれ**推定**されるので、Ｃは主張・立証する必要はない。ＡがＣの悪意またはＣに過失があったと評価するに足りる具体的事実を主張・立証することになる。

即時取得の要件の⑤の目的動産につき「平穏公然に占有を始めたこと」についても、「**平穏公然**」は、前記⑸⒜で見たように、186条1項の規定により**推定**されるので、Ｃは主張・立証する必要はない。「占有を始めたこと」については、Ｂから引渡しを受けたこと（占有改定による引渡しを除く。）をＣが主張・立証すれば足りる。

3. 即時取得の効果

⑴即時取得する権利　192条の即時取得の要件が充たされると、目的動産について占有を取得した者は、「即時にその動産について行使する権利を取得する」(192条)。即時取得は、前述のように、相手方が目的動産を占有していることにより権利者らしい外観を呈している場合において、その者を権利者と信じて取引行為をし、その物の占有を承継したことが要件となっている。したがって、即時取得によって取得し得る権利は、**占有を伴う権利**であり、原則として**所有権**または**質権**である。

所有権の即時取得との関係で、すでに見たように**譲渡担保権**の即時取得が問題となる。例えば、Ａ所有の動産甲を賃借しているＢが、Ｂの債権者Ｃのために甲に譲渡担保権を設定し、善意無過失のＣが甲につき占有改定による引渡しを受けても（譲渡担保権が設定された場合、通常は担保権者に占有改定による引渡しがなされる)、判例・通説である占有改定によっては即時取得が認められないとする否定説によれば、Ｃは甲につき譲渡担保権の即時取得が認められず、たまたまＣが善意無過失のまま甲につき現実の引渡しを受けたときに、譲渡担保権の即時取得が認められるにすぎない（☞2⑸⒝参照）。

留置権や先取特権は、法定担保物権であり、取引により取得すべき権利ではないから、即時取得は問題とならない。もっとも319条は、不動産賃貸借、旅館宿泊、および運輸の動産先取特権について、目的動産が債務者の所有に属さない場合にも先取特権の即時取得を認めているが、債権者の信頼を特に保護しようとするものであり、例外として位置づけられるべきものである（通説）。

動産賃借権の即時取得も認められない。動産の賃借権に即時取得を認めることは理論的には可能であるが、そこまでの取引の安全を図る必要性は認められないと考えられているのである（通説）。

(2)権利の原始取得　即時取得は、前主の権利を承継取得するのではなく、権利の原始取得であり、その反面、原権利者は権利を喪失する（通説）。また、元の権利につき存在した制限や負担（例えば譲渡担保権）は、その存在につき即時取得者が善意無過失である限り、消滅する。

(3)不当利得返還義務の存否　A所有の動産を占有する無権利者Bから、Cが取引により善意無過失で譲渡を受け、動産を即時取得した場合、AはBに対して不当利得返還請求権を有するか。

BC間の取引が**有償取引**である場合は、AはBに対して**不当利得返還請求権**を有する。

BC間の取引が贈与等の**無償取引**である場合は、Bには利得は生じていないから、AはBに対して**損害賠償請求権**（不法行為あるいは債務不履行に基づく）を取得することはあるが、不当利得返還請求権は生じない。

後者の場合において、動産所有者Aは、BによるCへの譲渡で所有権を喪失し、Cが所有権を無償で取得しているから、Cに利得が生じており、Aの所有権喪失とCの利得との間には**因果関係**があるといえる。そこで、Cの所有権取得が**法律上の原因**を欠くといえるかが問題となる。これについては、不当利得が関係当事者間の財産価値の移動を公平の原則によって調整しようとするものであることを重視するときは、無償取得者まで保護すべき趣旨ではないと考え、無償取得の場合は法律上の原因を欠き、AはCに対して不当利得返還請求権を有するとする説が有力である（我妻＝有泉・227頁以下。結論同旨、鈴木・216頁など）。もっとも、不当利得の成立を否定し、Aは、Bに対する債務不履行あるいは不法行為に基づく損害賠償請求権を行使し得るにとどまるという見解が従来の通説であり、現在もこの説の支持者が見られる（川井Ⅱ・96頁、佐久間Ⅱ・146頁など）。

実際上は、このようなケースでは、無権利者Bに資力がないことが多いため、Cに対する不当利得返還請求権が成立するかどうかがAにとっては大きな関心事になる。即時取得はAに帰責事由がない場合でも成立すること、無償取得者Cが悪意であっても、善意無過失については推定規定が存在するから（☞2(4)(b)参照）、AがCの即時取得を妨げることは難しいこと、Cは無償取得者であることなどからすると、AはCに対して不当利得返還請求権を行使し得るとした方が妥当なのではなかろうか。なお、無償取得は即時取得の認められる取引行為にあたらないとする少数説（☞2(2)(a) i ）によれば、そもそもこの問題は生じない。

4. 盗品・遺失物の即時取得における特則

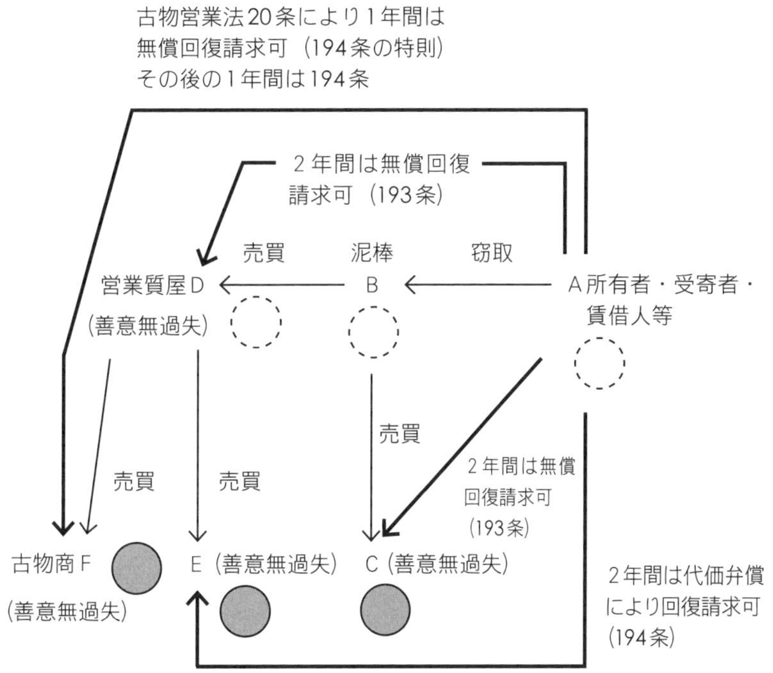

動産所有者が賃貸借や寄託など相手方を信頼して占有を委ねていたところ、その相手方がその信頼を裏切って善意無過失の第三者とその動産につき取引した場合と異なり、動産所有者などの**意思に基づかないで**所有動産などを盗まれ

たり遺失してしまった場合には、その後その動産につき善意無過失で取引をした第三者に対しても、一定の要件のもとに、動産所有者などに動産の回復請求権を認めようとするのが、193条および194条の規定である（192条の**即時取得の特則**）。

(1)盗品または遺失物を取引により占有継承した者に対する回復請求（193条）

193条は、「前条の場合において、占有物が盗品又は遺失物であるときは、被害者又は遺失者は、盗難又は遺失の時から2年間、占有者に対してその物の回復を請求することができる。」と規定する。その結果、動産を取引により善意無過失で取得し、通常であれば192条により即時取得し得る場合であっても、目的動産が**盗品**または**遺失物**であるときには、盗難または遺失の時より**2年間**は、被害者または遺失者（以下「被害者等」という）は、**無償**でその物の返還を請求し得ることになるから、占有者は盗難等の時から2年間は不安定な地位に置かれることになる。

(a)193条の盗品等回復請求権の要件　i 盗品または遺失物であること　盗品とは、所有権や賃借権あるいは寄託等の権原に基づいて占有している者の意思に反して、窃盗または強盗により占有を**剥奪された物**であり、遺失物とは、上記の占有者の意思によらずに、窃盗や強盗以外の方法でその占有を**離脱した物**である。

遺失物の拾得者は、遺失主が誰であるか分からないときには、遺失物を警察署長に提出する必要があり（遺失物法4条1項）、公告（同法7条）がなされた後3か月内に遺失者が現れなければ、拾得者はその物の所有権を取得できる（民240条。☞第2編第1章第5節2(2)）。しかし、拾得者がこのような手続を踏まずに遺失物を第三者に処分した場合には、無権利者による処分となり、第三者が善意無過失で取得したときは、192条の例外規定である193条が適用される。

詐取された物や強迫による取得物は、盗品ではない（契約は一応有効に成立している）。したがって、詐取した者や強迫により取得した者から第三者が善意無過失で取得した場合、192条による即時取得が認められる（☞2(2)(b)）。また、店の商品を店員が持ち出して第三者が善意無過失で譲り受けた場合（店員の横領）も、店主は店員に対する信頼を裏切られたのであり、192条が適用され193条の適用はないとする説が多数であり、この説が妥当であろう。

ⅱ **被害者または遺失者であること**　回復を請求できるのは、「被害者又は遺失者」である。動産の**所有者**の他、**賃借人**や**受寄者**も含まれる。質権者が質物を盗まれたり遺失したときは、193条の回復請求権を行使し得るかが問題となる。352条・353条・200条2項を根拠に、否定説が多数であり、立法の経緯にも適う（新版注民(7)・216頁以下〔好美清光〕、我妻＝有泉・231頁など。大判明40・2・4刑録13-86も否定説に立つ）。しかし、肯定説も有力である（広中・200頁、於保・218頁など）。

ⅲ **取引行為により盗品または遺失物の占有を承継取得した者であること**　193条は、192条の即時取得が成立する場合において、占有物が盗品または遺失物であるときは、被害者等は占有者に対して盗品等の回復請求権を行使し得るとする。したがって、盗品または遺失物を善意無過失で買い受け**192条の要件を充たす占有者**など（窃取者または拾得者からの直接の譲受人である占有者に限らず、その譲受人から**転得**して占有している者も含む。194条はそのような転得者を前提とする）に対して被害者等が回復請求権を行使できるのは明らかである。

それでは、盗品等を**悪意または善意有過失**で買い受け**192条の要件を充たさない占有者**に対しては、被害者等は回復請求権を行使できないか。これらの占有者は動産の所有権を取得していないので、動産の所有者がこれらの占有者に対して所有権に基づく動産の返還請求権を行使し得るのは当然であるが、被害者である賃借人や受寄者は、占有を奪われた場合の**占有回収の訴え**（200条、201条3項〔占有侵奪の時から1年の除斥期間〕）しか提起し得ないのか、それとも**193条の回復請求権**を行使することができるのかである。これについては、バランス上、被害者等は、盗品等を悪意または善意有過失で買い受け占有している者に対しても、193条の回復請求権を行使し得ると解すべきである（最判昭59・4・20判時1122-113〔窃取された株券を小切手法21条により善意取得し得ない所持人に対して、被窃取者である受寄者からの193条による返還請求を肯定〕、安永・123頁）。

ⅳ **回復請求時の物の現存**　回復請求権行使の時に盗品・遺失物が相手方の手中に**現存**することが必要であり、回復請求前に物が滅失したときは、回復に代わる賠償も請求できない（最判昭26・11・27民集5-13-775〔194条に関する〕・通説）。

ｖ盗難または遺失の時より2年以内であること　回復請求権行使期間は、盗難または遺失の時より2年間であり（193条）、この期間は**除斥期間**である。この期間が経過すると、被害者等はもはや回復請求権を行使し得なくなる。

《展開》193条・194条において占有者の即時取得が成立する時　盗品・遺失品につき善意無過失で取引をし占有の移転を受けた者が、当該動産を即時取得するのはいつの時点かにつき争いがある。**原所有者帰属説**は、2年間の回復期間はなお所有権は元の所有者に帰属し、回復期間が経過して初めて占有者が即時取得するとする（広中・199頁以下、内田Ⅰ・478頁など）。従来の判例は、原所有者帰属説に立つことを明らかにしている（大判大10・7・8民録27-1373、大判昭4・12・11民集8-923など）。この説は、立法の経緯や系譜、法律関係の簡明化などをその理由とする。

それに対して、**占有者帰属説**は、占有者は占有取得の時点で一応目的動産を即時取得するが、2年間は回復請求を受けるとする（我妻＝有泉・232頁、近江Ⅱ・161頁など）。この説は、192条の原則の意義を重く見て、192条の要件が充たされるときは常に即時取得されると考えるべきこと、原所有者帰属説によると、回復請求を受けないときでも、2年間は即時取得者は他人の物を占有していたことになるなどの不都合が生じること、などをその理由とする（それぞれの説の理由の詳細については、生熊・即時取得120頁以下参照）。

原所有者帰属説によれば、被害者等は、回復請求権の行使により目的動産の占有を回復するということになり、**占有者帰属説**によれば、被害者等は、占有者から目的動産の所有権およびそれに伴う占有を回復するということになる。

これらの見解に対して、所有権がその回復期間中どちらに属するかは大きな問題ではないとする説も多く（星野Ⅱ・77頁、新版注民⑺・220頁〔好美清光〕）、また、この期間中の所有権の帰属は浮動的で、即時取得の時を決めることは無意味だとする見解も登場している（鈴木・217頁）。所有権の帰属の違いによって実際上結論に差異が生ずるものとしては、回復期間内に占有者が破産した場合に、被害者等が取戻権を行使し得なくなるかといったケースに限られるであろうとされる（内田Ⅰ・478頁）。

確かに、**原所有者帰属説**によっても、193条により回復請求を受けた占有者は、善意の占有者であるからその間の果実収取権は認められることになり（189条）、この点は**占有者帰属説**によるのと異ならない。しかし、後述する⑵の194条の回復請求権の場合には、判例も、所有者が回復請求訴訟を提起しその訴えが認められても、所有者が代価を提供するまでは、占有者に盗品等の使用収益権が認められるとする。また、盗品が相手方の手中になく、滅失したときは、物に代わる損害賠償も請求できない。それに、上記の占有者帰属説の理由をあわせ考えると、占有者帰属説の方が適切なのではなかろうか（原所有者帰属説に立つ内田Ⅰ・479頁も、194条については占有者帰属説に立つ）。

⒝回復請求訴訟提起時から目的動産返還時までの使用利益の帰属　192条

の要件を充たす占有者は、**回復請求訴訟が提起されるまで**は、前記《展開》に述べた占有者帰属説によれば、自己の物の使用・収益であることにより、原所有者帰属説によれば、善意占有者であるから189条1項の適用により、使用利益を返還する必要はないが、**回復請求訴訟が提起された時より**目的動産返還時までの使用利益は、回復者に返還する必要があるということになろう。

(2)盗品または遺失物を公の市場等で買い受けた者に対する回復請求（194条）

194条は、「占有者が、盗品又は遺失物を、競売若しくは公の市場において、又はその物と同種の物を販売する商人から、善意で買い受けたときは、被害者又は遺失者は、占有者が支払った代価を弁償しなければ、その物を回復することができない。」と規定する。これは、競売もしくは公の市場において、またはその物と同種の物を販売する商人から、動産を善意で買い受け占有している者に対しては、占有の公信力を強くして**取引の安全**を保護する必要があるから、占有取得者に対する動産の回復請求を認めるにしても、占有取得者に経済的な損失は被らせるべきではないと考えられるためである。

(a)194条の盗品等回復請求権の要件　193条の盗品等回復請求権の要件（☞(1)(a) i ～ v）が備わると、被害者等は占有者に対して盗品等の回復を請求できるが、占有者が、競売もしくは公の市場において、またはその物と同種の物を販売する商人より買い受けた（無償譲渡は含まない）ことを主張・立証した場合には、相手方が取引の相手方に支払った**代価を弁償**しないと、盗品等の回復を求めることはできない。

競売とは、動産の強制競売（民執134条）、動産を目的とする担保権の実行としての競売（民執192条）、あるいは国税徴収法94条による公売などを指し、競り売りのみならず入札なども含む。**公の市場における買受け**とは、広く店舗における買受けを指す。したがって、**その物と同種の物を販売する商人**とは、店舗以外の場所で同種の物を販売する商人を指すことになり（新版注民(7)・222頁〔好美清光〕、我妻＝有泉・233頁）、行商人やお祭りの露天商などがそれにあたる（内田Ⅰ・479頁）。

なお、193条の前記(1)(a)iiiの要件との関係では、次の2点を付け加えておく。第1に、194条は、占有者が「善意で買い受けたとき」として、193条と異なり無過失には触れていない点である。しかし、この点は立法上の過誤であり、占有者の**善意無過失**が要求されると解されている（新版注民(7)・223頁〔好美清光〕）。第2に、193条の盗品等回復請求権は、被害者等に無償回復を認めるものであるから、回復請求の相手方につき192条の要件が充たされていなくても差し支えないが（☞(1)(a)iii）、194条の盗品等回復請求権は、相手方への**代価弁償**を伴うものであるから、相手方に192条の要件が充たされていることを要すると解すべきである点である。

《展開》代価弁償の権利は抗弁権か請求権か　194条が適用される占有者が、代価弁償を受けないまま例えば盗品を所有者に返還した場合、占有者はもはや代価弁償を請求することができなくなるのか。これについては、占有者の有する権利は、被害者等から代価弁償を受けるまで引渡請求を拒絶できるという抗弁権にすぎないのか（**抗弁権説**）、それとも代価弁償請求権といえるものなのか（**請求権説**）が争われてきた。

抗弁権説は、被害者等から代価弁償を受けるまで占有者は引渡請求を拒絶できるという抗弁権にすぎないのであるから、占有者が代価弁償を受けないまま被害者等に目的動産を返還した場合には、もはや代価弁償請求はなし得ないが、被害者等が代価弁償をすることなしに2年間が経過した場合には、占有者は完全に目的動産を取得し得るとするものである。かつての大審院判例はかかる見解に立っていた（前掲大判昭4・12・11）。

これに対して多数の学説（我妻＝有泉・233頁、広中・201頁など）は、占有者が被害者等に目的動産を返還した場合には、占有者は代価弁償か目的動産の返還かのいずれかを請求できるとしていた（一般に「**請求権説**」と呼ばれる）。

そのような中で、最判平12・6・27民集54-5-1737〔百選Ⅰ・69事件〕は、**請求権説**の立場に立ち、占有者が盗品等を返還した場合もなお代価弁償請求をなし得るとしたのである（前掲大判昭4・12・11を変更）。

もっとも、この判例の事案は、もともとは所有者Aの占有者Bに対する盗品（土木機械であるバックホー）の回復請求および不当利得または不法行為に基づく賃料相当損害金支払請求の訴えにおいて、占有者Bが盗品と代価の弁償との引換給付の主張をした事案である。占有者Bが代価弁償を受けないまま盗品を所有者Aに返還したのには次のような事情があった。すなわち、第1審判決は、占有者である被告Bに対し、Aから代価（300万円）の支払いを受けるのと引き換えに盗品（バックホー）を所有者Aに引き渡すよう命じたが、同時に、Bに本件訴訟提起時からAへの引渡しが済むまでの期間の使用利益相当分（1か月当たり30万円）の返還を命じたため、Bは負担の増大を回避するため代価弁償を受けないまま、第1審判決後盗品を所有者Aに返還するに至ったのである。

Bは、Bに使用利益相当分の支払いを命じた部分の取消しを求めて控訴するとともに、Aに対して代価弁償に加えて60万円の有益費償還を求めて反訴を提起し、他方、Aは、第1審で認められた使用利益相当分の支払いを命じた部分の主文を497万円を支払えと変更するよう求めて付帯控訴した。これに対して、第2審は、Bに使用利益相当分として273万円余りの支払いを命ずるとともに、Aに代価弁償として300万円の支払いを命じたものである。

これにつき、本最高裁は、代価弁償請求については、上記のようなBの本件盗品の返還の経緯からすると、Aは本件盗品の回復をあきらめるか、代価の弁償をしてこれを回復するかを選択し得る状況下において、後者を選択し、本件盗品の引渡しを受けたものと解すべきであるとし、このような事情に鑑みると、占有者Bは、盗品の返還後においてもなお194条に基づき所有者に対して**代価の弁償**を請求することができるものと解するのが相当である、としたのである。

したがって、この判例は、被害者（所有者）等が目的動産の返還を受けたときには、占有者に代価弁償請求権が認められるとしているのであって、被害者等から回復請求権の行使がないにもかかわらず占有者の方から目的動産の受領を被害者等に求めるとともに、代価弁償を請求し得るとは考えていないといえよう（同旨、広中・201頁、安永正昭「判批」百選Ⅰ〔第6版〕・137頁）。このような意味での請求権説は、被害者等と占有者との公平を図るために妥当であると思われる。

《展開》代価弁償の提供と回復請求訴訟提起時から盗品等返還時までの使用利益の帰属　194条により盗品等の回復を請求する所有者等が、代価を弁償するのでなければ盗品等の返還を受けられない場合であっても、占有者は回復請求訴訟提起時から盗品返還時までの盗品等の使用利益を所有者等に返還する義務があるのかが問題となる。

前掲最判平成12・6・27のケースでもこの点が争点となり、第1審は、この点について明文の規定はないが、Aが回復を請求できる期間、盗品等の所有権はAにあり（原所有者帰属説）、Bは盗品等を無権限で使用していることになること、しかも、善意で占有を開始した者も、本権の訴えで敗訴したときは、189条2項により訴え提起の時から悪意の占有者とみなされ、190条1項により本権の訴え提起の時から引渡しの日までの目的動産の使用利益相当額の返還義務を負うのであるから、194条により保護される占有者に対してもその趣旨は妥当するとして、盗品等の使用利益相当額の返還義務を認めたものであり、原審もこれを支持したものである。

しかし、前掲最判平成12・6・27は、占有者は**代価弁償の提供があるまで**盗品等の**使用収益を行う権限**を有すると解すべきであり、それまでの使用利益の返還義務は生じないとした。その理由としてこの判例は、①194条は、占有者と被害者等との保護の均衡を図った規定であるが、被害者等は代価を弁済して盗品等を回復するか、盗品等の回復をあきらめるかの**選択権**を有するが、占有者は、被害者等が**盗品等の回復をあきらめた場合**には盗品等の所有者として占有取得後の使用利益を享受し得るのに、**被害者等が代価の弁償を選択した場合**には代価弁償以前の使用利益を喪失するというのでは、**占有者の地位が不安定**になり、両者の保護の均衡を図った同条の趣旨に反する結果となること、および②弁償される代価には利息は含まれないのであり、それとの均衡上占有者の使用利益を認めることが両者の公平に適うことをあげている。なお、この判例では、占有者帰属説がとられているわけではない。

194条は、目的動産が盗品等でなかったならば占有者が即時取得できるケースを前提としており、また、194条は、被害者等が代価の弁償をして初めて回復請求できることにしているのだから、被害者等が占有者に回復請求の訴えを提起しても、代価の弁償の提供またはその供託をしない間は占有者は目的動産について使用収益権限を有すると解さないと、両者の衡平を図り得ないであろう（**占有者帰属説**からは当然の結論となる。内田Ⅰ・479頁も、194条の場合は、この説をとるべきとする）。上記判例の考えは、妥当なものといえる（安永正昭「判批」百選Ⅰ〔第6版〕・137頁。佐賀徹哉「判批」平成12年度重判58頁〔2001年〕、池田恒男「判批」判タ1046号67頁〔2001年〕などは、この考えに批判的）。

(b)古物商や質屋が194条の要件を充たす買受けをした場合の特則　古物営業法20条、質屋営業法22条は、被害者または遺失主は、盗難または遺失の時から1年以内は、民法194条の要件を充たす買受けをした古物商や営業質屋に対して無償で盗品または遺失物（使用されまたは1度取引された鑑賞的美術品も含まれる）の回復を請求できるとする、194条の例外規定を設けている。専門の業者の注意義務を重視し、また、専門の業者間で通謀により盗品等をたらい回しにして被害者または遺失主の回復を困難にする（悪意の立証が困難であるため）ことを防止するためである。ただし、無償で返還を求めることができるのは、盗難または遺失の時から1年間に限られ、その後の1年間は代価弁償を必要とする194条が適用される。

第6章　明認方法

第1節　明認方法の存在意義

第1編「物権法総論」の第4章「物権の目的」の所で述べたように、建物以外の**土地の定着物**は、建物と異なり、土地の所有権に吸収され（土地の一部・土地の構成部分となる）、独立の所有権の客体にはならないのが原則であるが（☞第1編第4章第3節2⑵）、これらの定着物を土地所有権に吸収させずに、土地所有権と別個に取引の対象とする必要性が経済界には存在する。

しかし、土地所有権の公示方法としての所有権移転登記は、これらの土地の定着物まで含んだ土地所有権の公示方法であるから、これらの定着物を土地所有権と別個に取引の対象とし、これらの定着物についての所有権取得を第三者に対抗するためには、そのことが第三者にも認識できるような**公示方法**を備えることが必要となる（大判昭9・7・25判決全集1-8-6)。これが**明認《めいにん》方法**であり、取引慣習から生成し、判例・学説により対抗要件として認められているものである。

この他、慣習法上の物権である**温泉専用権**（**湯《ゆ》口権《くちけん》**）(☞第2節3）なども明認方法により対抗要件を備えることができる。

第2節　明認方法による対抗力の具備

判例・学説により明認方法が対抗要件として認められているのは、以下のような土地の定着物についての所有権と、慣習法上の物権としての温泉専用権（湯口権）である。これらを抵当権などの目的とし、その公示方法として明認方法を利用することは認められていない。

1. 土地に生育する立木

生育したままの立木《りゅうぼく》（立木法による立木と異なり、一定の樹木の集団でなく**個々の立木**でもよい）を土地とは独立に譲渡したり、土地売買の対象から除外する（土地所有者が立木の所有者であり続ける）ことは可能である。この場合には、**立木所有権**の対抗要件として、明認方法を施す必要がある。明認方法としては、所有者の氏名・住所を立木に刻印したり、立木の所在場所に所有者の氏名・住所などを記載した看板を立てるなどの方法がある。一定の**樹木の集団**については、立木法による**立木登記**が可能である（☞第3章第1節2参照。樹木の集団である立木に抵当権を設定する場合には、立木法による抵当権設定登記が可能である）。

2. 未分離の果実・桑葉・稲立毛など

みかんやリンゴ、桑の葉などは、それらが生育している果樹や桑の木などについているままの状態（**未分離の果実・桑葉**）では、土地の定着物（土地の一部）である。また**稲立毛**《いなたちげ》（生育中の稲）も土地の定着物である。しかし、これらを土地所有権とは別個に取引の対象にすることもできる。この場合にも、未分離の果実・桑葉、稲立毛などの所有権の第三者対抗要件として、立木の場合とほぼ同様の**明認方法**を施すことになる。

3. 温泉専用権（湯口権）

慣習法上の物権である**温泉専用権**ないし**湯口権**（☞第1編第5章第3節3参照）も、原泉地の所有権と独立して処分される地方慣習法が存在するが、この権利の変動の対抗要件は、権利の変動を明認させるに足りる特殊の公示方法（**明認方法**）である。明認方法は、立札その他の標識を掲げる方法などによる（大判昭15・9・18民集19-1611〔百選Ⅰ・49事件〕）。

第3節　明認方法の対抗力

明認方法の対抗力は、原則として不動産登記の対抗力と同様である。ただし、土地所有者ＡからＢが未登記立木等を買い受け明認方法を施したが、その後**明認方法が失われた場合**（立て札その他の標識の撤去、刻印の消失など）は、対抗力も失われるから、Ｂが再び明認方法を施すまでの間に第三者ＣがＡから立木等を買い受けて明認方法を施したときは、Ｃは立木等の所有権をＢに対抗し得る（最判昭36・5・4民集15-5-1253〔百選Ⅰ・65事件〕）。

1. 立木や未分離果実等の二重譲渡の場合

土地に生育したままの状態で、土地所有者Ａが、立木や未分離果実等をＢ、次いでＣに二重に譲渡した場合、**先に明認方法を備えた**譲受人が他方に対して所有権を対抗し得る。ＢＣいずれもが明認方法を備えていないときは、互いに相手方に対して所有権を対抗し得ない（最判昭33・7・29民集12-12-1879）。

2. 土地所有権が譲渡された場合

甲土地所有者Ａは、甲土地上に生育する**立木所有権を留保**して、甲土地をＢに譲渡することができるが、Ａが立木所有権につき**明認方法**を施さないうちに、Ｂが甲土地をＣに譲渡したときは、Ａは、立木所有権をＣに対抗できず、Ｃは立木も取得していることをＡに主張できる。また、甲土地所有者Ａから未登記立木を譲り受けたＢが、明認方法を施さないでいるうちに、Ａが甲土地をＣに譲渡し、Ｃが所有権移転登記を備えたときは、Ｂは未登記立木所有権をＣに対抗できない。

第７章　物権の消滅

第1節　物権の消滅

1. 物権の消滅

所有権、地上権、抵当権などの物権の消滅も、物権変動の１つである。

2. 物権に共通の消滅原因

各種の物権に特有な消滅原因は、第２編で取り上げた（☞第２編第１章第５節〔所有権の原始取得の反射としての所有権の消滅〕、第２編第２章第１節4、第２節4、第３節6、第２編第３章第６節参照）。ここでは、各種の物権に共通の消滅原因である、⑴目的物の滅失、⑵消滅時効、⑶放棄、⑷混同、⑸公用徴収、を取り上げる。なお、抵当権や質権などの担保物権は、担保物権により担保されている債権（被担保債権）の消滅により消滅する（担保物権の付従性）のが一般的である。

第2節　各種の物権に共通の消滅原因

1. 目的物の滅失

例えば、所有権の目的である建物甲や動産乙が滅失すると所有権は消滅し、また抵当権の目的建物丙が滅失すると抵当権も消滅する（ただし372条・304条)。

2. 消滅時効

所有権は、これを行使しないでいても時効により消滅することはないが、**地上権**や**地役権**などの物権は、権利を行使することができる時から**20年間**権利を行使しないでいると、時効により消滅する。(166条2項)。もっとも、時効により利益を得る者（例えば、土地所有者）による援用が必要であるし（145条)、時効の利益が放棄されたときは、これらの物権は消滅しない（146条)。

3. 放棄

物権の放棄とは、物権を消滅させることを目的とする**法律行為**であり、物権を有する者の**単独の意思表示**ですることができる（占有権および入会権以外の不動産物権の放棄は、**登記**を対抗要件とする)。地上権や抵当権などの制限物権の場合には、放棄によって利益を受ける者（土地所有者など）に対する放棄の意思表示による。所有権の放棄は、相手方のない意思表示により効力を生ずる（動産は無主物となり、不動産は国庫に帰属する。239条1項・2項。☞第2編第1章第5節2(1))。

もっとも、土地所有権の場合、所有権が放棄されると、法文上は国庫に帰属することになりそうであるが（239条2項)、この土地が価値のない土地であるとすると、これを管理する費用が問題になるので、土地所有権の放棄は、一定の要件を充たす場合を除いては認めないとする考えが多くなっている（吉田克己『現代土地所有権論』257頁〔2019年・信山社〕、吉田克己編著『物権法の現代的課題と改正提案』69頁、93頁〔田髙寛貴〕〔2021年・成文堂〕など)。2021（令和3）年改正では、所有者不明の土地を減少させるために、相続または遺贈により土地所有権を取得した相続人が、一定の負担をした場合に、法務大臣の承認を受けて土地を国庫に帰属させることができることにするための法律が創設された(「相続等により取得した土地所有権の国庫への帰属に関する法律」。☞第2編第1章第2節「《展開》所有者不明または管理不全の土地・建物を減少させるための法整備」参照)。しかし、この改正では、民法に所有権の放棄に関する新たな規定は設けないこととしている。

物権の放棄は、原則として物権者の自由であるが、放棄の対象となる物権（例えば地上権や永小作権）が他人の権利（例えば抵当権）の目的になっているときは、物権を放棄しても他人に対抗できない（398条は、このことを明文で示す。抵当権者が抵当権を他の債権者の債権の担保とした場合〔376条の転抵当〕、抵当権者は抵当権を放棄しても放棄を転抵当権者に対抗できない）。

4. 混同

併存させておく必要のない2つの法律上の地位が同一人に帰属することを混同という。物権（179条）および債権（520条）に共通の消滅原因である。例えば、A所有の甲土地にBのために地上権が設定されていたところ、Bが亡くなりAがBを単独で相続した場合や、BからAが地上権を譲り受けたような場合に、地上権は混同により消滅する。

(1)混同により他の物権が消滅する場合　**(a)**　ある物の所有権とこの物に関する他の物権（地上権や抵当権など）が同一人に帰属したときは、他の物権は混同により消滅する（179条1項本文）。

(b)　所有権以外の物権（地上権など）と、この物権を目的とする他の権利（抵当権や賃借権など）が同一人に帰属したときは、他の権利は消滅する（179条2項前段）。

(2)混同によって消滅しない場合　ある物の所有権とこの物に関する他の物権とが同一人に帰属した場合であって、その物または他の物権が第三者の権利の目的になっているときは、その物または他の物権は混同により消滅しない（179条1項但書）。次のような場合がこれにあたる。

(a)　A所有の甲土地にAがBのために地上権設定後、Cのためにさらに抵当権を設定していた場合（その物〔甲土地〕が第三者Cの権利〔抵当権〕の目的になっている場合にあたる）は、A所有の甲土地を甲土地の地上権者Bが取得しても、地上権（「他の物権」にあたる）は混同により消滅しない。これは、その後抵当権者Cの申立てによる甲土地の競売によりDが甲土地を買い受けたとき、Bは甲土地の所有権を失うが、甲土地買受人Dに対してBは地上権を主張することはできる（地上権が抵当権より先に設定されていたため）からである（最判昭46・

10・14民集25-7-933は、Ｂの取得した権利が地上権ではなく賃借権であった場合につき、179条1項但書の類推適用により賃借権は消滅しないとする。）。

(b)　Ａ所有の甲土地を甲土地の地上権者Ｂが取得しても、Ｂの地上権にＣのために抵当権が設定されていた場合（他の物権〔地上権〕が第三者Ｃの権利〔抵当権〕の目的になっている場合にあたる）は、地上権は混同により消滅しない。Ｂの地上権を混同により消滅させると、地上権に設定されたＣの抵当権も消滅してしまうからである。

《展開》所有権以外の物権とこれを目的とする他の権利が同一人に帰属した場合の例外　所有権以外の物権とこれを目的とする他の権利が同一人に帰属した場合であって、所有権以外の物権が第三者の権利の目的であるとき、または所有権以外の物権を目的とする他の権利が第三者の権利の目的であるときは、所有権以外の物権またはこれを目的とする他の権利は、混同によって消滅しない（179条2項後段）。次のような場合がこれにあたる。権利関係が複雑になるので、《展開》として、取り上げることにした。

ｉＡ所有の甲土地上のＢの地上権に、ＢがＣのために賃借権設定後、Ｄのために抵当権を設定していた場合　これは、所有権以外の物権（地上権）が第三者Ｄの権利（抵当権）の目的になっている場合にあたる。この場合は、Ｃの賃借権を地上権者Ｂが取得しても、賃借権は混同により消滅しない。これは、その後地上権の競売によりＥが地上権を買い受けたとき、Ｂは地上権を失うが、地上権買受人Ｅに対して地上権に対する賃借権を主張することができる（賃借権が抵当権より先に設定されていたため）からである。

ⅱＡ所有の甲土地上のＢの地上権に、Ｂが債権者Ｃのために抵当権を設定し、次いでＣが債権者Ｄのために、ＣがＢに対して有する債権および抵当権に質権を設定した場合　これは、所有権以外の物権（地上権）を目的とする他の権利（抵当権）が第三者Ｄの権利（質権）の目的になっている場合にあたる。この場合は、Ｃの地上権上の抵当権を地上権者Ｂが取得しても、地上権上の抵当権は混同により消滅しない。地上権上の抵当権を混同により消滅させると、抵当権上のＤの質権も消滅してしまうからである。

(3)占有権と混同　179条3項は、物権の混同による消滅に関する同条1項・2項は、占有権については適用しない旨規定する。占有権は、占有の事実を保護する権利であって、所有権等の本権と両立する権利であるから、例えば甲土地を占有していなかった甲土地所有者Ａが、甲土地を占有していたＢの占有を取得した場合、占有権は混同により消滅せず、甲土地所有者の占有として存続させる意味がある（不動産の二重譲渡の場合に第2譲受人に対して未登記の第1譲受人が甲土地の取得時効を主張するときや、甲土地所有者が占有の訴えを提起するときなど)。

5. 公用徴収

公用徴収により、収用者（国や地方自治体）は所有権その他の財産権を取得し、その反面、被収用者の権利は消滅する（土地収用法などによる)。

判例索引

●明治・大正

●昭和1～20年代

●昭和30〜40年代

●昭和50～60年代

●平成

事項索引

●た

●な・は

●ま〜わ

著者紹介

生熊　長幸（いくま・ながゆき）

大阪市立大学・岡山大学名誉教授・博士（法学）

1968年　東北大学法学部卒業
同　年　東北大学法学部助手
1973年　岡山大学法文学部講師、同助教授を経て
1984年　同大学法学部教授
1993年　大阪市立大学法学部教授
2002年　同大学大学院法学研究科教授
2007年　立命館大学大学院法務研究科教授
2017年　立命館大学大学院法務研究科教授任期満了退職
法務省法制審議会・担保執行法制部会委員（2001年～2003年）
第10回全国銀行学術研究振興財団賞受賞（2003年度）

〈主な著書〉

・執行妨害と短期賃貸借（有斐閣・2000年）
・物上代位と収益管理（有斐閣・2003年）
・即時取得の判例総合解説（信山社・2003年）
・わかりやすい民事執行法・民事保全法〔第2版〕（成文堂・2012年）
・民法Ⅱ－物権〔第4版〕（共著、有斐閣・2017年）
・三省堂テミス　担保物権法〔第2版〕（三省堂・2018年）

三省堂 テミス
物権法　第2版

2013年3月31日　初版発行
2021年9月20日　第2版第1刷発行

著　者　生　熊　長　幸
発行者　株式会社　三　省　堂
代表者　瀧本多加志
印刷者　三省堂印刷株式会社
発行所　株式会社　三　省　堂
〒101-8371　東京都千代田区神田三崎町二丁目22番14号
電話　編集　(03)3230-9411
営業　(03)3230-9412
https://www.sanseido.co.jp/

落丁本・乱丁本はお取り替えいたします　〈2版テミス物権法・344pp.〉

ISBN 978-4-385-32075-5